Alexander Demandt
Das Privatleben der römischen Kaiser

Alexander Demandt

Das Privatleben
der römischen Kaiser

Verlag C.H. Beck München
1996

Mit 28 Abbildungen

Die Deutsche Bibliothek – CIP Einheitsaufnahme

Demandt, Alexander:
Das Privatleben der römischen Kaiser / Alexander Demandt. –
München : Beck, 1996
   ISBN 3 406 40524 x

ISBN 3 406 40524 x

© C.H. Beck'sche Verlagsbuchhandlung (Oscar Beck), München 1996
Gesamtherstellung: Kösel, Kempten
Gedruckt auf säurefreiem,
aus chlorfrei gebleichtem Zellstoff hergestelltem Papier
Printed in Germany

Inhalt

Vorwort   7

1. Ein unseriöses Thema?   9

2. Privat und staatlich 21

3. Tageslauf und Tischkultur 33

4. Freunde, Gäste, Lieblingstiere 55

5. Ehe und Liebe 73

6. Körperpflege und Gesundheit 97

7. Kleidung, Wohnung, Dienerschaft 113

8. Sport und Jagd 141

9. Schauspiel und Reisen 157

10. Literatur und Bildung 179

11. Religion und Aberglaube 203

12. Ein anthropologisches Experiment 227

Liste der römischen Kaiser und ihrer Frauen 235

Literatur und Abkürzungen 241

Abbildungsnachweis 247

Register 251

Vorwort

„Die Quellen", schreibt Jacob Burckhardt in seinen »Weltgeschichtlichen Betrachtungen« (1868/1935, S. 21f), „sind unerschöpflich, so daß jeder die tausendmal ausgebeuteten Bücher wieder lesen muß, weil sie jedem Leser und jedem Jahrhundert ein besonderes Antlitz weisen und auch jeder Altersstufe des Einzelnen. Es kann sein, daß im Thukydides z. B. eine Tatsache ersten Ranges liegt, die erst in hundert Jahren jemand bemerken wird".

Unter den Schriftstellern der römischen Kaiserzeit befindet sich gewiß kein Thukydides. Dennoch enthalten auch sie ungeborgene Schätze. Die moderne historische Literatur verwendet strengere Maßstäbe als die antike Historiographie – nicht nur für das Verbürgte, sondern auch für das Berichtenswerte. Dadurch geht reizvolle Information verloren, die nur aus den Quellen selbst zu gewinnen ist. Ich habe bei ihrer Lektüre seit – ich weiß nicht wie vielen – Jahren beiläufig Nachrichten über ein Thema gesammelt, das niemand bisher zu behandeln für würdig befunden hat: über die Steckenpferde der römischen Kaiser. Wir hören viel von ihrem Tun und Treiben außer Dienst, was zu einer Gesamtdarstellung einlädt. Eingeschlossen waren und sind natürlich die Kaiserinnen gemäß dem Sprachgebrauch der römischen Juristen: *Semper sexus masculinus etiam femininum sexum continet* (Digesten XXXII 1, 62) – „Wo vom männlichen Geschlecht geredet wird, ist das weibliche stets mitgemeint".

Als ich vor sieben Jahren an die systematische Bearbeitung ging, zeigte sich indessen, daß die Liebhabereien nur im Zusammenhang mit dem Privatleben insgesamt behandelt werden können und in den Alltag am Hofe eingeordnet werden müssen. Gemäß der Forderung der Berliner Studenten nach „forschungsnahem Lehren" habe ich an der Freien Universität zwei Seminare über das Privatleben der römischen Kaiser gehalten: im Sommersemester 1989 über die Zeit bis Hadrian und im Wintersemester 1991/92 über die Kaiser danach, sowie im Sommer 1994 ein Kolleg über das Ganze. Die Mitarbeit der Studenten war ungemein lebhaft und außerordentlich ertragreich. Mehrere Promotionsvorhaben schlossen sich an. Die Arbeit von Monika Staesche über das Privatleben der Kaiser in der Spätantike liegt inzwischen vor, so daß ich mich zu diesem Abschnitt kürzer fassen kann. Wie die meisten meiner Schriften in den letzten Jahren verdankt auch diese der geistigen Atmosphäre, in der ich mich bewege, mehr als ich sagen kann.

Hinweise brachten ebenfalls die Diskussionen nach den Vorträgen, die ich über Einzelaspekte in Berlin, Innsbruck, Rom, Tübingen und Büdingen gehalten habe. Höchst förderlich war mir wieder die Arbeit im Deutschen Archäologischen Institut Rom, wo Hans von Steuben mich für seine Reihe gewann.

Anregung und Hilfe verdanke ich der akademischen Jugend in meinem Umkreis: Karl Feld, Thomas Gerhardt, Andreas Goltz, Udo Hartmann, Dr. Andreas Luther, Olaf Matthes, Cornelius Motschmann und Dr. Heinrich Schlange-Schöningen. Sven Kellerhof mit seinem untrüglichen Sprachgefühl hat mich vor manchem Schnitzer bewahrt, Michael Redies, genannt Mike, war für mich, was Ariel dem Prospero war, *my brave spirit*. Ihnen sei das Buch gewidmet.

Das Privatleben der römischen Kaiser ist in seinen Verästelungen und Verwurzelungen unerschöpfbar. Das Vorliegende soll und kann lediglich einen ersten Versuch zu einer Übersicht machen, den auszuarbeiten lohnte. Es ist ein Thema der Mikrohistorie – Berichterstattung *kata lepton* aus kürzester Distanz. Das Große baut auf darauf, wie Hieronymus im Brief 107 bemerkt: *non sunt contemnenda quasi parva, sine quibus magna constare non possunt.*

Lindheim, Neujahr 1996   *Alexander Demandt*

Griechische Buchstaben werden folgendermaßen latinisiert: Alpha mit *a*, Beta mit *b*, Gamma mit *g*, vor Gutturalen mit *n* (z.B. *synklētos, phalanx*), Delta mit *d*, Epsilon mit *e*, Zeta mit *z*, Eta mit *ē*, Theta mit *th*, Iota mit *i*, Iota subscriptum entfällt, Kappa mit *k*, Lambda mit *l*, My mit *m*, Ny mit *n*, Xi mit *x*, Omikron mit *o*, Pi mit *p*, Rho mit *rh*, Sigma mit *s*, Tau mit *t*, Ypsilon mit *y*, Ypsilon nach Alpha, Epsilon oder Omikron mit *u* (z.B. *autonomia, eunomia, boulē*), Phi mit *ph*, Chi mit *ch*, Psi mit *ps*, Omega mit *ō*; Spiritus asper, auch innerhalb des Wortes, erscheint als *h* (z.B. *synhodos*); griechische Akzente und Spiritus lenis werden ignoriert.

1. Ein unseriöses Thema?

a. Lehrplankonferenz 1900
b. Mommsen gegen Harnack

c. **Schriftliche Quellen**
d. Republikanische Historiographie
e. Interesse am Kaiser
f. seine Allgegenwart, Bilder

g. Respektlosigkeit in der Polemik
h. beim Triumph
i. beim Leichenbegängnis
j. Sueton, Dio, Historia Augusta
k. spätantike Autoren
l. Verläßlichkeit der Quellen
m. Topik
n. religiöse Mißverständnisse

o. **Archäologische Quellen**

p. **Neuere Literatur**
q. Unter- statt Oberschicht
r. Kulturgeschichte unmodern?
s. Anthropologie

*Es ist lebhaft zu bedauern, daß es
sowohl in alter wie in neuer Zeit
viele Historiker gegeben hat, welche
es als ihre wissenschaftliche Aufgabe
erblickten, sich wie Schmeißfliegen
auf derartige unsaubere Stoffe zu
setzen.*

Mommsen 1883

1.a. Auf der Lehrplankonferenz des preußischen Unterrichtsministe-
riums in Berlin 1900 ging es um die Frage des Geschichtsunterrichts[1].
Dabei kam es zu einer Meinungsverschiedenheit zwischen zweien der
bedeutendsten Gelehrten der Zeit, zwischen dem Theologen Adolf
Harnack[2] und dem Althistoriker Theodor Mommsen. Harnack hatte
beanstandet, daß auf dem Gymnasium die Geschichte der römischen
Kaiserzeit zu wenig berücksichtigt würde. Für ihn war das die Zeit des
Urchristentums, der Kirchenväter, der Ausbreitung und Ausbildung des
Evangeliums.

1.b. Mommsen erhob dagegen Einwände. Daß ihm an der Geschichte des frühen Christentums wenig lag, wagte er nicht auszu-
sprechen. Wohl aber meinte er, man müsse eine Zeit grundsätzlich als
ganze behandeln, und da gebe es doch gewisse Bereiche zumal des höfischen und städtischen Lebens, die er, wie wir seit 1961 sagen, als
„jugendgefährdend" einstufte. Mommsen selbst war ihnen nicht abge-
neigt. In seinen Vorlesungen befaßte er sich durchaus mit den „häuslichen Details" der Imperatoren und erklärte den Herren Studenten,
unter den Gedichten Ovids seien die unmoralischen die besten[3]. Fürs
Gymnasium aber schien derartiges unpassend. Wenn der Geschichtsun-
terricht zur Sittlichkeit erziehen sollte, dann war die Kaiserzeit ein
bedenklicher Stoff. Im Vergleich zu den heroischen Phasen der griechischen Klassik und der römischen Republik erschien dem sittenstrengen
Gelehrten die Gesellschaft der Spätzeit in Luxus und Laster degeneriert
und die antike Berichterstattung über die politische Führung anstößig
und abgeschmackt. So etwas dürfe man Heranwachsenden nicht vor
Augen führen. Historiker, die sich auf derartige „unsaubere Stoffe"

---

[1] Verhandlungen über Fragen des höheren Unterrichts 1900, Halle 1901,
S. 142; 147 f.   [2] geadelt 1914.   [3] Mommsen, Kaisergeschichte, S. 133;
143.

stürzten, kennzeichnete er als „Schmeißfliegen"[4]. Die Warnung Mommsens, der seinen Kindern jede Kritik an Erwachsenen und vor allem das zur Respektlosigkeit verleitende Zeitunglesen verbot[5], überzeugte die Schulbehörde. Die Geschichte der Kaiserzeit hat in die gymnasialen Lehrpläne keinen Eingang gefunden. Bis heute nicht.

1.c. Über die pädagogische Wünschbarkeit einer Lehrplan-Änderung zugunsten der Kaisergeschichte haben die Schulbehörden zu entscheiden. Hier steht dem Historiker *ex officio* kein Urteil zu. Er kann bloß feststellen, daß Harnacks Kirchenväter weniger kurzweilig zu lesen sind als der von Mommsen *ex cathedra* verpönte Hofklatsch[6] mit seinen Sitten- und Unsittengeschichten. Die Quellen sind voll davon: kein seriöser Historiker würde heute derartiges über Präsidenten und Minister berichten.

1.d. Die günstige Quellenlage über das Leben der römischen Kaiser und Kaiserinnen[7] beruht zunächst auf der vergrößerten sozialen Distanz zwischen dem Historiker und dem Staatsmann. In der republikanischen Historiographie schrieben Senatoren über Senatoren. Es gab eine politische und eine moralische Kritik, aber die im Gegensatz zu Athen hochempfindliche Standesehre der senatorischen Führungsschicht forderte gegenüber allem Privaten und Intimen Diskretion, damit bloß nicht die *gravitas*, die *dignitas* des ganzen Standes verletzt würde. Das änderte sich, als die Historiker aus weiteren, niederen Kreisen kamen. Der erste Freigelassene, der es wagte, sich mit Geschichte zu befassen, war ein Lehrer des Pompeius. Er ging ein in die Annalen[8]. Der Verfasser der spätrömischen »Historia Augusta«[9] bemerkt einmal, daß ein Livius, ein Sallust über die *res leves* ihrer Helden, wozu die Privatsachen zählen, Schweigen bewahrt hätten. Er selber tat es nicht. Glücklicherweise.

1.e. In der Kaiserzeit war die respektvolle Haltung verloren gegangen. Das öffentliche Interesse, das man an den Kaisern, ihren Frauen[10] und ihren Familien nahm, verführte zu einer ungenierten Berichterstattung aus der Kammerdienerperspektive. An berühmten Personen beobachte man auch ihr Privatleben, schrieb Cicero[11]. Wer zur Prominenz gehöre, könne nichts verbergen, sagte Plinius zu Trajan[12]. Und daß er nichts verbergen müsse, gereiche ihm zum Ruhme: *nihil velandum*[13]. Der etwa zur gleichen Zeit schreibende Plutarch notierte: Wie eine

---

4 Mommsen, Kaisergeschichte, S. 406.   5 Adelheid Mommsen, Mein Vater. Erinnerungen an Theodor Mommsen, 1992, S. 86; 88.   6 U. v. Wilamowitz, Erinnerungen 1848–1914, 1928, S. 160.   7 Balsdon 1974; Burck 1969; Stahr 1880.   8 Sueton, gramm. 27.   9 Historia Augusta, Firmus 6,3. 10 Lebensabrisse und Münzporträts der Kaiserinnen bei Giacosa 1977. 11 Cicero, De officiis II 44.   12 Plinius, Panegyricus 83,1.   13 l.c. 56,1.

Warze im Gesicht mehr stört als an einem verdeckten Teil des Körpers, so erregen die Unsitten der Staatsmänner mehr Anstoß als die der kleinen Leute. Die Manieren der Großen werden bekannt, fährt Plutarch fort, man interessiert sich für Essen und Trinken, Liebe und Ehe, Vergnügen und Arbeit[14]. Dies gilt noch für die Spätantike: „Die kleinen Dinge des Alltags, *illa minutiora*, die sich *intra aulam* zutragen, d.h. im Palastinneren, ziehen die Augen und Ohren der neugierigen Menschennatur um so stärker auf sich, weil sie sich im Verborgenen abspielen"[15].

1.f. Das große öffentliche Interesse am Kaiser war grundsätzlich durchaus in seinem Sinne. Sein Ansehen und seine Macht beruhten darauf, daß man ihn kannte. Nach außen waren die Kaiser geradezu allgegenwärtig und wollten das sein. Münzen mit ihrem Porträt, ihrem Namen trug jeder Römer im Geldbeutel; Marmor- und Erzbilder mit ihren Köpfen standen auf allen Plätzen und Märkten, in Tempeln und Gärten, Gymnasien und Lagern, nicht zuletzt in vielen Privathäusern[16]. Nero ließ sich auf ein Leinentuch von 120 Fuß Durchmesser malen; als es in den majanischen Gärten ausgestellt war, fuhr der Blitz hinein[17]. Die meisten Bilder waren auf Holztafeln gemalt[18] und sind verloren[19]. Fronto schrieb einmal an Marc Aurel, er begegne dem kaiserlichen Konterfei überall: bei den Wechslern, Händlern und Wirten, in den Buden, Vorhallen und Fenstern, und er erkenne ihn, wenn die Züge auch noch so ungelenk wiedergegeben seien[20]. Die Lebensnähe der Meisterbilder war berühmt[21]. Julian beschwerte sich einmal über einen Maler wegen der mangelnden Ähnlichkeit[22]. Die Kaiser wollten mithin individuell erkennbar sein, haben gleichwohl ihr Bild vielfach stilisiert: Augustus blieb immer jugendlich, Nero posierte als Künstler, Hadrian zeigte sich als den überlegenen Schöngeist, Caracalla liebte den wilden Kriegerblick. In der Spätantike lassen sich der ins Brutale gehende Soldatentyp (harter Nacken, niedere Stirn, Stoppelbart) und der ins Ätherische weisende Senatorentyp (lange Nase, große Augen, glattrasiert) unter den Kaiserbildern unterscheiden – je nach beabsichtigter Zugehörigkeit. Zu allen Zeiten lebte der Kaiser mit seinen Tugenden und Lastern im Munde der Völker[23]. Der Philosoph und Bischof Synesios von Kyrene[24] karikiert um 400 n. Chr. eine abgelegene Land-

---

14 Plutarch, Moralia 800 D–F.   15 Aurelius Victor, Epitome 48, 18.
16 Th. Pekary, Das römische Kaiserbildnis in Staat, Kult und Gesellschaft, dargestellt anhand der Schriftquellen, 1985.   17 Plinius, Naturalis historia XXXV 33/51.   18 Libanios, or. 18,304; 22,7.   19 einzige Ausnahme: das Rundbild des Septimius Severus und seiner Familie im Berliner Antikenmuseum.   20 Fronto, S. 67 (van den Hout BT).   21 Plinius, Naturalis historia XXXV 36/88.   22 Julian, Fragment 13 (Wright).   23 Claudian VIII 269 ff.   24 Synesios, Brief 148.

Abb. 1: Kopf des Augustus

Anders als die meisten Kaiser hat Augustus sein Porträt auf ein jugendliches Idealalter fixiert und sich als schönen Mann darstellen lassen. Wer ihn nicht von seinen Münzbildern kannte, identifizierte ihn an der Zangenlocke über der Stirn. Der Eichenlaubkranz Juppiters wurde für die Rettung von Bürgern *(ob cives servatos)* verliehen. Erschien der damit Bekränzte im Theater, mußten sich sogar die Senatoren erheben. Augustus erhielt die *corona civica* 27 v.Chr. „von der Menschheit" (Plinius N.H. XVI 3/8ff).

schaft Nordafrikas mit der Bemerkung: Dort wähne man noch immer
den Agamemnon an der Regierung. Das Minimum aller literarischen
Bildung war Homer, der Anfang aller politischen Information war der
Name des regierenden Kaisers.

1.g. Man kannte ihn. Daß man ihn sehr gut kennen konnte, beruht
auf der unglaublichen Unbekümmertheit, mit der seit der ausgehenden
Republik über hochgestellte Persönlichkeiten berichtet wurde. Es gab
keine Intim-Tabus. So konnte sich Trajan in der juristischen Frage der
Wehrtauglichkeit bei physischen Defekten darauf berufen, daß auch
Cornelius Sulla und Aurelius Cotta Kriegsdienst geleistet hätten,
obschon sie jeweils nur einen Hoden besaßen. Dieses Problem beschäftigte noch die spätantiken Rechtsgelehrten[25]. Politische Polemik bestand schon in Ciceros Zeit wesentlich aus gezielter Indiskretion und
ging gewöhnlich unter die Gürtellinie, ohne daß dies den Angreifenden
disqualifiziert hätte[26]. Die wiederholten Versuche, einen strafrecht-
lichen Ehrenschutz durchzusetzen (*carmen famosum*), sind kläglich
gescheitert[27].

1.h. Zwei Beispiele dazu. Der höchste Moment im öffentlichen
Leben eines Römers war der Triumph. Die ganze Stadt war auf den
Beinen, wenn ein Imperator auf seiner Quadriga siegreich in die Stadt
einzog, gefolgt von seinem Heer in blitzenden Waffen, mit glänzender
Beute. Bei diesen hochfeierlichen Paraden sangen die Soldaten keine
patriotischen Lieder, rezitierten sie keine politischen Parolen, sondern
bildeten Sprechchöre, in denen sie ihren Feldherrn verspotteten. Wir
kennen Texte zu Caesars Triumph aus dem Jahre 46 v. Chr.[28] Das Vers-
maß des *versus quadratus* spiegelt den Gleichschritt: *Gálliás Caesár
subégit, Nícomédes Caésarém; écce Caésar núnc triúmphat, quí subégit Gálliás, Nícomédes nón triúmphat, quí subégit Caésarém.* Caesar
hatte als Jüngling den homosexuellen König von Bithynien besucht und
soll ihm dort als Lustknabe gedient haben. Dies verkündete nun die
Armee in Rom: „Caesar seht ihr triumphieren, der die Gallier unterwarf, Nikomedes triumphiert nicht, der den Caesar unterwarf." Daß
Caesar nicht einseitig war, verkündete die nächste Marschkolonne:
„Bürger, hütet eure Frauen, denn ein geiler Glatzkopf kommt!" Dann
sprechen die Soldaten Caesar direkt an: „Was in Gallien du den Huren
schenktest, nahmst du hier auf Pump."

1.i. Dieselbe Ungeniertheit wie beim Triumphzug zeigt sich in der
pompa funebris, dem feierlichen Leichenbegängnis des Herrschers. Wie
schon in der Republik[29] nahmen an dieser Prozession auch die Toten

---

25 Digesten 49, 16, 4 pr.   26 Cicero, De oratore II 265ff.   27 Sueton,
Domitian 8,3; Paulus, Sententiae V 4 (FIRA. II, S. 389ff).   28 Sueton, Caesar
49; 51; Dio XLIII 20.   29 Polybios VI 53ff.

teil, dargestellt durch Maskenträger. Als Vespasian bestattet wurde, trug der *archimimus* namens Favor die Maske des als knauserig geltenden Kaisers und imitierte zugleich dessen Gang und Redeweise. Der an seiner eigenen Bestattung *in effigie* teilnehmende Kaiser fragte die Umstehenden, wieviel seine Totenfeier koste. Man antwortete ihm: „Eine Million Sesterzen". Darauf die Kaisermaske: „Gebt mir lieber das Geld und werft meine Leiche in den Tiber!"[30]

1.j. Älter als der hier zitierte Suëton, ja die früheste erhaltene Quelle für das Privatleben der Kaiser ist die unerschöpfliche »Naturgeschichte« des älteren Plinius, der als Offizier und Forscher beim Ausbruch des Vesuv 79 n. Chr. ums Leben kam[31]. Reicher noch für die Zeit bis Domitian ist dann die Biographienreihe des Suëton. Er war Privatsekretär (*magister epistularum*) des Kaisers Hadrian, hatte Zugang zu allen Papieren und wurde im Jahr 121 entlassen, weil er der Kaiserin Sabina ungebührlich nahe getreten war[32]. Ihm verdanken wir Nachrichten, wie wir sie für kaum einen Staatsmann der Moderne besitzen. Suëton teilt uns beispielshalber mit, daß Augustus auf der Brust Leberflecken in der Form des Sternbilds des Großen Bären hatte[33]. Sein Zeitgenosse Tacitus sodann bietet weniger Material, mehr wieder Cassius Dio, einiges auch Herodian aus dem frühen dritten Jahrhundert . Ergiebig sind aus dem späten vierten Jahrhundert Aurelius Victor und die Schwindelgeschichte der »Historia Augusta«, die für die Kulturgeschichte wenigstens insoweit brauchbar ist, als sie uns bezeugt, was man zu ihrer Zeit alles für möglich gehalten hat[34]. Diese Schrift, nach Mommsen „eine der elendesten Sudeleien..., die wir aus dem Altertum haben"[35], gibt sich als Sammelwerk mehrerer, tatsächlich fiktiver Biographen, aber ist ein durchaus authentisches Dokument für die historische Phantasie eines exzentrischen Senators des späten vierten Jahrhunderts.

1.k. Die Quellen über die spätantiken Kaiser[36] bleiben erzählfreudig, doch diesen erlaubten das byzantinische Zeremoniell und die christliche Moralität weniger Freiheiten als zuvor. Der altgläubige Ammian berichtet um 400 immerhin noch, daß Constantius II in der Öffentlichkeit weder schneuzte noch spuckte und keine Äpfel aß[37], daß Valentinian grauäugig war, während sein Bruder Valens unterschied-

---

30 Sueton, Vespasian 19.   31 Darüber berichtet der jüngere Plinius, sein Neffe, im Brief VI 16,26.   32 Historia Augusta, Hadrian 11,3.   33 Sueton, Augustus 80.   34 Kommentierte Ausgabe lateinisch-französisch erscheint in der Collection Budé: Band I durch J. P. Callu 1992; III 1 durch R. Turcan 1993; Einzelkommentar zu Maximinus Thrax: A. Lippold 1991.   35 Th. Mommsen, Gesammelte Schriften, Band 7, 1909, S. 303.   36 Dazu erscheint eine 1995 abgeschlossene Dissertation von Monika Staesche, der ich zahlreiche Hinweise verdanke.   37 Ammian XXI 16,7.

liche Augenfarben hatte[38]. Die Nachrichten Prokops aus dem 6. Jh., zumal in den »Anekdota«, sind freilich – besonders über die Kaiserin Theodora – höchst suspekt und von einer infamen Indiskretion, die ihm der Haß diktiert hat.

1.*l.* Die Verläßlichkeit der aufgelisteten Quellen ist angesichts des anekdotischen, oft pikanten Stoffes häufig fragwürdig. Viele Aussagen entziehen sich der Überprüfbarkeit. Gerade Kaiser waren immer Verdächtigungen ausgesetzt: *nemo est principum, quem non gravis fama perstringat,* so heißt es in der »Historia Augusta«[39]: „Es gibt keinen Kaiser, den die Fama nicht belastete". Gerüchte sind nicht immer als solche erkennbar, gewähren uns Heutigen aber Einblick in die Vorstellungen der Zeit. Sie werden im folgenden nur wiedergegeben, um den Klatsch, die *fabellarum dulcedo,* zu illustrieren. Auch die Phantasien der Vergangenheit dürfen den Historiker beschäftigen.

1.*m.* Zahlreiche Nachrichten aus der Privatsphäre wecken freilich zu Unrecht Verdacht. Sie sind topisch – doch bleibt zu bedenken, daß man in Topoi nicht nur geschrieben, sondern auch gedacht und gelebt hat. Wenn die private Seite eines Kaisers im allgemeinen der politischen entspricht, beweist das nicht, daß jene nach dieser modelliert ist, indem man passend zum öffentlichen Auftreten das Leben im Hause ergänzt hätte. Eine solche Übereinstimmung sollte mitnichten verwundern: Schließlich handelt es sich *publice et privatim* um denselben Menschen. Dennoch sind – gemäß der textkritischen, auch sachkritisch sinnvollen Regel der *lectio difficilior* – solche Nachrichten über private Details verläßlicher, die dem politischen Charakter des jeweiligen Kaisers entgegenstehen. Suëton und Tacitus, Dio und Ammian überliefern zahlreiche Züge, die keineswegs aus dem Gesamtbild des Betroffenen abgeleitet sind, sondern diesem widersprechen und schon daher Vertrauen verdienen. Übertreibungen und Verallgemeinerungen sind allerdings häufig anzunehmen, aber zumeist unschwer erkennbar. Sie werfen ein Licht auf das Bild, welches Zeitgenossen und Nachfahren sich gemacht haben; und diese Bilder waren – trotz ihrer unverbürgten Züge – für die Wirkung wichtiger als die Wirklichkeit, die sie darstellen wollten oder verfälscht haben. Aus diesem Grunde soll im folgenden, gemäß dem Wahlspruch Herodots: *legein ta legomena*[40], auch das durchaus aufschlußreiche Gerede der Zeitgenossen zur Sprache kommen, *relata refero.*

1.*n.* Eine interessante Gruppe von Nachrichten scheint hinwiederum auf religionsgeschichtliche Mißverständnisse unserer rationalisierenden Gewährsleute zurückzugehen. Die rituelle Neujahrs-Bettelei des

38 Ammian XXX 9,6; XXXI 14,7.   39 Historia Augusta, Marcus 15,5.
40 Herodot VII 152, 3.

Augustus[41] war, anders als Suëton unterstellt, vermutlich nicht bloße Popularitätshascherei, sein Zwölfgöttermahl[42] möglicherweise mehr als pure Frivolität. Die angebliche Hochzeit von Valeria Messalina und Silius, dem „schönsten Jüngling Roms"[43], könnte eine moralistisch verkannte bacchantische Orgie gewesen sein; die nach altrömischen Maßstäben unerhörte Heirat Elagabals mit einer Vestalin[44] war vielleicht überhaupt nicht oder wenigstens nicht ausschließlich libidinös motiviert. Auch die Münzumschrift GALLIENA AUGUSTA ist vermutlich mehr als eine Perversität des Gallienus, sie hat unter Umständen einen sakralen Hintergrund[45]. Unsere antiken und modernen Moralisten sehen hier bloße Entartungserscheinungen. Falls sie sich – wie ich meine – täuschen, bewiese dieses, wie selbst Zeitgenossen einander mißverstanden haben. Schon der ionische Rationalist Herodot bietet dafür Beispiele[46].

 1.o. Die archäologischen Quellen zum römischen Alltag[47] verraten uns wenig – wohl etwas über das Aussehen der Kaiser[48], kaum etwas über ihr Privatleben. Kaiserliche Denkmäler sind öffentliche Selbstdarstellung und vermeiden darum Privates. Augustus wird in der Skulptur – so seine Statue von Primaporta – barfuß gezeigt[49], nicht weil er ohne Schuhe gegangen wäre, sondern weil dies heroische Nacktheit symbolisierte. Nur ein „Sponti" wie Nero ging barfuß (*discalciatus*) auf die Straße[50]. Keine Abbildung zeigt Augustus mit dem wohlbezeugten Sonnenhut[51]. Das wäre indiskret. Der Kaiser wird nicht als Tänzer, nicht als Würfler, nicht als Ballspieler, nicht als Vogelsteller, nicht als Schwimmer oder Spaziergänger abgebildet, weder beim Tafeln, wie Alexander im Mittelalter, noch beim Flötenspiel, wie Friedrich der Große von Adolph Menzel. Der römische Kaiser erscheint in der Kunst zwar als Jäger gefährlicher Tiere, aber weder beim Hasenfang noch beim Angeln. Im Bilde hätte das seine Würde verletzt. Einiges zum Privatleben vermitteln die archäologischen Monumente über die Haar- und Bartmode, über Kaiservillen und Lieblingstiere, über Freunde, Diener und Konkubinen.

 1.p. Schlecht steht es um die neuere Literatur. Für die – hier ausgeblendete – Regierungstätigkeit haben wir die umfassende Darstellung von Fergus Millar (1977), über das Hofleben das Buch von Robert Turcan (1987), das, reich an Information, Amtliches und Persönliches verbindet, aber die Spätantike weitgehend ausklammert. Das Privatleben der römischen Kaiser ist bisher lediglich in engen Aus-

---

41 s.u. 11r!   42 s.u. 11f!   43 s.u. 5i!   44 s.u. 5q!   45 s.u. 7h!
46 s.u. 11d!   47 Sehr aufschlußreich ist das Bildwörterbuch von Rich 1862.   48 s.o. 1f!, s.u. 6a!   49 Helbig I Nr. 411.   50 Sueton, Nero 51.
51 s.u. 7b!

schnitten im Rahmen der römischen Sittengeschichte allgemein[52] oder in Einzelstudien untersucht: so die Reisen bei Halfmann (1986), das Liebesleben bei Krenkel (1980) und Grimal (1988), die Krankheiten bei Esser (1958), die Dienerschaft bei Weaver (1972), die Jagd bei Aymard (1951), die literarische Tätigkeit bei Schanz/Hosius (1904) und Bardon (1968), die Spiele bei Väterlein (1976), die Villen bei Leppert (1974, ungedruckt). Aber auch diese Arbeiten erstrecken sich stets nur über Teile der Kaiserzeit und beschränken sich auf Einzelaspekte der Thematik. In den Biographien bleibt das Privatleben meist ausgespart.

1.q. Wer sich nach und neben Mommsen und Bleicken, Christ und Millar mit den römischen Kaisern befaßt, tut dies gewöhnlich unter politischen oder administrativen Aspekten, und wer sich mit Marquardt und Friedländer, mit Carcopino, Balsdon und Paul Veyne für Sozial- und Sittengeschichte interessiert, studierte vorgestern das Leben von *senatus populusque Romanus* (so als ob die römischen Bürger und Senatoren Standesgenossen der modernen Autoren wären), gestern das von Unterdrückten und Schlechtweggekommenen (so als ob das Interesse der Nachgeborenen die Unbilden der Zeit mildern könnte). Aufmerksamkeit fand das allzuoft traurige Los von Unterschichten und Randgruppen, von Sklaven, Fremden und Frauen; man untersuchte das Leben in den Hütten, nicht das in den Palästen.

1.r. Dabei bieten die Nachrichten über sie ausführliche Auskünfte und bereichern unser Wissen von Kulturgeschichte. Sie ist freilich weitgehend der Vergessenheit, ja der Verachtung anheimgefallen. Ein Grund hierfür könnte sein, daß sie positivistisch-antiquarisch behandelt werden muß, daß sie wenig zur Bewußtseinsbildung beisteuert, keinen Beitrag zur „Emanzipation" leistet, weil Kulturgeschichte sich nun einmal gegen Werturteile sperrt. Kategorien wie progressiv und reaktionär, wie gut und böse, wie zeitgemäß und veraltet greifen hier nicht, sofern man den Kulturhistoriker nicht selbst einer angeblich überholten Denkrichtung zurechnet.

1.s. Die Thematik hat indes eine anthropologische Seite, wenn wir in der Ungebundenheit des römischen Kaiserlebens Grenzwerte möglicher Verhaltensformen erkennen. Sie hat auch ein theoretisches Erkenntnisinteresse, insofern sie die Zusammenhänge zwischen Individuum und Öffentlichkeit, zwischen Person und Amt beleuchtet. Vorausgesetzt ist freilich, daß wir die nachwilhelminischen Scheuklappen abnehmen. Bis in den Anfang unseres Jahrhunderts erschien es anstößig und ungehörig, den Kaiser von seiner menschlich-allzumenschlichen Seite

---

52 Friedländer 1922.

zu betrachten und dazu sein privates Leben ans Licht zu ziehen. Das war indiskret und unseriös: Die Königin von Spanien hat keine Beine. Nicht zuletzt daher erklärt sich die Unbeliebtheit des Themas und die Lücke in der Forschung, die das vorliegende Buch verkleinern möchte. *Honi soit, qui mal y pense!*

2. Privat und staatlich

a. **Einwände**
b. Antiquarischer Ansatz
c. Quellenreferat und Forschungsdiskussion
d. Kaiser ohne Privatleben?
e. Benn: Mensch gleich Bürger ?

f. **Begriff:** *res privata* und *res publica*
g. Gegensatz perspektivisch, Senat
h. Kaiser immer im Amt, *vita privata*
i. privat gleich nichtkaiserlich
j. Kaiser im Ruhestand
k. Hancarville: *vie privée*
l. Mommsen: Privatleben
m. Amtspflichten
n. „Privatleben" des Kaisers
o. *vita interior*
p. Verwendung von *privatus* für den Kaiser
q. seit Marc Aurel
r. Privatleben und Hofstaat
s. Abgrenzungsproblem und Übergänge

t. **Kompetenz:** Was ist des Kaisers?
u. System und Geschichte
v. frühe Kaiser
w. späte Kaiser

*Occasional relapses into the
antiquarian state of mind must
be expected even in the future.*
Momigliano 1950

2.*a*. Mein Versuch, das Privatleben der römischen Kaiser darzustellen, sieht sich drei Einwänden ausgesetzt, einem theoretischen, einem methodischen und einem konzeptionellen. Sie alle laufen darauf hinaus, daß eine solche Darstellung „nicht möglich" sei. Prüfen wir die Argumente!

2.*b*. Der erste, theoretische Einwand lautet, mein Unterfangen bedeute einen Rückfall in den naiven Historismus eines Ranke, der meinte, wiedergeben zu können, „wie es eigentlich gewesen"[1]. Tatsächlich aber dürfe man, „wie wir heute wissen", unser durch das traditionelle Medium historiographischer Denk- und Sprachtechnik gewonnene Bild nicht für die dargestellte Wirklichkeit nehmen, die uns zudem durch die soziokulturelle Andersartigkeit der Antike verschlossen bleibe und nur in einem hermeneutischen Rahmen verbürgter Distanz symbolisch konzeptualisierbar sei. Gewiß! Doch ist das eher eine Warnung an den Leser als an den Autor. Mir geht es darum, auf alle irgend entbehrliche Problematisierung verzichtend in schlichtem Positivismus die Quellen zu referieren. Mit diesem antiquarischen Programm erfülle ich die Befürchtung unseres Altmeisters Arnaldo Momigliano von 1950[2] und frage mit Ranke, „wie es eigentlich gewesen".

2.*c*. Der zweite, methodische Einwand wird heißen, eine solche Fragestellung sei zu breit angelegt, man könne nicht einfach die zahlreichen, ja zahllosen in der Sekundärliteratur dokumentierten Erkenntnisfortschritte ignorieren und dem Wunsch nach Überblick das Erfordernis der Genauigkeit opfern. Auch dies ist einzuräumen. Die kritische Einzelforschung sieht ohne Frage vieles schärfer als jemand, der ein Bild vom kaiserlichen Privatleben als ganzem zu gewinnen trachtet und sich darum vornehmlich den antiken Autoren widmet. Dabei entdeckt er dann, wie alt das Problem der Sekundärliteraten ist. Schon Quintilian bemerkte, eigentlich hätte er seine *Insti-*

---

1 Dies hält A. Winterling (Gnomon 64, 1992, S. 414 ff) dem Buch von Turcan (1987) entgegen, trifft aber ebenso mein Vorhaben. 2 A. Momigliano, Studies in Historiography, 1966, S. 26.

tutio Oratoria gar nicht schreiben dürfen, angesichts der vorher zu lesenden Autoren, die nicht zu zählen seien, *legendis auctoribus, qui sunt innumerabiles*[3].

2.*d.* Der dritte, konzeptionelle Einwand richtet sich gegen die Legitimität meiner Themenwahl überhaupt. Er lautet, die Imperatoren hätten gar kein Privatleben geführt[4]. Alles im folgenden Dargestellte sei vielmehr eine Façette ihrer Herrschaftsfunktion und darum nur im Zusammenhang mit dieser traktabel. Auch dies ist nicht von der Hand zu weisen. Es wurzelt in der grundsätzlichen Annahme, daß die griechisch-römische Antike keinen Unterschied zwischen Mensch und Bürger gemacht habe. Jeder Bürger, meinte Chateaubriand 1831, sei in seiner Eigenschaft als Angehöriger eines politischen Gemeinwesens aufgegangen, ganz und gar *zōon politikon* gewesen. Erst das Christentum habe mit dem Blick auf die Seele des Einzelnen die Individualität entdeckt, indem es im Staat eine bloße Notlösung für die Probleme des Zusammenlebens sündhafter Menschen erblickt habe, gleichsam als die Ordnung der Pilger auf dem Wege zu Gott.

2.*e.* Gottfried Benn hat nach dem Zweiten Weltkrieg, in einer Zeit der allgemeinen Politisierung, die aristotelische Formel vom Menschen als *zōon politikon* eine typische „Balkanidee" genannt[5]. Nicht ganz zu Unrecht, denn auch in der Antike ist der Mensch in „ungeselliger Geselligkeit", wie es bei Kant 1784[6] heißt, immer Angehöriger und Einzelwesen zugleich. Doch gibt es Unterschiede nach Zeit und Ort. Die Gleichsetzung von Mensch und Bürger läßt sich für manche antiken Gemeinwesen, etwa für Sparta, durchaus behaupten. Für Athen wären schon Einschränkungen erforderlich, und im Hellenismus wird es eine Frage der philosophischen Einstellung. Wenn die Verhältnisse nicht dagegen sprachen, verstand sich der Stoiker als Staatsbürger, der Epikureer als Individuum. Antisthenes, der Schüler des Sokrates, antwortete auf die Frage, wie man sich gegenüber der Politik verhalten solle: „Wie zum Feuer. Nicht zu nah, damit man nicht anbrennt; nicht zu fern, damit man nicht friert"[7].

2.*f.* Im republikanischen Rom liegt der Versuch einer Abgrenzung der Sphären vor. Alles was nicht durch *leges* und *mores* verboten war, blieb als Privatsache dem Einzelnen freigestellt. Man unterschied zwischen privatem und staatlichem Bereich. Der Gegensatz von *publicus* und *privatus*, von *res publica* und *res privata* gehört zu den grundlegenden Ordnungskategorien des römischen Staatsrechts. Dabei

---

3 Quintilian, Institutio oratoria, *dedicatio.*   4 Zum Problem: Pani 1993.
5 Benn, Der Ptolemäer, 1949, S. 113.   6 Kant, Idee zu einer allgemeinen Geschichte in weltbürgerlicher Absicht, Satz 4.   7 Gnomologium Vaticanum 8; A. Demandt, Sokrates antwortet, 1992, S. 52.

bezeichnet *publicus* alles, was das Volk, den Staat, die Gesellschaft betrifft, während *privatus* die Negation dazu bedeutet. Abgeleitet von *privus*, heißt es soviel wie „für sich bestehend, einzeln, abgesondert". Das griechische Äquivalent ist *idiōtēs*[8], schon Platon[9] unterscheidet *basileus* und *idiōtēs*. Als *privati* oder *idiōtai* werden Menschen – auch senatorischen Standes – bezeichnet, wenn und wo sie keine Ämter im zivilen, sakralen oder militärischen Bereich bekleiden[10]. Bezogen auf Sachen wird unterschieden zwischen öffentlichen Plätzen und Straßen einerseits und Gärten und Häusern, die Einzelnen gehören, andererseits, sowie zwischen kultischen und rechtlichen Angelegenheiten der Gemeinde und denen des Bürgers.

2.*g.* Ein Problem erwächst daraus, daß die Einbeziehung eines Menschen oder einer Tätigkeit in die öffentlichen Interessen unterschiedlich stark sein kann, so daß Publizität quantifizierbar wird und sich so zum perspektivischen Begriff verflüchtigt. Im Vergleich zu einem Magistrat des Gesamtvolkes (*populus*) war selbst der Volkstribun als Vorsteher des Gemeinvolkes (*plebs*) ein *privatus*[11]. In Relation zu jedem Amtsträger ist ein bloßer Senator ein Privatmann[12], im Verhältnis zu einem gewöhnlichen Bürger aber ist er eine Standesperson. Schon Kineas, der Gesandte des Pyrrhos, nannte den Senat eine „Versammlung von Königen"[13]. Mit steigendem Reichtum und wachsendem Anhang gehörten Administration und Repräsentation zu den Lebensbereichen amtloser Senatoren. Das fand Ausdruck in ihrem Auftreten und ihrem Wohnstil[14]. Der Kaiser ist ursprünglich Privatperson: *exercitum privato consilio et privata impensa comparavi*, beginnt Augustus seinen Tatenbericht[15], und so folgerte Ernst Meyer[16]: „In streng staatsrechtlichem Sinne war der Kaiser also *privatus*".

2.*h.* Striktes Staatsrecht freilich war nicht die übliche Sicht der Zeitgenossen. *Res est publica Caesar*, heißt es bei Ovid[17], „Der Kaiser ist der Staat". Der Kaiser ist immer Kaiser, immer im Amt, ob er es just ausübt oder nicht. Mit der Übernahme der Weltherrschaft gibt der Kaiser sein Ich auf – damit alle ruhig schlafen können, ist er immer wachsam, *omnium otium illius labor*[18]. Ein bürgernaher Princeps ist einem

---

8 Julian 354 A; Béranger 1985, S. 42 ff.   9 Platon, Alkibiades 121 A. 10 Cicero, De inventione I 35; Tacitus, Annalen XV 21; D. Liebs, Lateinische Rechtsregeln und Rechtssprichwörter, 1982, S. 101, Nr. 149; Codex Theodosianus XII 1,174; Isidor von Sevilla, Etym. IX 4, 30; Mommsen, Staatsrecht I, S. 3 ff; Béranger 1985.   11 Livius II 56,13.   12 Cicero, De officiis I 124. 13 Plutarch, Pyrrhos 19.   14 H. v. Hesberg, Formen privater Repräsentation in der Baukunst des 2. und 1. Jhs. v. Chr., 1994.   15 Monumentum Ancyranum 1.   16 Ernst Meyer, Römischer Staat und Staatsgedanke, 1961, S. 366.   17 Ovid, Tristien IV 4,15 f.   18 Seneca, Consolatio ad Polybium 7.

Privatmann zum Verwechseln ähnlich (*simillimus privato*), aber eben selbst keiner. *Vita privata* bezeichnet nirgends einen persönlichen Lebensbereich des amtierenden Kaisers[19], auch nicht bei Septimius Severus, von dem es heißt, *vitam suam privatam publicamque ipse composuit ad fidem*[20]. Unter *vita privata* wird hier wie sonst die Zeit vor der Kaisererhebung verstanden[21], bisweilen auch die danach[22]. Es ist ebenso plausibel, daß Septimius Severus in seiner Autobiographie seine Karriere vor der Erhebung dargestellt hat, wie unwahrscheinlich, daß er über seine Eßgewohnheiten und sein Liebesleben berichtet hätte. Private Züge präsentierte erst Julian in seinem »Barthasser«. Daß ein Kaiser immer im Amt ist, bestätigt Velleius[23], wenn er überlegt, ob Tiberius während seiner Selbstverbannung auf Rhodos Privatmann gewesen sei oder nicht: er habe es vergebens zu sein versucht, denn seine *maiestas* habe es nicht zugelassen.

2.i. Der monarchistische Gebrauch von *privatus* im Sinne von „nicht-kaiserlich" ist häufig[24]. Er liegt vor, wenn Inhaber senatorischer und militärischer Ämter[25], ja sogar „Kronprinzen" zu den *privati* gerechnet werden[26]; damit soll ihre Stellung von der des Kaisers unterschieden werden. Der republikanische Gebrauch von *privatus* hingegen besteht fort, wo senatorische und kaiserliche Amtsträger[27] oder Höflinge[28] einfachen „Privatleuten" gegenübergestellt, wo Offiziere „ins Privatleben" entlassen werden[29]. Privatheit ist stets ein perspektivisches Phänomen. Die Antithese *privatus-publicus* wird im Sinne von „persönlich-öffentlich" weitergeführt auch abgesehen von dem, „was des Kaisers ist"[30]. Die Belege zeigen, daß die engere wie die weitere Verwendung bei frühen wie bei späten Autoren vorkommt. Ein Bedeutungswechsel ist in den ersten vier Jahrhunderten nicht erkennbar, der republikanisch-monarchische Doppelcharakter des römischen Kaiseramtes verschwindet auch in der Spätantike nicht.

2.j. Entsprechend dem Recht des Magistrats, abzudanken (*abdicatio*) – das Muster bot Sulla[31] – ist die Rückkehr aus der Herrschaft ins

19 anders ohne Beleg: André 1994, S. 236. 20 Historia Augusta, Septimius 18,6. 21 Tacitus, Annalen XII 49; Sueton, Otho 10,1; Historia Augusta, Hadrian 17,1; l.c. Septimius 3,2; 5,1; 18,6; l.c. Macrinus 1,1; Ammian XXII 9,9; XXV 5,8; XXX 7,5; Aurelius Victor, Epitome 48,9; Symmachus, or. I 2;6. 22 s.u. 2j!; anders Béranger 1985, S. 29. 23 Velleius II 99. 24 Seneca, De clementia I 5,2; 7,3; Sueton, Augustus 28; ders., Titus 1; Tacitus, Annalen XI 31,7; ders., Historien I 37; Juvenal IV 66; Historia Augusta, Septimius 3,2; 5,1; Eutrop VIII 8. 25 Historia Augusta, Marc Aurel 6,1; l.c. Septimius 5,1; Ammian XXIII 1,1. 26 Historia Augusta, Verus 2,11; Ammian XXVI 9,1; XXVII 2,1. 27 Tacitus, Annalen VI 2,4; XIII 52,1. 28 Ammian XV 5,4. 29 Historia Augusta, Maximini 11,2; Ammian XVI 11,7. 30 Seneca, Briefe 24,16; 120,10. 31 Appian XIII 103.

Privatleben bei Claudius[32], Nero[33] und Vitellius[34] für möglich erachtet, von Pertinax[35] und Magnentius[36]geplant, und von Julian den meuternden Soldaten angedroht worden. Er habe so gelebt, daß er das Gericht durch einen Nachfolger nicht fürchten müsse[37]. Die erste vollzogene Privatisierung einer Kaiserin ist bezeugt 193 für Manlia Scantilla, die zwar ihren Augusta-Titel ablegen mußte, ihren Gatten Didius Julianus aber bestatten durfte[38]. Es folgt die Privatisierung der Julia Maesa Augusta, nachdem Macrinus als Nachfolger ihres toten Neffen dies verfügt hatte[39]. Wenig später trennte sich Elagabal von seiner Frau und versetzte sie in den Privatstand[40]. Freiwillig ist der Schritt dann von Diocletian und Maximian getan worden[41]. Auch spätere Kaiser lebten nach ihrer Absetzung im Stande von Privatleuten. So Tetricus nach seiner Unterwerfung unter Aurelian 273: Dieser begnadigte ihn, übertrug ihm eine Statthalterschaft in Italien und gönnte ihm einen langen Lebensabend als Privatmann: *privatus diutissime vixit*[42]. Ebenso genoß Zenobia, die „Königin des Orients", nach dem Triumph Aurelians über sie ein ruhiges Alter in einer Villa am Tiber. Hieronymus[43] kannte hundert Jahre später noch Nachkommen von ihr.

Die Beispiele setzen sich in der Spätantike fort. Der Versuch des Maxentius, der Niederlage gegen Constantin durch Thronverzicht zu entgehen, mißlang. Zwei Tage vor der Schlacht an der Milvischen Brücke siedelte er zwar Frau und Sohn aus dem Palast in ein Privathaus um, mußte selbst aber gegen Constantin antreten und fiel[44]. Im privaten Stande lebten nach der Absetzung Licinius während seiner kurzen Ehrenhaft zu Thessalonike: *privatus factus est*[45], Vetranio in seiner Luxusvilla zu Prusa[46]; Attalus im Lager Alarichs[47] und zuletzt auf Lipari[48], Maximus unter den Goten in Spanien[49]. Der im Mittelalter geläufige Rückzug des Herrschers in den geistlichen Stand beginnt in der Spätantike: Kaiser Avitus endete 456 als Bischof von Placentia[50], Glycerius 474 als Bischof von Salona[51]. Nepos lebte 475 bis zu seiner Ermordung 480 als „Kaiser von Dalmatien" – aber faktisch im Exil zu Spalato[52] und Romulus Augustulus nach 476 in einer Villa des Lucullus in Campanien. Odovacar gewährte dem Knaben und seiner

---

32 Sueton, Claudius 7.   33 Sueton, Nero 47,2.   34 Sueton, Vitellius 15,2.
35 Historia Augusta, Pertinax 13,3.   36 Zonaras XIII 8.   37 Ammian
XXIV 3,7; XXV 4,12.   38 Historia Augusta, Didius 8, 9f.   39 Herodian
V 3,2.   40 Herodian V 5,1.   41 Eutrop IX 27f.   42 Eutrop IX 13;
Aurelius Victor, Liber 35,5, Historia Augusta, Aurelian 39.   43 Euseb/Hieronymus, Chronik zum Jahr 263.   44 Panegyrici Latini XII 16, 5f.   45 Eutrop
X 6; Anonymus Valesianus 28.   46 Aurelius Victor, Epitome 41,25.   47 Zosimos VI 12.   48 Philostorgios XII 5.   49 Orosius VII 42,5.   50 Gregor
von Tours, Frankengeschichte II 11.   51 Jordanes, Getica 241.   52 Chronica Minora II, S. 92.

Mutter außerdem eine Jahresrente von 6000 Goldstücken im Jahr[53]. Es gibt den Kaiser im Ruhestand.

2.k. Wenn der amtierende Kaiser *per definitionem* keine Privatperson ist, dürfte man, so könnte man folgern, während seiner Amtszeit auch von seinem Privatleben nicht sprechen. Nichtsdestoweniger scheint mir der deutsche Begriff „Privatleben" geeignet, in hinreichender Klarheit einen bestimmten Ausschnitt aus dem Leben auch der regierenden Kaiser zu bezeichnen. Das gilt vorab für das Allerprivateste: das Liebesleben. Diese Assoziation hat eine lange Vorgeschichte. 1780 erschien in Nancy ein Buch, anonym, unter dem Datum „Caprée 1753", in zweiter Ausgabe „Vatican 1786", verfaßt von Pierre François Hugues Hancarville, geb. 1729 in Nancy, Akademiemitglied in London und Berlin, gest. in Rom 1799 oder 1800[54]. Es trägt den Titel »Monumens de la vie privée des douze Césars d' après une suite de pierres gravées sous leur règne.« Der Autor behauptet, durch günstige Umstände an eine bisher unbekannte Sammlung geschnittener Steine obszönen Inhalts gekommen zu sein. Er gibt sie in Stichen wieder und kommentiert sie aus den antiken Quellen. Das ganze atmet den Geist der Casanova-Zeit. Die wiederum anonymen Herausgeber der undatierten Luxusausgabe (von 1906 ?) wollen aus der Sittenlosigkeit der verderbten Bürger des späten Rom die Ausbreitung des Christentums erklären und verweisen auf die zeitgenössischen Unsitten, die angeblich den Zorn der Unter- auf die Oberschicht hervorriefen und damit den Sozialismus begünstigten. Doch ist das Vorwort bloß ein rhetorisches Feigenblatt für Lüstlinge im Casino.

2.l. Ins Deutsche wurde der Begriff „Privatleben" für die Kaiser eingeführt durch Theodor Mommsen. Er meinte mit dem „Privatleben" des Kaisers Constantius II[55] ebenfalls zunächst Liebe und Ehe, sodann Essen und Trinken, Sport und Bildung – dasselbe, was er auch als die „häuslichen Details" bezeichnete[56]. Die julisch-claudischen Kaiser hätten ihre gesamte Korrespondenz „durchaus als Privatsache" betrachtet, auch wenn es sich um öffentliche Belange gedreht habe, und eine Scheidung zwischen dem „persönlichen und dem politischen Dienst" sei schwierig, aber offenbar schien sie ihm nicht unmöglich[57].

2.m. Im folgenden soll gemäß dem negativen Grundsinn des Begriffes *privatus* der Ausdruck „Privatleben" alles bezeichnen, was mit den wichtigsten Amtspflichten des Kaisers nicht unmittelbar verbunden ist. Fronto rechnet dazu die Rechenschaft vor Senat und Volk, die Recht-

---

53 Anonymus Valesianus 38.   54 für diese Hinweise danke ich Walter Koneffke.   55 Mommsen, Kaisergeschichte, S. 535.   56 s. o. 1 b! 57 Mommsen, Staatsrecht II, S. 837 f.

sprechung und Gesetzgebung, das Versenden von Briefen in alle Welt,
die Zähmung der Barbarenkönige, das Tadeln von Mißständen und
das Lob von Wohltaten bei den „Bundesgenossen", das Niederwerfen
von Aufständen und die Abschreckung von „Wilden"[58]. Alle Regie-
rungspflichten des Kaisers, seine Tätigkeit als oberster Feldherr und
Richter, Gesetzgeber und Priester[59] werden im folgenden ausgespart.

2.*n.* „Privat" hingegen nennen wir jene Lebensbereiche, die der Kaiser mit anderen Menschen gemein hat, jene Angelegenheiten, die ihn
als Individuum oder als Mitglied der Senatorenschicht, der er *ex officio* angehört, kennzeichnen. Ohne daß Mommsens Auffassung vom
Principat als Magistratur erneuert werden soll, ist der Kaiser standes-
rechtlich und sozialgeschichtlich unter den Senatoren nur *primus inter
pares*, jeder Senator hingegen ein kleiner Monarch.

2.*o.* Der Kaiser ist nicht nur Amtsträger, sondern auch Individuum.
Das wußten die Zeitgenossen sehr wohl, und dementsprechend gibt es
in den Quellentexten ein klares, terminologisch faßbares Bewußtsein
von dem, was wir als „Privatleben" bezeichnen. Bei den amtierenden
Kaisern wird unterschieden zwischen der Regierungstätigkeit und der
persönlichen Lebensführung, der *vita interior ac familiaris*[60] oder *vita
cotidiana et domestica*[61]. Augustus ersuchte den Senat um *quies* und
vacatio a republica, um Urlaub vom Regieren[62]. Marc Aurel muß auch
in der Freizeit (*vacatio*) während eines Landaufenthaltes (*rusticatio*)
wegen dringender Staatsgeschäfte (*politeia*) das „Leben in der Toga"
(*vita togata*) führen[63]. Es ist die kanonische – beispielshalber in der
Rahmenhandlung zu Ciceros »De re publica« vorausgesetzte – Zwei-
teilung des Lebens in *negotium et otium*, Geschäft und Muße, in *labor*
und *voluptas, remissio* oder *refectio*, in Arbeit und Vergnügen, Entspannung oder Erholung. Der jüngere Plinius[64] klassifiziert damit die
Tätigkeiten Trajans. Cassius Dio[65] und Herodian[66] stellen im Griechischen die Begriffe *koinos* oder *dēmosios* und *idios* einander gegenüber.
Julian trennte *ta exō* und *ta endon* – die äußeren und die inneren
Dinge –, beziehungsweise *dēmosia kai phanerōs* – öffentlich und sicht-
bar – auf der einen Seite, und *idia kai lathra* – privat und verborgen –
auf der anderen, das heißt, das Leben vor aller Augen und das innerhalb der eigenen vier Wände[67]. Ein Versuch dieser Trennung ist auch
archäologisch bezeugt: Domitian teilte seinen Palast auf dem Palatin

---

58 Fronto, S.138 (van den Hout BT).   59 dazu ausgiebig Mommsen,
Staatsrecht II, S.847ff; Bleicken I 1978, S.20ff; Millar 1977; Turcan 1987,
S.49ff; 127ff.   60 Sueton, Augustus 61.   61 Tacitus, Annalen I 10;
Historia Augusta, Alexander 29,1.   62 Seneca, De brevitate vitae 4,2.
63 Fronto S.103 (van den Hout BT).   64 Plinius, Panegyricus 81ff.
65 Dio LV 12,5; LVI 41,5.   66 Herodian II 4,4.   67 Julian 340 B; 343
BC.

in einen repräsentativen und einen privaten Trakt[68], ähnlich wie der türkische Sultan den Topkapi-Serail von Istanbul in *Selamlik* und *Haremlik*.

2.*p.* Das Wort *privatus* wird darüber hinaus von den Quellen in bestimmten Zusammenhängen durchaus auf den Kaiser angewandt. Im Unterschied zu seinem Titel ist sein Eigenname *nomen privatum*[69]. Seine Villen baute Tiberius *privatis aedificationibus*, dagegen *publice* errichtete er einen Tempel und ein Theater[70]. Persönliche Feindschaften bleiben Privatsache[70a]. Nero soll zu Anfang seiner Regierung seiner Mutter Agrippina *summam omnium rerum privatarum publicarumque* überlassen haben[71]. Vespasian wird gerühmt, daß er als Herrscher seine private Lebensführung nicht geändert habe[72], ebenso wie Antoninus Pius[73] und Pertinax[74]. Unter Trajan gab es einen Aufseher der kaiserlichen Hausgarderobe *a veste imperatoris privata*[75]. Eutrop rühmt den Kaiser: *publice privatimque ditans omnes*[76], er habe aus staatlichen und eigenen Mitteln viele Menschen reich gemacht. Pius und Severus Alexander unterschieden *convivia privata* für ihre Freunde und *convivia publica* für die Öffentlichkeit[77].

2.*q.* Marc Aurel blickte auf seine Jugend zurück und freute sich, daß er auch am Hofe ein beinahe privates Leben führen konnte[78]. Er feierte die Hochzeit seines Sohnes *exemplo privatorum*[79]. Von einem guten Kaiser erwartete ein Autor senatorischen Standes, daß er *privatim* wie ein Bürger, das heißt wie ein Senator lebte[80]. Das bedeutete Volksnähe, *civilitas, clementia, modestia*[81]. An Severus Alexander schrieb man *quasi ad privatum*[82]. Er ließ alles, *quae publice vel privatim agebat*, aufzeichnen[83]. Selbst ein Elagabal war *in agris suis* Privatmann, *privatus*[84]. „Privatvillen" sind bezeugt für Pertinax[85], Alexander Severus[86] und Valerian[87]. Möglicherweise befanden sich die Häuser schon vor der Erhebung zum Kaiser in ihrem Besitz. Seit Septimius Severus[88] unterscheidet der Terminus *res privata* das persönliche Vermögen des Kaisers vom Staatseigentum, soweit er es verwaltet[89]. Bezeichnend für das Nebeneinander von dienstlichem und persönlichem Bereich ist die Wendung, die Theodosius in einem Brief an den Dichter Ausonius

---

68 Turcan 1987, S. 28 ff.   69 Suet., Vesp. 15.   70 Tac., Ann. VI 45; vgl. IV 63.   70a l.c. III 12.   71 Sueton, Nero 9.   72 Dio LXVI 10,1.   73 Historia Augusta, Pius 7,6; 11,1 ff.   74 l.c. Pertinax 13,4.   75 Dessau, Nr. 1756. 76 Eutrop VIII, 4.   77 Historia Augusta, Pius 11,4; l.c., Alexander 34,7 f. 78 Marc Aurel I 17.   79 Historia Augusta, Marcus 27,8.   80 Dio LII 39,4; Historia Augusta, Aurelian 50,2; l.c. Tacitus 7,7; Panegyrici Latini II 12,5.   81 Seneca, De clementia I 13,4; Sueton, Augustus 51,1; Eutrop VIII 5,1.   82 Historia Augusta, Alexander 4,1.   83 l.c. 3.   84 l.c. Elagabal 28,1.   85 l.c. Pertinax 8,8.   86 l.c. Alexander 25,4.   87 l.c. Aurelian 8,2.   88 l.c. Septimius 12,4; l.c. Macrinus 2,1; 7,1.   89 s.u. 7y!

gebraucht: er fordere dessen Werke nicht *pro iure regio*, nach Herr-scherrecht, sondern gemäß der *privata inter nos caritas*[90], der „priva-ten Vertraulichkeit zwischen uns". So hat sich der Kaiser entsprechend dem Verständnis der Zeit und seiner Selbstauffassung durchaus eine private Sphäre gewahrt.

2.*r*. Aus dem Dargelegten ergibt sich, daß bei den Kaisern Privatle-ben und Hofstaat zu unterscheiden sind, auch wenn es Überschneidun-gen gibt. Der Hof[91] setzt eine etablierte Monarchie voraus, weswegen Mommsen ihn gemäß seiner Auffassung vom Princeps als Magistrat nicht innerhalb des Staatsrechts vorführt. »Hof und Haushalt« werden unter den Begriff des »kaiserlichen Hauswesens« gestellt, und nur die Berater des Kaisers erfahren eine knappe Behandlung[92]. Aber auch wenn wir das Kaisertum als Staatsform fassen, ist der Hof dessen Mit-telpunkt, damit eine politische Institution neben dem Senat, dem Heer, der Provinzial- und der Stadtverwaltung. Der Hof ist in erster Linie das Zentrum der Regierung und der Repräsentation und erst in zweiter Linie der Aufenthaltsort des Herrschers und seiner Familie. Sein Pri-vatleben spielt sich zwar im wesentlichen hier ab, doch greift es räum-lich darüber hinaus und liegt sachlich auf einer anderen Ebene. Eine Darstellung des Hoflebens übergeht die Badegewohnheiten und Bor-dellbesuche der Kaiser, ignoriert ihre Zahnschmerzen und ihren Aber-glauben, fragt nicht, ob sie schwimmen konnten, was sie geträumt haben. Insofern ist der Hof nicht mein Thema.

2.*s*. So gewiß es möglich und sinnvoll ist, die öffentliche Amts-führung des Kaisers von seiner persönlichen Lebensweise zu trennen[93], so gewiß wurde diese – wie schon bei den republikanischen Senato-ren – aufmerksam beobachtet und moralisch gewertet. Damit gewinnt auch sie nachträglich politischen Charakter. Mittelbar hängt fraglos alles, was über den Kaiser bekannt wird, gewollt oder ungewollt mit seinen Dienstaufgaben zusammen. Eine Unterscheidung von Amt und Privatsphäre ist sauber nur in den wenigen Fällen möglich, wo wir dies auf zeitgenössische Aussagen stützen können. Die Frage der Abgrenzung ist immer zu stellen, aber selten zu beantworten, denn die Übergänge zwischen privatem Luxus und öffentlicher Repräsentation, zwischen individuellen Interessen und dienstlichen Aufgaben ver-schwimmen. Thema Tischkultur: Wann ist ein Gastmahl ein Staatsban-kett? Thema Freundschaft: Ist jeder *amicus Caesaris* Inhaber eines Hofranges der *tres admissiones*? Thema Kleidung: Welche Gewänder

---

90 Ausonius I 3.   91 Friedländer I 1922, S. 33 ff; Turcan 1987, dazu Win-terling, in: Gnomon 64, 1992, S. 414 ff.   92 Mommsen, Staatsrecht II, S. 833 ff.   93 Berangér 1985, S. 24: *L' empereur se réserve aussi sa part stric-tement personelle de vie privée, comme un citoyen ordinaire.*

sind dem Kaiser vorbehalten, wenn ein Marc Aurel die kaiserliche Garderobe versteigern ließ? Thema Schmuck: Woran läßt sich das kaiserliche Siegel erkennen, wenn die Herrscher das Bild ohne ersichtlichen Grund wechselten? Thema Wohnung: Wie unterscheidet man eine Kaiservilla von einer Privatvilla? Was ist ein Palast, da doch auch der Senator in seiner *domus* seine Klienten empfängt? Ging der Kaiser auf die Jagd, so bewies er seine Herrschertugend. Aber auch Privatleute jagten. Besuchte der Kaiser die Spiele, so diente das seiner Popularität. Aber darauf konnte er durchaus verzichten, wenn er keinen Spaß daran fand. Begab sich der Kaiser auf Reisen, so sah er nach dem Rechten. Zugleich befriedigte er seine Neugier. Dienstreise oder Privatreise? Typisch für die literarische Tätigkeit der Kaiser war das Schreiben von Memoiren. Solche gibt es freilich auch von Privatleuten[94]. Typisch für die Religiosität der Kaiser ist das mythische Rollenspiel[95]. Doch auch Privatbildnisse tragen die Attribute von Venus und Herkules. Mit dessen Wahrzeichen stürzte sich Peregrinus Proteus wie der Heros in die Flammen[96]. Umgekehrt erscheint uns spezifisch privat, was jemand träumt; und trotzdem wurden die Träume der Kaiser in der Regel berichtet, da ihnen Providenz zugeschrieben wurde. Aberglaube[97] wird politisch, wo er, wie bei Caracalla und Valentinian, Entscheidungen bestimmt. Noch spezifischer privat dünkt uns das Liebesleben. Nichtsdestotrotz wurden die Ehen am Hof nach kaltem Kalkül geschlossen, erscheinen die Kaiserinnen mit ihren Kindern in der Münzpropaganda, verführte Augustus die Frauen von Senatoren angeblich nur, um die politische Gesinnung ihrer Ehemänner auszuspionieren[98]. Seneca verkuppelte Nero mit Acte, um ihn vom Regieren abzuhalten[99], und die Verschwörung gegen Commodus wurde von seiner Konkubine Marcia organisiert[100]. Wenn das keine Politik ist!

2.t. So gehen das Offizielle und das Individuelle allenthalben ineinander über und müssen das tun, weil die Ansichten darüber, wo das Dienstliche aufhört und das Persönliche anfängt, beträchtlich schwanken. Die Frage, was des Kaisers ist, beantwortete ein Senator (der selbst Anspruch auf Mitwirkung erhob) anders als ein Plebejer (der einen fürsorglichen *pater patriae* brauchte), ein Legionär (der Gehorsam gewohnt war) anders als ein überzeugter Christ (der Gott mehr gehorchte als einem Menschen). Auch die Kaiser selbst vertraten die unterschiedlichsten Ansichten. Letztlich stand es im Belieben jedes Kaisers, die Grenze zwischen Amt und Freizeit zu ziehen. Nero benutzte die Stadt Rom wie sein Privathaus[101], betrachtete das ganze

94 Apuleius, Apologia; Libanios, or. 1. 95 s.u. 11f–l! 96 Lukian, De morte Peregrini 36. 97 s.u. 11q–u! 98 Sueton, Augustus 69. 99 s.u. 5j! 100 Herodian I 16f. 101 Tacitus, Annalen XIII 4.

Reich als sein Privateigentum und sich selbst als Künstler; er starb mit den Worten: *qualis artifex pereo*[102]. Hadrian betonte, daß die *res publica* die Sache des Volkes, nicht seine *res propria* sei[103]. Marc Aurel meditierte auch nachts über Staat und Gesellschaft und stellte seine ganze Person in den Dienst des Gemeinwesens.

2.*u.* Das kaiserliche Privatleben im skizzierten Sinne läßt sich in Lebensbereiche gegliedert beschreiben. Die neun unten gebildeten Abschnitte beanspruchen nicht, die einzig mögliche Anordnung des Stoffes darzustellen, wollen aber das Thema vollständig umfassen. Ein Versuch, über die Systematik zu einer Geschichte des kaiserlichen Privatlebens zu gelangen, verspräche dagegen nur begrenzten Erfolg. Die beispiellose Freiheit, die den Kaisern verstattet war, hatte zur Folge, daß sie ihre Privatsphäre eher nach ihrem jeweiligen Charakter als nach festen Traditionen gestalteten. Nur im allgemeinsten Sinne lassen sich Tendenzen und Entwicklungen beobachten.

2.*v.* Die bereits in der frühen Kaiserzeit übliche Unterscheidung zwischen „guten" und „schlechten" Kaisern zeigt sich im persönlichen Gehabe derselben insofern, als die in den Augen der konservativen Oberschicht, der die Literaten angehörten, „guten" Kaiser die altrömisch-senatorische Lebensart bevorzugten oder gar philosophische Askese übten, die „schlechten" hingegen orientalisches Raffinement, höfischen Pomp und Popularität bei den Massen suchten. Zumeist fanden sie ihn auch, doch nahmen sie in der Regel ein böses Ende. Philhellenismus bleibt in diesem Werteschema ambivalent, je nachdem, ob man ihn wie ein Nero oder wie ein Hadrian umsetzt.

2.*w.* Mit den Soldatenkaisern des dritten Jahrhunderts kam ein neuer Typus hoch. Ihnen fehlte es für ein ausgedehntes Privatleben an Zeit, es war Krieg; an Geld, es herrschte Inflation; und an Bildung, die man für einen bemerkenswerten Lebensstil im positiven oder im negativen Sinne benötigt. Die christlichen Kaiser der Spätantike bringen abermals eine Veränderung. Der neue Glaube und die strengere Etikette setzten neue Maßstäbe und engten die Spielräume im persönlichen Bereich ein. Zumal die spätrömischen Kinderkaiser, im Purpur geboren, im Palast eingeschlossen, entfalteten sich als Individuen kaum. Sie blieben *principes pueri*[104] und *principes clausi*[105]. Unter Theodosius II, Anfang des fünften Jahrhunderts, verwandelte sich der Palast in eine kaiserliche Bußanstalt[106]. Das einst so farbenprächtige Bild verblaßte.

---

102 Sueton, Nero 49,1.   103 Historia Augusta, Hadrian 8,3.   104 l.c. Tacitus 6,5.   105 Sidonius, carmina V 358.   106 Socrates Scholasticus VII 22; Theodoret, Kirchengeschichte V 39.

3. Tageslauf und Tischkultur

a. **Tageslauf:** Vormittag bei Augustus
b. bei Severus Alexander
c. Siesta, Nachmittag
d. Schlaf

e. **Eßgewohnheiten** als Charaktermerkmal
f. seit Augustus; große Fische
g. seit Trajan

h. **Mahlzeiten:** Frühstück
i. Hauptmahlzeit
j. Speisesaal, Liegen, Sitzen
k. bei Claudius, Nero, Elagabal
l. Besteck
m. Geschirr
n. Kochkunst und Köche
o. Herkunft der Speisen

p. **Gänge:** Vorspeise
q. Hauptgang
r. Extravaganzen
s. Nachtisch: Obst

t. **Gelage:** Getränke
u. Trinksitten seit Augustus
v. Erbrechen
w. Unterhaltung: Parasiten, Zwerge

x. Würfelspiel

y. **Gift**
z. Gegengift

Non potest esse pretiosior
homo quam cocus meus.

Trimalchio

3.a. „Zwölfmal ist der Anzeiger der Wasseruhr geteilt, nach jeder Stunde ertönt aus dem Wunderwerk des Athenaios ein Pfiff über die ganze Stadt. So erkennen wir die Zeit auch dann, wenn die Sonne nicht scheint"[1]. In zweimal zwölf Stunden teilten die Römer den Tag und die Nacht, gerechnet von Sonnenauf- zu Sonnenuntergang und umgekehrt[2]. Die Stunden waren mithin sommers und winters ungleich lang. Sie wurden mit Sonnen- und Wasseruhren (*horologium*) gemessen[3]. Reiche Leute ließen die Stunden durch einen Hornbläser (*bucinator*) in der Art des altdeutschen Nachtwächters verkünden[4]. Augustus baute auf dem Marsfeld die „größte Uhr aller Zeiten", eine Sonnenuhr, deren Zeiger (*gnōmōn*) ein Obelisk aus Heliopolis in Unterägypten war[5].

Von mehreren Kaisern ist uns der Tageslauf überliefert[6]. Er unterlag keiner festen Etikette, sondern wurde individuell gestaltet. Die im folgenden beschriebenen Gewohnheiten galten allerdings nur dann, wenn der Kaiser nicht im Felde oder auf Reisen war und kein Fest die Geschäfte unterbrach. Zunächst der Vormittag: Von Vespasian[7] und Septimius Severus[8] hören wir, daß sie schon vor Sonnenaufgang mit der Arbeit begannen. Sie bestand in der Lektüre von Briefen und Eingaben. Sodann pflegten die Freunde zu erscheinen und den Kaiser zu begrüßen, dieser zog eigenhändig Mantel und Schuhe an und machte einen kurzen Spaziergang – von einem Frühstück verlautet nichts. Anschließend hielt er die Morgen-Audienz, die oft einer Gerichtssitzung glich. Die Parteien trugen ihre Wünsche vor, in Streitfällen sprachen beide Seiten. Der Kaiser fragte seine Ratgeber und traf die Entscheidung. Um die Mittagsstunde ritt der Kaiser aus, machte gymnastische Übungen und nahm ein Bad.

3.b. Im dritten Jahrhundert hatte sich daran wenig geändert. Severus Alexander[9] begann den Tageslauf – sofern er nicht mit seiner Frau

1 Anthologia Graeca VII 641.   2 G. Bilfinger, Die antiken Stundenangaben, 1888.   3 Vitruv IX 8; Marquardt 1886, S. 788 ff.   4 Petron 26.   5 Dessau Nr. 91; Plinius, Naturalis historia XXXVI 15/72 f; Buchner 1982.   6 Zum Normalschema: Marquardt 1886, S. 250 ff; Balsdon 1969, S. 17 ff.   7 Sueton, Vespasian 21; Plinius, Briefe III 5,9.   8 Dio LXXVI 17.   9 Historia Augusta, Alexander 29 f.

geschlafen hatte und daher nach orientalischen Vorstellungen kultisch unrein war[10] – mit einer Andacht in seiner Hauskapelle, frühstückte und verschaffte sich Bewegung durch Schwimmen, Spazieren oder Jagen. Danach widmete er sich den Staatsgeschäften, mit denen er notfalls schon vor Sonnenaufgang begann. Es folgte Lektüre und abermals Sport: Ballspiel, Lauf oder Ringübung und ein kurzes Bad, vorwiegend kalt. Nach dem Genuß von Milch, Eiern und Met (*mulsum*) kam das Mittagsmahl (*prandium*).

3.c. Dem Mittagessen folgte bei manchen Fürsten ein Ausritt – so Germanicus[11] – oder eine Siesta (*meridiatio*). Augustus ruhte regelmäßig, jedoch nur kurz in Kleidern und Schuhen, indem er die Hand über die Augen legte[12]. Claudius – immer ein Gegenstand des Spottes – wurde beim Mittagsschlaf mit Oliven- und Dattelkernen beworfen, ohne aufzuwachen[13]. Vespasian ging gewöhnlich mit einem Mädchen ins Bett. Wieder aufgewacht, war er bester Laune, wer jetzt mit einem Anliegen zu ihm kam, hatte gewiß Erfolg[14]. Mittagsruhe hielten ebenfalls Domitian[15], Trajan[16] und Severus Alexander, der dabei in seinem Zelt ermordet wurde[17]. Am Hof in Konstantinopel bot Anastasius seinen Gästen Sofas zum Mittagsschlaf nach dem Essen an[18].

Der spätere Nachmittag gehörte bei besonders pflichtbewußten Kaisern wiederum den Staatsgeschäften: die Räte trugen vor, Briefe wurden gelesen, Unterschriften geleistet. Anschließend erschienen die Freunde, die den Staatsrat bildeten[19], wie bei Severus Alexander so auch bei Constantius II und Jovian[20]. Bisweilen gab es noch einen Spaziergang, auf dem sich der Kaiser lateinisch und griechisch unterhielt. Heimgekehrt nahm er ein zweites Bad und speiste mit seinen Höflingen oder seinen Gästen zur Nacht (*cena*). Ein geregelter Tageslauf dieser Art ist allerdings nur von guten Kaisern zu erwarten. Wüstlinge wie Commodus badeten, spielten und aßen ganz nach Laune[21] oder machten, wie Elagabal[22], die Nacht zum Tage.

3.d. Die Schlafgewohnheiten der Kaiser unterschieden sich so wie ihre Charaktere. Mäßigkeit im Schlafen galt als lobenswert[23], Schlafstörungen wurden auf unausgeglichenen Charakter oder schlechtes

10 Philo Alexandrinus, Über die Einzelgesetze I 119; Al Biruni, In den Gärten der Wissenschaft, übersetzt und erläutert von G. Strohmaier, 1991, S. 125 f. 11 Sueton, Caligula 3,1.   12 Sueton, Augustus 78.   13 Sueton, Claudius 8. 14 Sueton, Vespasian 21.   15 Dio LXVII 17.   16 Plinius, Panegyricus 49,8.   17 Historia Augusta, Alexander 61,3.   18 Anonymus Valesianus 74.   19 Historia Augusta, Alexander 31,1 f.   20 Ammian XXV 10,14. 21 Herodian I 17,9; Historia Augusta, Commodus 11,6.   22 l.c. Elagabal 28,6.   23 Julian 11 A; Aurelius Victor, Epitome 47, 5.

Gewissen zurückgeführt. Daher waren gute Kaiser nicht unbedingt Frühaufsteher, schlechte Kaiser nicht durchgehend Langschläfer. Augustus[24] war ein solcher, denn er arbeitete auf seiner Liege oft beim Lampenlicht bis tief in die Nacht[25], obwohl er nur sieben Stunden ruhte, und zwar im Sommer bei offenen Türen neben dem Springbrunnen im Säulenhof[26]. Wachte er nachts auf, holte er sich Vorleser oder Erzähler (*lectores et fabulatores*). Caligula[27] konnte keinen Schlaf finden und hielt es nur drei Stunden im Bett aus. Das kennzeichnet den Tyrannen zu allen Zeiten: Rauschning berichtet Entsprechendes von Hitler, auch die Angstträume[28]. Claudius[29] hinwiederum ging spät zu Bett und nickte dafür bei den Gerichtssitzungen ein.

Asketische Naturen verkürzten den Schlaf, um zu studieren. Im bewußten Gegensatz zum Prunk bei Hofe schlief Marc Aurel als Kronprinz auf dem Boden. Es sei so kalt in seinem Schlafraum, schrieb er an Fronto, daß er kaum die Hand aus dem Bett strecken könne[30]. Einmal berichtet er Fronto von einem Skorpion, den er in seinem Bett fand, aber töten konnte, bevor er sich legte[31]. Dem schon regierenden Marc Aurel machte Fronto Vorhaltungen: „Wenn du schon dem Spiel, der Muße, dem Essen und dem Vergnügen den Kampf angesagt hast, so schlafe doch wenigstens!"[32]. Wenig Schlaf benötigte aus anderen Gründen sein lebenslustiger Bruder Verus[33], während später Gordian I so schläfrig war, daß er nach dem Gastmahl bei seinen Freunden auf dem *triclinium* einschlummerte – obschon sich das nicht schickte[34].

Schlafarm lebten wiederum Constantin, der nachts die Bibel studierte[35], ähnlich sein Sohn Constantius II[36] und – gewiß mit anderer Kopfkissenlektüre – dessen Nachfolger Julian[37]. Von Alexander d. Gr., den sich Julian zum Vorbild nahm, heißt es, er habe, um sich selbst zu wecken, in der Linken eine Metallkugel über ein Becken gehalten, das ertönte, sobald die erschlafften Finger sich öffneten[38]. Julian drittelte die Nacht für die Ruhe, den Staat und die Musen. Er schlief nicht unter einem Federbett, sondern unter einer rauhen Decke[39], im Felde gar auf blankem Boden[40]. Ähnliches berichtet Prokop über Justinian, der fastete und wachte, zufrieden mit nur einer Stunde Schlaf, sei es, um das Wohl des Reiches zu fördern[41], sei es, um

---

24 Sueton, Augustus 78; Aurelius Victor, Liber 1,4.   25 Sueton, Augustus 78.   26 l.c. 82.   27 Sueton, Caligula 50,3.   28 Rauschning 1940/73, S. 272 f; s.u. 11w!   29 Sueton, Claudius 33.   30 Fronto, S. 85 (van den Hout BT).   31 l.c. S. 73.   32 l.c. S. 227 ff.   33 Historia Augusta, Verus 4,10.   34 l.c. Gordiani 6,7.   35 Euseb, Vita Constantini IV 29.   36 Ammian XXI 16,6.   37 Libanius, Reden XVIII 175.   38 l.c. XVI 5,4.   39 l.c. 5,4 f.   40 Mamertinus, in: Panegyrici Latini III 11,4; Julian 340 B.   41 Prokop, Aedificia I 7, 8 ff.

Tücken gegen die Untertanen zu ersinnen[42]. Seine Frau Theodora hingegen schlief gern und lange: mittags bis zum Abend und nachts bis zum Sonnenaufgang[43].

3.e. Die Eßgewohnheiten waren in der Antike, wie in allen Kulturen, ritualisiert[44]. Dennoch unterschieden sich die Kaiser, wie in anderen Lebensbereichen, auch in Bezug auf Essen und Trinken untereinander. Für den antiken Historiker wären diese Dinge *indigna memoratu*[45], wenn sie nicht in Zusammenhang mit den Herrscherqualitäten stünden[46]. Gewöhnlich wird guten Kaisern eine karge Küche nachgesagt, während zum Bilde des schlechten Kaisers die Schlemmerei gehört[47]. Dennoch gibt es Abweichungen. Nachrichten über Eßgewohnheiten können das Charakterbild eines Kaisers nicht nur bestätigen, sondern auch berichtigen und ergänzen. Wie die Individualität eines Gastgebers durch die Schilderung einer Mahlzeit herausgearbeitet werden kann, lehrt die *cena Nasidieni* bei Horaz[48] und, noch prägnanter, die unbezahlbare »Cena Trimalchionis«, das Essen bei einem Freigelassenen der neronischen Zeit[49]. Keine Finesse, keine Sottise fehlt. Die Szene wird allerdings anschaulich erst in der Verfilmung durch Fellini. Der Autor ist Gaius Petronius, ein Lucullus der Kaiserzeit, der unter Nero das Hofamt eines *arbiter elegantiae* bekleidete[50], zu deutsch: „Minister für Geschmacksfragen" oder „Kommissar für die feine Lebensart".

3.f. Augustus hielt sich nicht an die Mahl-Zeiten, er aß, wann immer er Hunger hatte, aber begnügte sich mit Hausbrot, kleinen Fischen, handgepreßtem Kuhkäse und selbstgepflückten Feigen[51]. Zu seinem Gesinde gehörte Matius Calvena, der als Obstzüchter und Verfasser eines Kochbuches und durch die nach ihm benannten Äpfel bekannt wurde[52]. Tiberius liebte Knorpelgurken[53] und ließ als sparsamer Hausvater die Essensreste vom Vortage wieder auftischen[54]. Die aus der Republik bekannten Gesetze gegen den Tafelluxus erklärte er allerdings für zwecklos[55] – das kaiserliche Vorbild wirke stärker[56]. Seinen Sohn Drusus minor tadelte er, weil er unter Berufung auf den Kochbuch-Autor Apicius eine Kohlart verschmähte[57]. Als jemand dem Kaiser eine kapitale Meerbarbe schenkte, ließ er sie auf dem Fischmarkt verkaufen, um zu sehen, welcher Feinschmecker sie ersteigern würde. Publius Octavius, der Sohn eines Präfekten von Ägypten, überbot

42 Prokop, Anekdota 13,27f.   43 l.c. 15,8.   44 Visser 1991; Slater 1991.
45 Historia Augusta, Macrinus 1,4.   46 Haehling 1991.   47 Friedländer
II, S. 285 ff.   48 Horaz, Satiren II 8.   49 Petron 26ff.   50 Tacitus,
Annalen XVI 18.   51 Sueton, Augustus 76; Dio L 30,2.   52 Plinius,
Naturalis historia XV 15/49; Athenaios 82 C; Sueton, Domitian 81.   53 Plinius, Naturalis historia XIX 23.   54 Sueton, Tiberius 34.   55 Gellius II
24; Tacitus, Annalen II 33.   56 l.c. III 55.   57 Plinius, Naturalis historia
XIX 41/137.

Apicius mit 5000 Sesterzen und gewann bei seinen Anhängern (und Gästen) damit ungeheuren Ruhm[58].

Während die karge Küche des Tiberius dem Tyrannenklischee, das ihm übergestülpt wurde, widerspricht, paßt es mit den Eßgewohnheiten seiner Nachfolger zusammen. Caligula war ein Schlemmer[59], und Claudius hatte immer Hunger[60]. Zu den größten Prassern gehörten Nero und Vitellius[61]. Letzterer soll während seiner kurzen Regierung neun Millionen Sesterzen verpraßt haben. Das berühmteste seiner Gerichte hieß „der Schild der Athena Poliouchos", dessen Emblem – wohl das Gorgonenhaupt – offenbar durch die von Suëton überlieferten Zutaten nachgebildet wurde[62]. Möglicherweise wurde das Mahl in jener Riesenschüssel serviert, die Vitellius für eine Million Sesterzen in einem eigens dafür errichteten Töpferofen brennen ließ[63]. Häufige und üppige Gastereien werden von dem sonst so genügsamen Vespasian überliefert. Dennoch hielt der Kaiser jeden Monat einen Fastentag[64]. Den Aufwand der Küche Domitians beleuchtet die vierte Satire Juvenals. Sie gilt wieder einem ungewöhnlich großen Fisch, der dem Kaiser geschenkt wurde. Um ihn zu bewundern, kommandierte Domitian die Senatoren auf seine Villa in Alba. Da der Fisch in keinen Kochtopf paßte, empfahl der Dichter dem Kaiser, künftig eine rollende Töpferei auf seine Reisen mitzunehmen. „Der König und der große Fisch" ist ein wanderndes Märchenmotiv, das in der Geschichte verankert ist, wie denn beide Sphären schon beim »Ring des Polykrates« verschmelzen[65]. Das bislang jüngste Beispiel ist der „riesige Hummer", den die Helgoländer Fischer 1937 Hitler dedizierten. Sie bedachten nicht, daß der Reichskanzler Vegetarier war und ebenso wie Tiberius die Gabe verschmähte[66].

3.g. Trajan bot seinen Gästen *exquisita ingenia cenarum*[67] und ließ sich frische Austern an die Parther-Front schicken[68]. Eine Zubereitung von Schweinefleisch hieß nach dem Kaiser *porcellum Traianum*[69]. Auch Hadrian schätzte eine gute Küche[70]. Als Merkmal seiner Bescheidenheit heißt es von Antoninus Pius[71], er habe seine Tafel durch leibeigene Jäger, Vogler und Fischer versorgt. Im Gegensatz zu seinem Adoptivbruder Verus[72] aß Marc Aurel wenig und angeblich nur nachts[73]. Wenn er angesehenen Bürgern denselben Tafelluxus

58 Seneca, Briefe 95,42.   59 Sueton, Caligula 32,1.   60 Sueton, Claudius 33,1.   61 Sueton, Nero 27; 42; l.c., Vitellius 7, 1; 13; 17,2; Tacitus, Historien II 62.   62 Sueton, Vitellius 13; Dio LXV 3.   63 Plinius, Naturalis historia XXXV 46/163.   64 Sueton, Vespasian 20.   65 Herodot III 42 f. 66 A. Speer, Erinnerungen, 1969, S. 133.   67 Plinius, Panegyricus 49,7. 68 Athenaios 7 B.   69 Apicius VIII 7,16.   70 Fronto, S. 230 (van den Hout BT).   71 Historia Augusta, Pius 7,5.   72 l.c. Verus 4,5. 73 Fronto, S. 234 (van den Hout BT); Dio LXXII 6,3.

gestattete, der bei Hofe entfaltet wurde[74], kann er die Gourmands unter ihnen kaum begeistert haben. Aus Liebe zu seinem kranken Adoptivvater verzichtete Marcus auf Baden, Essen und Trinken[75]. Seinem Lehrer Fronto machte das Sorge. Er schrieb ihm: *sume cibum, Domine!* und Marcus antwortete: *sumpsi cibum*[76]. Die Schwelgerei seines Sohnes Commodus nahm solche Ausmaße an, daß man sie als seine Todesursache ausgeben konnte[77]. Ihm wurde nachgesagt, daß er seine Gäste verhöhne, indem er unter die teuersten Gerichte die unappetitlichsten Zutaten mengen ließ[78]. Karg lebten wiederum Pertinax[79] und Didius Julianus; er soll an einem Hasen drei Tage gegessen und bisweilen auf Fleisch verzichtet haben, ohne daß religiöse Gründe vorlagen[80], ähnlich Septimius Severus, der Gemüse mehr schätzte als Fleisch[81]. Auf dem Marsch nach Rom teilte er mit den Legionären die Strapazen, Speise und Trank[82]. Ein gesegneter Appetit wird Caracalla[83] und seinem Bruder Geta bescheinigt[84]. Im Felde begnügte sich Caracalla indes wie Hadrian[85] mit der Soldatenkost aus gepökeltem Schweinefleisch und Käse. Um den Soldaten zu schmeicheln, mahlte sich Caracalla sein Getreide eigenhändig und buk sich selbst sein Brot[86].

Der Syrer Elagabal beachtete „nach phönikischer Sitte" das Schweinetabu[87] und tafelte nie für weniger als 100000 Sesterzen[88]. Er war stolz auf die Preise, die er für Speisen zahlte, er meinte, dies rege den Appetit an[89]. Nach diesen Exzessen beschränkte der tugendsame Severus Alexander den Verbrauch an der kaiserlichen Tafel auf täglich 15 Liter Wein und 10 Kilo Fleisch, dieselbe Menge Brot, zudem nochmals 15 Kilo Brot zum Verschenken[90]. Dazu kamen täglich zwei Hähne und ein Hase auf den Tisch[91]. Besonders gern aß der Kaiser Äpfel[92]. Der größte Fresser soll sein Mörder und Nachfolger Maximinus Thrax gewesen sein mit dem respektablen Verzehr von 40 Pfund Fleisch und 62 Liter Wein am Tage[93]. Übertriebener Tafelluxus wird sodann dem wohl zu Unrecht übel beleumundeten Gallienus vorgeworfen[94].

Für die Zeit nach 300 gehen die Nachrichten über die Tischkultur zurück.[95] Wenn Galerius als Fresser und Fettwanst dargestellt wird,

---

74 Eutrop VIII 14.   75 Fronto, S. 93 f (van den Hout BT).   76 l.c. S. 70.
77 Herodian II 1,3; 2,6.   78 Historia Augusta, Commodus 11,1.   79 l.c.
Pertinax 12,2 ff.   80 Historia Augusta, Didius 4,9; anders Herodian II 7,1.
81 l.c. Septimius 19,8.   82 Herodian II 11,2.   83 Historia Augusta,
Caracalla 9,3.   84 l.c. Geta 4,1.   85 l.c. Hadrian 10.   86 Herodian IV
8,5.   87 Herodian V 6,9.   88 Historia Augusta, Elagabal 24,3.   89 l.c.
29,9.   90 Historia Augusta, Alexander 37,3 ff.   91 l.c. 37,5;7.   92 l.c.
37,10.   93 Historia Augusta, Maximinus Thrax 4,1.   94 l.c. Gallieni
16,1.   95 Rossiter in: Slater 1991, S. 199 ff.

spiegelt das eher den Zorn der Kirchenväter[96] als die Wirklichkeit. Bewußt asketisch lebte Julian; er führte von Jugend an, wie er schreibt, Krieg gegen seinen Bauch[97]. Er begnügte sich mit zwei Mahlzeiten am Tage und aß im Felde Soldatenkost[98]. In der Folgezeit lebte man weniger karg bei Hofe. Jovian war wieder ein großer Esser und Trinker[99]. Unter Valentinians Todesursachen wurde sein maßloser Appetit genannt[100]; ebenso soll sich Theodosius seine tödliche Wassersucht durch Tafelluxus zugezogen haben[101]. In Konstantinopel erließ Theodosius II ein Gesetz, in dem der Höchstpreis für kaiserliche Tafelfische und Seeigel festgelegt wurde[102]. Der fromme Kaiser hielt Maß im Essen und Trinken, er fastete mittwochs und freitags[103], während Leo üppig zu Mittag speiste[104]. Auch Justinian kasteite sich, vor Ostern bisweilen zwei Tage und zwei Nächte, in denen er nur Wasser und Kräuter zu sich nahm. Er aß und trank überhaupt sehr wenig[105].

3.h. In Rom folgten die Mahlzeiten der Kaiser dem üblichen Rhythmus. Man aß regulär dreimal: morgens, mittags, abends und bisweilen beim Gelage[106]. Das Frühstück (*ienteculum* oder *ientaculum*) spielte eine geringe Rolle. Bei den Griechen war das anders, die „frühstücken" (*aristopoiein*) „das Beste tun" nannten. Vespasian nahm nur ein Glas Wasser zu sich[107], während Galba, der im Winter schon vor Sonnenaufgang speiste, sich als Vielfraß erwies und seinen Namen bestätigte[108], denn *galba* heißt „Schmerbauch". Vitellius verriet sein Frühstück durch Rülpsen[109].

3.i. In der Republik, als man in Hausnähe arbeitete, bildete das Mittagessen (*prandium*) die Hauptmahlzeit. In der Kaiserzeit war es nur ein besseres Frühstück. Schlemmer wie Nero[110] und Galba[111] aßen und tranken sich bereits mittags voll. Von Nero wird berichtet, daß er die Mittagsmahlzeit oft bis in den Abend ausdehnte[112]. Unter den Kaisern wurde die Hauptmahlzeit (*cena*) kurz vor Sonnenuntergang eingenommen, Gäste empfing man abends. Nur von Domitian[113] hören wir, daß er mittags groß aß und die *cena* durch einen Apfel und ein Glas Wasser ersetzte.

3.j. Die Römer speisten in früheren Zeiten[114] wie die Helden Homers[115] auf Stühlen sitzend an Tischen. Unter orientalisch-griechi-

---

96 Euseb, Vita Constantini I 57; Lactanz, De mortibus persecutorum 9, 3. 97 Julian 340 B.   98 Libanios, Rede 18, 175; Ammian XXV 4, 4. 99 Ammian XXV 10,15; Libanios, Rede 18, 279.   100 Aurelius Victor, Epitome 45,9.   101 Philostorgios XI 2.   102 Codex Theodosianus XIV 20,1.   103 Sozomenos, Vorwort 12; Holum 1982, S. 91.   104 Suidas, Beta 134.   105 Prokop, Anekdota 8,12; 12, 27; 13, 30.   106 Sueton, Vitellius 13,1.   107 Sueton, Vespasian 21.   108 Sueton, Galba 22. 109 Sueton, Vitellius 7.   110 Tacitus, Annalen XIV 2.   111 Plutarch, Galba 22.   112 l.c. 9.   113 Sueton, Domitian 21.   114 Isidor, Etymologiae XX 11,9; Servius zu Aeneis VII 176.   115 Athenaios 192 E.

schem Einfluß ging die Oberschicht jedoch zum Essen im Liegen über (*accumbere*). Wenn es heißt, daß der Jünger Johannes beim letzten Abendmahl „an der Brust Jesu lag"[116], so stellt sich der Evangelist das Passahmahl als „Gelage" vor. In Rom aßen nur Bauern und Kinder weiterhin im Sitzen. Dies gilt auch für die heranwachsenden Prinzen, die mit senatorischen Altersgenossen gemeinsam an spärlich bestückten Tischen tafelten[117]. Man lag auf der linken Seite, so daß man die rechte Hand zum Essen frei hatte. Die Liegesofas (*stibadion, lectus, triclinium*) waren mit Teppichen belegt, hinter denen sich ein Späher verstecken konnte, wenn eine Verschwörung belauscht werden sollte[118]. Die Bänke waren aufgereiht an den drei vom Eingang des Speisesaals (ebenfalls *triclinium*) beleuchteten Wänden und bildeten die Figur eines kapitalen Sigmas, das heißt eines nach einer Seite offenen Quadrates[119]. Die offene Seite diente dem Zugang und dem Ausblick[120]. Auf jedem Sofa lagen drei Personen, streng nach der Rangfolge, der Kaiser *in cornu dextra*[121]. Die kanonische Zahl der Teilnehmer an einem Mahl war Neun[122]. Nach Varro[123] sollte die Zahl der Gäste nicht kleiner als die der Grazien und nicht größer als die der Musen sein, d.h. zwischen drei und neun liegen. Vor jedem Sofa stand ein Tisch, auf dem von Sklaven (*ministratores*) serviert wurde. Die Aufsicht führte der kaiserliche Tafelchef (*triclinarcha*)[124]. Die Gäste legten die *vestis forensis* ab zugunsten der *vestis cenatoria*[125], meist griechische Seidengewänder; die Sandalen ließ man sich von einem Sklaven abnehmen.

3.k. Kaiser Tiberius tafelte auf einer künstlichen Insel in der Grotte von Sperlonga, und Claudius baute sich in Baiae ein Triclinium im Meer, wo man mit dem Kahn hineinfuhr[126]. Den kostbarsten Speisesaal aber ließ sich Nero in seiner Domus Aurea errichten, um „wie ein Mensch zu leben"[127]. Die Wände waren mit Gold, Edelsteinen und Perlmutt verkleidet. Die Decken aus Elfenbeinkassetten hatten Öffnungen, durch die Blumen und Essenzen auf die Gäste herabregneten. Der Hauptsaal trug angeblich eine Kuppel[128], die sich Tag und Nacht wie der Himmel drehte. Einen ähnlichen Speisesaal soll Elagabal gehabt haben[129], Petron beschreibt einen ebensolchen bei Trimalchio[130].

3.l. Auf den Speisetischen lagen Messer (*culter*), Löffel (*ligula, cochlear*) und Zahnstocher (*dentiscalpium*). Diesen gab es in verschie-

---

116 NT. Ev. nach Johannes 13,23.   117 Tacitus, Annalen XIII 16. 118 Prokop, Bellum Gothicum III 32, 35.   119 Historia Augusta, Elagabal 28,5.   120 Sidonius, Briefe II 2, 11.   121 l.c. I 11; Marquardt 1886, S. 308.   122 Historia Augusta, Elagabal 29,3.   123 Gellius XIII 11,2. 124 Dessau, Nr. 1567; 1575; 1792.   125 Petron 56.   126 B. Andreae, Odysseus. Archäologie des europäischen Menschenbildes, 1982, S. 91 f. 127 Sueton, Nero 31.   128 l.c.; Seneca, Brief 90,15.   129 Historia Augusta, Elagabal 21.   130 Petron 60.

denen Ausfertigungen. Am besten waren solche aus Mastix-Holz (*len-tiscus*), daneben benutzte man Federkiele (*penna*, *pinna*) und Stocher aus Gold oder Silber (*spina aurea* oder *argentea*)[131]. Die Gabel ist erst im Spätmittelalter üblich geworden. In Rom aß man mit den Fingern, die zwischendurch mehrmals gewaschen werden mußten, dazu gab es eisgekühltes, parfümiertes Wasser. Seit Domitian benutzte man Mundtücher (*mappae*), die unter der Aufsicht des kaiserlichen Serviettenwärters (*a mappis*)[132] nach jedem Gang erneuert wurden. Hadrian führte goldumrandete Servietten (*mantelia*) ein, Elagabal verwendete sie ebenfalls, doch kehrte Severus Alexander zu einfacheren, rotgerandeten zurück[133]. Für Gallienus werden wiederum goldbrokatene Tischtücher erwähnt[134]. Speisereste warf man auf den Boden; es gibt Mosaikfußböden, auf denen Fischgräten, Apfelkrotzen und Brotkrusten abgebildet sind, einschließlich der Mäuslein, die daran knabbern (*asarōtos oikos*)[135].

3.*m*. Das kaiserliche Tafelgeschirr bestand, wie bei reichen Römern üblich, aus Silber, Gold und geschliffenem Glas (Kristall). Jede der drei Abteilungen unterstand einem besonderen Verwalter[136]. Eine Vorstellung vermittelt der Hildesheimer Silberfund, das Tafelsilber eines Statthalters, vermutlich des Quinctilius Varus[137]. Claudius beobachtete einmal, wie ein Gast einen Silberbecher entwendete, darauf setzte er ihm bei der nächsten Gelegenheit einen Tonbecher vor[138]. Nero erstand eine Achat-Schale (*murrha*) für den Rekordpreis von 300 Talenten[139]. Er liebte insbesondere zwei Becher mit homerischen Szenen[140]. Sein Nachahmer Vitellius besaß die erwähnte Schüssel im Werte von einer Million Sesterzen[141], das war der Senatorenzensus. Dafür mußte ein eigener Töpferofen gebaut werden. Hadrian ließ eine Silberschüssel von gleichem Wert aus dem Besitz des Vitellius einschmelzen[142]. Unter Vespasian hielten wieder bescheidenere Sitten Einzug[143], auch an Festen trank der Kaiser nur aus dem Silberbecher seiner Großmutter[144]. Ausführliche Beschreibungen des Luxusgeschirrs besitzen wir für Elagabal. Er ließ auf den Gefäßen Szenen darstellen, die er selbst gern trieb[145], seine Speise- und Schlafsofas waren aus massivem Silber[146], die Decken aus Goldbrokat, die Kissen mit Hasenwolle oder Rebhuhn-

131 Martial VI 74; VII 53,3; XIV 22; Petron 33.   132 Corpus Inscriptionum Latinarum VI Nr. 8892.   133 Historia Augusta, Alexander 37,2. 134 l.c. Gallienus 16,3.   135 Plinius, Naturalis historia XXXVI 60/184. 136 Dessau, Nr. 1575; 1811–1817.   137 Küthmann, in: U. Gehrig, Hildesheimer Silberfund, 1967, S. 13.   138 Plutarch, Galba 12.   139 Plinius, Naturalis historia XXVII 7/20.   140 Sueton, Nero 47.   141 s. o. Anm. 63!   142 Dio LXV 3,3.   143 Tacitus, Annalen III 55,4.   144 Sueton, Vespasian 2,2.   145 Historia Augusta, Elagabal 19,3 ff.   146 l.c. 20,4.

flaum gestopft und die Speiseräume mit Lilien, Rosen, Veilchen, Hyazinthen und Narzissen bestreut[147], alles duftete nach kostbaren Essenzen[148]. Alexander Severus kehrte sodann zu bescheidenerem Geschirr zurück. Auf Gold verzichtete er, Tafelsilber beschränkte er auf 200 Pfund[149]. Elagabal hatte angeblich einzelne Gefäße von 100 Pfund verwendet[150]. Er soll sogar ein Nachtgeschirr aus Flußspat, Onyx und Gold benutzt haben[151]. Trimalchio schätzte einen Pißpott aus Silber[152]. Goldene Becher werden wieder für den ungeliebten Schlemmer Gallienus gemeldet, Glasgefäße erklärte er angeblich für ordinär[153], doch solche aus Edelsteinen liebte er[154]. Die Quellen notieren gewöhnlich nur außerordentlichen Aufwand oder bemerkenswerte Bescheidenheit: Wir hören über Constantius I Chlorus, daß er sich in Gallien das Tafelsilber für Festgelage zusammenborgen mußte[155].

3.n. Der Speisezettel der Kaiser bot die Produkte eines Weltreiches, die Kochkunst zog die Summe aus der italisch-etruskischen und der griechisch-orientalischen Tradition. Schon unter den spätrepublikanischen Senatoren gab es Feinschmecker von Rang, so den sprichwörtlichen Lucullus[156], der von seinem Feldzug gegen Mithridates aus der „Kirschenstadt" Kerasos am Schwarzen Meer im Jahre 74 vor Christus die veredelte „Kirsche" mitgebracht hat[157]. In der frühen Kaiserzeit ließ der Ritter Apicius ein Kochbuch[158] verfassen, das bis in byzantinische Zeit immer wieder erweitert wurde und bis in die Gegenwart Neuauflagen erlebt hat[159]. Die Palastköche waren in einem *collegium cocorum* zusammengefaßt, das einem *praepositus coquorum* unterstand, vielleicht identisch mit dem *archimagiros*, dem Erzkoch[160]. Köche standen bisweilen hoch in der kaiserlichen Gunst. Vitellius ließ sich auf der letzten Flucht von seinem Hofbäcker und seinem Leibkoch begleiten[161]. Noch zur Zeit von Cassius Dio trugen mehrere Speisen den Namen des Kaisers[162], auch Commodus war Namenspatron eines Rezepts[163]. Elagabal kochte selbst[164], erfand mehrere Fischgerichte[165] und ermunterte seine Gäste, neue Soßen zu ersinnen[166]. Bald mischte er Juwelen unter die Speisen[167], bald setzte er den Gästen bloß gemalte

147 l.c. 19. 148 l.c. 29,8. 149 Historia Augusta, Alexander 34,1; 41,4. 150 l.c. Elagabal 19,3. 151 l.c. 32,2. 152 Petron 27; W. Binsfeld, Vasa obscena, in: Trierer Zeitschrift 57, 1994, S.129ff. 153 Historia Augusta, Gallienus 17,5. 154 l.c. 16,4. 155 Eutrop X 1. 156 Plutarch, Lucullus 39ff. 157 Plinius, Naturalis historia XV 30/102; Athenaios 51 a. 158 M. E. Milham (ed.), Apicii decem libri, 1969. 159 Elisabeth Alföldi-Rosenbaum, Das Kochbuch der Römer. Rezepte aus der Kochkunst des Apicius, 8. Auflage 1988. 160 Dessau, Nr. 1798ff. 161 Sueton, Vitellius 16. 162 Dio LXV 3; Apicius V 3,5; 3,9; VIII 7,7. 163 Apicius V 4,4. 164 Historia Augusta, Elagabal 30,1. 165 l.c. 19,6. 166 l.c. 29,6. 167 l.c. 21.

Schüsseln, Gerichte aus Wachs oder Holz vor, so daß sie hungrig von dannen ziehen mußten[168]. Dieser Scherz war an den Saturnalien auch bei Trimalchio schon üblich[169]. Ein guter Koch, so heißt es bei Martial[170], probiere mit der Zunge seines Herrn.

3.o. Damals wie heute meinte man, daß bestimmte Speisen aus bestimmten Gegenden kommen müßten, wenn sie exzellent sein sollten. Trimalchio ließ Widder aus Tarent, Honig aus Attica und Champignons aus Indien auftischen[171]. Entsprechend bezog die kaiserliche Tafel die Austern aus Baiae[172], Käse aus Dalmatien[173], Trauben aus Apamea[174], die Fischsoße zum Salzen (*garum*) aus Spanien, Schweinefleisch aus Gallien, Feigen aus Chios, Pflaumen aus Damaskus. Augustus hatte dort einen Freund, den Historiker Nikolaos, der ihn mit Damaskuspflaumen versorgte[175]. Tiberius ließ sich jedes Jahr *siser* (Meerrettich?) aus *Gelduba* (Gellep) am Niederrhein schicken[176]. Den Spargel vom Oberrhein hingegen schätzte er weniger als den aus Campanien[177]. Vitellius erhielt Delikatessen aus dem ganzen Reich von Parthien bis Spanien[178]. Domitians kulinarischer Berater erkannte die Herkunft der Austern und Seeigel mit der Zunge[179]. Nicht der Geschmack, sondern die Schwierigkeit der Beschaffung bestimmte den Wert eines Essens: Exotische Vögel und Fische wurden geschätzt, Früchte zu ungewohnten Jahreszeiten, Rosen im Winter[180], im Sommer Eis: in Tiefbrunnen aufbewahrt, ermöglichte es auch im Sommer Kühlung von Getränken.

3.p. Man speiste in mehreren Gängen (*mensae*), bei Augustus waren es drei bis sechs[181]. Zuerst gab es ein kaltes *hors d'œuvre* (*gustatio*), bei dem Eier nicht fehlen durften. *Ab ovo usque ad mala* bei Horaz[182] heißt: „von der Eiervorspeise bis zum Apfeldessert" und bedeutet „von Anfang bis Ende". Es folgten Muscheln, Fisch und Geflügel, möglichst so zubereitet, daß man die Zutaten nicht erriet. Kaiserliche Delikatessen waren Leber von Papageienfischen[183], Zungen von Pfauen, Nachtigallen[184] oder Flamingos[185], Gehirn von Fasanen[186] oder Straußen[187].

3.q. Die schweren Gerichte bestanden aus Fleisch und Gemüse. Hadrian[188] liebte über alles das von seinem kulinarisch versierten Adoptiv-

168 l.c. 25,9.   169 Petron 69.   170 Martial XIV 220.   171 Petron 38. 172 Ausonius XVIII 15,1.   173 Junior, Expositio totius mundi 51;33. 174 Historia Augusta, Elagabal 21,2.   175 Athenaios 652 A. Das Wort für Pflaume im Neugriechischen erinnert daran.   176 Plinius, Naturalis historia XIX 28.   177 l.c. XIX 42.   178 Sueton, Vitellius 13.   179 Juvenal IV 139ff.   180 Mamertinus, in: Panegyrici Latini III 11,3.   181 Sueton, Augustus 74.   182 Horaz, Satiren I 3,6.   183 Sueton, Vitellius 13. 184 Historia Augusta, Elagabal 20.   185 Sueton, Vitellius 13.   186 l.c. 187 Historia Augusta, Elagabal 30.   188 l.c. Hadrian 21.

sohn Aelius Verus[189] erfundene *tetrapharmacum* aus Fasan, Schweine-euter, Schinken und Zuckerwerk. Er beschränkte gleichwohl den höfi-schen Tafelluxus auf das alte Maß[190]: *omnia ad privati hominis modum fecit*[191]. Das blieb so bei seinem Nachfolger: Antoninus Pius schätzte trockenes Brot[192]. Er starb, nachdem er einmal zuviel Alpen-käse gegessen hatte[193]. *Caseus* verwendete man übrigens auch als schmeichelnde Anrede: So wie wir „mein Süßer" sagen, so sagte man in Rom „mein Käse"[194].

3.*r.* Die aus späteren Zeiten berichteten Extravaganzen verdienen Glauben, wo sie dem Stil widersprechen: Unter Septimius Severus, der auf strenge Sitten hielt, wurde der selten gewordene, teuer bezahlte Stör von bekränzten Knaben unter Flötenmusik aufgetragen, wie bei einer religiösen Zeremonie[195]. Skepsis ist angebracht, wo derartige Nachrichten eher der Pikanterie als der Historie dienen: Geta suchte angeblich seine Gäste damit zu beeindrucken, daß er die Speisen nach dem Alphabet zusammenstellte[196], also nur Gerichte mit A (Aalsuppe, Antilopenreis mit Auberginen und Avocadokompott) oder B (Barsch-filet, Bärenschinken mit Butterreis und Birne Helene). Elagabal gab Gelage, zusammengestellt nach Farben: grüne, blaue, schillernde[197]. Er ließ bisweilen 22 Gänge auffahren[198]. Eines seiner bevorzugten Gerichte hieß *Sybariticum* und soll in jenem Jahre erfunden worden sein, in dem die Schlemmerstadt Sybaris unterging[199]. Gewöhnlich wurde dem Auge ebensoviel geboten wie dem Gaumen.

3.*s.* Zum Nachtisch gab es meist Obst. Augustus liebte außer seinen Damaskuspflaumen namentlich Datteln, Trauben und Feigen[200], Tibe-rius die nach ihm benannte Birne (*pirum Tiberianum*)[201]. Clodius Albi-nus wird als größter aller Apfelesser bezeichnet. Was er daneben an trockenen Feigen, campanischen Pfirsichen und Melonen aus Ostia konsumierte, hat nach ihm nur Gargantua erreicht[202]. Auch Severus Alexander[203], Gordian II[204] und Gallienus hatten eine Vorliebe für Obst. Gallienus baute Kastelle aus Äpfeln[205], hob Weintrauben drei Jahre lang auf und bot mitten im Winter Melonen an. Feigen und Äpfel servierte er gleichfalls außer der Saison[206]. Constantius II mochte keine Äpfel[207].

189 l.c. Verus 5,4f.   190 l.c. Hadrian 22.   191 l.c. 9.   192 Historia Augusta, Pius 13,2.   193 l.c. 12,4.   194 Plautus, Poenulus I 2,160; 183.   195 Macrobius III 16,7f.   196 Historia Augusta, Geta 5,7f.   197 l.c. Elagabal 19,2.   198 l.c. 30,3.   199 l.c. 30,6.   200 Sueton, Augustus 76; s.o. 3r!   201 Plinius, Naturalis historia XV 16/54.   202 Historia Augusta, Clodius 11.   203 l.c. Alexander 37,10.   204 l.c. Gordian 21,1.   205 übertroffen von Doris Esch!   206 l.c. Gallienus 16,2.   207 Ammian XXI 16,7; Haehling 1991.

3.t. Das eigentliche Trinkgelage (*comissatio*) schloß sich ohne Frauen an die Abendmahlzeit an. Der Kaiser eröffnete es, indem er dem Ehrengast auf dessen Gesundheit zutrank[208]. Die Auswahl an Getränken war in Rom gering. Man trank Wasser, im Sommer eisgekühlt (*frigida*), Most, d. h. fermentierten Traubensaft mit Honig (*mulsum*) oder Limonade (*posca*) aus Essig, Wasser und geschlagenen Eiern[209]. Hauptgetränk war der Wein, man mischte ihn gewöhnlich mit (Schnee-) Wasser. Seneca[210] tadelte den Weingenuß schon zum *prandium*. Das Angebot an Weinsorten war beträchtlich, Plinius maior kennt 185 Weine[211]. Ihre Zahl ist durch Feinschmecker fast verdoppelt worden. Elagabal erfand Aromazusätze, die auch später beliebt blieben: Mastix, Flöhkraut, Rosenblütenblätter und Pinienharz, dem griechischen Retsina vergleichbar[212]. Überhaupt habe sein Leben wesentlich darin bestanden, neue Lüste zu ersinnen[213]. Gallienus entdeckte angeblich eine Methode, schäumenden Most das ganze Jahr über zu konservieren[214]. Mit dem bei Ägyptern, Kelten und Germanen beliebten Bier haben sich die Kaiser nicht anfreunden können. Julian hat ein Spottgedicht auf den Gerstensaft hinterlassen[215]. Die Ärzte erklärten das Bier für gesundheitsschädlich: alle Arten von Krankheiten wurden darauf zurückgeführt[216].

3.u. Augustus liebte gemäß Suëton den Wein aus Verona[217], gemäß Plinius den Wein aus *Setia* in Latium, der noch besser als der Falerner gewesen sein soll und ebenfalls von den späteren Kaisern bevorzugt wurde[218]. Allerdings vertrug Augustus nicht viel. Er mußte sich bereits nach dem sechsten Glase übergeben[219]. Seine Frau Livia führte ihr langes Leben zurück auf den Wein aus der Gegend von Aquileia[220]. Sie wurde 86 Jahre alt. Seit Augustus gibt es einen Kellermeister am Hofe[221]. Tiberius war ein großer Trinker, einen Zechgenossen soll er wegen einer Trinkleistung zum Stadtpräfekten erhoben haben[222]. Als Prinz bereits erhielt er einen Spitznamen: die Soldaten machten aus Tiberius Claudius Nero *Biberius Caldius Mero*, den Glühweinsäufer[223]. Claudius[224] trank ebenfalls tüchtig. Unter ihm lebte der gemäß dem älteren Plinius[225] größte Trinker aller Zeiten, ein gewisser Novellius Torquatus aus Mailand, der seine Kunst dem Kaiser vorführte und

208 Seneca, De ira II 33,4.   209 Historia Augusta, Hadrian 10.   210 Seneca, Briefe 122,6.   211 Plinius, Naturalis historia XIV 29/150.   212 Historia Augusta, Elagabal 19,4 f.   213 l.c. 19,6.   214 Historia Augusta, Gallienus 16,2.   215 Anthologia Graeca IX 368.   216 Daremberg + Saglio s.v. *cervisia*.   217 Suëton, Augustus 77.   218 Plinius, Naturalis historia XIV 8,1/61.   219 Suëton, Augustus 77.   220 Horaz, Satiren II 8,16; Plinius, Naturalis historia XIV 8,1/60.   221 l.c. XIV 8,6/72.   222 Plinius, Naturalis historia XIV 28/145.   223 Suëton, Tiberius 42.   224 Tacitus, Annalen XII 67; Suëton, Claudius 3.   225 Plinius, Naturalis historia XIV 28/144.

es (daraufhin?) bis zum Prokonsul brachte. Domitian sodann hielt sich beim Trinken weitgehend zurück[226]. Trajan, selbst ein tapferer Zecher[227], ermunterte Hadrian, gegen seinen Willen zu trinken[228]. Septimius Severus, ebenfalls *vini aliquando cupidus*[229], soll seinem Mit- und Gegenkaiser Clodius Albinus Trunksucht vorgeworfen haben, doch verteidigt ihn sein Biograph dagegen[230]. Der Schlemmer Gallienus trank nicht aus gläsernen, sondern aus goldenen Gefäßen und niemals zwei von derselben Weinsorte[231]. Aurelian schätzte Rotwein[232]. Unter den spätantiken Kaisern soll Constans zu viel getrunken und dadurch seinen Untergang verschuldet haben[233].

3.*v*. Die horazische Wendung *usque ad mala*[234] wird überboten durch das gleichbedeutende *usque ad nauseam* – bis zum Erbrechen. Claudius, der ständig Blähungen und Bauchweh hatte, ließ sich das Essen mit einer Feder aus dem Halse kitzeln[235]. Um sich und anderen auch rückwärts Erleichterung zu verschaffen, gestattete er durch Edikt das Furzen bei Tisch[236]. Die Erklärung liefert Trimalchio: „Die Blähungen steigen sonst ins Gehirn"[237]. Auch Vitellius übergab sich häufig nach dem Essen[238], ebenso wie sein Vorbild Nero, der sich zudem, wie schon Claudius[239], mit einem Klistier (*clyster*) erleichterte[240]. Ähnliches hören wir von Domitian[241].

3.*w*. Die Tischgesellschaft will nicht nur bewirtet, sondern auch unterhalten werden[242]. Dazu bestellten die Kaiser, so wie andere reiche Gastgeber, diverse Musiker und Tänzer, Schauspieler und Vorleser[243]. Bei Trimalchio erscheinen Gaukler und Akrobaten[244]. Augustus holte die Pantomimen Bathyllos und Pylades nach Rom[245], die dort sowohl vor dem Volk als auch im *triclinium* des Kaisers auftraten, hier sogar in Waffen, wenn das Stück es verlangte[246]. Pylades wurde sehr reich[247] und unternahm bisweilen Gastspiele in andere Städte[248]. Er begründete eine lang florierende Schule[249]. Nach hellenistischem Vorbild hielt sich Augustus zur Erheiterung der Gäste einen Parasiten, einen „Mitesser", wie wir ihn aus den Komödien des Plautus kennen. Von diesem Spaß-

---

226 Sueton, Domitian 21.   227 Fronto, S. 229 (van den Hout BT); Aurelius Victor, Epitome 13,4; Julian 318 CD.   228 Historia Augusta, Hadrian 3. 229 l.c. Septimius 19,8.   230 l.c. Clodius 11,4f; 13,2.   231 l.c. Gallienus 17,5f.   232 l.c. Aurelian 49,9.   233 Artemii Passio 10, bei Philostorgios, ed. Bidez 1981, S. 49.   234 s.o. 3p!   235 Tacitus, Annalen XII 67; Sueton, Claudius 33.   236 l.c. 32.   237 Petron 47.   238 Sueton, Vitellius 13.   239 Sueton, Claudius 44,3.   240 Sueton, Nero 20.   241 Juvenal IV 67.   242 Marquardt 1886, S. 337ff; Jones in: Slater 1991, S. 185ff. 243 Sueton, Augustus 74; Historia Augusta, Hadrian 26; l.c., Gallienus 17,7; Macrobius II 28; Petron 32ff.   244 Petron 53.   245 Leppin 1992, S. 217f; 284f.   246 Macrobius II 7,17; Zosimos I 6,1.   247 Dio LV 10,11.   248 Dessau Nr. 5053.   249 Seneca, Naturales quaestiones VII 32,3.

macher namens Gabba sind mehrere frostige Witze überliefert. Sie ent-
hielten bisweilen politische Kritik[250]. Zwerge und Krüppel, die schon
ptolemäische Herrscher belustigten[251], mochte Augustus nicht[252]. Seine
Enkelin Julia ergötzte sich an dem Zwerg Conopas; die Zwergin Andromeda erhielt von Julia Augusta die Freiheit[253].

Suëton und Macrobius überliefern Tischgespräche und Tafelwitze.
Dazu mag man die Anekdote vom Doppelgänger des Augustus
zählen[254]: In Rom erregte ein Mann Aufsehen, der dem Kaiser wie aus
dem Gesicht geschnitten gleich sah. Die Wache brachte ihn vor Augustus. Der betrachtete ihn lange. Dann fragte er ihn: „War deine Mutter
vor deiner Geburt einmal in Rom?" „Nein", erwiderte der Fremde,
„aber mein Vater". Die Unterhaltung bei Tisch spiegelt den Charakter
des Wirts. Tiberius belohnte einen Dichter fürstlich, der ein Streitge-
spräch zwischen einem Pilz, einer Schnepfe, einer Auster und einem
Krammetsvogel vortrug, vermutlich über die Frage, wer von ihnen am
besten schmecke[255]. Wenn Trimalchio seine eigenen *poemata* den
Gästen vorlesen ließ[256], so dürfte Petron hier Nero kopiert haben.
Martial[257] hoffte, seine Gedichte dem Kaiser Domitian bei der *cena* zu
Gehör zu bringen. Plinius maior[258] listet alle Unsitten beim Wein auf,
er empfiehlt die Rückkehr zum Wasser; Quintilian[259] beklagte den
jugendgefährdenden Charakter der Gelage in Rom mit Dirnen und
Lustknaben, unanständigen Liedern und Darbietungen. Wie ein Gelage
in einen Exzeß ausartet, beschreibt Lukian[260].

Die exotischen Gaukler und schamlosen Possenreißer Domitians
verschwanden unter Trajan[261]. Ernsthafte Gespräche pflegten Hadrian
und Pertinax bei Tisch[262]. Verus[263] und Elagabal[264] betrachteten
beim Tafeln Gladiatoren- und Boxkämpfe, letzterer auch Wagenrennen, er nötigte bisweilen betagte und hochstehende Gäste, selbst zu
fahren[265]. Severus Alexander entließ die Zwerge, Kastraten, Pantomi-
nen und Spaßmacher Elagabals, er schenkte sie dem Volk von Rom
oder anderen Städten[266]. Stattdessen ließ sich Severus Alexander
gemäß der »Historia Augusta« bei Tisch von Gelehrten unterrichten
oder vorlesen[267]. Vielleicht ist dies nur ein Reflex der für Julian
bezeugten Vorliebe, statt der Tänzer, Schauspieler und Komiker, der

---

250 Plutarch, Moralia 726 A; 760 A; Quintilian, Institutio oratoria VI 3,27;
62; 80.   251 Flavius Josephus, Antiquitates Iudaicae XII 212.   252 Sueton,
Augustus 67; 83.   253 Plinius, Naturalis historia VII 16,75.   254 Macrobius II 4,20.   255 Sueton, Tiberius 42.   256 Petron 41.   257 Martial
IV 8.   258 Plinius, Naturalis historia XIV 28f/137ff.   259 Quintilian,
Institutio I 2,8.   260 Lukian, Commissatio 43ff.   261 Plinius, Panegyricus 49,7.   262 Dio LXIX 7,3; Historia Augusta, Pertinax 12,7.
263 Historia Augusta, Verus 4,9.   264 l.c. Elagabal 25,7.   265 l.c. 27,1.
266 Historia Augusta, Alexander 34,2.   267 l.c. 34,7f.

Flöten- und Kitharaspieler beim Essen Rednern und Philosophen zuzuhören[268].

Für die Zeit danach werden die Nachrichten spärlich. Ein frommer Kaiser wie Theodosius I lauschte beim Essen den Psalmen eines Knabenchors[269], er verbot durch Gesetz das Auftreten lasziver Tänzer und Sängerinnen bei privaten Gelagen[270]. Dennoch hielten sich die alten Formen der Unterhaltung am Hof und in höheren Kreisen. Olympiodor bezeugt, daß sich Constantius II beim Symposium in anstößiger Weise mit Pantomimen amüsierte[271], und Sidonius berichtet, daß die Gäste der Großen durch Possenreißer ergötzt wurden, die ihren Spott über die Anwesenden ausgossen. Er schreibt über Tafelmusik auf der hydraulischen Orgel, über Chöre, Leier- und Flötenspieler, über Tanzmeister, Tamburintänzerinnen und Zitherspielerinnen[272]. Das Verbot des Theodosius hat nicht gefruchtet.

Auch die hellenistische Haltung von Hofzwergen ist noch spät bezeugt. Der oströmische Heermeister Aspar erwarb in Africa, das er vergeblich gegen die Vandalen verteidigt hatte, den Zwerg Zerkon. Er nahm ihn mit nach Konstantinopel. Wenig später wurde der Krüppel in Thrakien von den Hunnen erbeutet und erfreute wegen seiner – genau beschriebenen – Häßlichkeit Bleda, den Bruder Attilas. Als Zerkon mit anderen Gefangenen floh, ließ Bleda nur ihn verfolgen und in Ketten zurückbringen. Gefragt, weshalb er entwichen sei, antwortete er, man verweigere ihm eine Frau. Daraufhin wurde ihm eine in Ungnade gefallene Zofe der Königin aus bestem Hause angetraut. Attila konnte den verwachsenen Mohren nicht ausstehen, nach Bledas Tod schenkte er ihn dem weströmischen Heermeister Aëtius, der gab ihn Aspar zurück[273].

3.*x*. Beliebt war das Würfeln beim Wein[274]. Wie schon Alexander der Große, der erste namentlich bekannte Würfler[275], und Antonius am Tisch der Kleopatra[276] tat es Augustus leidenschaftlich, er berichtet in seinen Briefen genau, welche Summen er an welche Tischgäste verloren habe[277]. Es störte ihn nicht, daß Würfeln um Geld gesetzlich verboten war[278]: *Senatus consultum vetuit in pecuniam ludere*[279]. Caligula würfelte ebenfalls[280] und betrachtete beim Essen Folterungen und Hinrichtungen[281]. Claudius ließ aus reiner Vergeßlichkeit Zechgenossen zum Würfeln holen, die er zum Tode verurteilt hatte; er konstruierte einen

---

268 Libanios, Rede 12, 55.   269 Sozomenos VII 23,3.   270 Cod. Theod. XV 7, 10; Aurelius Victor, Epitome 48,10.   271 Olymopiodor, fr. 23. 272 Sidonius, Briefe I 2, 9.   273 Priskos, fr. 13,2.   274 Marquardt 1886, S. 847; siehe hier Abb. 2.   275 Plutarch, Moralia 338 D.   276 Plutarch, Antonius 29.   277 Sueton, Augustus 70f.   278 Plautus, Miles 164; Horaz, Oden III 24, 58; Ovid, Tristien II 471ff.   279 Digesten XI 5, 2. 280 Dio LIX 22,3.   281 Sueton, Caligula 32.

Abb. 2: Zeichnung aus dem Filocaluskalender: Würfler

Der aus dem Jahre 354 stammende Filocaluskalender enthält unter anderem zwölf Monatsbilder mit Darstellungen der zeitüblichen Beschäftigungen. Vom 17. bis 23. Dezember ist es das an den Saturnalien besonders beliebte Würfeln. Auf einem bronzenen Dreifuß liegen zwei Würfel (tesserae), ein dritter liegt im Becher *(fritillus)* links daneben. Der Würfler hält eine Kienfackel (taeda), neben ihm zwei Rüben oder Weintrauben und eine tragische Theatermaske. Der karolingische Kopist hat die Vorlage nicht ganz verstanden.

Spieltisch für den Reisewagen und schrieb ein Buch über das Würfeln[282]. Seine Strafe, die ihm Seneca in der Unterwelt wünschte, hieß: Würfeln mit einem Becher ohne Boden[283]. Als Würfler werden auch Nero[284], Vitellius[285], Domitian[286], Verus[287], Commodus[288] und Didius Julianus[289] genannt. Neben den reinen Würfel- und Brettspielen gab es auch gemischte, so die beliebte *tabula* oder *duodecim scripta*, eine Art Tricktrack[290].

Gemäß Tacitus waren auch die Germanen dem Würfeln ergeben[291], während die Christen alle Glücksspiele verwarfen. Die Synode von Elvira (Iliberis) 306 n. Chr. exkommunizierte jeden, der um Geld spielte[292]. In der Spätantike gehen die Nachrichten über Spiele am Hof zurück. Von Valentinian III hören wir – im Zusammenhang jener Liebesaffäre, die ihm den Tod brachte[293] –, daß er ein sehr guter Brettspieler war[294]. Agathias Scholastikos[295] tadelte Zenon für seine Lust am Brettspiel mit Würfeln. Der fromme Kaiser Justinian machte mit dem Würfelverbot ernst. Die Spieler brächten sich um Haus und Hof und stießen gottlose Flüche aus, darum sei das Spielen *in privatis seu publicis locis* untersagt[296]. Würfelnde Priester und Mönche suspendierte er für für drei Jahre[297]; unentwegte Würfler wurden mit abgehackten Händen auf Kamele gesetzt und als abschreckendes Beispiel durch Konstantinopel geführt[298].

3.y. „Zwischen Lipp und Kelchesrand schwebt der finstren Mächte Hand" – zumal wenn der Wein vergiftet ist. Gift ist ein makaberer Aspekt der kaiserlichen Tischkultur[299]. Es gehört der Absicht nach in die Politik, dem Mittel nach aber ins Privatleben, da Giftmischerei – auch als Liebes- und Heilzauber – weit verbreitet war. Juvenal beschreibt sie als Domäne der Frauen[300]. Die Verbote haben daran nichts geändert[301]. Bei Hofe war man auf der Hut. Seit Augustus, dem seine Frau Livia Äpfel vergiftet haben soll, um ihrem Sohne Tiberius die Thronfolge zu sichern[302], finden wir an der Tafel den zum Abschmecken angestellten *praegustator*. Diese Vorkoster waren Frei-

282 Sueton, Claudius 33; 39; l.c. Vitellius 4.   283 Seneca, Apokolokynthosis 14.   284 Sueton, Nero 30; Tacitus, Annalen XIII 15.   285 Sueton, Vitellius 4.   286 Sueton, Domitian 21.   287 Historia Augusta, Verus 4,4.   288 l.c. Commodus 2,8.   289 Dio LXXIV 13, 1; Historia Augusta, Didius 9,1.   290 Väterlein 1976, S. 55 ff.   291 Tacitus, Germania 24.   292 Kanon 79; J.Orlandis + D.Ramos-Lisson, Die Synoden auf der iberischen Halbinsel, 1981, S. 18.   293 s. u. 5s!   294 Prokop, Bellum Vandalicum I 4, 19.   295 Anthologia Graeca IX 482.   296 Codex Justinianus III 43,1.   297 CIC, Novellae CXXIII 10, 1.   298 Johannes Malalas, S. 451 (Bonn).   299 L. Lewin, Die Gifte in der Weltgeschichte, 1920; D. B. Kaufmann, Poisons and Poisoning among the Romans, in: Classical Philology, 27, 1932, S. 156 ff.   300 Juvenal VI 627 ff.   301 Lex Cornelia de sicariis et veneficis: Digesten XLVIII 8,3,5; 8,7; 8,12.   302 Dio LVI 30,1 f.

gelassene, seltener Sklaven, sie bildeten ein *collegium*, das unter einem *procurator* stand[303]. Sie eigneten sich in besonderem Maße zur Durchführung von Giftanschlägen. Seian ließ Drusus, den Sohn des Tiberius, durch einen bestochenen *praegustator* vergiften[304]. Die ältere Agrippina weigerte sich aus Furcht vor Gift, bei Tiberius Feigen zu essen[305], und dieser selbst wurde einem Gerücht zufolge vergiftet[306]. Caesonia suchte durch einen Liebestrank die eheliche Zuneigung Caligulas zu erneuern. Daß daraus sein Caesarenwahn entstanden sei[307], ist medizinisch unwahrscheinlich. Caligula wurde verdächtigt, seine Großmutter Antonia vergiftet zu haben[308]. Nach seinem Tode entdeckte man die Giftapotheke, deren Etiketten er eigenhändig beschriftet hatte[309]. Claudius wurde sicher vergiftet, schreibt Suëton[310], unklar sei nur, wie und von wem. Er verdächtigte die Kaiserin Agrippina minor.

Nero vergiftete nach seinem Regierungsantritt Britannicus, seinen Konkurrenten um den Thron, indem er dessen Vorkoster überlistete[311]. Später hat er zahlreiche Tafelgäste, namentlich reiche Freigelassene auf diesem Wege beseitigen lassen[312] und die neben Canidia[313] und Martina[314] berühmteste Giftmischerin Roms, Lucusta, nicht nur fürstlich belohnt, sondern auch aufgefordert, Schüler zu ziehen[315]. Bei seinem Muttermord mußte er von Gift absehen, weil Agrippina sich darauf vorbereitet hatte[316]. Vitellius vergiftete, wie es heißt, seinen Sohn aus erster Ehe, um das diesem hinterlassene Erbe seiner Mutter an sich zu bringen[317], er reichte einem kranken Freund einen Giftbecher als Sterbehilfe[318] und leistete diesen Dienst auch seiner eigenen kranken Mutter[319]. Selbstmord durch Gift war häufig[320], meist nahm man Schierling, dessen sanfte Wirkung Platon[321] beschrieben hat.

Da Giftmord schwer nachweisbar ist, kommt es zur Verdächtigung der jeweiligen Nutznießer. So konnte das Gerücht nicht ausbleiben, daß der früh verstorbene Titus von seinem ehrgeizigen Bruder Domitian vergiftet wurde[322]. Um Verdacht zu meiden, wurden raffinierte Verfahren ersonnen. Marc Aurel soll mit Lucius Verus eine gebratene Sautasche geteilt haben, bei der Verus ein einseitig vergiftetes

---

303 Dessau, Nr. 1567; 1795 ff; III, S. 425.   304 Tacitus, Annalen IV 8. 305 l.c. IV 54; Sueton, Tiberius 53.   306 Sueton, Tiberius 73,2; Josephus, Antiquitates XVIII 6,9; Aurelius Victor, Liber 3,1.   307 Sueton, Caligula 50,2.   308 l.c. 23.   309 l.c. 55.   310 Sueton, Claudius 44; Tacitus, Annalen XII 67.   311 Sueton, Nero 33; Tacitus, Annalen XIII 16. 312 Sueton, Nero 35,5; Tacitus, Annalen XIV 65.   313 Horaz, Epoden 3,8; 5; 17.   314 Tacitus, Annalen II 74; III 7.   315 Sueton, Nero 33. 316 Tacitus, Annalen XIV 3.   317 Sueton, Vitellius 6.   318 l.c. 14,1. 319 l.c. 14,5.   320 Plinius, Naturalis historia IX 58/118; Aelian, Varia historia III 37.   321 Platon, Phaidon 117/118.   322 Dio LXVI 26, 2; Aurelius Victor, Liber 10,5.

3. Tageslauf und Tischkultur

Tranchiermesser verwendete[323]. Der gemeinsame Giftanschlag von Lucius Verus und seiner Schwester Fabia auf Marc Aurel[324] dürfte ebenso legendär sein wie die Nachricht, Verus habe mit seiner Schwiegermutter Faustina geschlafen, dies seiner Frau verraten und sei dafür von ihr mit Austern vergiftet worden[325]. Glaubhaft ist, daß Commodus seinen *praefectus praetorio* mit einer Feige vergiftet hat[326]. Der gemeinsame Giftanschlag von Laetus und Marcia auf Commodus mißlang, so daß man den Kaiser erdrosseln mußte[327]. Ebenso mißglückten die Giftanschläge von Septimius Severus auf Clodius Albinus[328] und von Caracalla auf seinen Vater. Als Septimius Severus dann doch gestorben war, tötete Caracalla die Ärzte, die seinem Vater kein Gift hatten geben wollen[329]. Ebenso erfolglos waren die Versuche von Caracalla und Geta, sich gegenseitig zu vergiften. Caracalla erstach daher den Bruder mit dem Schwerte in den Armen seiner Mutter[330].

In der Spätantike treten die Nachrichten über die Vergiftung bei Tisch zurück. Einem Gerücht zufolge soll Constantin von seinen Brüdern vergiftet worden sein, die Rache für Crispus[331]nehmen wollten[332]; bedenklich ist auch der Valentinian III nachgesagte Umgang mit Giftmischern[333]. Sicherlich haben jedoch die Kaiser und ihre Amtsträger das Vertrauen ihrer Gäste mißbraucht, um politische Rechnungen zu begleichen. So Julian gegenüber dem Alamannenkönig Vadomar[334], Offiziere des Valens zuerst gegenüber dem Armenierkönig Papa[335], dann gegenüber dem Gotenfürsten Fritigern[336]. 471 ließ Kaiser Leo seinen Heermeister Aspar und dessen Söhne beim Festmahl ermorden und erhielt dafür den Beinamen „der Schlächter"[337]. 493 erdolchte Theoderich der Große seinen unterlegenen Rivalen Odovakar in Ravenna beim Essen[338]. Die der Kaiserin Theodora nachgesagte Verbindung zu Magiern und Giftmischern ist wohl legendär[339].

3.z. Um sich selber ein Ende durch Gift zu ersparen, immunisierten sich Agrippina[340], Nero[341] und Commodus[342] durch Gegengifte. Herodian berichtet, daß Caracalla und Geta jede Mahlzeit mit einem Immunisierungsmittel begannen[343]. Diese Methode geht zurück auf den „dreimal geschlagenen" Mithridates VI Eupator von Pontos[344]. Das *Mithridatium* bestand aus 54 Zutaten[345]. In gleicher Absicht empfiehlt

---

323 Historia Augusta, Marc Aurel 14,5; Herodian IV 5,6.   324 Historia Augusta, Commodus 10,4f.   325 l.c. Verus 10,1.   326 l.c. Commodus 9,2. 327 l.c. 17,2.   328 Herodian III 5,5.   329 l.c. III 15,2ff.   330 l.c. IV 4,2.   331 s.u. 5s!   332 Philostorgios II 4.   333 Prokop, Bellum Vandalicum I 3, 11.   334 Ammian XXI 4.   335 l.c. XXX 1,4.   336 l.c. XXXI 5,5.   337 Chronica Minora II, S. 90; Candidus fr. 2; Malchus fr. 1. 338 l.c. I, S. 320f.   339 Prokop, Anekdota 22,27.   340 Tacitus, Annalen XIV 3.   341 Hadot 1984, S. 34.   342 Herodian I 17,10.   343 l.c. IV 4,2.   344 Juvenal VI 661.

Athenaios Quitten (*malum Cydonium*)[346] oder wilde Orangen (*malum Medicum*)[347], Zitronen (*citrium*)[348] oder Raute (*pēganon*)[349]. Ein gewaltsamer Tod soll Elagabal von syrischen Priestern vorausgesagt worden sein. Um dem durch Selbstmord zuvorkommen zu können, habe der Kaiser fürstliche Vorkehrungen getroffen. Er habe purpurne, mit Goldfäden durchzogene Seidenstricke zum Erhängen vorbereitet, habe goldene Dolche bereitgelegt, um sich zuvor zu entleiben, habe in Schalen aus Granat, Hyazinth und Smaragd Gifte präpariert und sich einen hohen Turm aus gold- und juwelenbesetzten Hölzern errichtet, um sich beizeiten hinabzustürzen. Auch sein Tod müsse kostbar sein, wie sein Leben, soll er gesagt haben[350]. Er fand aber doch ein schmähliches Ende in einem Abtritt[351].

345 Plinius, Naturalis historia XXIX 8/24.   346 Athenaios 81 E.   347 l.c.
83 E.   348 l.c. 84 Dff.   349 l.c. 85 B.   350 Historia Augusta, Elagabal
33,2 ff.   351 l.c.17,1.

4. Freunde, Gäste, Lieblingstiere

a. **Freunde:** Cicero
b. *amicitia* in der Republik
c. *amici Caesaris*, Kontakte
d. Kuß, Aufkündigung
e. seit Augustus
f. seit Trajan
g. seit Marc Aurel, Landsleute

h. **Gäste:** Senatoren
i. Schauspieler usw.
j. Militärs, Geistliche

k. **Staatsfeste:** *convivia publica*
l. Familienfeiern
m. *apophoreta*
n. Kaiser als Gast
o. Kaiser schwärmen

p. **Lieblingstiere:** Caesar
q. Augustus: Pferd, Rabe
r. Ziege
s. Livia, Antonia, Agrippina; Hund
t. Tiberius: Castor-Rabe
u. Domitian: Löwe
v. Hadrian: Pferd
w. Marc Aurel
x. Caracalla, Elagabal
y. Severus Alexander
z. Spätantike

*Verae amicitiae difficillime
reperiuntur in iis, qui in
honoribus reque publica
versantur.*

Cicero

4.a. Wahre Freundschaft, schrieb Cicero[1], ist mit hohen Ehren- und
Machtpositionen schwer zu vereinen. Denn Freundschaft setze Gleich-
heit voraus, wechselseitiges Wohlwollen und Wohltun, unbegrenztes
Vertrauen von beiden Seiten und ein gemeinsames Bemühen um ein
vorbildliches Leben, bei dem jeder des anderen Kritiker sein sollte. Ein
Tyrann sei keiner Freundschaft fähig, ein König vielleicht – vorausgesetzt, daß er seine Macht als Amt wie jedes andere verstehe. In diesem
Sinne meinte auch der jüngere Plinius, daß mit einem Domitian, der
seine Untertanen als Sklaven betrachtet habe, keine *amicitia* möglich
gewesen sei, wohl aber mit einem *princeps* wie Trajan[2]. Das Problem
einer Freundschaft mit Herrschern behandelte die Antike einerseits am
Verhältnis Platons zu Dion und Dionysios, andererseits am Beispiel
Alexanders des Großen und seiner Gefährten; beides bot Argumente
dafür wie dagegen.

4.b. Im republikanischen Rom war die Freundschaft (*amicitia*) eine
für das Staatsleben grundlegende soziale Beziehung. Von ihr war,
anders als Cicero das darstellt, keineswegs nur unter Gleichen die
Rede. So wie die *fides* das Band zwischen Menschen und Mächten auf
beliebiger Stufe bezeichnet, so gab es politische *amicitia* auch zwischen
Rom und sehr viel schwächeren Staaten[3], zwischen Politikern und
ihren Anhängern[4]. Darum konnte Freundschaft als Basis der Politik
überhaupt erscheinen.

4.c. „Für eine gute Herrschaft gibt es keine bessere Hilfe als verläß-
liche und verständige Freunde", heißt es bei Tacitus[5] in Anlehnung an
Platon[6]. Die Freundschaft mit dem Kaiser[7] hatte unvermeidlich eine
dienstliche und eine persönliche Seite. Die amtliche *amicitia* wurzelt in
einer privaten *familiaritas*, einer Beziehung, die Rechte und Pflichten

---

1 Cicero, Laelius 64.   2 Plinius, Panegyricus 85,2.   3 Cicero, Divinatio in
Caecilium 66; Livius XLII 6,4.   4 Velleius II 7,2 ff.   5 Tacitus, Historien
IV 7.   6 Platon, 6. Brief 322 d.   7 Friedländer I 74 ff; IV, S. 56 ff mit Liste
der Kaiserfreunde bis 238 nach Christus; die *comites Augusti* verzeichnet auch
Halfmann 1986, S. 245 ff; Millar 1977, S. 59 ff.

einschloß. Vielfach handelt es sich um Jugendfreundschaften, so bei Augustus[8], Marc Aurel[9] und Theodosius[10]. Ähnlich den *philoi* der hellenistischen Könige bildeten die amtlichen *amici Augusti* eine mehr oder weniger festumrissene Ranggruppe (*cohors amicorum*). Wir kennen sie aus dem Wort der Juden an Pilatus in der Johannespassion: „Lässest Du diesen los, so bist Du des Kaisers Freund nicht mehr!"[11] Die „Freunde" gehörten – wenn sie nicht Philosophen, Dichter oder Ärzte waren – zumeist dem Senatoren- oder Ritterstande an. Sie erschienen zur Morgenvisite, die in mehrere *admissiones* gegliedert war[12], und dienten als Ratgeber und Reisebegleiter[13]. Aus den *comites* wurden in der Spätantike Amtsinhaber, ihr Titel wird im frühen Mittelalter mit „Graf" wiedergegeben. Die Treue zu Freunden wurde den Kaisern als Tugend angerechnet – und umgekehrt[14]. Man besuchte einander, lud sich gegenseitig zu Tisch[15] und wechselte Briefe, zumal an Geburtstagen, zum Jahresbeginn und bei allen Familienfesten. Dem Kaiser gratulierten seine Freunde jährlich zum *dies imperii*, zum Regierungsjubiläum und zum Geburtstag. Die bei Plinius minor überlieferten Gratulationen sind ebenso formelhaft wie die Dankschreiben Trajans[16].

4.d. Die übliche Grußgeste war der Händedruck (*dextrarum iunctio, dexiosis*)[17]. Freunde wurden nach der von Augustus aus dem Orient übernommenen Sitte mit einem Kuß (*osculum*) auf den Mund begrüßt und verabschiedet[18]. So begrüßte auch der zivile Kaiser seine senatorischen Standesgenossen[19]. Die Länge des Kusses spiegelte die Sympathie[20]. Der Kuß auf den Mund – auch zwischen Männern und fremden Frauen[21] – bezeichnet den Gleichrangigen, der Tieferstehende begrüßte den Höherstehenden mit einem Kuß auf die Hand[22], auf die Wange[23], auf den Hals[24], auf den Rocksaum oder gar auf den Fuß[25]. Letzteres wurde in der Spätantike Brauch[26]. Das lateinische Wort dafür ist *adoratio*, das griechische *proskynēsis*. Als die Magier aus dem Morgenland den neuen Stern sahen, eilten sie, vor dem neugeborenen König der

---

8 Velleius II 59,5; Nikolaos von Damaskus, Vita Augusti 16.   9 Historia Augusta, Marcus 3,8.   10 *privato contubernio cogniti*: Aurelius Victor, Epitome 48,9.   11 NT. Johannes-Evangelium 19,12.   12 Seneca, De clementia I 10,1.   13 Mommsen, Staatsrecht S. 988 ff.   14 Sueton, Augustus 66; Aurelius Victor, Epitome 39,46; 46,3; 48, 9; Ammian XXXI 14,2.   15 s. u. 4n!   16 Plinius, Briefe X 35 f; 52 f; 88 f; 100 ff.   17 Plutarch, Otho 13; l.c. Pompeius 79.   18 Sueton, Tiberius 10,2; l.c. Otho 6,2f; Fronto, S. 112 (van den Hout BT): *os salutantes ori admovemus*.   19 Plinius, Panegyricus 23,1; 71,1.   20 Tacitus, Agricola 40; l.c. Annalen XIII 18.   21 Sueton, Domitian 12.   22 l.c.; Epiktet, Diss. I 19, 24.   23 Ammian XXVIII 4,10.   24 *cervices*: Fronto, S. 67 (van den Hout BT).   25 W. Kroll, Kuß, RE. Suppl. V 1931, S. 511 ff; Fronto, *passim*.   26 Prokop, Anekdota 10,6; 15,27; 30,23 f.

Juden in Bethlehem die Proskynese zu vollziehen[27]. Die Übersetzung „Anbetung" ist insofern schief, als es sich nicht um Worte, sondern um Gebärden handelt. Als erster soll der Vater des späteren Kaisers Vitellius, als er aus Syrien zurückkam, Caligula als Gott begrüßt haben[28]. Daß Vitellius als Legat auch einfache Soldaten mit Kuß begrüßte, galt als standeswidrige Gunsthascherei[29]. Eine Verweigerung des *ius osculi*[30] oder gar die Aufkündigung der Freundschaft durch den Kaiser war ein harter Schlag[31]. Wer in Ungnade gefallen war, mit dem verkehrten auch die übrigen Freunde des Kaisers nicht mehr[32]. Das hat Einzelne ins Exil oder in den Selbstmord getrieben[33].

4.e. Augustus war mit Agrippa[34] und Maecenas befreundet[35], von denen ersterer unter seiner niederen Herkunft litt[36], letzterer nie Senator wurde, freiwillig immer Privatmann blieb[37]. Problematisch war das Verhältnis des Kaisers zu dem Griechen Timagenes aus Alexandria. Dieser kam als Kriegsgefangener nach Rom, wurde Koch, dann Sänftenträger, schließlich freigekauft und unter die Freunde des Augustus aufgenommen. Timagenes war bekannt für seine scharfe Zunge, bis ihm Augustus das Haus verbot[38]. Daraufhin verbrannte Timagenes das Geschichtswerk, das er über Augustus verfaßt hatte[39]. Er soll gesagt haben: „Wenn Rom in Flammen aufginge, bedauere ich dies bloß, weil es schöner wieder aufgebaut würde"[40].

Als *continuus*, „ständiger Begleiter" des Tiberius wird der Jurist Marcus Cocceius Nerva genannt[41], der Vater des gleichnamigen Kaisers. Das Verhältnis zu seinem getreuen, aber eigenmächtigen Gardepräfekten Seianus, der dem Kaiser einmal das Leben gerettet hatte[42], wurde von beiden als „Freundschaft" bezeichnet, ebenso das zu Seians Bruder[43]. Seian mißbrauchte die Kaisergunst zum Ausbau einer Machtstellung und wurde 31 n. Chr. gestürzt[44]. Die Freunde des Claudius begleiteten ihn auf seinem Britannienzug[45]. Den höchsten Rang (*summus locus*) unter Neros Freunden bekleidete Otho, der spätere Kaiser, der sich an den Ausschweifungen beteiligte[46]. Einflußreich war namentlich Tigellinus. Wegen seiner Schönheit von den kaiserlichen Damen mehr als gebührlich verehrt, daher nach Griechenland ver-

---

27 NT. Matthäus-Evangelium 2,2.   28 Sueton, Vitellius 2,5; Dio LIX 27,6.
29 l.c. 7,3.   30 Fronto, S. 112 (van den Hout BT).   31 Friedländer I, S. 83 ff.   32 Ausnahme: Fronto, S. 162 f (van den Hout BT).   33 Sueton, Augustus 66; Tacitus, Annalen III 24; Plinius, Naturalis historia IX 58/118; Julian, Brief 50 (Wright); Ammian XXII 9, 16f; Rogers 1959, S. 224 ff; Kierdorf 1987, S. 223 ff.   34 Siehe hier Abb. 3.   35 s.o. 4c!   36 Seneca, Controversiae II 12,10.   37 Tacitus, Annalen III 30.   38 Plutarch, Moralia 68 B.   39 Seneca, Controversiae X 34,22.   40 Seneca, Brief 91,13.   41 Tacitus, Annalen IV 58,1; VI 26,1.   42 l.c. IV 59.   43 l.c. IV 29; 39f.   44 Dio LVIII 11.   45 Friedländer IV, S. 63 f.   46 Sueton, Otho 2,2.

Abb. 3: Kopf des Agrippa

Marcus Vipsanius Agrippa (63–12 v. Chr.) war neben Maecenas der engste Freund des Augustus. Sie hatten sich in der Rhetorenschule kennengelernt und gingen nach Caesars Tod beide nach Rom. Agrippa übernahm unter Augustus wichtige zivile und militärische Aufgaben; der Seesieg bei Actium 31 v.Chr. über Antonius und Kleopatra war im wesentlichen sein Werk. Seine (dritte) Ehe mit Julia, der Tochter des Augustus, war problematisch.

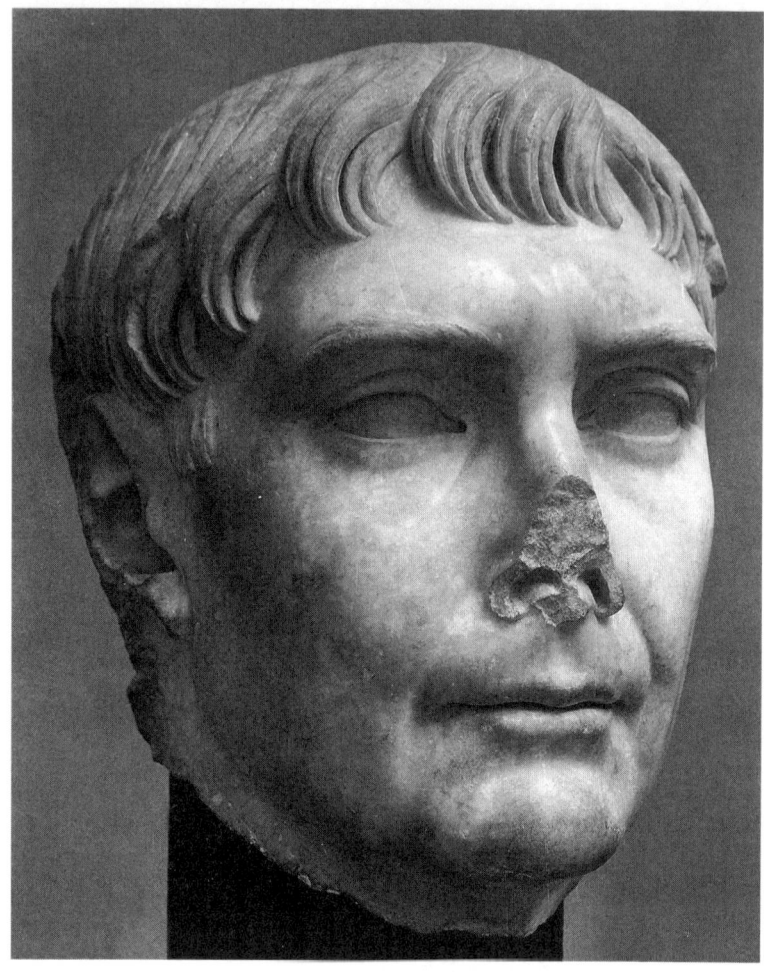

Abb. 4: Kopf Trajans

Der 1913 in einer Taberna zu Ostia gefundene Kopf ist eines der qualitätvoll-
sten Porträts der römischen Kunst überhaupt. Es macht den großen Staatsmann
glaubhaft, den Plinius minor in seinem Panegyricus beschreibt, jener Lobrede
auf das römische Kaiserreich als universalen Rechts- und Wohlfahrtsstaat. Das
Bild wurde flankiert durch Köpfe von Frau und Schwester des Kaisers.

bannt[47], eröffnete er nach einer größeren Erbschaft eine Zucht von
Rennpferden[48], wurde von Nero zum Prätorianerpräfekten und
Gefährten seines Lasterlebens erkoren[49] und überdauerte dessen Sturz,
bis Otho ihn zum Selbstmord zwang[50]. Unter den „guten" Freunden
Neros ragen heraus der Philosoph Seneca[51] und der Prätorianerpräfekt
Burrus[52], die Regenten der glücklichen ersten fünf Jahre Neros[53], sowie
der spätere Kaiser Vespasian[54]. Dieser verdankt seine Herrschaft
wesentlich der Unterstützung durch Freunde: Antonius Primus, Mucia-
nus und Tiberius Julius Alexander, die in den letzten Jahren Neros
Schlüsselstellungen innehatten[55].

    4.*f.* Trajan besuchte seine kranken Freunde[56] – so auch schon
Nero[57] –, er stellte mehreren von ihnen Statuen auf[58], etliche kennen
wir aus Inschriften[59]. Einer von ihnen wohnte in Pergamon, ein anderer „jenseits des Meeres", wie überhaupt schon seit Augustus[60] die
Freunde der Herrscher nicht nur in Rom gelebt haben. Trajans ver-
trautester Freund war Licinius Sura, den er uneingeladen und unbe-
wacht besuchte[61], sein berühmtester der jüngere Plinius[62], der erfolg-
reichste war sein Nachfolger, der mit Trajans Großnichte verheiratete
Hadrian[63]. Diesen verband eine teils persönliche, teils erotische Liebe
mit dem schönen Knaben Antinoos[64]. Von seinen Männerfreundschaf-
ten sind einige zerbrochen, es gab Verschwörungen und Todesurteile[65].
Antoninus Pius wird gerühmt, weil er nach seiner Regierungsübernahme seine alten Freunde beibehielt[66], sie gleichwohl nicht nötigte,
immer mit ihm zu essen oder zu reisen[67]. So konnte die Freundschaft
des Kaisers auch eine Last sein.

    4.*g.* Marc Aurel pflegte noch als Kaiser eine Freundschaft mit seinem
Lehrer Fronto, wie die in den Briefen der beiden dokumentierte wech-
selseitige Anteilnahme an persönlichen Angelegenheiten und die gegen-
seitigen Besuche bezeugen. Seine amtlichen und privaten Geschäfte
beriet der Kaiser, wie wir hören, mit seinen Freunden[68]. Als Commodus Kaiser geworden war, entließ er die Berater seines Vaters – von
ihnen überlebte nur der spätere Kaiser Pertinax[69] – sowie alle Gebildeten, um sich zum Bedauern der Senatoren mit Spaßmachern und

---

47 Dio LIX 23,9.   48 Scholien zu Juvenal I 155.   49 Tacitus, Annalen
XIV 51.   50 Plutarch, Otho 2.   51 Tacitus, Annalen XIV 54.   52 l.c.
XIII 2.   53 Aurelius Victor, Liber 5,2.   54 Sueton, Vespasian 4,4.
55 Sueton, Vitellius 18; l.c. Vespasian 6.   56 Ausonius XX 17.   57 Tacitus, Annalen XIV 51.   58 Dio LXVIII 16,2.   59 Dessau Nr. 308; 1019;
1023; 1046a; 2404.   60 Julius Eurykles in Sparta: Strabon VIII 5,5.   61 Dio
LXVIII 15.   62 Plinius, Briefe IV 22,1.   63 Dio LXIX 1,1.   64 s.u.
5w!   65 Dio LXIX 2,5; Historia Augusta, Hadrian 15.   66 Historia
Augusta, Pius 11,1; Marc Aurel I 16,10.   67 Marc Aurel I 16; 24.
68 Fronto, S. 96 (van den Hout BT).   69 Herodian II 1,4.

Schaustellern zu umgeben[70]. Kritik erfuhr ebenfalls die Bindung des Septimius Severus an seinen afrikanischen Landsmann Plautianus[71], der sich als Praefectus Praetorio allzuviel herausnehmen durfte und schließlich – sozusagen ein zweiter Seian – auf Betreiben seines Schwiegersohnes , des Thronfolgers Caracalla, gestürzt und von diesem eigenhändig erschlagen wurde[72].

Persönliche Freunde wurden mit Geschenken und Vermächtnissen bedacht[73] und befördert, in der Tetrarchie mehrfach zu Mitkaisern, so Maximian[74], Galerius[75], Severus[76] und Licinius[77]. Sie waren Kriegskameraden des jeweiligen *senior Augustus* , der sie ernannte. Die spätantiken Kaiser haben vielfach auch Landsleute in hohe Stellungen berufen. Das zeigen die Pannonier um Maximinus Thrax[78], Diocletian[79] und Valentinian[80], die Spanier und Gallier um Theodosius[81] und die Isaurier um Zenon[82]. Die Freundschaften des bücherliebenden Julian sodann beruhten auf gemeinsamen literarisch-philosophischen Neigungen und waren daher überwiegend persönlicher Natur. Unbekümmert verletzte der Kaiser seine Anstandspflichten gegenüber dem Senat, um seinen Freunden Ehre zu erweisen[83]. Anstoß erregte Gratians Vorliebe für die Barbaren an seinem Hofe[84], doch hat er sich auch um kranke römische Freunde persönlich gekümmert[85].

4.*h.* Seine Gäste wählte der Kaiser nicht nur aus seinen persönlichen Freunden. Augustus bewirtete seine senatorischen Standesgenossen. Er wahrte die *dignitas* und lud keine Freigelassenen zu Tisch außer Menodoros *alias* Menas, der die Flotte des Sextus Pompeius an ihn verraten hatte[86]. Auch Otho und Trajan bevorzugten Senatoren an ihrer Tafel[87]. Der Ehrengast lagerte zur Rechten des Kaisers, so wie Christus zur Rechten Gottes sitzt[88]. Frauen, selbst Kinder, wurden öfters miteingeladen; letztere lagen nicht, sondern saßen bei Tisch[89]. Antoninus Pius gab *convivia privata*[90] für seine Freunde. Cassius Dio, selbst Senator, rühmt an Pertinax, die Senatoren mit Maßen bewirtet zu haben[91], und rügt an Caracalla, daß er lieber Freigelassene an seiner Tafel sah als

70 Herodian I 13,8.   71 Herodian III 10,6.   72 Dio LXXV 15f; Historia Augusta, Septimius 14.   73 *Constantius*: Ammian XXI 15,5; *Julian*: Julian, Brief 25 (Wright).   74 Aurelius Victor, Liber 39, 17.   75 Lactanz, De mortibus persecutorum 20, 3.   76 Anonymus Valesianus 9.   77 Eutrop X 4,1.   78 Herodian VII 8,11.   79 Historia Augusta, Carus 13,1. 80 Ammian XXVI 1,6.   81 *Cynegius, Rufinus*: Aurelius Victor, Epitome 48,9.   82 Anonymus Valesianus 40.   83 Ammian XXII 7,3; Libanios, Rede 18, 155 ff.   84 Aurelius Victor, Epitome 47,6.   85 Ausonius XX 17. 86 Sueton, Augustus 74; Dio LVI 26,2.   87 Plinius, Panegyricus 49,4 ff; ders., Briefe VI 31,13; Plutarch, Otho 3.   88 NT. Apostelgeschichte 7,55; Paulus an die Römer 8,34.   89 Sueton, Caligula 17; 36; ders., Claudius 32; Dio LVII 12,5; Plutarch, Otho 3; s.o. 3j!   90 Historia Augusta, Pius 11,4. 91 Dio LXXIV 3,4.

Senatoren[92]. Das verstieß gegen die Sitte. Wir hören, daß Fremde sich unter die Gäste einschleichen konnten, das Hauspersonal hat offenbar gelegentlich Einladungen verkauft[93]. Eintrittsmarken (*tessera hospitalis*)[94] für die Gelage kannten schon die Griechen (*symbolon*) und die Etrusker[95]. Unter dem kaiserlichen Personal finden wir den *invitator Caesaris*[96], einen Sklaven oder Freigelassenen, der den Gästen die Einladung überbrachte.

4.*i*. Schlechte Kaiser umgaben sich mit „unehrlichen" Leuten aus der Theaterwelt. Diese tragen fast ausschließlich griechische Namen und wurden von den reichen Frauen vergöttert und verwöhnt[97]. Ihre Liebschaften mit Damen des Kaiserhauses waren stadtbekannt[98]. Daneben hören wir vom Umgang der Kaiser mit Tänzern und Musikanten, mit Wagenlenkern und Gladiatoren – so Caligula[99], der mit den Jockeys der grünen Zirkuspartei speiste; sodann Commodus[100], der die Gebildeten vom Hofe jagte und sich mit Possenreißern, Gauklern und Rennfahrern amüsierte; weiterhin Lucius Verus, der mit Bühnenvolk, Zither- und Flötenspielern, Hofschranzen, Pantomimen und Zauberkünstlern verkehrte[101]; und endlich Elagabal[102], der sich von seinen Lustknaben bedienen ließ[103]. Er wählte – so die »Historia Augusta« – seine Gäste nach ästhetischen Prinzipien: acht Glatzköpfe, acht Einäugige, acht Gichtbrüchige, acht Taube, acht Schwarze, acht Lange oder acht Dicke, die mit dem Kaiser die Neunzahl voll machten[104]. Bisweilen lud er, wie zuvor Nero, ganz Rom zum Trinken ein[105].

4.*j*. Unter Gallienus, dessen zuverlässig bezeugte Bevorzugung des Militärs ihm von senatorischen Kreisen verübelt wurde[106], kam die Sitte auf, daß die Gäste des Kaisers beim Gelage gegürtet blieben. Der Verfasser der »Historia Augusta«[107] erklärte das durch die boshafte Anekdote, der Sohn des Kaisers habe den Offizieren einmal ihre in der Garderobe abgelegten, mit Gold und Juwelen verzierten Gürtel (*cingulum*) gestohlen, so daß sie diese hinfort lieber anbehielten. In christlicher Zeit gereichte es einem Kaiser zur Ehre, Gottesmänner zur Tafel zu ziehen, so wie umgekehrt deren Ansehen sich eben darin spiegelte, selbst wenn der Kaiser ein Usurpator war. Magnus Maximus empfing in Trier den heiligen Martin, die Kaiserin selbst kochte für ihn und bediente ihn mit allen Zeichen der Demut[108].

---

92 Dio LXXVIII 18,4.   93 Sueton, Caligula 39.   94 Plautus, Poenulus 1047f.   95 Die Etrusker und Europa, Berlin 1993, S. 44f; Marquardt 1886, S. 195ff.   96 Martial IX 91,2; Dessau 1697.   97 Juvenal VI 63ff; 379ff. 98 Leppin 1992, S. 118f.   99 Sueton, Caligula 55; Dio LIX 5,2. 100 Herodian I 13,8.   101 Historia Augusta, Verus 8,7ff.   102 l.c. Elagabal 6,3.   103 l.c. 12,4.   104 l.c. 29,3.   105 l.c. 21,6.   106 Aurelius Victor, Liber 33,31ff.   107 Historia Augusta, Gallienus 20,3ff.   108 Sulpicius Severus, Dialog I 6.

4.k. Höhepunkte der kaiserlichen Gastlichkeit waren die Feste. Am Hofe feierte man die im Kalender vorgezeichneten *feriae publicae*[109], für die auch den Bürgern ein höherer, allerdings genau begrenzter Aufwand gestattet war[110], mit besonderer Pracht[111]: So die jährlichen Staatsfeste der *Ludi Romani*, der *Ludi Megalenses*, der *Ludi Plebeii* und die vom 17. bis 23. Dezember begangenen Saturnalien, eine Mischung aus Fasching und Weihnachten, die Aurelian bescheiden *quasi privatus* beging[112]. Dazu kamen die Monatsfeste der Kalenden, Nonen und Iden. Bei solchen Gelegenheiten gab es *convivia publica*, deren Teilnehmer nach Hunderten zählten[113]. Öffentliche Bewirtungen veranstalteten auch reiche Privatleute zu verschiedenen Gelegenheiten, sie waren eine übliche Form der Munifizenz. Den Rahmen des Privatlebens sprengte die spätantike, aus Konstantinopel überlieferte Sitte, daß der Kaiser beim „römischen Namensfest", den Brumalia, am ersten Tage alle Bürger bewirtete, deren Namen mit Alpha anfing, am zweiten die mit Beta und so das ganze Alphabet hindurch[114].

4.l. Größere Bewirtungen fanden ebenso bei den Familienfeiern statt, an Geburtstagen, bei Totenmählern[115] und Hochzeitsfesten, bei denen wiederum auch die Bürger einen höheren Luxus entfalten durften[116]. Berühmt waren die Feste, die Caligula auf den eigens dazu erbauten, im Nemi-See liegenden Schiffen gab[117]. Nero suchte sie zu überbieten. Tacitus beschreibt ein Festmahl, das der Kaiser sich von seinem Freigelassenen Tigellinus auf dem Wasser ausrichten ließ: Das Floß wurde von goldbeschlagenen Booten gezogen, Lustknaben ruderten, am Ufer tanzten unbekleidete Frauen aus besten Häusern, aufgetragen wurden Vögel, Fische und Tiere aus allen Teilen der Welt[118].

Während Marc Aurel die Hochzeit seiner Tochter *exemplo privatorum* beging[119], wurde unter Septimius Severus die des Thronfolgers Caracalla mit der Tochter des allmächtigen Prätorianerpräfekten Plautianus 202 n. Chr. mit exzessivem Pomp gefeiert. Sie dauerte sieben Tage. Die Mitgift wurde in Prozession über das Forum in den Palast getragen, sie hätte für fünfzig Prinzessinnen ausgereicht. Das Festmahl für die Senatoren war der Qualität nach fürstlich, der Quantität nach barbarisch. Es folgten die üblichen Spiele mit der Abschlachtung exotischer Tiere, von denen sieben mal hundert zugleich in die Arena gelassen wurden[120]. Der Glanz des Festes verhinderte nicht, daß Caracalla sich bald von seiner Frau und seinem Schwiegervater abwandte[121]. Die

109 oder *feriati dies*: Eutrop X 1.   110 Gellius II 24.   111 Historia Augusta, Alexander 37,6.   112 l.c. Aurelian 50.   113 Sueton, Claudius 32; Statius, Silvae IV 2,33; Seneca, De ira II 33,4.   114 Agathias V 3,2. 115 Dio LXVII 9.   116 Gellius II 24.   117 Sueton, Caligula 37,2f. 118 Tacitus, Annalen XV 37; Sueton, Nero 27; 42.   119 Historia Augusta, Marcus 27,8.   120 Dio LXXVII 1.   121 s.o. 4g!

Beschreibung einer spätantiken Kaiserhochzeit verdanken wir Claudian[122], dem Hofsänger Stilichos. Dessen Tochter Maria wurde 398 die erste Frau des Honorius, das Fest fand in Mailand statt.

4.*m.* In Rom herrschte die Sitte, die Gäste nicht nur zu beköstigen[123] und zu unterhalten[124], sondern auch, sie beim Abschied zu beschenken. Der Name für diese Gaben, *apophorēta*, verrät die hellenistische Herkunft dieses Brauchs. Kleopatra schenkte ihren Gästen das goldene Tafelgeschirr, bisweilen auch Möbel, ein Pferd für den Heimweg und einen Negersklaven als Fackelträger[125]. In Rom verteilten, so wie Trimalchio[126] und andere reiche Privatleute, die Kaiser *apophorēta*, zumal an den Saturnalien[127]. Die Verteilung erfolgte nach dem Tombola-Prinzip, das für Überraschungen sorgte. Martial schrieb 223 Epigramme auf Saturnalien-Geschenke, die ausgelost wurden. Darunter waren: Schreibtafeln, Würfel, Spielbretter, Nüsse, Zahnstocher, Ohrlöffel, Nadeln, Kämme, Pomade, Sonnenschirme, Messer, Hüte, Lampen, Bälle, Hanteln, Kinderklappern, Zahnpulver, Flöten, Fliegenwedel, Käfigvögel, Besen, Becher, Nachttöpfe, Kleider, Ringe, Nippes und Sklaven beiderlei Geschlechts mit besonderen Fertigkeiten[128]. Ein Fürst macht fürstliche Geschenke. Namentlich Elagabal pflegte seine Gäste reich zu bedenken[129]. Er warf die Gaben von einem Turm unter das Volk[130], und beglückte es unter anderem mit Gutscheinen (*sortes*). Bei der Einlösung bekam der eine zehn Pfund Gold, der andere zehn Pfund Blei, der dritte zehn Kamele, der vierte einen toten Hund usw.[131]. Scherze dieser Art liebte schon Trimalchio[132].

4.*n.* Die Kaiser luden nicht nur, sondern ließen sich auch laden. Augustus ging zu Gast solange, bis er im Alter einmal unangenehm ins Gedränge geriet[133]. Claudius besuchte Senatoren, die krank waren oder ein Fest gaben[134]. Wenn Nero sich ansagte, kam den Wirt das teuer, allein für die Rosenessenzen hat man bisweilen ein Vermögen geopfert[135]. Da der Kaiser öfter die Villa Pisos bei Baiae ohne Gefolge zum Speisen und Baden aufsuchte, erwogen Verschwörer, ihn bei dieser Gelegenheit zu töten. Piso aber verhinderte diese Verletzung des Gastrechts; weitere Skrupel verzögerten die Tat, und das Komplott wurde verraten[136]. Außer Hause speisten ebenfalls Trajan[137], Hadrian[138] und Antoninus Pius[139]. Gute Kaiser besuchten kranke Freunde, Hadrian

122 Claudian X–XIV.   123 s.o. 3mn!   124 s.o. 3vw!   125 Athenaios 148 A; 229 C.   126 Petron 40.   127 Sueton, Augustus 75; l.c. Vespasian 19; Martial XIV 1.   128 Martial XIV; Petron 40; 56.   129 Historia Augusta, Elagabal 28,6; 29,4.   130 Herodian V 6,9.   131 Historia Augusta, Elagabal 22.   132 Petron 56.   133 Sueton, Augustus 53.   134 Dio LX 12,1.   135 Sueton, Nero 27.   136 Tacitus, Annalen XV 52f.   137 Dio LXVIII 5,4f.   138 Historia Augusta, Hadrian 9.   139 l.c. Pius 11,7.

ging sogar zu Rittern und Freigelassenen, unter Umständen mehrmals am Tage. Er ließ sich auf ihre Villen laden und ehrte mehrere von ihnen durch Standbilder[140]. Auch Marc Aurel besuchte Kranke und schrieb ihnen eigenhändig[141]. Elagabal schätzte das Wandermahl, bei dem jeder Gang im Hause eines anderen Wirtes eingenommen wurde. Die Tischgesellschaft war dabei den ganzen Tag durch Rom unterwegs und amüsierte sich zwischendurch im Bad und Bordell[142]. Severus Alexander kehrte in den Einladungen, die er gab oder nahm, zum Decorum zurück. Er ließ sich auch wie einen Senator begrüßen[143]. Als Zeichen christlicher Nächstenliebe wird überliefert, daß die Frau von Theodosius I, die Kaiserin Aelia Flaccilla Kranke besuchte[144].

4.o. Schlechte Kaiser schwärmten nachts von Fest zu Fest durch die Kneipen und Bordelle. Der *kōmos* ist eine griechische Sitte; Platon beschrieb ihn anschaulich in seinem »Symposion« beim Auftritt des Alkibiades. Nero plünderte dabei Geschäfte, prügelte sich mit Passanten und bezog auch seinerseits bisweilen Senge[145]. Da dies unter halbem Inkognito geschah, ahmten andere es nach, indem sie so taten, als wären sie selbst der Kaiser[146]. Ähnliches ist für Caligula[147], Otho[148], Vitellius[149], Commodus[150] und Gallienus[151] in Rom, für Lucius Verus[152] und Gallus in Antiochia bezeugt[153]. Der erste königliche Nachtschwärmer war dort Antiochos IV Epiphanes[154].

4.p. Die Gesellschaft der Kaiser und Kaiserinnen bestand nicht nur aus Zweibeinern. Viele hatten ein persönliches Verhältnis zu Tieren[155]. Tierliebe wird früh bei Etruskern und Griechen berichtet und gerügt. Der Mauretanierkönig Massinissa fragte Affenhändler aus Italien, ob die Frauen dort keine Kinder hätten[156]. In der späten Republik hören wir, daß der Redner Hortensius beim Tode seiner Lieblingsmuräne Tränen vergoß[157]. Die Geschichte der kaiserlichen Lieblingstiere beginnt mit dem Leibroß Caesars. Es hatte angeblich gespaltene Hufe und duldete keinen anderen Reiter. Caesar errichtete ihm ein Standbild vor dem Venus-Tempel auf dem Forum Julium[158]. Schon Alexander der Große ehrte sein Lieblingspferd *Bukephalo*s (Stierkopf) nach dessen Tod. Er gründete eine Stadt mit seinem Namen: *Bukephala*[159]. Dieselbe Ehre erwies er angeblich seinem Hund *Peritas*[160].

140 Dio LXIX 7,4.   141 Dio LXXII 35 f.   142 Historia Augusta, Elagabal 30.   143 l.c. Alexander 4,3.   144 Theodoret, Kirchengeschichte V 19. 145 Sueton, Nero 26.   146 Tacitus, Annalen XIII 25.   147 Historia Augusta, Verus 4,4.   148 Sueton, Otho 2,1.   149 Dio LXV 3.   150 Historia Augusta, Commodus 3,8.   151 l.c. Gallienus 21,6.   152 l.c. Verus 4,4. 153 Ammian XIV 1,9.   154 Athenaios 193 D.   155 Keller I 1909; II 1913; Jennison 1937; Toynbee 1989.   156 Athenaios 518 F-519 A.   157 Plinius, Naturalis historia IX 55/172.   158 Sueton, Caesar 61; Dio XXXVII 54,2.   159 Curtius IX 3,23.   160 Plutarch, Alexandros 61.

4.q. Augustus erbaute seinem Lieblingspferd ein Grabmal, und Germanicus verfaßte das Trauergedicht[161]. Er besang auch einen auf der Jagd erlegten Hasen[162]. Totenklage um Tiere war in der Antike eine eigene Literaturgattung[163], wir besitzen sogar Gedichte auf tote Heuschrecken (*akris*)[164]. Gegen Antonius trug Augustus Hahnen- und Wachtelkämpfe aus, die seinen späteren Sieg prophezeiten[165]. Nach der Schlacht bei Actium überreichte einer der Gratulanten dem Kaiser einen Raben, der ihn mit den Worten begrüßte: *Ave Caesar victor imperator!* Augustus war verblüfft und gab dem Mann 20000 Sesterzen. Wenig später erschien der Kompagnon des Züchters, den dieser um seinen Anteil betrogen hatte, und verriet Augustus, daß es noch einen zweiten Raben gebe, dessen Gruß laute *Ave victor imperator Antoni!* Der war für einen anderen Ausgang der Schlacht vorbereitet. Der Kaiser lachte und befahl, die Summe zu teilen. Macrobius, dem wir diese Geschichte verdanken, berichtet weiter, Augustus habe auch Papageien, Elstern und weitere Raben gekauft, die ihn begrüßten[166]. Als einer der sprechenden Papageien entflog, so dichtete Krinagoras[167], lehrte dieser alle Vögel im Walde das *chaire Kaisar!* Den Kaisergruß der grünen indischen Papageien bedichtete Martial[168], Statius schrieb ein Trauerpoem auf einen solchen Vogel[169].

4.r. Krinagoras besang darüber hinaus die Lieblingsziege des Augustus, die dieser ihrer schmackhaften Milch halber auf seine Seereisen mitzunehmen pflegte. Sie werde dafür, so sagte der Dichter voraus, unter die Sterne versetzt[170]. Er spielt auf den ziegengenährten Zeus an, dem Augustus damit gleichkomme. Vielleicht diente die Ziege dem Kaiser als Amulett in Hinblick auf sein Tierkreiszeichen, den Ziegenfisch. Lateinisch heißt er *capricornus*, griechisch *aigokerōs* (ziegenhörnig) und entspricht dem Steinbock[171].

4.s. Gelegentlich hören wir etwas über die Tierliebe der kaiserlichen Damen. Livia besaß eine Villa bei Primaporta – berühmt durch das am 20.April 1863 dort gefundene Marmorbild des Augustus[172] – deren Name *Ad Gallinas* auf die Geflügelzucht der Kaiserin hinweist[173]. Sie hielt hier weiße Hühner, denen man magische Bedeutung zumaß[174]. Eine redende Drossel ist für Agrippina, die Frau des Claudius, bezeugt[175]. Antonia, die Tochter des Drusus, dressierte Muränen. Ihre Lieblingsmuräne im Seebad Baiae schmückte sie mit einem goldenen

---

161 Plinius, Naturalis historia VIII 64/155.   162 Anthologia Graeca IX 18.
163 Herrlinger 1930.   164 Anthologia Graeca VII 192; 194; 197.
165 Plutarch, Antonius 33.   166 Macrobius II 4, 29f.   167 Anthologia Graeca IX, Nr. 562.   168 Martial XIV 73.   169 Statius, Silvae II 4.
170 Anthologia Graeca IX Nr. 224.   171 Kähler I Tafel 109.   172 Helbig I Nr. 411; Kähler I Tafel 117.   173 Sueton, Galba 1.   174 Dio LXIII 29; XLVIII 52; Plinius, Naturalis historia XV 40/136.   175 l.c. X 59/120.

Ohrgehänge, was viele Neugierige anlockte[176]. Das gemahnt an die kleinen Krokodile in der Badewanne von Eva Braun auf dem Obersalzberg[177]. Goldschmuck an Muränen bezeugt Athenaios[178] aus eigener Anschauung. Das beliebteste Haustier war indessen der älteste Begleiter der Menschheit: der Hund. Schon der Hund des Odysseus trug einen Namen: Argos[179]. Mommsen schrieb am 18. Mai 1878 seinem Schwiegersohn Wilamowitz ein in Macerata gefundenes Distichon vom römischen Grabstein eines Hundes, der Wagen bewacht hatte:

RAEDARUM CUSTOS NUNQUAM LATRAVIT INEPTE,
NUNC SILET ET CINERES VINDICAT UMBRA SUOS

„Wagen hat er bewacht, nie war sein Bellen vergebens.
Jetzt muß er schweigen, sein Staub wird vom Schatten beschützt."

Mommsen fragt: „Warum aber sind die Hundegrabschriften durchgängig ebenso zierlich, wie die den Menschen gesetzten abscheulich? Fatto stà." Die Antwort liefert Juvenal. Er meinte, es gebe Frauen, die ihrem Schoßhund zuliebe ihren Ehemann opfern würden[180]. Ich wage, durch Erfahrung belehrt, nicht zu widersprechen.

4.t. Ein Tierfreund war auch Tiberius. Er ließ einen Prätorianer hinrichten, der ihm aus dem Gehege einen Pfau gestohlen hatte[181], und schätzte insbesondere eine Schlange, die er mit eigener Hand fütterte, bis sie selbst von Ameisen gefressen wurde[182]. Der Beiname *Serpentius* für den Kaiser Libius Severus[183] ist wohl metaphorisch zu deuten. Die Stare und Nachtigallen von Britannicus und Nero sprachen Latein und Griechisch. – Eine kuriose Anekdote erzählt Plinius aus der Zeit des Tiberius. Ein junger Rabe aus einem Nest auf dem Castor-Tempel sei allmorgendlich zur Rednertribüne auf dem Forum geflogen und habe dort Tiberius, Germanicus und Drusus namentlich begrüßt. Dies habe er mehrere Jahre zur großen Belustigung des Volkes fortgesetzt. Eines Tages aber hätte ein in der Nähe arbeitender Schuster den Raben totgeschlagen, weil er ihm das Leder beschmutzt hatte. Darauf hätte die wütende Menge den Schuster zunächst vertrieben und später umgebracht. Der Vogel erhielt ein Begräbnis mit allem Gepränge. Zwei schwarze Äthiopier trugen die Bahre, unter Flötenmusik zog das Volk zum *Campus Rediculus* am zweiten Meilenstein der Via Appia und errichtete dort dem Raben einen Scheiterhaufen, prächtiger als der für Scipio Aemilianus *post Carthaginem Numantiamque deletas*. Plinius meldet den Tag: 28. März 36 n. Chr.[184].

---

176 l.c. IX 81/172; Macrobius III 15,4; Martial IV 30; X 30.   177 mündlich bezeugt durch deren Friseuse.   178 Athenaios 331 E.   179 Homer, Odyssee XVII 292.   180 Juvenal VI 654.   181 Sueton, Tiberius 60.   182 l.c. 72,2.   183 Theophanes 5955.   184 Plinius, Naturalis historia X 60/121 ff.

4.*u.* Claudius hätschelte ein weißes Schoßhündchen[185]. Das war untypisch, denn das Tier der Könige war der König der Tiere, der Löwe[186]. Diodor[187] berichtet bereits von einem zahmen Löwen des Pharaonen Ramses II. Der Karthager Hanno wurde wegen Tyrannis-Absichten verurteilt, weil er sich mit einem dressierten Löwen zeigte[188]. Der Lieblingslöwe Domitians war so zahm, daß er von wilden Artgenossen zerrissen wurde. Wir haben das Kondolenzgedicht des Statius[189]. Gegenüber Menschenleben war Domitian weniger gefühlvoll, ähnlich wie Hitler, der Millionen von Menschen opfern konnte, aber über einen toten Kanarienvogel Tränen vergoß[190]. Die besondere Beziehung der römischen Kaiser zu den Löwen spiegelt sich in dem Vorrecht, sie zu jagen[191].

4.*v.* Hadrian liebte seine Reitpferde und Jagdhunde. Er setzte ihnen Grabmäler[192]. Sein Pferd *Borysthenes* (Dnjepr) erhielt ein Grab mit Standbild und metrischer Inschrift[193], das 1623 in der Gallia Narbonensis gefunden wurde. Das lateinische Gedicht lautet zu deutsch: „Borysthenes Alanus,/ ein Roß vom Stall des Kaisers,/ durch Wasser und durch Sümpfe/ und durch Etruriens Hügel/ ist es dahingeflogen./ Pannoniens Eber jagend/ verspritzt' es Schaum und Geifer/ bis an des Schwanzes Spitze./ Verfolgte es den Keiler,/ wagt' keiner ihm zu schaden,/ kein weißgezahnter Eber,/ wie es zuweilen vorkommt./ Mit ungebrochner Jugend/ und unverletzten Knochen,/ zu seiner Zeit gestorben,/ hier im Gefilde liegt es.“

4.*w.* Das Verhältnis zu Tieren wird vielfach als Ausdruck des Charakters mitgeteilt. Das gilt für die Vorliebe ebenso wie für die Abneigung: so, wenn Marc Aurel[194] stolz vermerkt, er habe sich als Knabe nicht mit Wachteln abgegeben. Sein Lehrer Fronto schätzte diese kampflustigen Vögel noch im Alter[195]. Marcus dachte vermutlich an das Wort aus Platons »Lysis«[196]: „Lieber wünschte ich mir einen guten Freund, als die beste Wachtel oder den stolzesten Hahn". Wachteln wurden wie Hähne kämpfend aufeinander losgelassen[197]. Im Orient hat sich diese antike Sitte bis heute gehalten. Caracalla und Geta tru-

---

185 Seneca, Apocolocynthosis 13.   186 Babrios 95; Phaedrus IV 14.
187 Diodor I 48,1.   188 Plinius, Naturalis historia VIII 21/55; Plutarch,
Moralia 799 E.   189 Statius, Silvae II 5.   190 Rauschning 1940/73,
S. 278.   191 s. u. 8w!   192 Historia Augusta, Hadrian 20,12.   193 Dio
LXIX 10; CIL. XII, Nr. 1122; F. Bücheler (ed.), Carmina Latina Epigraphica,
1897, Nr. 1522: *Borysthenes Alanus / Caesareus veredus, / per aequor et palu-
des / et tumulos Etruscos / volare qui solebat / Pannonicos in apros, / nec ullus
insequentem / dente aper albicanti / ausus fuit nocere, / vel extimam saliva / spar-
sit ab ore caudam, / ut solet evenire: / sed integer iuventa / inviolatus artus / die
sua peremtus / hoc situs est in agro.*   194 Marc Aurel I 6.   195 Fronto,
S. 79; 178 (van den Hout BT).   196 Platon, Lysis 211 E.   197 Ovid, Amores II 6,27.

gen ihren Bruderzwist anfangs mit Wachtel- und Hahnenkämpfen aus[198].

4.*x*. Sein martialisches Gehabe zeigte Caracalla, indem er mit seinem Löwen *Akinakes* (persisch: „Dolch") spazierenging[199], während Elagabal ungefährlich gemachte Löwen, Bären und Leoparden zum Spaß auf seine erschreckten Gäste losließ[200]. Von den als Zauberern und Schlangenbändigern berühmten Marsern in Mittelitalien beschaffte er sich, wie die *Historia Augusta* berichtet, Nattern, mit denen er gleichfalls ein unvorbereitetes Publikum beglückte[201]. Er fütterte seine Großkatzen mit Papageien und Fasanen, seine Hunde mit Gänseleber und seine Pferde mit Weintrauben aus Apamea in Syrien[202]. Eine besondere Vorliebe hatte Elagabal für ägyptische Bestien: Schlangen, Nilpferde, Krokodile, Nashörner und Strauße, welch letztere er „nach jüdischem Gebot"[203] auf den Tisch brachte[204].

4.*y*. Sein Nachfolger Severus Alexander war ebenfalls tierlieb, amüsierte sich aber seinem milden Wesen gemäß mit spielenden Hündchen und Schweinchen, allerdings auch mit kämpfenden Wachtelhähnen und Goldamseln im Käfig. Im Palast unterhielt er Gehege für Pfauen, Fasane, Hühner, Enten, Wachteln und vor allem für Tauben, von denen er zwanzigtausend gehabt haben soll. Für sie sorgten eigene kaiserliche Taubenwächter[205].

4.*z*. Auch die Kaiser der Spätantike hatten ihre Lieblingstiere. Der Löwenwärter des Licinius war ein christlicher Perser namens Arsacius[206]. Lactanz[207] erzählt von dem Christenverfolger Galerius, er habe sich Bären gehalten und diese mit Menschenfleisch gefüttert. Ähnliches berichtet Ammian[208] von Valentinian, der seine beiden Bären „Goldfleck" und „Unschuld" in Käfigen mit sich herumführte, sie aber später laufen ließ. Die Tradition reicht bis zu Hermann Göring, der vor seinem Hause auf dem Obersalzberg, wie man am Ort erzählt, Löwen in Käfigen hielt. Der Bruder Valentinians, der fromme Valens, ließ sein Leibroß vom heiligen Aphraat gesundbeten[209]. Auf Gratians totes Lieblingspferd namens Phosphoros (Morgenstern) schrieb Ausonius ein Lobgedicht: nun könne es im Elysium mit Pegasus um die Wette laufen. Claudian[210] verfaßte zwei Gedichte auf das juwelengeschmückte Zaumzeug, das Serena für ihren kaiserlichen Adoptivbruder und Schwiegersohn Honorius eigenhändig angefertigt hatte. Dieser selbst züchtete seinem sanften Charakter entsprechend, wie einst Livia, in

198 Herodian III 10,3.   199 Dio LXXVIII 7,2.   200 Historia Augusta, Elagabal 21,1; 25,1.   201 l.c. 23,3.   202 l.c. 21.   203 Der Sinn dieser Nachricht ist ungeklärt.   204 Historia Augusta, Elagabal 28,4.   205 l.c. Alexander 41,5 ff.   206 Sozomenos IV 16,6 ff.   207 Lactanz, De mortibus persecutorum 21.   208 Ammian XXIX 3,9.   209 Theodoret, Mönchsgeschichte 8,12.   210 Claudian, Carmina minora 47 f.

Ravenna Hühner, deren liebstes den Namen *Roma* trug. Als der Gote Alarich im Jahre 410 die Ewige Stadt erstürmte hatte und der Oberhühnerwächter dem Kaiser die Schreckensnachricht übermittelte, es sei vorbei mit *Roma*, bekam Honorius einen gewaltigen Schrecken. Der Wärter aber tröstete ihn mit dem Wort: Es ist die Stadt, nicht die Henne[211].

211 Prokop, Bellum Vandalicum I 2,25f.

5. Ehe und Liebe

a. Quellenkritik
b Libertinage
c. Eherecht

d. **Familie,** Heiratspolitik
e. Herkunft der Kaiserinnen
f. Kinderliebe, Adoption
g. Amme

h. **Frauenliebe** seit Caesar
i. Caligula, Claudius
j. Nero
k. Vespasian, Titus
l. Domitian
m. seit Hadrian
n. Marc Aurel
o. Commodus
p. Julia Domna
q. Caracalla, Elagabal
r. Soldatenkaiser
s. seit Constantin

t. **Knabenliebe**
u. seit Tiberius
v. Vitellius und Asiaticus
w. seit Domitian
x. seit Commodus
y. Spätantike
z. Liebesdefinition Epiktets

Habet hoc primum magna fortuna,
quod nihil tectum, nihil occultum
esse patitur.

Plinius

5.a. „Das Besondere an einer prominenten Position ist, daß sich nichts auf Dauer verheimlichen läßt. So öffnen sich nicht nur die Wohnungen, sondern auch die Schlafzimmer der Kaiser, ihre intimsten Gemächer (*intimi secessus*) und bringen alle Geheimnisse an die Öffentlichkeit." Mit diesen Worten leitet der jüngere Plinius[1] seine Ausführungen über das Eheleben Trajans[2] ein, das er von allen Unregelmäßigkeiten frei erklärt. Die Parallelquellen[3] bieten indes ein anderes Bild, und daran könnte die gattungsbedingte Einseitigkeit des Lobredners schuld sein. Allerdings ist auch gegenüber den anderen Texten Vorsicht geboten. Die Berichterstattung über das Familien- und Liebesleben der Kaiser und Kaiserinnen[4] ist meistens ausführlich, aber immer suspekt. Kein Bereich kitzelt die Phantasie so wie dieser. Schon Cicero[5] bezeugt, wie leichtfertig der Klatsch – zumal in herabsetzender Absicht – unter die Gürtellinie ging, und noch ein kritischer Kopf wie Ammianus Marcellinus merkt an, daß den Kaisern der Vorwurf der Unzucht deswegen selten erspart bleibe, weil sie sich angesichts ihrer Macht alles leisten könnten. Was hierüber berichtet werde, sei daher zumeist üble Nachrede[6].

5.b. Obgleich demgemäß bei den Nachrichten über Liebesdinge immer Abstriche zu machen sind, steht doch außer Frage, daß seit der späten Republik in der römischen Oberschicht eine für die Antike ungewöhnliche Freizügigkeit herrschte[7]. Aus den *mores maiorum* waren *amores minorum* geworden, Frauen von Stande emanzipierten sich aus den Banden der Ehe, und Minderfreie standen liebesdurstigen Männern gewöhnlich zur Verfügung. Das war ein Grund für die Abneigung vieler Männer gegen die Ehe. Schon der Censor Metellus nannte sie 131 v. Chr. ein unvermeidliches Übel[8]. In der Oberschicht verloren Ehe- und Mutterglück an Reiz gegenüber freizügigem Liebes- und Lebensgenuß. Er spiegelt sich in der erotischen Poesie von Catull

---

1 Plinius, Panegyricus 83,1.   2 Siehe hier Abb. 4.   3 s. u. 5w!   4 Friedländer I, S. 64 ff; Grimal 1988; Krenkel 1980; Ricotti 1992.   5 Cicero, Pro Caelio 3,6.   6 Ammian XXI 16,6.   7 Grimal 1988, S. 202 ff.   8 Livius, Epitome 59; Gellius I 6; Marquardt 1886, S. 72 ff.

und Properz, in Ovids pikanten »Amores«, seiner praxisnahen »Liebeskunst« und den Ratschlägen für unglücklich Verliebte, den »Remedia amoris«. Die ursprünglich kultische Verehrung für den Zeugungsgott Priapus verlor ihre ländliche Unschuld zugunsten poetischer Parodie von urbaner Raffinesse[9].

5.c. „Keuschheit gab es im Goldenen Zeitalter hier auf der Erde, / als der Mensch mit dem Vieh noch in kalter Höhle kampierte…" So beginnt Juvenal seine sechste Satire über den Ehebruch als Gesellschaftsspiel im Rom Hadrians. Schon der Annalist Piso konstatierte, daß unter den Censoren des Jahres 154 v. Chr. die Keuschheit verloren gegangen sei: *pudicitia subversa*[10]. Alle Versuche, sie zu erneuern, schlugen fehl, auch das kaiserzeitliche Eherecht. Es spiegelt nicht die Wirklichkeit. Theorie und Praxis waren durch Welten getrennt. Augustus setzte auf Ehebruch mit verheirateten Frauen (*adulterium*) die Todesstrafe, auf gewöhnliche Unzucht (*stuprum*) von Wohlhabenden (*honestiores*) die Konfiskation des halben Vermögens. Besitzlose (*humiliores*) sollten ausgepeitscht und der Stadt verwiesen werden[11]. Gleichwohl blieben das – ähnlich dem verbotenen Würfelspiel[12] – Kavaliersdelikte, soweit nicht zufällig die Damen des Kaiserhauses betroffen waren und die Kaiser selbst Anstoß an der Sittenlosigkeit ihrer Frauen nahmen[13]. Claudius ermahnte einen wegen Ehebruchs angeklagten Verführer zu größerer Vorsicht[14]. Die Ehe war eine lose Bindung. Scheidung (*divortium*) war durch einseitige Erklärung (*repudium*) des Mannes wie der Frau möglich und kam häufig vor[15]. Hatten beide Untreue begangen, so besaß keiner einen Rechtsgrund zur Klage[16]. „Selbst vornehme Frauen rechnen die Jahre nicht nach Konsuln, sondern nach ihren Ehemännern; die Zeitungen (*acta*) sind voller Scheidungsnachrichten, Ehebruch ist ein Vergnügen von Stunden"[17].

Neben der Ehe war das Konkubinat eine gesellschaftlich anerkannte Form der kündbaren Monogamie, vielfach werden Frauen auf Inschriften *concubinae* genannt[18], bisweilen sogar solche des Kaisers[19]. Freilich hören wir oft genug von Konkubinen in der Mehrzahl, auch bei verheirateten Kaisern. *Corrumpere et corrumpi saeculum vocatur*, heißt es bei Tacitus[20]: „Verführen und verführt werden ist bei uns modern". Das bestätigt Cassius Dio: Als er 211 *consul suffectus*

---

9 B. Kytzler, Carmina Priapea. Gedichte an den Gartengott, 1978. 10 Plinius, Naturalis historia XVII 38/244. 11 Corpus Iuris Civilis, Institutiones IV 18,4; Digesten 48,5. 12 Horaz, Oden III 24, 58; s.o. 3x! 13 Dio LVIII 24,5; Sueton, Claudius 43. 14 l.c. 16,1. 15 Plutarch, Aemilius 5. 16 Digesten XXIV 3,39. 17 Seneca, De beneficiis III 16. 18 Dessau III, S. 932. 19 Dessau, Nr. 1836, s. Abb. 7. 20 Tacitus, Germania 19.

wurde, lagen in Rom dreitausend Anzeigen wegen Ehebruchs vor. Da er nicht hoffen konnte, die Sitten zu bessern, verzichtete er auf eine Verfolgung[21].

5.d. Das römische Gemeinwesen beruhte auf der Familie und diese auf der monogamen Ehe[22]. So wundert es nicht, daß, soweit wir wissen, fast alle römischen Kaiser verheiratet waren. Unsicher bleibt das nur für einige Usurpatoren und kurzlebige Soldatenkaiser des 3. Jahrhunderts. Die Frauen stammten in der Regel aus senatorischen Familien. Zumindesten besaßen sie Bürgerrecht. Bevor Vespasian die Flavia Domitilla, eine freigelassene Frau latinischen Rechts heiratete, ließ er sie durch Adoption zur Vollbürgerin erheben[23]. Der Kaiser stand keineswegs über dem Recht. Als Justinian die Schauspielerin Theodora ehelichen wollte, mußte das Gesetz geändert werden, das eine solche *mésalliance* verbot[24]. Seit Augustus und seiner rigorosen Heiratspolitik[25] wurden Ehen im Kaiserhause grundsätzlich unter dynastischen Gesichtspunkten gelöst und geschlossen, denn Verwandtschaft mit dem Herrscher begründete Anspruch auf die Nachfolge. Die Öffentlichkeit, zumal das Heer, betrachtete die Herrschaft als Erbgut der Dynastie[26], darum haben auch Marc Aurel, Diocletian und Theodosius Ehen mit dem Herrscherhaus nach politischen Gesichtspunkten gestiftet. Hier hingen *res publica* und *vita privata* untrennbar zusammen.

5.e. Eheverbindungen mit fremden Fürstenhäusern kamen nicht vor. Caesar hatte eine Liebschaft mit Eunoë, der mauretanischen Königin, und hielt sich Kleopatra bloß als Geliebte[27]. Die Verschwägerung des Augustus mit dem Getenkönig Cotison kam nicht zustande[28]. Felix, ein Freigelassener des Claudius, konnte sich dagegen rühmen, nacheinander drei orientalische Königinnen geheiratet zu haben[29]. Geld und Macht ersetzten dem Emporkömmling den Adel. Neros Konkubine Acte erdichtete sich eine Herkunft aus dem Attalidenhause von Pergamon[30], wurde trotzdem nicht rechtmäßige Gemahlin. Titus trennte sich von der Jüdin Berenike, als er Kaiser wurde[31]. Als Caracalla den Partherkönig um eine Tochter bat, suchte er nur einen Kriegsgrund, den ihm die Weigerung liefern sollte[32]. Die Markomannenprinzessin Pipa war nicht die rechtmäßige Frau des Gallienus[33]. Der mit Salonina ver-

21 Dio LXXVI 16,4.   22 Marquardt 1886, S. 1 ff.   23 Sueton, Vespasian 3; Aurelius Victor, Epitome 10,1.   24 Codex Justinianus V 4,23; Novelle Justinians 117,6.   25 Sueton, Augustus 63; Plutarch, Antonius 87. 26 Ovid, Metamorphosen XI 834 ff; Tacitus, Historien I 16; Sueton, Claudius 10; l.c. Vespasian 25.   27 Sueton, Caesar 52; Dio XLIV 7,3.   28 Sueton, Augustus 63.   29 Sueton, Claudius 28.   30 Dio LXI 7,1.   31 Tacitus, Historien II 2; Aurelius Victor, Epitome 10,7.   32 Herodian IV 10,2. 33 Aurelius Victor, Liber 33,6.

heiratete Kaiser täuschte Pipas Vater, indem er sie lediglich als Konkubine zu sich nahm[34].

In der Spätantike kam es zur Verschwägerung römischer Kaiser mit germanischen Herren. Diese standen in römischen Diensten und waren rechtlich daher Bürger. 395 heiratete Arcadius die Tochter des fränkischen Heermeisters Bauto, Aelia Eudoxia; 398 ehelichte sein Bruder Honorius die erste Tochter des vandalischen Heermeisters Stilicho, Maria, und 408 die zweite, Thermantia. Stilicho selbst hatte Serena, die Nichte von Theodosius I, zur Frau, dessen Tochter Galla Placidia den Westgotenkönig Athavulf ehelichte[35]. Barbarischer Herkunft war wohl auch Euphemia, die Frau Justins I[36]. Romanhaft klingt die Brautwahl für Theodosius II: In Athen war der Philosoph Leontios gestorben. Seine Söhne weigerten sich, ihre Schwester Athenaïs am Erbe zu beteiligen. Darauf fuhr sie nach Konstantinopel und erreichte eine Audienz bei Pulcheria, der älteren Schwester des Kaisers. Dieser hatte Pulcheria kurz vorher gebeten, nach einer Frau für ihn Umschau zu halten. Einfache Herkunft nehme er in Kauf, wenn sie nur schön sei. Pulcheria war von Athenaïs entzückt, desgleichen der Kaiser. Sie wurde getauft, erhielt den Namen Eudokia und heiratete Theodosius am 7. Juni 421[37].

5.f. Über das Verhältnis der Kaiser und Kaiserinnen zu ihren Kindern hören wir wenig. Angesichts des strengen dynastischen Prinzips war es politisch erwünscht, Nachkommen zu haben, doch lag die Kindersterblichkeit auch in Senatorenkreisen erschreckend hoch. Von den dreizehn Kindern Marc Aurels und Faustinas erreichten drei das Heiratsalter. Sein Lehrer Fronto verlor hintereinander fünf Kinder. Kamen die Kinder durch, so haben die Kaiser es nie an Sorgfalt fehlen lassen, sie ihrer späteren Stellung entsprechend auszubilden und stets die besten Hauslehrer angestellt[38].

Dennoch gab es Probleme. Augustus hatte eine Tochter von Scribonia. Diese Julia, von Augustus mehrfach nach dynastischen Rücksichten verheiratet, führte ein allzu ausschweifendes Leben[39] und plante anscheinend ein Attentat auf ihren Vater[40], so daß dieser sie schließlich auf die Insel *Pandataria* – Ventotene – verbannte. Als eine ihrer Zofen sich daraufhin erhängte, beneidete Augustus deren Vater um das Ehrgefühl dieser Frau[41]. Auch Julias gleichnamige Tochter trieb Ehebruch.

34 Aurelius Victor, Epitome 33,1; Historia Augusta, Gallienus 21,3. 35 PLRE. I und II *sub nominibus*. 36 Prokop, Anekdota 6,17; 9,48. 37 Malalas 352 ff. Zur Frage der Geschichtlichkeit: K. Holum, Family Life in the Theodosian House. In: Kleronomia 8, 1976, S. 280 ff. 38 s. u. 10! 39 Velleius II 100,4. 40 Plinius, Naturalis historia VII 46/149. 41 Sueton, Augustus 65.

und wurde von Augustus auf eine Insel verbannt[42]. Daß Augustus dennoch kinderlieb war, bezeugt seine Neigung, mit fremden Kindern aus Syrien und Mauretanien zu spielen[43]. Zur Beliebtheit des Germanicus trug fraglos seine große Kinderschar bei[44]. Kinder liebte auch sein Bruder Claudius[45]. Ein Scherz war es, wenn Antoninus Pius an Fronto schrieb, er wolle lieber mit seiner Tochter Faustina auf Gyaros, der noch unter den Obristen berüchtigten Verbannungsinsel in der Ägäis, leben, als ohne sie im Palast[46]. Marc Aurel rechnet die Kinderliebe zu den Tugenden, die er seinen Lehrern verdanke[47], während die körperliche und geistige Gesundheit seiner Kinder ein Geschenk der Götter sei[48]. Ausgeprägter Familiensinn wird noch an Gratian[49] und Theodosius I gerühmt[50]. Sein Sohn Arcadius hat freilich die zweite Frau seines Vaters in dessen Abwesenheit aus dem Hause gejagt[51].

Wo Ehen kinderlos blieben, wurden Heranwachsende vor dem Prätor adoptiert[52], vornehmlich aus der engeren Verwandtschaft. Angesichts des Prestiges, das bestimmte Familien besaßen, erleichterte die Aufnahme in eine solche einem jungen Mann den politischen Aufstieg. Dieses schon in der Republik übliche Verfahren[53] erwies seinen Erfolg, als der spätere Augustus durch seine Adoption der private und der politische Erbe Caesars zugleich wurde. Augustus adoptierte dann ebenfalls seine als Nachfolger ausersehenen Erben, und diese Praxis blieb bis zu Antoninus Pius geläufig. Wie die Geschichte der Tetrarchen zeigt, griff Diocletian die Adoption zur Nachfolgeregelung nochmals auf, doch blieb die private Seite dabei auf die Auswahl begrenzt: man wählte unter Freunden.

5.g. Zur Familie gehörte die Amme. Das beweist schon Eurykleia, die Amme (*trophos*) des Odysseus bei Homer. Unter hellenistischem Einfluß hielten sich die reichen Römerinnen seit der späten Republik Nährmütter (*nutrix*). Tacitus bemerkt das sozialkritisch im Unterschied zu den Germanen, deren Frauen ihren Kindern selbst die Brust gaben[54], und von dem Philosophen Favorinus besitzen wir eine Mahnrede über die körperlichen und geistigen Bedrohungen, die Mütter ihren Kindern zumuten, wenn sie diese nicht selbst stillen, sondern aus reiner Bequemlichkeit Ammen überlassen[55]. Die römischen Ammen waren vielfach Freigelassene, sie genossen eine Vertrauensstellung auch bei den erwachsenen Kindern. Das zeigt sich in den zahlreichen Grab-

42 Tacitus, Annalen III 24.   43 Sueton, Augustus 83.   44 Tacitus, Annalen I 33; II 43.   45 Sueton, Claudius 32.   46 Fronto, S. 162 (van den Hout BT).   47 Marc Aurel I 13.   48 l.c. I 17,7.   49 Ammian XXX 10, 6.   50 Aurelius Victor, Epitome 48, 18f.   51 Chronica Minora II, S. 62.   52 Gellius V 19.   53 Plutarch, Aemilius 5.   54 Tacitus, Germania 20.   55 Gellius I 12.

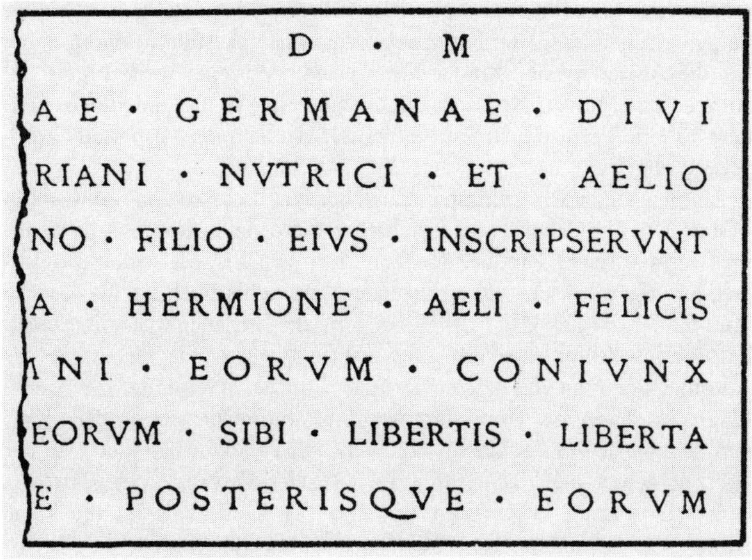

```
              D  ·  M
 A E · G E R M A N A E · D I V I
 RIANI · NVTRICI · ET · AELIO
 NO · FILIO · EIVS · INSCRIPSERVNT
 A · HERMIONE · AELI · FELICIS
 N I · E O R V M · C O N I V N X
 EORVM · SIBI · LIBERTIS · LIBERTA
 E · P O S T E R I S Q V E · E O R V M
```

Abb. 5: Grabinschrift der Amme Hadrians

In Glienicke bei Potsdam befindet sich die aus Tibur stammende Marmortafel, deren Text in der 1887 (CIL.XIV 3721) von Hermann Dessau ergänzten Fassung (*D M / Aeliae Germanae divi / Hadriani nutrici et Aelio / ... no filio eius inscripserunt / Aelia Hermione Aeli Felicis / alumni eorum coniunx / et fil. eorum sibi libertis liberta / busque posterisque eorum*) übersetzt lautet: „Den Seelengöttern (DIS MANIBUS). Für Aelia Germana, die Amme des vergöttlichten Hadrian und für Aelius ...nus, ihren Sohn, setzten diese Inschrift Aelia Hermione, die Gattin des Aelius Felix, ihres Ziehsohnes (*alumnus*), und ihre Kinder, für sich selbst, ihre Freigelassenen beiderlei Geschlechts und deren Kinder." Aelius ist der Familienname Hadrians, den auch seine Freigelassenen erhielten.

inschriften, die Zöglinge ihren Ziehmüttern oder diese jenen gesetzt haben[56]. Aus dem Columbarium der Vigna Codini stammt die Inschrift für die Amme zweier Kinder des Germanicus; eine weitere galt der Amme von Octavia, Neros unglücklicher erster Frau, eine andere erinnert an eine Frau, die sieben Kinder aus der Familie Vespasians großgezogen hat[57].

Ammen bewiesen mitunter Zivilcourage: Ecloge und Alexandria bestatteten die Gebeine des geächteten Nero nach dessen Selbstmord im Grabmal seiner Familie, der Domitier[58]; Phyllis, die Amme Domitians, brachte die Asche des ermordeten Kaisers heimlich ins Flaviergrab und tat sie in die Urne der Julia Titi, die sie ebenfalls aufgezogen hatte[59]. Inschriften erinnern auch an die freigelassene Hebamme der Antonia, der Frau des älteren Drusus[60], und an Germana, die Amme Hadrians, deren aus Tibur stammende Grabinschrift sich in der „Kleinen Neugierde" des Schlosses Glienicke bei Potsdam befindet[61]. In der Spätzeit gehen die Nachrichten zurück. Der Verfasser der »Historia Augusta« warnte in der Zeit um 400 vor Kinderkaisern, die keine Ahnung vom Staatswesen hätten und sich aus Furcht vor der Zuchtrute ihres Pädagogen in den Schoß der Amme flüchteten[62].

5.h. Frauen, die nur einem Manne angehört hatten, werden in ihren Grabinschriften häufig als *univira* gepriesen. Ein entsprechendes Adjektiv für Männer fehlt im Lateinischen. Unter den Kaisern hätte es kaum einer verdient, für die meisten sind mehrere Frauen bezeugt. Caesar war viermal verheiratet[63]. Augustus dreimal[64], das dritte Mal mit Livia, die er, im sechsten Monat schwanger, ihrem Ehemann ausspannte[65], während seine bisherige Frau Scribonia kurz vor der Geburt der genannten Julia stand. Seine Liebschaften mit verheirateten Frauen, unter ihnen die Gattin des Maecenas[66], leugneten auch seine Freunde nicht. Sie entschuldigten es mit politischen Absichten, d.h. Spionagezwecken[67]. Diese fehlten gewiß, wenn der Kaiser bis in seine letzten Jahre junge Mädchen genoß, die ihm teilweise sogar Livia persönlich vermittelte[68]. Wenn Agrippina maior, die Gattin des Germanicus, für ihre *pudicitia impenetrabilis* gerühmt wird[69], so betrachtete man das als Ausnahme. Tiberius liebte seine Frau Vipsania, von der er sich trotz ihrer Schwangerschaft auf Befehl des Augustus zugunsten Julias scheiden lassen mußte. Als er sie später einmal auf der Straße traf, über-

56 Dessau, Nr. 1066; 1202; 3235; 3542; 7446; 8203; 8365; 8536 ff.
57 Dessau, Nr. 1837 ff.　　58 Sueton, Nero 50.　　59 Sueton, Domitian 17.
60 Dessau, Nr. 1840.　　61 CIL.VI 10909; XIV 3721; siehe hier Abb. 5.
62 Historia Augusta, Tacitus 6, 7.　　63 mit Cossutia, Cornelia, Pompeia und Calpurnia.　　64 Sueton, Augustus 62.　　65 l.c. Tiberius 4,3.　　66 Dio LIV 19,3.　　67 Sueton, Augustus 69.　　68 l.c. 71.　　69 Tacitus, Annalen IV 12.

mannte ihn ein Weinkrampf[70]. Gerüchte machten ihn zum Vater des späteren Kaisers Otho[71].

5.i. Caligula dichtete seiner Mutter eine Geburt aus Inzest von Julia mit ihrem Vater an, um seine Herkunft auf Augustus zurückführen zu können[72]. Er selbst war viermal verheiratet[73] und wird als Ausbund an Unzucht beschrieben[74], ja er trieb es angeblich mit seinen drei Schwestern, die daneben noch andere Liebhaber hatten[75]. Inzest war in Rom strafbar[76]; Tiberius ließ einen reichen Spanier, der seine Tochter verführt hatte, vom tarpejischen Felsen stürzen[77]. Caligulas Onkel und Nachfolger, der liebestolle Claudius, ließ sich von seinen Konkubinen Cleopatra und Calpurnia regieren[78], während seine dritte Frau Valeria Messalina sich die wildesten Orgien leistete. Sie soll sich als Kaiserin nachts mit blondierten Haaren und vergoldeten Brüsten im Bordell öffentlich feilgeboten[79] und Männer von Stand genötigt haben, zuzuschauen, wie deren Frauen Unzucht trieben[80]. Der ältere Plinius behandelte in seiner »Naturgeschichte« auch die Begattungsformen der Tiere und wählte als Extremfall unter den Menschen Messalina. Sie habe einen Wettstreit mit der bekanntesten Dirne Roms gewonnen, indem sie es in 24 Stunden auf 25 *concubitus* gebracht habe[81]. Als sie mit ihrem letzten Liebhaber während einer Abwesenheit des Kaisers mit großem Gepränge einen bacchischen Initiationsritus feierte[82] – er wurde „in der Stadt, wo man alles weiß und nichts verschweigt" als Hochzeit gedeutet[83] – ließ Claudius sie hinrichten. Seine erste Frau Urgulanilla, Mutter einer im Ehebruch mit einem Freigelassenen gezeugten Tochter, hatte er wegen ihrer Ausschweifungen, seine zweite, Paetina, „wegen unbedeutender Verfehlungen" verstoßen[84].

Claudius nahm nach Messalina als vierte seine Nichte Agrippina minor zur Frau, die Namenspatronin von Colonia Agrippinensis, der Stadt Köln. Agrippinas Vorleben war wüst. Ihr inzestuöses Verhältnis zu ihrem kaiserlichen Bruder Caligula muß nicht auf übler Nachrede beruhen[85]; weitere außereheliche Liebhaber kennen wir mit Namen. Nachdem sie ihren zweiten Mann beseitigt hatte, bewog sie ihren dritten, Claudius, das Kind von ihrem ersten Mann zu adoptieren: den späteren Nero. Um diesem die Nachfolge zu sichern, vergiftete Agrippina ihren Claudius, den sie zwischendurch ebenfalls

70 Sueton, Tiberius 7,3.   71 Sueton, Otho 1,2.   72 Sueton, Caligula 23. 73 Kienast 1990, S. 86.   74 Sueton, Caligula 25 f.   75 Dio LIX 23,8; 26,5; Sueton, Caligula 24; 36.   76 Dio XXXVII 46,2.   77 Tacitus, Annalen VI 19.   78 Sueton, Claudius 33; Tacitus, Annalen XI 29 f; Dio LX 31,4. 79 Tacitus, Annalen XI 36; Juvenal VI 114 ff; Dio LX 28,3 ff.   80 Aurelius Victor, Liber 4,7.   81 Plinius, Naturalis historia X 83/172.   82 Dio LX 31,4.   83 Tacitus, Annalen XI 26 f mit Köstermann 1967 zur Stelle. 84 Sueton, Claudius 26 f.   85 s. o.

betrogen hatte[86]. Schließlich wurde sie selbst von ihrem Sohn nach dessen Regierungsantritt umgebracht, weil sie nicht aufhörte, ihn zu erziehen[87].

5.j. Nero hatte Octavia zur Frau, die sittsame Tochter des Claudius und der Messalina[88]. Sie genügte ihm nicht. Seine außereheliche Liebe zu der Freigelassenen Acte wurde von seinen Tutoren Seneca und Burrus gefördert, weil ihn das vom Regieren abhielt[89]. Acte wurde fürstlich ausgestattet: Inschriften nennen ihre Sklaven und Freigelassenen, darunter Kammerdiener, Boten, Bäcker, Eunuchen, eine griechische Sängerin, und bezeugen, daß sie Villen in Puteoli und Velitrae sowie eine Ziegelei auf Sardinien besaß[90]. Acte sorgte nach dem Sturz des Kaisers mit dessen beiden Ammen für seine Beisetzung[91]. Als sich Nero außerdem in Poppaea, die schönste Frau ihrer Zeit[92], verliebte, gewann er seinen Freund Otho dafür, sie ihrem Mann auszuspannen. Otho verführte Poppaea, bewog sie zur Scheidung und heiratete sie 58 n. Chr. selbst. Nun aber wollte er sie Nero nicht mehr abtreten, und auch sie selbst akzeptierte den Kaiser bloß als Liebhaber, bis dieser den Otho als Statthalter nach Lusitanien an den Atlantik schickte[93]. Nero verbannte trotz der Proteste des Volkes Octavia auf die Insel Pandataria, ließ sie dort ermorden und heiratete nun, 62 n. Chr., Poppaea. Sie starb an einer Frühgeburt, die Nero mit einem Fußtritt ausgelöst hatte[94]. Der Kaiser bat darauf Antonia, eine Halbschwester der Octavia, um ihre Hand. Sie lehnte ab und wurde unter dem Vorwand des Hochverrats getötet[95]. Über die Orgien des Kaisers verfaßte der zum Tode verurteilte Petron einen – leider verlorenen – Bericht[96]. Nero verdächtigte ebenfalls die an den Ausschweifungen beteiligte Senatorengattin Silia des Verrats und trieb sie in die Verbannung[97]. Als dritte Frau ehelichte er Statilia Messalina, deren vierten Mann er als Konsul zum Selbstmord gezwungen hatte[98]. Später erzählte man, Nero habe auch eine Vestalin verführt, sadistische Spiele in Tierverkleidung geschätzt und seine Mutter beschlafen, bevor er sie umbrachte[99].

5.k. Die Ehen der ersten Flavier waren weniger dramatisch. Vespasian hielt als Witwer eine Freigelassene der Antonia minor, die kluge Caenis, *paene iustae uxoris loco*, gleich einer Ehefrau. Er räumte ihr auch politischen Einfluß ein. An der Via Nomentana besaß Caenis

86 Tacitus, Annalen XII 66 ff.   87 l.c. XIV 3 ff.   88 Sueton, Claudius 27. 89 Tacitus, Annalen XIII 2; 12.   90 Friedländer I, S. 65 f; Turcan 1987, S. 84.   91 Sueton, Nero 50.   92 Tacitus, Annalen XIII 45.   93 Plutarch, Galba 19; Sueton, Otho 3,1.   94 Sueton, Nero 35.   95 l.c. 96 Tacitus, Annalen XVI 19.   97 l.c. XVI 20.   98 Sueton, Nero 35,1; Tacitus, Annalen XV 69.   99 Sueton, Nero 28; Aurelius Victor, Liber 5,8–11.

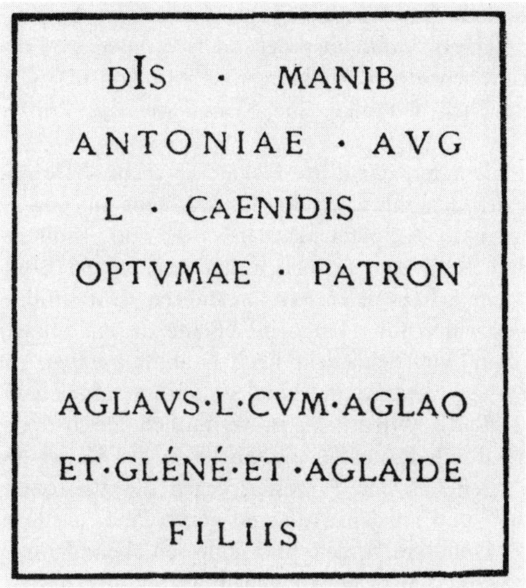

```
┌─────────────────────────────────────┐
│  ┌───────────────────────────────┐  │
│  │                               │  │
│  │     DIS  ·  MANIB             │  │
│  │                               │  │
│  │   ANTONIAE · AVG              │  │
│  │                               │  │
│  │    L · CAENIDIS               │  │
│  │                               │  │
│  │   OPTVMAE · PATRON            │  │
│  │                               │  │
│  │                               │  │
│  │  AGLAVS·L·CVM·AGLAO           │  │
│  │                               │  │
│  │  ET·GLÉNÉ·ET·AGLAIDE          │  │
│  │                               │  │
│  │     FILIIS                    │  │
│  │                               │  │
│  └───────────────────────────────┘  │
└─────────────────────────────────────┘
```

Abb. 6: Grabinschrift der Konkubine Vespasians

Auf einem großen, elegant gearbeiteten Altar in der Villa der Patricii vor der Porta Pia in Rom fand sich die 1863 von Mommsen kopierte, im CIL. VI unter Nr. 12037 edierte Grabinschrift: *Dis Manibus / Antoniae Augustae / libertae Caenidis / optumae patronae / Aglaus libertus cum Aglao / et Glene et Aglaide / filiis*, zu deutsch: Den Seelengöttern der Antonia Caenis, der Freigelassenen der Kaiserin, der besten Patronin, errichtet von ihrem Freigelassenen Aglaus mit Aglaus und Glene und Aglais, seinen Kindern.

eine Villa und ein Bad[100]. Nach ihrem Tod schlief der Kaiser mit verschiedenen Kebsen, wohl überwiegend freigelassenen Frauen[101]. Sein Sohn Titus ließ vor der Thronbesteigung den Konsular Caecina töten, weil er angeblich Berenike, die Konkubine des Prinzen, verführt hatte[102].

5.*l.* Skandale liefert der dritte Flavier. Er spannte Domitia Longina, die Tochter des Generals Corbulo, ihrem Manne aus und reihte sie seinen Mätressen ein[103]. Später heiratete er sie und erhob sie zur Augusta[104], doch ließ sie sich angeblich erst von seinem Bruder Titus[105], dann von dem Schauspieler Paris verführen. Daraufhin verstieß sie Domitian und nahm Julia Titi, seine Nichte zu sich, wiewohl auch sie verheiratet war. Von Sehnsucht nach Domitia geplagt, tötete er den Tänzer auf offener Straße und holte sie zurück, unter dem Beifall des Volkes[106]. Daß die Öffentlichkeit, vermutlich durch Sprechchöre im Theater und durch Pasquille, am Eheleben der Kaiser Anteil nahm, ergibt sich auch aus den Protesten gegen die Verstoßung Octavias durch Nero[107] und an dem Aufstand gegen Pipa, die Konkubine des Gallienus[108]. Domitian behielt Julia indessen ebenfalls bei sich[109], bis sie an einer vom Kaiser erzwungenen Abtreibung starb[110]. Daneben unterhielt Domitian mehrere Konkubinen. Mit ihnen badete er und übte er sich im „Bettringen" oder „Sofaturnen", einer von Domitian erfundenen Sportart, die er mit einer griechischen Wortschöpfung *klinopalē* benannte[111]. Nach abermaliger Entfremdung von Domitia plante er, sie wie viele andere Höflinge umzubringen, doch kam sie ihm zuvor, indem sie sich nebst ihrem Liebhaber, einem Hofschauspieler[112], den Verschwörern anschloß[113]. Suëton beschreibt die sieben Stiche, an denen Domitian im 45. Jahre am 18. September 96 starb[114].

5.*m.* Hadrian entfremdete sich von Sabina, die als spröde und bissig geschildert wird und von der er sich hätte scheiden lassen, wäre er Privatmann gewesen. Er unterließ es mit Rücksicht auf die Öffentlichkeit. Dennoch wurde nur der Schein gewahrt. Gemäß der Überlieferung hatte er mehrere Verhältnisse mit verheirateten Frauen[115]. Sein Adoptivsohn Aelius war ein bekannter Schürzenjäger. Wenn er sich lieber mit Mätressen als mit seiner Frau amüsierte, so rechtfertigte er das

---

100 Rosanna Friggeri, La domus di Antonia Caenis e il balneum Caenidianum. In: Rendiconti della Pontificia Accademia 50, 1977/78, S. 145 ff. Die Grabinschrift: CIL.VI 12037; siehe hier Abb. 6.   101 Sueton, Vespasian 3; 21; ders., Domitian 12; Dio LXVI 14.   102 Aurelius Victor, Epitome 10,4. 103 Dio LXVI 3,4.   104 Sueton, Domitian 3.   105 Dio LXVI 26,4. 106 Sueton, Domitian 3.   107 ders., Nero 35.   108 Aurelius Victor, Liber 33,6.   109 Dio LXVII 3,2.   110 l.c. 22.   111 l.c.   112 Aurelius Victor, Liber 11,7.   113 Dio LXVII 15.   114 Sueton, Domitian 17. 115 Historia Augusta, Hadrian 11.

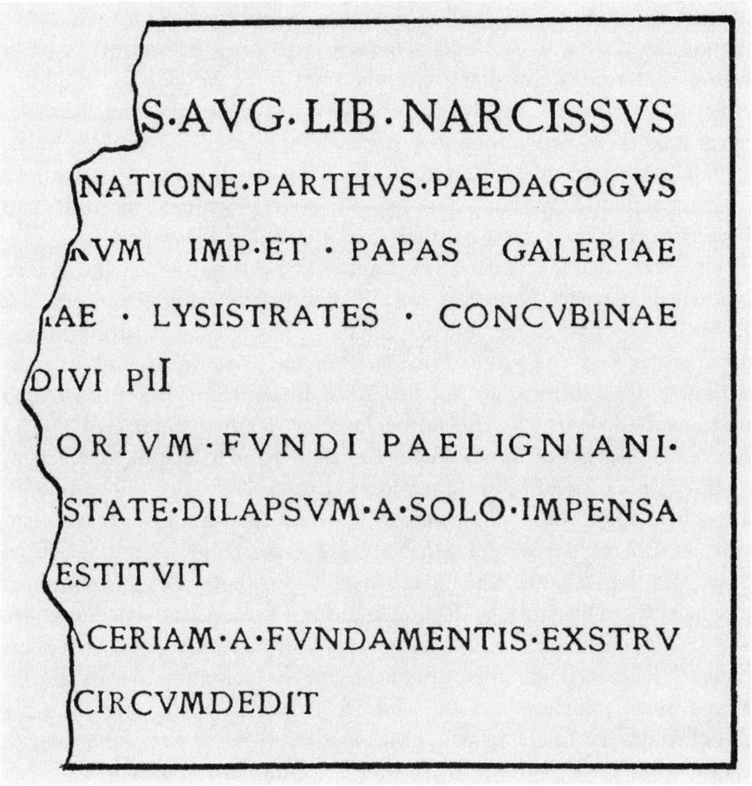

```
S·AVG·LIB·NARCISSVS

NATIONE·PARTHVS·PAEDAGOGVS

ꓥVM   IMP·ET · PAPAS   GALERIAE

ꓥAE · LYSISTRATES · CONCVBINAE

DIVI PIÍ

ORIVM·FVNDI PAELIGNIANI·

STATE·DILAPSVM·A·SOLO·IMPENSA

ESTITVIT

ꓥCERIAM·A·FVNDAMENTIS·EXSTRV

CIRCVMDEDIT
```

Abb. 7: Inschrift mit der Konkubine des Antoninus Pius

1786 wurde außerhalb der Porta Maggiore in Rom die fragmentarische Inschrift gefunden, die Mommsen in CIL. VI unter Nr. 972 (= Dessau, Nr. 1836) ediert hat. Sie läßt sich folgermaßen ergänzen: *... s Aug. lib. Narcissus / ... natione Parthus, paedagogus / puerorum imp. et papas Galeriae / Aug. libertae Lysistrates, concubinae / divi Pii / conditorium fundi Paeligniani / ... vetustate dilapsum a solo impensa / sua restituit / ... maceriam a fundamentis exstru / ctam circumdedit* und lautet deutsch: „(Titus Aelius?) Narcissus, der Freigelassene des Kaisers, von Herkunft ein Parther, Pädagoge der Kinder des Kaisers und Ziehvater (*papas*) der Lysistrate, der Freigelassenen der Kaiserin (Faustina) Galeria und Konkubine des vergöttlichten (Antoninus) Pius, hat das Grabhaus (*conditorium*) auf dem Paelignergut, das vor Alter zerfallen war, von Grund auf mit eigenem Geld erneuert und auf den (neugelegten) Fundamenten eine Einfriedung (*maceria*) herumgeführt."

mit der Bemerkung, sie sei ihm für seine Liebesspielchen zu schade[116].
Antoninus Pius war ebenfalls schwach gegenüber Aphrodite[117], nicht
weniger allerdings Faustina maior, die trotz ihrer vier Kinder angeblich
einen losen Lebenswandel führte[118]. Wenn es heißt, daß ein Prätorianerpräfekt seine Ernennung *per concubinam principis*[119] erreicht hatte,
so fällt das wohl in die Zeit nach dem Tod der Kaiserin. Gemeint ist
wahrscheinlich Lysistrata, eine Freigelassene Faustinas, die auf einer
Inschrift ihres Erziehers öffentlich *concubina divi Pii* heißt[120].

5.n. Marc Aurel rechnet zu den guten Fügungen, daß er spät mann-
bar wurde, „weder Benedicta noch Theodoros" berührte und von der
Liebesleidenschaft immer wieder genas[121]. Seiner Frau Faustina minor,
der Tochter von Antoninus Pius, stellt er ein schönes Zeugnis aus. Er
danke es den Göttern, ein solches Weib zu besitzen: folgsam, zärtlich
und anspruchslos[122]. Ihren Tod beklagte er in einem Brief an Herodes
Atticus[123]. Sie gebar ihrem Mann dreizehn Kinder[124] und führte dennoch, wie es heißt, ein schamloses Leben. Sie trieb Ehebruch[125],
angeblich sogar mit Schauspielern[126] – der berühmteste Frauenheld
war ein Tänzer, der wieder den Namen Pylades trug[127] – mit Seeleuten
und Gladiatoren, denen man die Vaterschaft des Commodus
zuschrieb[128]. Die stoische Ruhe, mit der Marc Aurel das hinnahm,
wurde getadelt[129]. Er soll Galane seiner Frau auch noch befördert
haben[130]. Einen Liebhaber seiner Mutter hat Commodus als Kaiser
zum Konsul erhoben[131]. Eine seiner Schwestern[132] war angeblich die
Geliebte des Pertinax, dessen Frau wiederum mit einem *citharoedus*,
einem Sänger zur Kithara, liiert war[133]. Nach dem Tode von Faustina
minor nahm Marc Aurel eine Konkubine zu sich, heiratete aber nicht
wieder, um das Erbrecht seiner Kinder nicht zu schmälern[134]. Seinem
Adoptivbruder Lucius Verus hatte Marc Aurel seine Tochter Lucilla
zur Frau gegeben[135], doch zeigte sich Verus mit ihr nicht zufrieden. Er
amüsierte sich mit Gespielen beiderlei Geschlechts[136]. Berühmt war
seine Geliebte Pantheia aus Smyrna[137]: sie sang wie Orpheus, lebte
sittsam wie Sappho, war klug wie Aspasia und schön wie die Aphrodite des Praxiteles[138].

---

116 l.c. Aelius 5,11.   117 Julian 312 A.   118 Historia Augusta, Pius 3,7;
4,8.   119 l.c. 8,9.   120 Dessau, Nr. 1836; siehe Abb. 7.   121 Marc
Aurel I 17.   122 l.c. I 17,18.   123 Philostrat, Vitae sophistarum 242.
124 nach Birley 14.   125 Dio LXXI 34,3 f.   126 Historia Augusta, Marcus 19,2; 23,7.   127 Galen XIV, S. 632, Kühn.   128 Hist. Aug., Marcus
19,7.   129 l.c. 26,5; 29,1.   130 l.c. 29,1.   131 Historia Augusta, Commodus 8,1.   132 Cornificia   133 l.c. Pertinax 13,8.   134 l.c. Marcus
29,10.   135 Herodian I 8,3.   136 Historia Augusta, Verus 4.   137 Marc
Aurel VIII 37; Lukian, Imagines 10; 20; Historia Augusta, Verus 7,10.
138 Lukian, Imagines, *passim*; Marc Aurel VIII 37,1.

5.o. Commodus war in allem das Gegenbild seines Vaters, nicht zuletzt in Liebesdingen. So hat er seine Frau Crispina wegen Ehebruchs zuerst verbannt und dann getötet[139], er selbst führte ein ausschweifendes Leben. Er durchstreifte Kneipen und Bordelle[140], soll neben seinen dreihundert Konkubinen, die er auch als Voyeur genoß[141], seine Schwestern beschlafen haben[142]. Er vermählte seine ausgedienten Mätressen an Höflinge[143] und wurde schließlich von einer verstoßenen Beischläferin ermordet[144]. Sein Nachfolger Pertinax ließ die Buhldirnen und Lustknaben des Commodus auf dem Sklavenmarkt versteigern und bezahlte den Soldaten ein Donativ davon[145]. Seine Frau Flavia Titiana freilich lebte so schamlos, daß er es ablehnte, den ihr vom Senat verliehenen Augusta-Titel zu bestätigen[146].

5.p. Pescennius Niger verstand so wenig von den Künsten der Venus, daß er sich mit Frauen nur zur Kinderzeugung abgab[147]. Vom Liebesleben des Septimius Severus hören wir nichts, um so mehr über seine Frau Julia Domna, ebenso schön wie gelehrt und *famosa adulteriis*[148]. Sie versuchte vergeblich, es zu verbergen. Der ihr später vorgeworfene Inzest mit Caracalla ist sicher Klatsch[149]. Dio[150] berichtet, in Britannien habe ihr eine Fürstin vorgehalten: „Wir verkehren nach unserer Sitte freizügig und offen mit den besten Männern, die uns gefallen, ihr aber tut es heimlich mit den schlechtesten."

5.q. Caracalla lebte schon als Kronprinz ebenso sittenlos wie seine Frau Plautilla, die er als Tochter des machtvollen Gardepräfekten hatte heiraten müssen. Er verschmähte sie von Anfang an, trachtete ihr nach dem Sturz ihres Vaters gar nach dem Leben, so daß Septimius Severus sie nach Sizilien schickte[151]. Hier ist sie nicht geblieben, denn Caracalla ließ sie nach seiner Regierungsübernahme 205 auf die Insel Lipara verbannen und 211 ermorden[152]. Daß man ihm sogar Inzest zutraute, bezeugt die Notiz *Caracalla suam matrem habuit*[153]. Er und Elagabal verführten Vestalinnen, die zu kultischer Keuschheit verpflichtet waren. Elagabal benutzte keine Frau zweimal, außer seiner eigenen, und stellte, wie es heißt, sein Privatbordell auch Freunden und Dienern zur Verfügung[154]. Für dieses wüste Treiben erhielt er den Spitznamen *Sardanapal*[155]. Severus Alexander, den seine Mutter für einen unehe-

---

139 Historia Augusta, Commodus 5,9.   140 l.c. 3,7.   141 l.c. 5,4; 5,11.
142 l.c. 5,8.   143 Dio LXXII 12,1 f.   144 Dio LXXII 4,7; Herodian I 16 f.   145 Historia Augusta, Pertinax 7,8 f.   146 Dio LXXIII 7,2; Historia Augusta, Pertinax 6,9; 13,8   147 l.c. Pescennius 6,6.   148 l.c. Septimius 18,8.   149 l.c. 21,7; l.c. Caracalla 10; Aurelius Victor, Liber 21.
150 Dio LXXVI 16,5.   151 Herodian III 10,5; 13,3.   152 Dio LXXVI 6,3.   153 Chronica Minora I, S. 147; Eutrop VIII 20: *novercam Juliam uxorem duxit*; s.o. Anm. 149!   154 Historia Augusta, Elagabal 24,2.
155 Dio LXXVII 16,1; LXXIX 9,3.

lichen Sohn Caracallas ausgab[156], verkaufte die unfreien Beischläferinnen seines Vorgängers, ähnlich wie Pertinax zuvor, zu Gunsten der Staatskasse[157]. Seine eigene Frau Sallustia Orbana verbannte er auf Betreiben seiner herrschsüchtigen Mutter nach Afrika[158].

5.r. Nach den Severern wurden die Sitten wieder strenger. Die Soldatenkaiser hatten keine Zeit für Ausschweifungen. Wenn Gallienus[159] solche zugeschrieben wurden, dürfte dies dem Schema des schlechten Kaisers entsprechen[160]. Der gute Kaiser Aurelian ließ einen Soldaten, der die Frau seines Gastgebers verführt hatte, durch zwei niedergebeugte Bäume zerreißen, wenn wir der »Historia Augusta«[161] glauben. Suspekt ist ebenfalls die Nachricht, daß Victorinus 271 der Rache eines Soldaten zum Opfer gefallen sei, dessen Frau er – neben vielen anderen – verführt habe[162]. Auch Carinus, angeblich neunmal verheiratet und daneben ein notorischer Schürzenjäger[163], soll 285 der begründeten Eifersucht seiner Offiziere erlegen sein[164].

Diocletian erhob seine Frau Prisca nicht zur Augusta und lebte im Alter ohne sie in Spalato[165]. Maximian verführte viele Frauen[166]. Sein Sohn Maxentius war angeblich weibertoll[167]. Ähnliches wird Licinius nachgesagt[168]. Ein noch ärgerer Wüstling soll nach dem dubiosen Zeugnis des Lactanz[169] der Christenverfolger Galerius gewesen sein. Die ihm zugeschriebenen Exzesse beweisen eher die pornographische Phantasie des Kirchenvaters. Sie gipfeln im *ius primae noctis*, das den Kaiser zum *praegustator in omnibus nuptiis* gemacht habe[170]. Die durch den »Figaro« bekannt gewordene Unsitte ist historisch überhaupt fragwürdig, auch in Spanien.

5.s. Mit dem dritten Jahrhundert breitete sich eine asketische Bewegung aus, die nicht allein vom Christentum getragen wurde. Sie entspricht ebenso gnostischen, manichäischen und neuplatonischen Strömungen[171]. Constantin hob die von Augustus verordnete Benachteiligung von Ehe- und Kinderlosen auf[172] und stellte die Kündigung der Verlobung unter Strafe[173]. Nachdem schon Aurelian das Konkubinat mit freien Frauen – wenn auch erfolglos – verboten hatte[174],

---

156 Herodian V 7,3; Dio LXXIX 19,4.   157 Historia Augusta, Alexander 34,4.   158 Herodian VI 1,9.   159 Historia Augusta, Gallienus 16,1; l.c. Tyranni triginta 9,1.   160 l.c. Gallienus 17,7.   161 l.c. Aurelian 7,4. 162 l.c. Tyranni triginta 6.   163 l.c. Carus 16,7.   164 Aurelius Victor, Liber 38,11.   165 Lactanz, De mortibus persecutorum 51.   166 l.c. 8, 5; Aurelius Victor, Liber 39, 46.   167 l.c. 40, 19; Euseb, Historia ecclesiastica VIII 14.   168 Anonymus Valesianus 22.   169 Lactanz, De mortibus persecutorum 38.   170 Lactanz l.c.; Euseb, Historia ecclesiastica VIII 14,2 ff. 171 Porphyrios, De abstinentia; H. Strathmann, in: RAC. I 1950, S. 749 ff. 172 Codex Theodosianus VIII 16,1.   173 l.c. III 5,2.   174 Historia Augusta, Aurelian 49.

verschärfte Constantin die Strafen auf Ehebruch – im Hinblick auf
das Wort Jesu über die Ehebrecherin[175] befremdlich – und versuchte,
die Prostitution einzudämmen[176]. Wenn Constantin, selbst Sohn einer
Konkubine, Helena[177], und Liebhaber einer solchen, Minervina[178],
ihren gemeinsamen Sohn Crispus köpfen ließ, so handelte er wohl
auf Anstiften seiner Frau Fausta, die ihre eigenen Söhne zur Herrschaft bringen wollte. Die gegen Crispus erhobene Vorwürfe erwies
Helena als unbegründet, darauf ließ Constantin Fausta im Bade
ersticken[179]. Fausta wurde überdies des Ehebruchs mit einem Palast-
boten verdächtigt[180].
Constantius II war dreimal verheiratet. Seine zweite Frau, die
schöne, kluge und sittenreine Eusebia, soll ihn beherrscht haben. An
seiner Treue gibt es keinen Zweifel[181]. Dies gilt ebenso für Julian[182]. Er
war auch in der Frauenliebe ein Asket, während sein Nachfolger
Jovian der Venus allzusehr ergeben war[183]. Valentinian I[184], Valens[185]
und Theodosius, der *concors maritus*[186], werden ausdrücklich dafür
gerühmt, die eheliche Treue gewahrt zu haben. Valentinian hat allerdings seine erste Frau nach einem Vermögensbetrug verstoßen[187] und
Justina, die schöne Witwe des Magnentius geheiratet[188]. Daß Valentinian zeitweilig mit beiden Frauen in Bigamie lebte[189], ist zweifelhaft.
Gratian soll vor der Hochzeit keine Frau berührt[190] und Valentinian II
aus keuscher Liebe zu seinen Schwestern auf eine Ehe verzichtet
haben[191]. Die beiden Gattinnen des offenbar impotenten Honorius
starben als Jungfrauen[192]. Der christlichen Moral zuliebe wurden Ehebrecher nun gefoltert, lebendig verbrannt oder kastriert[193]. Justinian
wurde wieder milde: Ehebrecherinnen sollten ausgepeitscht und zwei
Jahre ins Kloster gesteckt werden[194].

Pulcheria, die Schwester von Theodosius II, gelobte in ihrem 14.Jahr
(412/413) in der Kirche zu Konstantinopel öffentlich ewige Keuschheit
und überredete ihre Schwestern Arcadia und Marina, dasselbe zu
tun[195]. Dies galt als Opfer für die dreifach jungfräuliche Gottesgebä-
rerin. Das hinderte die Gegner Pulcherias nicht, ihr sieben Liebhaber

175 NT. Evangelium nach Johannes 8,7.   176 Beck 1986, S. 94.   177 Anonymus Valesianus 2.   178 Aurelius Victor, Epitome 41,4.   179 Zosimos II
29; 34; Julian 336 B; Orosius VII 28, 26; Aurelius Victor, Epitome 41, 12.
180 Eunap, fr. 9, 3.   181 Ammian XXI 6,4; 16,6; Aurelius Victor, Epitome
42, 20; Ammian XXV 1,2; Julian 109 CD.   182 Ammian XXV 4,2; Libanios,
Rede 18, 179; Julian 345 C.   183 Ammian XXV 10, 15; Libanios, Rede
18, 279.   184 Ammian XXX 9,2.   185 l.c.   186 Aurelius Victor, Epitome 48, 18.   187 Malalas 341.   188 Zosimos IV 19; 43.   189 Eunap,
fr.58, 2.   190 Ausonius XX 14.   191 Ambrosius, De obitu Valentiniani
17; 36ff.   192 Chronica Minora II, S. 69.   193 Ausonius V 23; Ammian
XXVIII 1,16; Hieronymus, Brief 1; Libanios, Rede 1, 147.   194 Corpus
Iuris III, Novelle 134,10.   195 Sozomenos IX 1,3 f.

anzudichten[196]. Als ihr Favorit galt der *magister officiorum* Paulinus, den angeblich auch die Kaiserin mehr schätzte, als sich schickte. Eines Tages schenkte ein Bauer dem Kaiser, der auf dem Wege zum Weihnachtsgottesdienst war, einen ungewöhnlich großen phrygischen Apfel. Alle außerordentlichen Gottesgaben gebührten dem König. Das gilt ebenso für den großen Fisch[197], wie für die große Rübe[198]. Theodosius bedankte sich mit 150 Goldstücken und schickte die Frucht seiner Frau. Athenaïs überreichte den Apfel dem kranken Paulinus, der ihn, ohne seine Herkunft zu kennen, wiederum dem Kaiser dedizierte, als dieser aus der Kirche zurückgekehrt war. Theodosius ließ nun Athenaïs kommen und fragte sie nach dem Apfel. Sie erschrak und behauptete, ihn gegessen zu haben, ja beschwor es bei ihrem Seelenheil. Nun präsentierte ihr der Kaiser den Apfel und beschuldigte sie des Treubruchs. Was Paulinus überführte, war seine Schönheit. Er wurde hingerichtet[199]. Athenaïs fühlte sich entehrt und ging nach Jerusalem[200]. Auch hier schien sie dem Kaiser noch verdächtig. Er sandte den General Saturninus dorthin, der zwei geistliche Berater der Athenaïs exekutierte. Daraufhin erschlug sie den Offizier mit eigener Hand[201].

Auch der Westen hatte seine Affären. Honorius erregte öffentlichen Unmut über die Art, wie er seine Schwester Galla Placidia auf den Mund küßte. Sie verbat sich das, es gab Zwist, Galla Placidia ging mit ihren Kindern nach Byzanz[202]. Brisanter war eine andere Episode. Honoria, die Schwester Valentinians III, war mit 30 Jahren noch immer nicht verheiratet, darauf verliebte sie sich in ihren Verwalter, der sie schwängerte[203]. Das gab einen Skandal. Der schuldige *procurator* wurde hingerichtet, Honoria erst in Rom inhaftiert, dann an einen Höfling zwangsvermählt. Nun wandte sie sich an Attila um Hilfe, indem sie ihm ihren Siegelring schickte. Der Hunnenkönig forderte ihre Hand und das halbe Reich[204]. Als ihm dies verweigert wurde, fiel er 451 in Gallien ein und konnte erst durch die Schlacht auf den Katalaunischen Feldern zum Rückzug gezwungen werden[205]. Die privaten Affären der Kaiser blieben nicht ohne politische Folgen, das gilt auch für die nächste.

Glauben wir Prokop[206], dann war Valentinian III der letzte Lüstling auf dem weströmischen Thron. Obwohl er mit einer schönen Frau verheiratet war, habe er anderweitige Liebschaften gesucht, deren letzte

---

196 Holum 1982, S.153.   197 s.o. 3f!   198 Grimm, Kinder- und Hausmärchen Nr. 146.   199 Chronica Minora II, S.440.   200 Malalas 14; Gregorovius 1881/1926, S.92ff; s.u. 9z!   201 Chronica Minora II, S.81. 202 Olympiodor fr. 38.   203 Chronica Minora II, S.79.   204 Jordanes, Getica 224; Johannes Antiochenus fr. 199.   205 PLRE. II, S. 568f. 206 Prokop, Bellum Vandalicum I 3f.

ihm den Tod brachte. Er besiegte den Senator Petronius Maximus beim Brettspiel im Palast und ließ sich vorgeblich als Pfand für die verlorene Summe dessen Siegelring geben. Diesen schickte er im Namen des Maximus zu dessen Frau, der sie an den Hof entbiete. Die Sänftenträger brachten sie jedoch in ein abgelegenes Zimmer, wo der Kaiser sie vergewaltigte. Empört berichtete sie dies ihrem Manne, der darauf die beiden Soldaten angestiftet habe, die Valentinian III am 16. März 455 erschlugen[207]. Nach besserer Überlieferung war das Attentat ein Racheakt zweier Gefolgsleute des Heermeisters Aëtius, den der Kaiser ein Jahr zuvor auf offenem Felde erschlagen hatte[208]. Der Triumphzug der Keuschheit war aber nicht aufzuhalten. Theodosius II entschloß sich mit 30 Jahren zur ehelichen Enthaltsamkeit[209], seine Schwester Pulcheria ging mit dem Nachfolger Marcian eine Josefsehe ein. Daß er zuvor ihr Liebhaber gewesen sei, war Geschwätz[210]. Justinian verbot die Prostitution in Konstantinopel und sammelte die Huren in einem Heim am Bosporus, doch haben sich mehrere aus Verzweiflung über das mönchische Leben ins Meer gestürzt[211]. Verdienten Prokops »Geheimgeschichten« Glauben, so wäre Justinians Frau Theodora vor ihrer Ehe eine neue Messalina gewesen: dreißig Männer pro Nacht, mit drei Körperöffnungen bedient[212]. Justinian war angeblich schon vor der Ehe der Schauspielerin verfallen[213], er soll auf Liebesgenuß (*aphrodisia*) versessen gewesen sein, doch zweifelt nicht einmal Prokop an seiner ehelichen Treue[214]. Theodora wurde dennoch während ihrer Ehe eines Seitensprungs verdächtigt[215], fraglos unbegründet. Zwischen ihr und Justinian herrschte Einvernehmen[216]. Zur Erhaltung der Ehe thematisierten die kaiserlichen Leibärzte im 4. und 6. Jahrhundert männliche Potenzstörungen, so Theodoros Priskianos und Aëtios von Amida. Sie empfahlen in therapeutischer Absicht pornographische Literatur[217].

5.t. Knabenliebe ist in der Antike gewöhnlich bisexuell. Sie wurde unter griechischem Einfluß in der späten Republik üblich, galt aber immer als anstößig, zumal in der passiven Rolle als *delicatus* oder *cinaedus*. Caesar soll ihr in seiner Jugend als Gast bei König Nikomedes von Bithynien gefrönt haben[218] und hat sich durch einen Eid reinigen wollen. Damit machte er sich lächerlich[219]. Sich von einem ungerechten Verdacht befreien zu wollen ist, nach Marie von Ebner-Eschenbach, entweder überflüssig oder unmöglich. Gleichlautende Gerüchte um

207 Chronica Minora I, S. 484.   208 l.c. II, S. 86.   209 Holum 1982, S. 178.   210 Zonaras XIII 24; Theophanes 5942.   211 Prokop, Bauten I 9; ders., Geheimgeschichte 17,5.   212 l.c. 9,16 f.   213 l.c. 9,30.   214 l.c. 12,27.   215 l.c. 16,11.   216 l.c. 13,8; 14,8.   217 Beck 1986, S. 158 f. 218 Sueton, Caesar 2; 49.   219 Dio XLIII 20,4.

Augustus werden als unrichtig bezeichnet[220]. 18 v. Chr. stellte Augustus Knabenliebe unter Todesstrafe[221]. Das blieb ebenso deklamatorisch wie die Gesetze gegen Ehebruch. Eines der Epigramme, die der Kaiser im Bade gedichtet hat, liefert eine originelle Erklärung für den Ausbruch des Perusinischen Krieges 41 v. Chr. gegen Bruder und Frau des Antonius, die beide in Italien geblieben waren. „Weil Marc Anton (im Osten) die schöne Glaphyra vögelt, holt Fulvia, seine Frau, mich (im Westen) in ihr Bett. Jetzt verlangt aber auch Manius (der Vertraute des Antonius) denselben Dienst von mir, daß ich ihn nämlich als Weib bediene, andernfalls er mit dem Bürgerkrieg droht. Er meint, mir sei mein Leben lieber als mein Schwanz. Das dementiere ich hiermit. Jetzt lasse ich die Trompeten blasen."[222]

5.u. Tiberius dachte anscheinend anders über schöne Knaben, jedenfalls wurden dem alten gichtbrüchigen Mann auf der „Bocksinsel" Capri Orgien aller Art nachgesagt. Suëton beschreibt sie ausführlich[223]. Dies geht vermutlich auf die Memoiren der jüngeren Agrippina zurück, die, wie ihre Mutter, Tiberius, den „alten Bock", haßte. Tacitus hat die Schrift kritiklos verwendet[224]. Unter den angeblichen Lustknaben des Tiberius wird Vitellius, der spätere Kaiser, genannt. Das brachte ihm den Spitznamen *Spintria* ein[225]. Caligula liebte unter anderen seinen Schwager Lepidus[226] und den Schauspieler Mnester[227], während Claudius keinen Geschmack an Knaben fand, ja einen Schwiegersohn in den Armen von dessen Lüstling erstechen ließ[228]. Nero liebte den Tänzer Paris, der ihn auch politisch beeinflußte[229], weiterhin den Knaben Sporus, den Nero kastrieren ließ, chirurgisch in ein Weib umwandeln wollte[230] und in aller Form heiratete[231]. Ihn übernahm nach Neros Tod der Prätorianerpräfekt Nymphidius[232]. Eine zweite schwule Hochzeit beging Nero mit dem Freigelassenen Doryphoros *alias* Pythagoras, der diesmal indessen den Ehemann spielte. Das Fest vollzog sich mit Brautschleier, Priester, Mitgift, Hochzeitsfackeln und ehelichem Beilager, allerdings nicht im Geheimen[233]. Paulus wetterte im Römerbrief[234] gegen die sexuellen Perversitäten unter Nero – aber wer las ihn schon?

5.v. Der Nachfolger und Nachahmer Neros, Kaiser Vitellius, ebenso bisexuell wie sein Vorgänger Galba[235], liebte in der Zeit vor seiner Kaisererhebung den Freigelassenen Asiaticus, dessen abenteuerliches

220 Sueton, Augustus 68; 71.   221 Corpus Iuris Civilis, Institutiones IV 18,4; Digesten XLVIII 5; Mommsen, Strafrecht, S. 703 ff.   222 Martial XI 20.   223 Sueton, Tiberius 43 ff.   224 Tacitus, Annalen IV 53.   225 Sueton, Vitellius 3,2.   226 Dio LIX 22,6.   227 Sueton, Caligula 36; Dio LIX 27,1.   228 Sueton, Claudius 29,2; 33,2.   229 Juvenal VII 78 ff.   230 Aurelius Victor, Liber 6,16.   231 Sueton, Nero 28.   232 Plutarch, Galba 9.   233 Sueton, Nero 29; Tacitus, Annalen XV 37.   234 NT. Paulus, Römerbrief 1,26 ff.   235 Sueton, Galba 22.

Leben in Umrissen bekannt ist: Asiaticus hielt sein Dasein als Lust-knabe irgendwann nicht mehr aus, entlief und lebte in Puteoli als Limonadenverkäufer. Vitellius spürte ihn auf und ließ ihn in Fesseln werfen, bis er ihm wieder zu Diensten war. Es kam jedoch abermals zu einem Zerwürfnis, so daß Vitellius den offenbar wegen Undanks in den Sklavenstand zurückversetzten Asiaticus an einen umherziehenden Gla-diatorenfechtmeister verkaufte. Kurz bevor es zum ersten Auftritt des Neulings in der Arena kam, ließ Vitellius den Zitternden entführen und schenkte ihm, als er das Rheinkommando übernehmen mußte, die Frei-heit. Asiaticus begegnet uns sodann unter den einflußreichen Freigelas-senen am Hofe Galbas und verstand es schon damals, sich bei dessen Nachfolger Otho beliebt zu machen. Auch die Soldaten mochten ihn, denn nach dem Sieg bei Bedriacum forderten sie von Vitellius, er solle Asiaticus in den Ritterstand erheben. Vitellius lehnte das zunächst ab, lud ihn jedoch nach seinem Einzug in Rom zum Festbankett und ver-lieh ihm den Ritter-Ring. Asiaticus war nun auf der Höhe seiner Macht, er organisierte die Schlemmereien des Vitellius, verlor mit des-sen Sturz aber seinen Protektor und wurde nach der Einnahme Roms durch die Truppen Vespasians wie ein krimineller Sklave ans Kreuz geschlagen[236].

5.w. Orgien mit schönen Knaben gab es wieder bei Domitian[237]. Tra-jan schätzte den Umgang mit Frauen wie mit Knaben, unter ihnen war der Pantomime Pylades[238]. Als Trajan nach seinem Tode in den Olymp eintrat, mußte Zeus auf seinen Ganymed aufpassen – so Julian[239]. Bei-den Geschlechtern zugetan war ebenso Hadrian[240]. Sein Lieblings-knabe Antinoos[241] hat sich nach ägyptischem Brauch für ihn durch einen Sturz aus der Feluke in den Nil geopfert, damit seine Lebensjahre denen des Kaisers zugeschlagen würden[242]. Hadrian hat ihm zu Ehren am Ufer die Stadt Antinoopolis gegründet[243] und ihn konsekrieren las-sen. Antinoos war der einzige Privatmann, dem in der Kaiserzeit diese Ehre widerfahren ist, zahlreiche Porträts von ihm sind erhalten[244]. In der Zeit Hadrians schrieb Juvenal in seiner »Weibersatire«[245], sein Freund solle das Heiraten lassen und sich lieber einen Knaben ins Bett holen, der verursache weniger Ärger. Antoninus Pius, so heißt es, machte wiedermal der Knabenliebe ein Ende, und Marc Aurel lobte ihn dafür[246]. Gleichzeitig praktizierte sie sein Adoptivbruder und Mit-kaiser Lucius Verus während seines Schlemmerlebens in Antiochia[247].

236 Sueton, Vitellius 12; Plutarch, Galba 20; Tacitus, Historien II 57; IV 11. 237 Dio LXVII 6. 238 Dio LXVIII 10,2. 239 Julian 311 C. 240 Histo-ria Augusta, Hadrian 2; 4. 241 siehe hier Abb. 8. 242 Historia Augusta, Hadrian 14. 243 Pausanias VIII 9,7; Ammian XXII 16,2,. 244 Helbig I 34; 39; 184; 485; 1025; II 1251; 1424. 245 Juvenal VI 34ff. 246 Marc Aurel I 16. 247 Historia Augusta, Verus 4,4.

Abb. 8: Büste des Antinoos

Der aus Bithynien stammende Liebling Hadrians ertrank zwanzigjährig während einer Nilfahrt des Kaisers im Jahre 130. Dieser gründete zu seinem Gedächtnis am Ufer die Stadt Antinoopolis und ließ ihn unter die Götter versetzen. In Athen und Eleusis wurden Feste für ihn gefeiert, bei denen sein Bild bekränzt wurde; sein Grabstein war der Obelisk, der heute auf dem Pincio in Rom steht.

5.x. Unter den Nachfolgern Marc Aurels lebte die Homoerotik am römischen Hofe wieder auf. Commodus nannte seinen Lüstling *Onos* (Esel) wegen seines langen Schwanzes[248]. Die Historia Augusta schreibt ihm neben den genannten dreihundert Konkubinen ebenso viele Buhlknaben zu[249] – eine gefährliche Leidenschaft. Sein Goldknabe Philocommodus spielte der Mätresse Marcia die Schwarze Liste in die Hände, auf der Commodus die von ihm Verdächtigten notiert hatte und die ihn selbst dann das Leben kostete[250]. Am wüstesten trieb es, nach *histoire scandaleuse*, Elagabal. Er frequentierte die öffentlichen Bäder , um die „Eselsschwänze" zu finden[251], prostituierte sich selbst in den Bordellen Roms und holte einen wegen seiner gigantischen Genitalien berühmten Athleten aus Asien nach Rom. Derartige Qualitäten konnten auch eine Beamtenlaufbahn fördern[252]. Der Kaiser ließ sich in masochistischer Manier *in actu* peitschen, heiratete förmlich Zoticus, seinen favorisierten Liebhaber, ließ sich als Frau titulieren und forderte von seinen Ärzten eine chirurgische Geschlechtsumwandlung[253]. Elagabals Ausschweifungen haben nach der Überlieferung alle früheren in den Schatten gestellt[254]. Offenbar eignete er sich wie kein anderer als Akteur für die libidinöse Einbildungskraft, die ihm gewiß nicht zufällig alle in der römischen Kaiserzeit denkbaren Perversitäten zuschreibt. Die Soldaten allerdings verübelten ihm, daß er sich als Weib gebrauchen ließ, und wandten ihre Gunst Severus Alexander zu, dem sie schließlich auch die Macht übertrugen[255].

5.y. In der Spätantike treten die Nachrichten über die Knabenliebe zurück. Sie wird tadelnd berichtet von den Heiden Carinus[256], Maximianus Herculius[257], von dessen Sohn Maxentius[258], sowie von den Christen Constans[259] und Theodosius II[260]. Längst war sie wieder strafbar. Severus Alexander hatte nochmal ein Verbot geplant[261], Philippus Arabs ein solches erlassen[262], was die Sache für manche nur noch reizvoller machte. Der Heide Julian verabscheute Päderastie[263], der katholische Kaiser Theodosius setzte den Flammentod für Delinquenten fest[264]. Justinian ließ sie kastrieren und wie die Würfler[265] auf Kamelen durch die Straßen führen[266]. Das änderte wenig an der Praxis, wenn die einschlägigen Epigramme aus Buch XII der »Anthologia

---

248 l.c. Commodus 10,9.   249 l.c. 5,4.   250 Herodian I 17.   251 Historia Augusta, Elagabal 8,6f.   252 l.c. 12,2.   253 Dio LXXIX 13ff; Historia Augusta, Elagabal 10.   254 l.c. 33,1.   255 l.c. 5,1.   256 l.c. Carus 16.   257 Aurelius Victor, Liber 39,46; Lactanz, De mortibus persecutorum 8.   258 Zosimos II 12, 2f.   259 Aurelius Victor, Liber 41,24; Zosimos II 42,1.   260 Malalas XIV 19.   261 Historia Augusta, Alexander 24,4; 39,2.   262 l.c. Elagabal 32,6; Aurelius Victor, Liber 28,6.   263 Julian 346 A; 359 D.   264 FIRA. II, S.557.   265 s.o. 3x!   266 Prokop, Anekdota 11,34ff; 16,19ff.

Graeca« ein Bild der Sitten von Byzanz vermitteln. Aber aus dem Kaiserhause verschwand sie.

5.z. Daß die Beziehungen zwischen Mann und Frau in der höfischen Gesellschaft auch Gegenstand philosophischer Erörterungen waren, legt eine Definition der Liebe nahe, die in einem apokryphen, möglicherweise erst karolingischen Gespräch zwischen dem Kaiser Hadrian und dem Philosophen Epiktet überliefert ist: Hadrian: „Was ist die Liebe?" Epiktet: „Liebe ist der Verdruß eines Menschen, der wenig zu tun hat; das schlechte Gewissen eines Knaben; die heimliche Aufregung des Mädchens; die Leidenschaft einer Frau; die Brunst eines Mannes; das Sich-lächerlich-machen eines Alten, und schließlich ist sie das, was denjenigen, der sich über die Liebe und die Liebenden lustig macht, als nichtswürdig erweist."[267]

---

267 Altercatio Hadriani Augusti et Epicteti philosophi, ed. L. W. Daly + W. Suchier, 1939/59, S. 106.

6. Körperpflege und Gesundheit

a. Kalokagathie
b. **Hygiene** seit Augustus
c. seit Tiberius
d. Bäder: Hadrian
e. seit Commodus
f. seit Constantin

g. **Haartracht**
h. seit Trajan
i. Bartmode seit Scipio
j. seit Constantin

k. **Medizin,** Quellen
l. Krankheiten seit Caesar
m. Leibärzte des Augustus
n. Medizin seit Tiberius
o. seit Claudius
p. seit Nero
q. seit Trajan
r. Marc Aurel
s. Galen
t. Medizin seit Commodus
u. Spätantike
v. spätantike Hofärzte

w. Etikette unter Leo
x. Lebenserwartung, Todesarten
y. Sterbealter

z. **Kaiserinnen**

Orandum est ut sit mens sana in corpore sano
Juvenal

6.*a*. Neben dem Essen und der Gesellschaft bedarf der Mensch der Pflege von Körper und Seele. „Man soll beten um einen gesunden Geist in einem gesunden Körper", heißt es bei Juvenal[1]. Das griechische Ideal war die *kalokagathia*, die Verbindung von Tugend und Schönheit, altfränkisch übersetzt mit „Edeltrefflichkeit". Daß dies auch noch für die römische Kaiserzeit galt, ergibt sich aus den erhaltenen Lobreden und sonstigen biographischen Texten. Sie behandeln außer den Taten, dem Wesen und der Herkunft stets auch die äußere Erscheinung und die körperlichen Fähigkeiten des Herrschers und liefern uns wesentliche Ergänzungen und Berichtigungen zu den erhaltenen Bildern. Diese sind oft stilisiert[2], dennoch überrascht der Mut zu ungeschönter Wiedergabe auch der abstoßenden Züge: denken wir an die verkniffenen Lippen des Tiberius, die aufgedunsene Maske Neros, die schwammigen Züge Othos, die Falten und Runzeln Vespasians, die entnervte Miene Elagabals oder an Maximinus Thrax mit seinem Holzhackergesicht.

6.*b*. Dem antiken Schönheitsideal entsprachen die Kaiser nur ausnahmsweise. Augustus, den seine Bilder als schönen, ewig jungen Mann zeigen, wirkte nach Suëton aus der Nähe ungepflegt. Er war Haaren und Bartwuchs gegenüber nachlässig und lehnte Kosmetik ab[3]. Wie andere Römer nahm er Salzwasser-, Schwitz- und Wannenbäder, und zwar in hölzernen Zubern. Er salbte sich, wie es üblich war, mit Öl – man hatte ja noch keine Seife. Das Wort *sapo*[4], woraus unser Wort „Seife" wurde, stammt aus dem Germanischen oder Keltischen und bezeichnet ursprünglich ein Mittel zum Haarefärben, wie das bei den Männern beider Völker üblich war[5].

6.*c*. Seit Tiberius gibt es am Hof *unctores*, um die hohen Herrschaften mit Ölen und Essenzen einzureiben. Auch ein Vorsteher (*decurio*) dieser Bader und Masseure wird einmal erwähnt[6]. Caligula erfand höchstselbst ein Badeparfüm[7]. Nero und Otho aromatisierten sich und ihre Gäste, auch ohne sie zu fragen, durch Spritzanlagen mit Myrrhenöl[8]. Ihr Hang zur Kosmetik wird als geradezu weibisch gerügt[9].

---

1 Juvenal X 356.　2 s.o. 1 f!　3 Sueton, Augustus 79.　4 Plinius, Naturalis historia XXVIII 51/191.　5 *Kelten*: Diodor V 28; Appian VI 67; *Germanen*: Ammian XXVII 2,2.　6 Dessau, Nr. 1576; 1789; 1791.　7 Sueton, Caligula 37,1.　8 Plutarch, Galba 19.　9 Sueton, Otho 12,1.

Vespasian hingegen mißbilligte derartiges. Er führte die neronischen Finessen nicht fort und verweigerte einem parfümierten Dandy die Beförderung[10]. Er erhielt sich gesund durch kaltes Baden und Abfrottieren[11]. Titus pflegte vor dem Essen zu baden und wurde möglicherweise dabei ertränkt[12]. Domitian hat den Tod seines Bruders jedenfalls nicht glaubhaft bedauert.

6.d. Unter Augustus hatte Agrippa die ersten Thermen in Rom errichtet[13], bis zu Constantin kamen zehn weitere dieser monumentalen Badepaläste dazu, „Kathedralen des Fleisches" (Sedlmayr), die als Typus in der Baugeschichte nie erreicht, geschweige übertroffen wurden[14]. Ursprünglich der Hygiene halber angelegt, dienten sie später zugleich der Bewegung und der Unterhaltung, dem Genuß im Luxus. „So ist in unserer Zeit das Baden nichts anderes als ein Mittel zum genußreichen Leben", schrieb der Traumdeuter Artemidor unter Marc Aurel[15]. Auch die Kaiser badeten regelmäßig, bisweilen gemeinsam mit den Bürgern. Hadrian traf einmal einen altbekannten Veteranen, der nicht das Geld hatte, sich den Rücken schrubben zu lassen. Der Kaiser schenkte es ihm. Das nächste Mal sah er eine ganze Gruppe von Soldaten, die sich vor seinen Augen selbst bürsteten. Der Kaiser lachte, aber erklärte, sie bekämen nichts und sollten sich gefälligst gegenseitig waschen[16].

6.e. Hadrians Adoptivsohn Aelius[17] meinte, bei der Liebe dürfe der Geruchssinn nicht zu kurz kommen, und erfand ein Himmelbett, hinter dessen Vorhängen persische Essenzen aus Rosen- und Lilienöl die Nase erfreuten. Auch seine Mahlzeiten waren durch Duft- und Räucherwerk aromatisiert. Der Wüstling Commodus soll siebenmal am Tage ins Bad gegangen sein und dort seiner ausgefallenen Neigung folgend selbst Patienten zur Ader gelassen haben[18]. Er wurde schließlich im Bade ermordet[19]. Elagabal, der alles parfümierte, badete in Wasser mit Safran und anderen Aromazusätzen[20]. Er zeigte sich üppig geschminkt in der Öffentlichkeit, indem er seine Augen ausmalte und die Wangen rötete[21] – selbst für eine ehrbare Frau wäre das der Kosmetik zuviel gewesen[22]. Sein Vetter und Nachfolger Severus Alexander bewies wiederum Volksnähe, indem er wie Hadrian öffentliche Bäder besuchte und im Badekostüm, über das er einen Purpurmantel legte, in den Palast zurückkehrte[23]. Zum Lobe Gordians I berichtet sein Biograph, der spätere Kaiser sei nie mit seinem Schwiegervater ins Bad

---

10 Sueton, Vespasian 8.   11 l.c. 20.   12 Plutarch, Moralia 123 D.
13 Plinius, Naturalis historia XXXVI 64/189.   14 Nordh 1949, S.100f.
15 Artemidor von Daldis I 64.   16 Historia Augusta, Hadrian 17,6.
17 l.c. Aelius 5,6ff.   18 l.c. Commodus 11,5ff.   19 Dio LXXIII 22,5.
20 Historia Augusta, Elagabal 19,6ff.   21 Herodian V 6,10.   22 l.c.V
8,1.   23 Historia Augusta, Alexander 42,1.

gegangen[24], um ihn nicht unbekleidet zu sehen. Anders als die Griechen zeigten sich die Römer nicht nackt im Freien. Der als Weichling beschriebene Gallienus soll im Sommer sechs- bis siebenmal, im Winter zwei- bis dreimal gebadet haben. Er ließ sich von Höflingen beiderlei Geschlechts begleiten. Um die Schönheit seiner Badenixen besser zu genießen, mischte er häßliche alte Weiber darunter[25].

6.f. Die Badekultur blieb in christlicher Zeit zunächst erhalten, obwohl der Verzicht auf Hygiene ein Beweis von Frömmigkeit war und zu den bewunderten asketischen Leistungen von Einsiedlern gehörte. Schon der Herrenbruder Jakobus vermied das Baden und Salben[26]; im Warmbad wohnten Dämonen[27]. Hieronymus schrieb an Laeta über die Erziehung ihrer Tochter, eine Jungfrau im Bade mißfalle ihm überhaupt, weil sie erröten müsse, sich nackt zu sehen und Gefahr laufe, der „Flamme der Leidenschaft" zum Opfer zu fallen[28]. Das christliche Konstantinopel erhielt gleichwohl mehrere Thermen, die an Pracht und Größe die römischen allerdings nicht erreichten. Auch der dortige Palast hatte eigene Bäder. Valens ließ die Wassertemperatur von einem Eunuchen testen[29]. Theodora übertrieb als ehemalige Schauspielerin, wie es heißt, die Körperpflege. Sie badete oft und lange[30]. Die Kinder der Kaiser wurden in Wannen gebadet, die aus den Panzern von Riesenschildkröten gearbeitet waren[31].

6.g. Zur Körperpflege gehört die Haartracht[32]. So wie seit dem späten 6. Jh.v. Chr. bei den Griechen, trugen bei den Römern die Männer der ausgehenden Republik meist kurzes, die Frauen langes Haar[33]. Langhaarig gingen die Barbaren und die Perser[34]. Caesar erschien im Lorbeerkranz, um seine Glatze zu verbergen[35]. Die Künstler haben sie ebensowenig wiedergegeben wie die Warze auf der Nase Ciceros[36]. Hingegen bildeten sie Augustus immer mit der Zangenlocke auf der Stirn ab[37]. Kahl war trotz Kähler[38] Tiberius[39], ebenso Caligula, der aber sonst so behaart war, daß er auch den Spitznamen *capra* – „Ziege" trug[40]. Bei seinen nächtlichen Abenteuern machte er sich durch eine Perücke (*capillamentum*) unkenntlich[41]; dasselbe wird für Messalina[42] und Nero[43] berichtet. Glatzen hatten weiterhin

24 l.c. Gordian 6,4.   25 l.c. Gallienus 17.   26 Euseb, Kirchengeschichte II 23.   27 J. Jüthner, Bad, in: RAC. I 1950, S. 1141 f.   28 Hieronymus, Brief 107,11.   29 Theodoret, Mönchsgeschichte 8,9; ders., Kirchengeschichte IV 26,7.   30 Prokop, Anekdota 15,7.   31 Historia Augusta, Clodius 5,6.   32 Marquardt 1886, S. 597 ff; E. Steininger, Haartracht und Haarschmuck, in: RE. XIV, 1912, S. 2135 ff.   33 Plutarch, Moralia 267 B.   34 Libanios, Rede 18, 282.   35 Sueton, Caesar 45; Dio XL 43,1.   36 Plutarch, Cicero 1; Julian 339 C.   37 Kähler 1958, Tafel 116f; siehe hier Abb. 1.   38 l.c. Tafel 122.   39 Tacitus, Annalen IV 57.   40 Sueton, Caligula 50,1.   41 l.c. 11.   42 Juvenal VI 120.   43 Dio LXI 9,1.

Galba[44] und Otho, der ebenfalls eine Perücke (*galericulum*) trug, sich
außerdem als Weichling täglich rasieren und mit feuchtem Brot einrei-
ben ließ[45]. Domitian schrieb ein Buch über die Haarpflege und war
stolz auf die Tapferkeit, mit der er seinen Haarausfall ertrug[46]. Sein
Chattenkrieg brachte blondes Haar in Mode, so meldet Martial[47].
Über die römischen Dandies spottete Seneca[48]: *Quis est istorum, qui
non malit rem publicam turbari quam comam suam?* „Wer von ihnen
fürchtete nicht mehr um die Ordnung seiner Haare als um die im
Staate?"

6.*h*. In der Zeit von Caesar bis Domitian war die Haartracht immer
künstlicher und lockiger geworden. Mit Trajan vereinfachten sich die
Frisuren wieder, bei Männern wie Frauen. Marc Aurels Höflinge
kopierten seinen kurzen „stoischen" Haarschnitt, wie sein Arzt Galen
bemerkte[49]. Die Porträts zeigen indes einen Lockenkopf, der bei seinem
Adoptivbruder zur Mähne geriet. Der Stolz auf die Haartracht wird
mehrfach kritisiert, so eben bei Lucius Verus[50], Commodus[51] und später wieder Gallienus[52], die ihre Haare mit Goldstaub puderten, während der tüchtige Septimius Severus sein graues Haar kraus trug[53].
Laut Herodian[54] hatte Caracalla eine Glatze, die er seiner germanischen Leibwache zuliebe mit einer blonden Perücke bedeckte. Um seiner markomannischen Geliebten zu gefallen, habe auch Gallienus seine
Haare blondiert[55]. Der Usurpator Firmus soll wegen seiner Körper-
haare den Spottnamen *Cyclops* erhalten haben[56]. Offenbar dachte man
sich Polyphem affenartig. Constantin der Große, den Julian[57] einen
„Oberhaarkräuseler" nannte, erfand eine Pomade (*sapo*)[58]. Die Privatporträts zeigen, wie die Haartracht der Kaiser von den Untertanen
nachgeahmt wurde.

6.*i*. Alexander hatte als jugendlicher Held den Bart aus der Mode
gebracht, die Römer folgten mit Verspätung. Die ersten *tonsores*
kamen im Jahre 300 v. Chr. aus Sizilien nach Italien. Das hatte Aufsehen erregt, denn Varro meldet dies aus den städtischen Annalen der
Stadt Ardea. Er benennt den Mann, der die Barbiere mitbrachte, und
folgert aus den älteren Standbildern, daß man in Rom Haar und Bart
lang trug[59]. *Intonsus*- „ungeschoren" heißen Camillus und Cato bei
Horaz[60]. Täglich rasierte sich zuerst Scipio Africanus minor.[61] Wäh-

---

44 Sueton, Galba 20.   45 Sueton, Otho 12.   46 Sueton, Domitian 18.
47 Martial XIV 26f.   48 Seneca, De brevitate vitae 12,3.   49 Galen
XVII 2, S. 150 (Kühn).   50 Historia Augusta, Verus 10,7.   51 Herodian I
7,5; Historia Augusta, Commodus 17,3.   52 l.c. Gallienus 16,4.   53 l.c.
Septimius 19,9.   54 Herodian IV 7,3; 8,5.   55 Historia Augusta, Gallienus 21,4.   56 l.c. Firmus 4.   57 Julian 335 B.   58 Chronica Minora I,
S. 547.   59 Varro, De re rustica II 11.   60 Horaz, Carmina I 12, 41; II
15, 11.   61 Gellius III 4.

Abb. 9: Büste Hadrians

Hadrian hat als Zeichen seiner philhellenischen Einstellung wieder einen Bart
getragen, der in der klassisch-griechischen Zeit üblich war und erst mit Alexander aus der Mode kam. Sein Bronzepanzer zeigt ein Gorgoneion, das von
Perseus der Athena geschenkte Medusenhaupt, das den Betrachter versteinern
ließ. Der über die Schulter hängende Feldherrnmantel (*paludamentum*) ist purpurn zu denken.

rend Caesar sich von einem griechischen Sklaven balbieren ließ[62], rasierte sich Augustus offenbar selbst; er benutzte, wie es heißt, regelmäßig ein Rasiermesser (*cultrum*)[63]. Nach der Schlacht im Teutoburger Wald erschien er im Trauerbart[64]. Die erste Rasur (*barbataria*) wurde als Familienfest begangen, so bei den Sklaven des Trimalchio[65]. Nero feierte, wie zuvor Augustus[66], seine *depositio barbae* als Staatsfest[67]. Sein späterer Backenbart präsentierte den Kaiser als Künstler, seine Schläfenlocken waren, wie die Bildnisse nahelegen, mit der Brennschere gekräuselt. Der erste Kaiser im Vollbart war Hadrian[68]. Nach neuerer Gelehrtenmeinung imitierte er damit programmatisch die griechischen Philosophen, nach antiken Quellen wollte er ganz prosaisch bloß seine Gesichtsnarben verbergen[69]. Die folgenden Kaiser übernahmen die Bartmode, Lucius Verus soll sich auf Wunsch einer *amica vulgaris* in Daphne rasiert haben[70]. Septimius Severus trug einen Gabelbart[71]. Das glattrasierte Kinn Caracallas kennzeichnete den Lüstling[72]. Dem eitlen Opellius Macrinus wurde vorgeworfen, er kümmere sich mehr um seinen Bart als um die Politik[73]; als er vor den Truppen Elagabals floh, rasierte er sich, um nicht erkannt zu werden[74]. Als Weichling entfernte Elagabal Kinn- und Schamhaare, letztere auch bei seinen Mätressen[75], ähnlich wie zuvor Domitian[76].

6.*j*. Im dritten Jahrhundert kam der kurze Soldatenbart auf; der Kaiser erschien unrasiert und dokumentierte dadurch seine Verbundenheit mit der Truppe. Constantin und seine Söhne rasierten sich dann wieder[77]. Sie zeigten sich als Senatoren; Vetranio verkörpert wieder den bärtigen Soldatenkaiser, wie die Münzen dartun. Als Julian Caesar wurde, nannten ihn die Höflinge wegen seiner struppigen Haare eine „Ziege" (*capella*), wegen seines spitzen Mundes einen „geschwätzigen Maulwurf" (*loquax talpa*) und wegen seiner Amtstracht einen „Affen im Purpur" (*purpurata simia*)[78]. Nach seiner Erhebung zum Augustus ließ Julian sich einen Philosophenbart wachsen und zog den Spott der glattrasierten Antiochener auf sich[79]. Daraufhin verfaßte Julian seine autobiographische Satire »Der Barthasser« (*Misopogon*). Um sein Gesicht für dessen Häßlichkeit zu strafen, so schrieb der Kaiser, gestatte er den Läusen in seinem Barte zu wohnen, wie die Tiere im

62 Plutarch, Caesar 49.   63 Plinius, Naturalis historia VII 59/211.   64 Sueton, Augustus 23; Marquardt 1886, S. 601 bietet Parallelen.   65 Petron 73. 66 Dio XLVIII 34,3.   67 Dio LXI 19,1; Sueton, Nero 12,4 (Die chronologische Diskrepanz ist unentscheidbar).   68 siehe hier Abb. 9.   69 Historia Augusta, Hadrian 11.   70 l.c. Verus 7,10.   71 l.c. Severus 19,9; Kähler 1958, Tafel 229.   72 Dio LXXVIII 20,1; Julian 339 A.   73 Herodian V 2,3.   74 Herodian V 4,7.   75 Historia Augusta, Elagabal 31,7. 76 Sueton, Domitian 22.   77 Ammian XXI 16,19.   78 Ammian XVII 11,1.   79 Julian 342 C.

Walde[80]. In der Zeit danach verlor der Bart den Zeichencharakter für heidnisch-griechisches Philosophentum. Münzen und Diptychen zeigen Eugenius, Honorius, Johannes und Theodosius II wieder bärtig[81]. Nach einer neuerlichen Unterbrechung ließ Anastasius den Bart wieder wachsen[82]. Auch Christus wurde seit theodosianischer Zeit mit Bart dargestellt[83].

6.k. Von der Hygiene zur Medizin[84] ist es ein kleiner Schritt. Über die Gesundheit der römischen Kaiser berichten die Quellen ausführlich. Einerseits war der körperliche Zustand des Kaisers wichtig für seine politische Handlungsfähigkeit, andererseits zeigte er dem philosophischen Betrachter, wie der Kaiser mit seinen Gebrechen fertig wurde, und dem religiösen Leser, wie sich Gunst und Zorn des Himmels kundtaten. Oft werden auch nur bloße Kuriosa gemeldet. So erfahren wir, daß Sulla nur einen Hoden besaß[85], daß die Leberflecken auf der Brust des Augustus dem Sternbild des Großen Bären ähnelten[86], daß die Kaiser Valens[87] und Anastasius verschiedenfarbige Augen hatten, weswegen letzterer den Beinamen *Dikoros* trug[88].

6.l. Leider ist die Berichterstattung oft so ungenau, daß eine Diagnose schwerfällt. Die Krankheiten der julisch-claudischen Kaiser hat man von ärztlicher Seite monographisch behandelt[89]. Caesar litt unter Epilepsie[90]. Von schwächlicher Gesundheit war auch Augustus. Nach dem Cantabrer-Krieg mußte er die heißen Quellen des Pyrenäenbades *Tarbellae* (Dix) aufsuchen[91], außerdem hatte er schlechte Zähne[92]. Die verzweifelte Ohnmacht der Antike gegen Zahnschmerzen spiegelt sich in den abstrusen Medikamenten dagegen: In hohle Zähne fülle man, so Plinius[93], verbrannten Mäusekot oder getrocknete Eidechsenleber, auch Schlangenherzen brächten Erleichterung, wenn man hineinbisse oder zweimal im Monat eine Maus esse. Gegen Hautjucken nahm Augustus Sandbäder und Kaltwasserkuren.

6.m. Zahlreiche Hofärzte[94] kennen wir aus Inschriften[95]. Seinem Leibarzt Marcus Artorius Asclepiades verdankte Augustus sein Leben in der Schlacht bei Philippi[96]. Dessen Nachfolger Antonius Musa erhielt vom Kaiser ein Denkmal[96]. Musa hatte ihn 23 v. Chr., so glaubte man, durch Kaltwasserbäder und Lattich-Diät geheilt[98]. Ein

---

80 Julian 338 C.   81 R. Delbrueck, Die Consulardiptychen, 1929, S. 207. 82 Malalas 392.   83 J. Kollwitz in: RAC. III 1957, S. 20.   84 Krug 1993. 85 Digesten IL 16,4 pr.   86 Sueton, Augustus 80.   87 Ammian XXXI 14,7.   88 Malalas 392; Suidas, Delta 1103.   89 Esser 1958.   90 Sueton, Caesar 45.   91 Plinius, Naturalis historia XXXI 2/4; Sueton, Augustus 81,1.   92 l.c. 79.   93 Plinius, Naturalis historia XXX 8/22; vgl. XXVIII 49/178f.   94 Friedländer I, S. 71 f.   95 Dessau III, S. 423.   96 Velleius II 70; Dio XLVII 41,3.   97 Sueton, Augustus 59.   98 l.c. 79 ff; Horaz, ep. I 15,2; Dio LIII 30,3; Plinius, Naturalis historia XIX 38/128.

andermal genas Augustus, wie er in einem Brief bezeugt, durch den
Genuß von *ervum*, eine der Wicke und der Kichererbse verwandte Hülsenfrucht[99]. 6.*n*. Tiberius war kurzsichtig, sah schlecht bei Tage und gut bei
Nacht[100]. Er war Linkshänder, litt unter Geschwüren, zumal im
Gesicht, so daß ihn Pflaster entstellten. Tacitus nennt dies unter den
Gründen für den Rückzug des Kaisers nach Capri[101]. Im übrigen war
er – von einer Darmkolik abgesehen[102] – so gesund, daß er seit seinem
dreißigsten Lebensjahr keinen Arzt mehr brauchte[103]. Caligulas Leibarzt Halkyon[104] suchte seinen ermordeten Herrn vergebens zu retten,
er war offenbar Grieche wie die meisten seiner Profession.
6.*o*. Claudius hinkte[105], litt unter der im Altertum verbreiteten Gicht
(*podagra*)[106] und besuchte während einer Krankheit die Bäder von
Sinuëssa in Campanien[107]. Ein Magenleiden ließ ihn an Selbstmord
denken[108]. Mehrere Kaiser behandelte der *medicus Augusti* Gaius
Stertinius Xenophon aus Kos. Die Inselstadt besaß ein bekanntes
Asklepios-Heiligtum, das von vielen Kranken aufgesucht wurde. Priester und Ärzte bemühten sich dort gemeinsam um die Heilung. Xenophon praktizierte in Rom und in Baiae, erwarb ein Vermögen und
machte Stiftungen in Neapel[109]. Um seinetwillen verlieh Claudius den
Bewohnern von Kos Steuerfreiheit. Nach der Vergiftung des Kaisers,
die man Xenophon zuschrieb, wurde er von Agrippina fürstlich
belohnt und zog sich auf seine Heimatinsel zurück[110].
6.*p*. Trotz seiner ausschweifenden Lebensweise war Nero nur dreimal krank, ohne deswegen den Wein aufzugeben[111]. Er hatte schlechte
Augen[112] und betrachtete die Schauspiele durch einen Smaragd[113].
Dies wurde irrig für das erste Zeugnis der Brille gehalten. Deren
Bezeichnung stammt von dem Edelstein Beryll. Neros Nachfolger
Galba litt an Gicht[114]. Otho hatte O-Beine[115]. Der Vater des Vitellius
kurierte seine Halsschmerzen mit einer Mischung aus Honig und dem
Speichel seiner Geliebten, einer Freigelassenen. Das galt als unpas-
send[116]. Vitellius selbst war durch Schlemmerei gezeichnet: rotes
Gesicht verriet den Säufer, dicker Bauch den Fresser[117]. Der Leibarzt
des Titus kritzelte kurz vor dem Untergang Herculaneums ein Lob
auf seine Verdauung an die Wand der Latrine in der Casa della

---

99 l.c. XVIII 38/139.   100 Dio LVII 2,4.   101 Tacitus, Annalen IV 57.
102 Plinius, Naturalis historia XXVI 6/9.   103 Sueton, Tiberius 68.
104 Josephus, Antiquitates XIX 1,20.   105 Seneca, Apokolokyntosis 1.
106 l.c. 13.   107 Tacitus, Annalen XII 66.   108 Sueton, Claudius 31.
109 Plinius, Naturalis historia XXIX 5/8.   110 Tacitus, Annalen XII 61;
67.   111 Sueton, Nero 51.   112 Plinius, Naturalis historia XI 54/144.
113 l.c. XXXVII 5/16.   114 Sueton, Galba 21f.   115 l.c. Otho 12,1.
116 l.c. Vitellius 2,4.   117 l.c. 17.

Gemma: APOLLINARIS MEDICUS TITI IMP(eratoris) HIC CACA-
VIT BENE[118].

6.q. Grieche war wiederum der Leibarzt Trajans, Statilius Kriton, ein
vielseitiger Mann, denn er schrieb ein Werk über den Dakerkrieg des
Kaisers[119]. Hadrian war vor seinem Tode lange krank und suchte Heilung in den Bädern von Baiae[120]. Ein Versuch, seinem Leben ein Ende
zu setzen, mißlang[121]. Antoninus Pius lebte so gesund, daß er nur selten einen Arzt brauchte, litt jedoch unter Kopfschmerzen[122] und trug
im Alter ein Korsett aus Lindenbrettern, um nicht krumm zu werden[123].

6.r. Man sollte meinen, daß ein stoischer Philosoph seinem körperlichen Befinden wenig Aufmerksamkeit schenkte. Das aber muß nicht
sein. Marc Aurel behandelte Fragen der Gesundheit vielfach in seinen
Briefen an Fronto. Möglicherweise tat er es nur seinem Lehrer zuliebe,
denn dieser berichtete regelmäßig über seine zahlreichen Gebrechen
und erregt beim Leser abwechselnd Mitleid mit dem Schreiber und
Abscheu vor dem Geschriebenen, während der Kronprinz mit großer
Geduld und Anteilnahme reagierte. Marc Aurel tröstete seinen Lehrer
damit, daß es viel schlimmere Schmerzen gebe als körperliche[124]. Er
selbst laborierte an Magen und Brust, litt unter Schwindelanfällen und
spuckte Blut[125]. Lucius Verus, sein Mitkaiser, hatte eine gute Verdauung, was kaum überliefert worden wäre, wenn das die Regel war[126].
Die „Thermen der Sieben Weisen" in Ostia zeigen deren Bilder und
Sprüche zum digestiven Wohlbefinden vom Typus BENE CACA ET
IRRIMA MEDICOS![127]

6.s. Marc Aurels Leibarzt, der berühmte Galen, kam aus Pergamon[128], wo Asklepios ebenfalls eine vielbesuchte Kultstätte besaß.
Galens Vater war Mathematiker und Architekt, er selbst studierte
Medizin in Alexandria, wo seit dem Hellenismus Anatomie betrieben
wurde. Galen praktizierte als Gladiatorenarzt in Rom, bis er sich 166
n. Chr. vor der Pest nach Pergamon zurückzog. Marc Aurel holte ihn
abermals nach Rom, beschied ihn später an die Donaufront, doch
lehnte Galen dies ab. Der Kaiser verzieh ihm das. In seinen umfangrei-
chen medizinischen Schriften beschreibt Galen den für den Kaiser
gebrauten Theriak. Er kam sofort in Mode, um nach dem Tode des
Kaisers gleich wieder zu verschwinden. Die dafür verwendete „ägypti-

---

118 CIL IV, 10619 (1970).   119 Johannes Lydus, De magistratibus II 28.
120 Historia Augusta, Hadrian 25.   121 l.c. 24.   122 Marc Aurel I
16,20ff.   123 Historia Augusta, Pius 13,1.   124 Fronto, S.83f (van den
Hout BT).   125 Marc Aurel I 17,20; Dio LXXII 6,4.   126 Historia Augusta, Verus 4,10.   127 B. Snell, Leben und Meinungen der Sieben Weisen,
1971, S. 141.   128 Galen XIV, S.24f (Kühn); P. Moraux, Galen de Pergame,
1985.

sche Bohne" enthielt Opium, und daraus hat man gefolgert, daß der
Kaiser süchtig gewesen sei. Das überlieferte Quantum an Gift reicht für
eine solche Folgerung jedoch nicht hin, so daß sich die Theorie der
Opiumsucht auf die philosophischen Visionen des Kaisers stützen
muß[129], die gewiß auch ohne Drogen erklärbar sind[130]. Als er seinen
Tod nahen fühlte, enthielt er sich der Nahrung und beschleunigte so
sein Ende[131]. Der Freitod durch Hunger ist für mehrere stoische Philo-
sophen im hohen Alter bezeugt[132]. Das Vorbild gab der spartanische
Gesetzgeber Lykurg, der – gemäß der Überlieferung – nach Vollendung
seines politischen Auftrags durch Nahrungsverweigerung aus dem
Leben schied, überzeugt, daß bei einem Staatsmann auch der Tod eine
Tat sein müsse[133].

6.t. Unter Commodus kam es nochmals zu einem Ausgreifen der
Pest. Der Kaiser zog sich auf Rat der Ärzte nach Laurentum in Latium
zurück, wo der Lorbeerduft der Gartenvilla die Ansteckung verhindern
sollte. In Rom schmierten sich die Menschen wohlriechende Salben in
Nasen und Ohren, starben aber trotzdem ebenso zahlreich wie die
Tiere[134]. Septimius Severus litt wiederum unter Gicht, zumal auf seinem britannischen Feldzug[135]. Er starb an seiner Krankheit mit 66 Jahren[136], während seine Frau Julia Domna, die an Brustkrebs litt, nach
dem Sturz Caracallas den freiwilligen Hungertod wählte[137]. Über die
Palastärzte hören wir wieder etwas unter Severus Alexander. Er
beschränkte ihre Zahl auf sieben, von denen aber nur einer ein festes
Gehalt erhielt[138]. Aurelian sodann blieb durch Fasten gesund und kon-
sultierte nie einen Arzt[139]. Die Augenkrankheit Numerians erleichterte
seinem Mörder Aper das Attentat[140].

6.u. Über den Gesundheitszustand vieler spätantiker Kaiser besitzen
wir Nachrichten[141]. Sie sind oft fragwürdig. Diocletian soll durch eine
Krankheit zur Abdankung bewogen worden sein[142]. Constantins Aussatz und seine Taufe durch Papst Silvester sind späte Legende[143].
Daß Constans trotz seiner jungen Jahre an Gicht litt[144], ist denkbar
– ob aber sein Lasterleben daran schuld ist, scheint dubios. Mäßigkeit
wird wieder als Grund für die Gesundheit von Constantius II angege-

---

129 Th. W. Africa, Marc Aurels Opiumsucht (1961), in: R. Klein (Hg.), Marc
Aurel, 1979, S.133ff.   130 Hadot 1984, S.33ff.   131 Historia Augusta,
Marcus 28,3.   132 *Zenon*: Diogenes Laertios VII 28f; *Kleanthes*: l.c. VII
176; *Demonax*: Lukian, Demonax 65f.   133 Plutarch, Lykurg 29.
134 Herodian I 12,2.   135 Dio LXXVII 16,1; Historia Augusta, Septimius
16,6; 18,9.   136 Dio LXXVI 15,2.   137 Herodian IV 13,8; Dio LXXVIII
23,6.   138 Historia Augusta, Alexander 42,3.   139 l.c. Aurelian 49,9.
140 Aurelius Victor, Liber 38,8.   141 Staesche s.o. Vw.!, Kap. XI.
142 Lactanz, De mortibus persecutorum 17.   143 Constitutum Constantini
6ff.   144 Eutrop X 9,3; Aurelius Victor, Epitome 41, 24.

ben, doch habe das zuweilen gefährliche Krankheiten nicht verhindert[145]. Einer solchen mit Fieber und Atemnot erlag der Kaiser mit 44 Jahren in Kleinasien[146]. Zuverlässig meldet Ammian[147], daß Valentinian I durch eine Krankheit bewogen wurde, seinen Sohn Gratian 367 zum Mitkaiser zu erheben. Valentinian starb 375 mit 55 Jahren nach einem Wutanfall über die Unverschämtheit einer germanischen Gesandtschaft an der Donau, während kein Hofarzt zugegen war, weil der Kaiser sie großzügig zur Versorgung kranker Soldaten ausgesandt hatte[148]. Theodosius I hat sich nach einer schweren Krankheit 380 taufen lassen [149]. Zweifelhaft ist, daß Theodosius sich die Wassersucht, die sein Ende brachte, durch Schlemmerei zugezogen habe[150]; Constantius III starb 421 an einer Rippenfellentzündung[151]. Justinian soll von einem Knieleiden durch Auflegen von Reliquien geheilt worden sein[152], für seine Frau Theodora gab es kein Heilmittel, als sie 549, wenig über 50 Jahre alt, an Krebs (*canceris plaga*) starb. Der Chronist erklärte das als Strafe Gottes für ihren Monophysitismus[153].

6.v. Auch aus der Spätantike kennen wir noch mehrere kaiserliche Leibärzte[154], die als Wissenschaftler gearbeitet oder Statthalterposten bekleidet haben. Zu den schreibenden Ärzten gehört Julians Leibarzt Oreibasios. Er stammte, wie Galen, aus Pergamon, war beim Tode des Kaisers in Persien zugegen und verfaßte zahlreiche Schriften[155]. Unter den amtierenden Ärzten ragt Vindicianus heraus, der als Proconsul Africae den späteren Kirchenvater Augustinus von einer geistigen „Krankheit", vom Glauben an die Astrologie, befreite[156]. Erhalten ist ein Brief des Arztes an Valentinian I oder II[157]. Sein Schüler Theodorus Priscianus war Leibarzt Gratians und hinterließ ebenfalls Schriften[158], desgleichen der aus Bordeaux stammende Marcellus, der ein Werk »De medicamentis« verfaßte und bei Arcadius in Konstantinopel *magister officiorum* war[159]. Die Kaiser verliehen diesen Männern hohe Ränge[160].

6.w. Bisweilen gab es Konflikte zwischen Therapie und Etikette. Im Jahre 462 bekam Kaiser Leo Fieber und rief seinen Leibarzt Jacobus, einen heidnischen Griechen, berühmt durch seine Kunst und seine

---

145 Ammian XXI 16,5.   146 Ammian XXI 15,2 f.   147 Ammian XXVI 6.
148 Ammian XXX 6.   149 Sokrates Scholastikos V 6; Zosimos IV 34, 4.
150 Philostorgios XI 2.   151 Olympiodor fr. 33 (Blockley).   152 Prokop,
Bauten I 7, 12 ff.   153 Chronica Minora II, S. 202.   154 Julian 342 A.
155 Eunap, fr.15; 21,2 (Blockley); ders., Vitae sophistarum 21; p. 498 f.
156 Augustinus, Confessiones IV 3/5; VII 6/8; Brief 138,3.   157 Marcellus
Empiricus, De medicamentis, S. 21 (Teubner).   158 PLRE. I, S. 728; vgl. o.
5s!   159 PLRE. I, S. 551 f.   160 Codex Theodosianus VI 29, 8; XIII 3,2 f;
3,12; XVI 5,29.

Schriften. Wir kennen diesen Mann aus zahlreichen Zeugnissen, er trug den Beinamen Psychristos, wegen seiner Vorliebe, Kaltwasserkuren zu verschreiben[161]. Jacobus betrat das „heilige Schlafzimmer", setzte sich unaufgefordert auf einen Stuhl am Lager des Kaisers und betastete ihn mit seinen heilenden Händen. Als er mittags wiederum zum „heiligen Lager" kam, hatte man den Stuhl weggenommen. So setzte er sich furchtlos an den Rand des Bettes. Zur Rede gestellt, erklärte er, dies sei keine Unverschämtheit gegenüber dem Kaiser, sondern ein Gebot der Größen seines Fachs von Alters her. Diese Geschichte erregte beträchtliches Aufsehen, sie fand Eingang in die Weltchronik des Marcellinus Comes[162].

6.*x*. Von allen im Amt gestorbenen römischen Kaisern kennen wir das Todesjahr. Unsicher ist das von Valerian, der in persischer Gefangenschaft starb, sowie von Tetricus, Diocletian und Vetranio, die als Privatleute endeten, so daß ihr Ende keinen Regierungsantritt zur Folge hatte. Das Geburtsjahr ist dann unklar, wenn ein Kaiser unverhofft zur Herrschaft gelangt ist oder aus kleinen Verhältnissen stammt. Das beginnt mit Pescennius Niger, gefolgt von Pupienus und Balbinus, Valerian und Carus. Auch das Lebensalter der letzten sieben Westkaiser bleibt unbekannt. Bei Constantin differieren die Altersangaben um 18 Jahre! Ob er selbst älter oder jünger sein wollte, als er es war, wissen wir nicht. Seinen Geburtstag dagegen kennen wir, weil er, wie gewöhnlich, Staatsfeiertag war. Es ist ein 27. Februar zwischen 270 und 288.

Die Lebenserwartung der römischen Kaiser lag niedriger als die ihrer senatorischen Standesgenossen, denn von den 85 Kaisern zwischen Caesar und Justinian – Mitregenten und Eintagskaiser abgerechnet – starben 54 durch Eisen, Gift oder Schlinge. Die Bilanz bei den Kaiserinnen wäre ähnlich. Der Kaisermord war so gewöhnlich, daß er einzelnen Herrschern angedichtet wurde[163]. Blieb ihnen ein gewaltsamer Tod erspart, garantierte das kein langes Leben. Selbst die besten Ärzte waren gegen die meisten Krankheiten machtlos. Treffend bemerkt Petron: *medicus nihil aliud est quam animi consolatio*[164]. „Ein Arzt ist nichts anderes als ein Mittel zur Selbstberuhigung", wenn auch ein kostspieliges.

6.*y*. Wie weit das Leben am Hofe ausschlaggebend für die Lebenserwartung eines Kaisers war, ist deswegen schwer einzuschätzen, weil dies gegebenenfalls davon abhinge, in welchem Alter ein Herrscher sein

---

161 PLRE. II, S. 582 f.   162 Chronica Minora II, S. 88.   163 *Augustus*: Dio LVI 30,1 f; *Tiberius*: Sueton, Tiberius 73,2; Josephus, Antiquitates XVIII 6,9; *Titus*: Sueton, Domitian 2,3; *Julian*: Libanios, Rede 24,4 ff; *Constantius III*: Theophanes 5913.   164 Petron 42.

Abb. 10: Lockenkopf der Julia Titi

Das versuchsweise Julia, der Tochter des Titus, oder Vibia Matidia, der Schwester Sabinas, zugeschriebene Bild stellt fraglos eine bestimmte Römerin dar,
bezeichnet aber zugleich den Idealtypus der Dame aus der höfischen Gesellschaft in der Zeit um 100 n. Chr. Singulär ist die pompöse Frisur, die gleichwohl der physiognomischen Noblesse des Kopfes entspricht.

Amt antrat. Einige waren schon bejahrt. Sechzig und mehr Jahre hatten hinter sich Vespasian und Nerva, Pertinax, Maximinus Thrax und Gordian I, Anastasius und Justin I. Das höchste Alter, 88 Jahre, erreichte Anastasius, gefolgt von Justinian mit 83 Jahren; über siebzig Jahre alt wurden zehn Kaiser: Augustus, Tiberius, Galba, Vespasian, Pius, Gordian I, Tacitus, Diocletian, Licinius und Justin. In den Sechzigern starben dreizehn, in den Fünfzigern fünfzehn, in den Vierzigern acht, in den Dreißigern neun Kaiser; sieben erreichten nicht das dreißigste Jahr, Gordian III starb mit 19, Elagabal mit 18, Gratian mit 16 Jahren, Romulus Augustulus wurde als Knabe abgesetzt, genoß dann jedoch einen „Lebensabend" von unbekannter Länge[165]. Über das Sterbealter der Kaiserinnen sind wir schlecht unterrichtet, doch wissen wir, daß auch von ihnen mehrere alt geworden sind. So Livia, die 86 Jahre erreichte.

6.z. Für Schönheit und Gesundheit der Kaiserinnen standen alle Mittel des Reiches zur Verfügung. Sie besaßen dafür eigenes Personal: Zofen (serva, ancilla) und Schneiderinnen (vestifica, sarcinatrix)[166], Kosmetikerinnen (unctrix)[167] und Friseusen (ornatrix). Zumeist waren es Sklavinnen und Freigelassene. Eine Friseuse konnte, wie die Rechtsquellen beweisen, nach zweimonatiger Lehrzeit den Titel beanspruchen[168]. Wir kennen zahlreiche von ihnen aus Grabinschriften[169]. Claudius nennt eine freigelassene ornatrix seiner Mutter Agrippina minor[170]. Seine Frau Messalina deckte ihr dunkles Haar mit einer blonden Perücke[171]. Nero besang die „bernsteinfarbenen" Haare seiner Frau Poppaea[172]. Sie badete in Eselsmilch, um ihre Falten loszuwerden, und soll deswegen mit jeweils 500 trächtigen Eselinnen auf Reisen gegangen sein[173]. In traianischer Zeit gab es noch eine nach Poppaea benannte Schminke (pinguia Poppaeana)[174]. Die Haartrachten der Kaiserinnen wechselten von Generation zu Generation, sie waren tonangebend und dienen der archäologischen Zeitbestimmung von Privatporträts[175]. Der Aufwand der Frisuren war mitunter beträchtlich. Die schöne Tochter des Titus, wenn ihr das bezaubernde Porträt im Kapitolinischen Museum gehört[176], kokettierte mit einem

165 Anonymus Valesianus 38; s.o. 2i!   166 Dessau, Nr.1755; 1788. 167 l.c., Nr.1790; III, S.424.   168 Digesten XXXII 1,65,3.   169 Dessau III, S.424.   170 Sueton, Claudius 40,2.   171 Juvenal VI 120.   172 Plinius, Naturalis historia XXXVII 12/50.   173 Dio LXII 28; Juvenal VI 468f; Plinius, Naturalis historia XI 96/238; XXVIII 49/183.   174 Juvenal VI 462. 175 M. Wegner, Datierung römischer Haartrachten, Archäologischer Anzeiger 53, 1938, S.276ff.; K.Wessel, Römische Frauenfrisuren von der severischen bis zur konstantinischen Zeit, Archäologischer Anzeiger 61/62, 1946/47, S.62ff; Münzbilder: Giacosa 1977.   176 Helbig II, Nr.1288; Kähler I, Tafel 230; siehe hier Abb. 10.

turmhohen Kräuselkopf. Danach wurde die Mode wieder schlichter. In der Regel hatten die Kaiserinnen eigene Leibärzte[177]. Zwei von ihnen haben ihre Patientinnen zum Ehebruch verführt[178].

177 Dessau, Nr. 1843 f.   178 Plinius, Naturalis historia XXIX 5/8; 8/20; Tacitus, Annalen IV 3; 11; XI 30; 35.

7. Kleidung, Wohnung, Dienerschaft

a. Kleidung: *tunica, pallium, toga*
b. Männer: Unterwäsche, Hüte, Schuhe
c. Frauen
d. Kleiderkammer
e. Caesar, Augustus
f. Zivil- und Militärtracht
g. Extravaganzen seit Caligula
h. seit Elagabal
i. Programm – Garderobe
j. Schmuck
k. Siegelringe

l. **Wohnung:** Augustus auf dem Palatin
m. Domus Tiberiana, Domitianspalast
n. Domus Aurea, Stadtvillen, Gärten
o. Landvillen
p. Villa Hadriana, Amtspflichten
q. Spätantike
r. Kunstsammlungen
s. Einzelne Kunstwerke
t. Gräber

u. **Dienerschaft:** Stellung
v. *paedagogium*, Spezialdiener, Columbarien
w. Umgang der Kaiser mit Dienern
x. Eunuchen
y. Krongut, Besitz der Kaiserin
z. Vererbung von Gut und Amt

7.*a*. Wie alle Bereiche der Kulturgeschichte stehen auch Kleidung, Wohnung und Dienerschaft der Kaiser zunächst noch ganz in der republikanischen Tradition. Augustus kleidete sich wie ein Privatmann, und auch spätere zivile Kaiser wie Antoninus Pius waren unterwegs nicht immer als solche zu erkennen[1]. In Rom trugen sie seit Tiberius die *toga praetexta* der curulischen Magistrate[2]. Die erst in der Spätantike pompösen Amtsabzeichen, zumal Purpurmantel und Diadem[3] wurden nur bei offiziellen Gelegenheiten angelegt, die Alltagsgarderobe unterschied sich nicht von derjenigen reicher Bürger, Extravaganzen werden von den Quellenautoren jeweils vermerkt.

Die Grundform der Tracht[4] war das Hemd oder der Kittel, griechisch *chitōn*, lateinisch *tunica*. Sie bestand aus Wolle, hatte kurze Ärmel und wurde von einem Gürtel gehalten. Männer wie Frauen trugen sie, ebenso das als Mantel dienende *pallium*, griechisch *himation*, ein ungenähtes Wolltuch, das mit einer Spange (*fibula*) in der Art einer Sicherheitsnadel auf der rechten Schulter geschlossen wurde. Der Knopf ist nachantik, er kam erst in den Türkenkriegen nach Europa. Varianten zum Pallium sind *sagum* und *paenula*[5].

Die römischen Bürger, zumal die Senatoren, kleideten sich beim Ausgang in die aus einem großen weißen Wolltuch bestehende Toga[6], die nur den rechten Arm frei ließ und daher beim Anlegen – wie der japanische Kimono heute – Personal erforderte[7]. Im Laufe der Kaiserzeit kam sie außer Übung, bei der Ladung zum Essen bei Hofe blieb sie bis ins 3. Jh. verbindlich[8]. In der Spätzeit wurde sie über der Brust zu einer Art Schärpe gefaltet (*contabulatio*)[9]. Der letzte Kaiser, für den eine Toga in der alten Form überliefert ist, war, wie es scheint, Claudius Gothicus[10]. Die spätantiken Kaiser erschienen bei festlichen Anlässen in der buntgestickten *toga palmata* oder *toga picta*, dem Triumphalkleid (*trabea triumphalis*)[11].

7.*b*. Anstelle von Unterhosen trug man einen gewickelten Schurz,

1 s. u. 9 n!   2 Alföldi 1970, S. 127 f.   3 l. c. S. 17 ff; 168 ff.   4 Marquardt 1886, S. 550 ff; Wilson 1938.   5 Kolb 1973.   6 Mommsen, Staatsrecht III, S. 218 ff.   7 Wilson 1924.   8 Historia Augusta, Septimius 1,7; l. c. Maximini 30,5.   9 siehe hier Abb. 11.   10 l. c. Claudius 14,10. 11 Alföldi 1970, S. 151.

Abb. 11: Büste des Severus Alexander

Der 221 mit drei Jahren als angeblicher Sohn Caracallas von Elagabal adoptierte Syrer Bassianus Alexianus nannte sich Severus Alexander und regierte
nach dem Willen seiner Mutter Julia Mamaea von 222 bis zur Ermordung beider 235 bei Mainz. In der „Historia Augusta" wird er zum Musterkaiser stilisiert. Die Marmorbüste aus dem Kapitolinischen Museum, von der mehrere
Exemplare erhalten sind, zeigt ihn mit der in der späteren Kaiserzeit üblichen
Toga mit der *contabulatio* über der Brust.

eine Art Windel, griechisch *diazōma*, lateinisch *subligaculum*[12]. Wir kennen ihn von der Darstellung des Gekreuzigten. Hosen (*bracae*) trug nach gallischem Vorbild zuerst ein General des Vitellius[13], sie verbreiteten sich unter Trajan[14]. Strümpfe waren unbekannt, man wickelte die Beine: die Unterschenkel mit *tibialia* (Fußlappen) oder *fasciae* (Beinbinden), die Oberschenkel mit *feminalia*[15]. Die in Rom üblichen Lederschuhe (*calcei*)[16] haben sich in zahlreichen Formen in den Trümmern des Limeskastells Saalburg und andernorts erhalten. Die Schuhriemen lösten sich, wenn man es, wie Otho auf dem Wege zur Kaisererhebung, zu eilig hatte[17]. Die Schuhe der Patrizier, zu denen auch die Kaiser zählten, gleichgültig welcher Herkunft sie waren, hatten eine besondere Form[18]. Zur Amtstracht der spätrömischen Kaiser gehörten edelsteinbestickte Schuhe und Stiefel aus Purpurleder[19]. Ein Kaiser in Sandalen erschien anstößig[20].

Männer gingen in Rom anfangs ohne Kopfbedeckung[21], Hüte trug man vornehmlich auf Reisen. Während Caesar bei Sonne und Regen barhäuptig ging[22], trug Augustus beim Spazierengehen einen großen Sonnenhut (*petasus*), den leider kein Künstler dargestellt hat[23]. Claudius inaugurierte die – zuvor bei der Unterschicht übliche – Kapuzenmode[24]. Hadrian reiste stets ohne Hut[25], ebenso Lucius Verus[26] und Septimius Severus[27]. Das war ein Zeichen von Abhärtung. Caracalla kopierte Alexander auch darin, daß er die makedonische *kausia* aufsetzte[28].

7.c. Frauen[29] trugen eine Busenbinde (*fascia pectoralis*)[30], eine längere Tunika, darüber eine Stola mit Ärmeln oder eine ärmellose Palla. Die Stola war das Standesabzeichen der *matrona*, kam aber, wie die *toga*, im Laufe der Kaiserzeit außer Gebrauch, sie war unpraktisch. Die Frauen zeichneten sich vor den Männern aus durch teure, bunte Gewänder[31], kostbaren Schmuck[32] und auffällige Frisuren[33]. Ehrbare Frauen gingen auf der Straße verschleiert[34]. Daß Männer Frauenkleidung trugen, galt als anstößig, bei den Römern ebenso wie zuvor bei

12 Cicero, De officiis I 129.   13 Plutarch, Otho 6.   14 Poulsen 1949, S. 46.   15 Sueton, Augustus 82; Historia Augusta, Alexander 40,11; l.c., Claudius 14,10.   16 Isidor, Etymologiae XIX 34; Marquardt 1886, S. 588 ff.   17 Sueton, Otho 6,3.   18 Isidor, Etymologiae XIX 34,4; Zonaras VII 9.   19 Eutrop IX 26; Prokop, Bauten III 1,23.   20 Sueton, Caligula 52.   21 Plutarch, Moralia 267 AB.   22 Sueton, Caesar 57.   23 Sueton, Augustus 40; 73; 82.   24 Sueton, Claudius 2.   25 Historia Augusta, Hadrian 23.   26 Fronto, S. 210 (van den Hout BT).   27 Herodian III 6,10.   28 Herodian IV 8,2.   29 Marquardt 1886, S. 573 ff.   30 Martial XIV 66; 149; Hieronymus, Brief 22,6; 117,7; Isidor, Etymologiae XIX 33,6.   31 Fronto, S. 19 (van den Hout BT); Historia Augusta, Maximinus 28,5.   32 Livius XXXIV 1 ff.   33 s.o. 6 g, h! s.u. 7g! s.o. Abb. 10!   34 Tacitus, Annalen XIII 45; Ammian XIV 6,16; XVIII 10,3.

den Griechen[35] und den Juden: „Ein Weib soll nicht Mannsgeräte tragen und ein Mann soll nicht Weiberkleider antun, denn wer solches tut, der ist dem Herrn, deinem Gott, ein Greuel"[36]. Der aus der *Psychopathia sexualis* bekannte Fetisch-Charakter des Frauenschuhs ist zuerst für Lucius Vitellius, den Vater des Kaisers, bezeugt. Er erbat sich von Claudius die Gunst, Messalina die Schuhe ausziehen zu dürfen, trug ihr rechtes *socculum* als Amulett unter der Toga und pflegte es zu küssen[37].

7.d. Die Alltagskleidung der Senatoren war, ähnlich wie standesgemäße Garderobe heute, altmodisch und unpraktisch. Darum differenzierte man. Je nach Zweckbestimmung unterschieden die Kaiser nicht nur Sommer- und Wintergarderobe, sondern auch *vestis publica* (oder *forensis*) für draußen und *vestis privata* (oder *domestica*)[38] für drinnen, weiterhin *vestis cenatoria* für Gastmähler[39], *vestis venatoria* für die Jagd[40], *vestis castrensis* für den Krieg[41] und *vestis triumphalis*[42]oder *regia*[43] für Staatsakte. Jeder dieser Bereiche unterstand eigenem Personal, ebenso die *vestis scaenica*[44] und die *vestis gladiatoria*, d.h. die Kostüme, welche die Kaiser bei ihren eigenen Auftritten anhatten[45]. Hofschneider und Hofschneiderinnen kennen wir aus Grabinschriften[46]. Als Zeichen seiner Würde trug der Kaiser den purpurnen Feldherrenmantel[47]. Unter Diocletian wurde die kaiserliche Amtstracht nach persischer Sitte pompös[48].

7.e. Trotz den durch römische Sitte und höfische Etikette festgelegten Regeln haben die Kaiser ihre persönliche Note in der Kleidung zum Ausdruck gebracht. Kleider machen Leute, heißt es sinngemäß bei Quintilian[49]. Das gilt nicht nur für den Eindruck, den sie auf andere machten, sondern ebenso für ihren Charakter, den sie damit zu erkennen gaben. „Gute" Kaiser trugen sich schlicht, d.h. wie Senatoren, Philosophen oder Soldaten; orientalische oder weibische Extravaganzen kennzeichnen den „schlechten" Kaiser. Caesar ging für seinen Stand zu nachlässig gekleidet[50]. Damit stellte er seine Souveränität zur Schau. Augustus sah auf korrekte Form. Er unterschied streng zwischen *vestis domestica* und *vestis forensis*. Er hatte sie im Schlafzimmer griffbereit, falls er einmal plötzlich herausgerufen würde. Auf dem Forum trug er betont konservativ die Senatorentoga und bevorzugte Schuhe mit dicken Sohlen, um größer zu erscheinen. Seine Hausgarderobe war ein-

---

35 Diogenes Laertios III 86.   36 AT. 5. Mose 22,5.   37 Sueton, Vitellius 2,5.   38 Dessau Nr. 1756 f.   39 Historia Augusta, Maximinus 30,5. 40 Dessau Nr. 1762.   41 l.c. 1760.   42 l.c. 1763.   43 l.c. 1758 ff. 44 l.c. 1764 ff.   45 Dessau III, S. 436 f.   46 Dessau Nr. 1787 f.   47 Caesar, De Bello Gallico VII 88,1.   48 Eutrop IX 26; Aurelius Victor, Liber 39,2 ff; Ammian XV 5,18.   49 Quintilian, Institutio oratoria VIII, prooemium 20.   50 Dio XLIII 43, 2.

fach. Er ließ sie von den kaiserlichen Frauen anfertigen[51]. Textilarbeit war in Griechenland spätestens seit Penelope und Nausikaa[52], in Rom seit der schönen Lucretia[53] Frauensache. *Domum servavit, lanam fecit* – „sie versorgte das Haus und spann Wolle", heißt es von der tugendsamen Hausfrau[54]. Im Winter zog Augustus vier Hemden übereinander und hüllte sich in eine Wolltoga[55].

7.*f.* In Italien, so Hadrian[56], oder wenigstens in Rom, so Septimius Severus[57], erschienen die Kaiser in der Toga. Tiberius trug bei Regen einen gewöhnlichen Mantel (*paenula, mandyē*) und sah darüber hinweg, wenn Privatleute gesetzwidrig Purpur anlegten[58]. Marc Aurel begnügte sich mit dem dunklen Philosophenmantel[59]. Auch Septimius Severus trug ihn[60]. Für Severus Alexander sind weiße Gewänder, Toga und Paenula überliefert[61]. Er benutzte die einfachen Kleider des Septimius Severus: groben Mantel und unverzierte Tunika mit langen Ärmeln[62], dazu immer die üblichen Wickelstrümpfe. Seine Bescheidenheit demonstrierte er, indem er nur selten in Seidenkleidern auftrat und diese mindestens ein Jahr trug, bevor er sie verkaufte. Im Palast bevorzugte er eine purpurne Chlamys (*paludamentum*), den kurzen weiten Feldherrnmantel, in der Stadt trug er die Toga. Seine Liebe zu weißen Stoffen zeigte Severus Alexander darin, daß er in weißen statt der damals üblichen roten Hosen erschien[63]. Auf die Dauer hat sich bei den Kaisern die praktischere Soldatentracht durchgesetzt. Schon Gaius verdankt seinen Uznamen *Caligula* dem Kommißstiefel[64]. Sinnbild der Militärtracht war der *balteus* oder das *cingulum*, der Gürtel. Er war seit der Mitte des dritten Jahrhunderts bei den Offizieren mit Edelsteinen, Gold und Silber geschmückt[65]. Gordian I erhängte sich daran, als er seine Erhebung scheitern sah[66].

7.*g.* Die schlechten Kaiser lebten ihre Phantasie in modischen Extravaganzen aus. Diese mißfielen damit nicht nur den – in der Historiographie vertretenen – Senatoren, sondern ebenso den Soldaten[67] und bedeuteten daher ein politisches Risiko. Caligula kleidete sich in chinesische Seide[68], die als Frauenluxus verurteilt wurde[69], ja erschien selbst in Frauengewändern, indem er die Venus spielte[70]. Theaterliebende Kaiser zeigten sich in der Prachtuniform von Wagenlenkern, so Com-

51 Sueton, Augustus 73.   52 Homer, Odyssee II 104 ff; VI 25 ff.   53 Livius I 57,9.   54 Dessau Nr. 8403; Parallelen: l.c. III, S. 914.   55 Sueton, Augustus 82.   56 Historia Augusta, Hadrian 22.   57 Dio LXXIV 1,3.   58 Dio LVII 13,5.   59 Dio LXXII 35,4f; Julian 317 C.   60 Historia Augusta, Septimius 19,7.   61 l.c. Alexander 4,2.   62 l.c. 33,4.   63 l.c. 40.   64 Sueton, Caligula 9; Dio LVII 5,6.   65 Historia Augusta, Gallienus 20,3 ff; l.c. Claudius 14,5.   66 Herodian VII 9,9.   67 Herodian V 2,6; 8,1.   68 Dio LIX 26,10.   69 Dio XLIII 24,2.   70 Dio XLIII 26,6; Sueton, Caligula 52.

modus oder Caracalla[71], sie fielen auf durch Seide, Brokat und Purpur nach orientalisch-griechischem Geschmack[72]. Commodus trug eine Dalmatika, eine knielange Tunika aus Seide mit eingewebten Goldfäden[73]. In Frauenkleidern pokulierte er in der Arena und ließ im durchsichtigen Seidengewand seine Männlichkeit erkennen, über die Pasquille umliefen[74]. Geta wurde von seinem Vater Septimius Severus verspottet, weil er zu viel Wert auf die Kleidung legte[75].

7.h. Der Vorliebe für orientalische Tracht verdankt Elagabal seinen Spitznamen „Assyrius"[76], er kleidete sich „nach Barbarenart" in purpurne, golddurchwirkte Untergewänder mit ebensolchen Hosen, die Arme und Beine bedeckten[77] – meist aus Seide[78], die von späteren Kaisern für Standespersonen untersagt wurde[79] – und trug einen Kranz mit Blumen und Edelsteinen im Haar, nach Art der Frauen[80]. Seine edelsteinbestickten Schuhe zog er, wie es heißt, nur einmal an[81]. Gallienus hat angeblich ebenfalls Frauenkleider getragen[82]; das könnte zusammenhängen mit seiner Münzumschrift GALLIENA AUGUSTA[83], die seine Transsexualität dokumentiert. Ob es sich hier um eine bloße Variante der Sittenlosigkeit handelt oder um einen religiösen Ausdruck von Galliens Nähe zu Ceres, ist unklar. Er soll seiner verweichlichten Art entsprechend nicht die in Rom übliche Toga, sondern einen Purpurmantel mit goldenen, edelsteinbesetzten Spangen getragen haben, darunter ein purpurnes, goldbesticktes Hemd mit Ärmeln. Sein Schwertgurt war mit Juwelen geziert, ebenso seine Schuhe[84].

7.i. Programmatisch war, wenn Kaiser, um ihren Truppen zu gefallen, sich bisweilen barbarisch kleideten, wie Caracalla – er verdankt diesen seinen Spitznamen dem Mantel, den er nach germanischer Weise trug[85] – und Gratian – er legte unterwegs bisweilen alanische Kleidung an[86]- oder wenn sie die Gewänder von Vorgängern und Vorbildern trugen, so wie Pompeius den angeblichen Mantel Alexanders[87], Caracalla die Mütze und Sandalen der Makedonen[88], Procopius den Purpur Julians[89] oder Theodosius II das Kleid eines in Konstantinopel verstorbenen Bischofs aus dem Heiligen Lande. Als Büßer erschien er öffentlich in den Kleidern von Privatleuten (*idiōtikon schēma*)[90]. Vitellius legi-

---

71 s.u. 9 jk!   72 Dio LXXIII 17.   73 Historia Augusta, Commodus 8,8.
74 l.c. 13,1.   75 Historia Augusta, Geta 5,2.   76 Dio LXXX 11,2.
77 Herodian V 3,6.   78 Historia Augusta, Elagabal 26,1; Herodian V 5,4.
79 Historia Augusta, Alexander 40,1; l.c. Aurelian 45,4; Codex Theodosianus
XV 9,1.   80 Herodian V 3,6, Historia Augusta, Elagabal 23,5.   81 l.c.
23,4; 32,1.   82 Julian 313 BC.   83 RIC.V 1, S. 29; Nr. 82 ff; 128 ff; 359 ff.
84 Historia Augusta, Gallienus 16,4.   85 Herodian IV 7,3; Dio LXXIX 3,3;
Historia Augusta, Caracalla 9,7.   86 Aurelius Victor, Epitome 47,6.
87 Appian XII 117.   88 Herodian IV 8,2.   89 Ammian XXVI 3,2; Zosimos IV 4,2.   90 Socrates Scholasticus VII 22.

timierte sich mit dem aus dem Mars-Tempel in Köln[91] entwendeten Schwert Caesars[92].

7.j. Zur Tracht gehörte neben der Kleidung auch der Schmuck. Schon während des Zweiten Punischen Krieges trugen die Frauen Roms so viel Gold, daß es von Staats wegen begrenzt wurde[93]. Das aber blieb ohne Erfolg. Der Stolz einer Matrone waren nicht ihre Kinder, wie es für Cornelia, die Mutter der Gracchen überliefert wird[94], sondern ihr Geschmeide (*ornamenta*). Petron beschreibt das Gold der Frau des Trimalchio, der es vor den Augen der Gäste wiegen ließ[95]. Daß die Kaiserinnen besonders reich ausgestattet waren, versteht sich von selbst. Schon Caesar schenkte Servilia, der Mutter des Brutus, einen Perlenschmuck für sechs Millionen Sesterzen[96]. Den Wert steigerte die Person der Vorbesitzerin: Den Diamantring von Berenike, der Geliebten des Titus[97], bewunderte noch Juvenal[98]. Schmuckstücke Livias haben anscheinend die Zeiten überdauert; Honorius soll vierhundert Jahre später mit solchen noch seine Braut geschmückt haben[99]. Caligulas Frau Lollia Paulina erschien mit Juwelen im Wert von 40 Millionen Sesterzen bei einem gewöhnlichen Verlöbnis. Plinius, der dabei war, berichtet, die Kaiserin habe den Gästen die Quittungen vorgelegt, um den Wert ihrer Perlen zu beweisen[100]. Matidia, Marc Aurels Großtante, besaß stadtbekannte Schmuckstücke, darunter eine berühmte Perlenkette[101]. Der Kaiser ließ die Preziosen versteigern, um den Marcomannenkrieg zu finanzieren[102]. Genannt werden außer Edelsteinen (*gemmae*) Gefäße aus Gold, Kristall und Achat, Frauengewänder aus Seide und Brokat[103].

Daß Kaiser wie Caligula[104] und Nero[105] Schmuck trugen, gehört zu ihrem orientalisch-weibischen Gehabe. Macrinus verlor die Gunst des Heeres, als er Spangen und Gürtel mit Gold und Juwelen zierte, das schien unmännlich[106]. Später wurde das üblich[107]. Elagabal schmückte sich üppig, zeigte sich in goldenen Halsketten[108] und trug angeblich keinen Ring zweimal[109]. Severus Alexander, der Musterkaiser der »Historia Augusta« verkaufte dann den kaiserlichen Schmuck: er meinte, für Männer schicke sich das nicht, und die Frauen der Kaiserfamilie sollten sich begnügen mit einem einzigen Haarnetz, einem Paar Ohrringe, einem Perlenhalsschmuck, einem Diadem für die Opferzeremonie, einem Brokatgewand und einer Robe mit höchstens sechs

91 vgl. Sueton, Vitellius 10,3.   92 l.c. 8,1.   93 Livius XXXIV 1,3.
94 Valerius Maximus IV 4 pr.   95 Petron 67.   96 Sueton, Caesar 50,2.
97 s.o. 5e! 98 Juvenal VI 156.   99 Claudian X 13.   100 Plinius,
Naturalis historia IX 58/117.   101 Fronto, S. 95 (van den Hout BT).
102 Zonaras XII 1.   103 Historia Augusta, Marcus 17,4.   104 Sueton,
Caligula 52.   105 Sueton, Nero 6.   106 Herodian V 2,6.   107 s.o. 7f!
108 Herodian V 8,1.   109 Historia Augusta, Elagabal 32,1.

Unzen Gold[110]. Gallienus verurteilte einen Juwelier, der seiner Frau falsche Edelsteine verkauft hatte, zum Tod im Zirkus. Als der Unglückliche in der Arena stand, öffnete sich der Löwenkäfig und heraus kam – ein Kapaun. Der Kaiser verkündete: Fälscher werden durch Fälschung bestraft[111].

7.*k.* Echte römische Männer verzichteten auf Schmuck. Üblich war es hingegen, daß Männer von Stand Siegelringe trugen, mit denen sie ihre Briefe und Urkunden beglaubigten[112]. Selbst Freigelassene wie Trimalchio trugen Siegelringe, wenn auch nur aus Eisen[113]. Die Sitte stammt aus dem Orient und wurde mit dem Hellenismus in Rom heimisch. Anders als in den griechischen Städten – in Athen die Eule – gab es in Rom kein Staatssiegel. Die kapitolinische Wölfin erscheint auf den Siegeln der Kaiser ebensowenig wie Juppiters Reichsadler. Caesar siegelte mit einem Bilde der Venus in Waffen[114]. Wenn er den Ring nicht trug, so gab er ihn seinem Siegelringbewahrer[115]. Diesen Siegelring trug Octavian in der Schlacht bei Philippi und später oft[116]. Plinius[117] berichtet, Augustus habe anfangs mit dem Bilde einer Sphinx gesiegelt, wovon seine Vertreter ein Duplikat besaßen, mit dem sie während seiner Abwesenheit seine Verordnungen beglaubigten. Die Sphinx habe jedoch Anlaß zum Spott gegeben, ebenso wie das Frosch-Siegel des Maecenas, so daß Augustus dann ein Porträt Alexanders und zuletzt sein eigenes, von Dioskurides geschnitten, benutzt hätte, womit auch die nachfolgenden Kaiser gesiegelt hätten. Commodus benutzte das Bild einer Amazone[118]. Der Ring bedeutete das Erbe, damit das Herrschaftsrecht. Im Angesicht des Todes übergab Alexander ihn Perdikkas[119], Augustus ihn Agrippa[120].

7.*l.* Augustus behauptete, die Republik wiederhergestellt zu haben[121], und diesen Anspruch spiegelte der zivile Charakter seiner Wohnung[122]. Er bezog zunächst das Haus des Senators Licinius Calvus am Nordwesthang des Palatin, auf dem das Geburtshaus des Kaisers stand[123]. Anschließend bewohnte er die Villa des Redners Hortensius, ebenfalls auf dem Palatin, die er nebst anliegenden Häusern gekauft hatte; dazu gehörte auch das sogenannte Haus der Livia[124]. Suéton rühmt die Bescheidenheit in Umfang und Ausstattung. Über vierzig Jahre habe der Kaiser sommers wie winters dasselbe Schlafzimmer

---

110 l.c. Alexander 41,1; 51,1 ff.   111 l.c. Gallienus 12,5.   112 Livius XXIII 12,1; Zazoff 1983.   113 Petron 58.   114 Dio XLIII 43,3.   115 Justin XL 5,11 f.   116 Dio XLVII 41,2.   117 Plinius, Naturalis historia XXXVII 4/9 ff; Sueton, Augustus 50.   118 Historia Augusta, Clodius 2,4.   119 Diodor XVII 117,3.   120 Dio LIII 30,2.   121 Monumentum Ancyranum 1; 34.   122 Millar 1977, S. 18 f; J. B. Ward-Perkins, Roman Imperial Architecture, 1981.   123 Sueton, Augustus 5; 72.   124 zur Identifikation: Collart 1978, S. 115; 120.

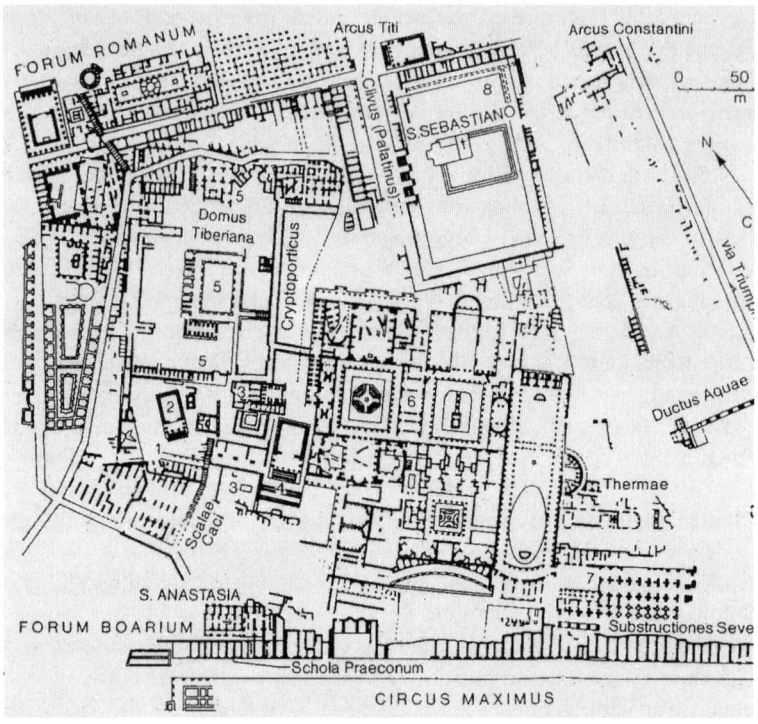

Abb. 12: Die Bauten auf dem Palatin

Der mons Palatinus, der dem Wort „Palast" seinen Namen gegeben hat, war während der späten Republik ein vornehmes Wohnquartier. Dort soll die Hütte des Romulus (1) gestanden haben; nach 204 entstand der Kybele-Tempel (Magna Mater, 2). Augustus baute sich hier sein Haus (3) und den Tempel für den palatinischen Apoll (4); es folgte die Domus Tiberiana (5) und der eigentliche, von Domitian errichtete Palast, die Domus Flavia oder Augustana (6). In severischer Zeit kamen Erweiterungsbauten hinzu (7); auf dem Podium der Aedes Caesarum, das dem Kult aller vergöttlichten Kaiser diente, baute Elagabal seinen Tempel für Sol Invictus Elagabalus, von Severus Alexander dem Jupiter Ultor gewidmet (8).

benutzt. Um ungestört zu sein, habe er sich an höherem Ort eine Kammer eingerichtet, die er *Syracusae* und *technophyon* nannte. Sie ist jüngst identifiziert und restauriert worden. Sie enthält Fresken von ungewöhnlicher Qualität[125]. Im übrigen war die Ausstattung maßvoll. Das in Alexandria 30 v. Chr. erbeutete Goldgeschirr Kleopatras schmolz Augustus ein, doch schätzte er korinthische Bronzegefäße. Sein Freund Matius führte die Sitte ein, Parkbäume zu beschneiden (*nemora tonsilia*)[126]. In seinen Gärten zeigte der Kaiser wenige Kunstwerke, aber Raritäten wie Saurierknochen, die man den Giganten zuschrieb. Die allzu prächtige Luxusvilla seiner lebenslustigen Tochter Julia ließ er abreißen[127]. Öffentlich-rechtlichen Charakter gewann das Haus des Augustus, als er auf dem Grundstück einen Tempel für Apollon errichtete. Hier ließ er die Sibyllinischen Bücher verwahren, zuweilen berief er auch den Senat hierhin. Um als Pontifex Maximus einen kürzeren Weg zum Vesta-Tempel zu haben, errichtete er einen zweiten auf dem Palatin. Da der Oberpriester in einem öffentlichen Gebäude wohnen mußte, erklärte Augustus das seinige für staatlich und privat zugleich[128].

7.m. Die von den Nachfolgern des Augustus errichtete, bis in die Spätantike bezeugte[129] *Domus Tiberiana* trägt dann schon die vom Hügelnamen abgeleitete Bezeichnung *Palatium*[130]. Caligula erweiterte den Bau, so daß der Castor-Tempel als dessen Vestibül erscheinen konnte[131], und baute eine Brücke hinüber zum Capitol[132]. Im Tiberiuspalast tafelte Vitellius bei seinem letzten Mahl und delektierte sich am Anblick des brennenden Capitols gegenüber[133]. Später wohnte Marc Aurel hier als Kronprinz[134]. Den eigentlichen Palast aber baute Domitian[135], die *Domus Augustana*[136] oder *Domus Flavia*[137]. Sie bestand aus einem Staatstrakt mit Prunkräumen für Empfänge, Bankette und Beratungen und einer luxuriösen Privatwohnung nebenan. Plutarch bewunderte die Ausstattung der Bogengänge, Hallen, Baderäume und Mätressengemächer[138]. Nerva wandte sich von der domitianischen Prunksucht ab, er verstaatlichte den gesamten Palast, indem er die Inschrift anbringen ließ: AEDES PVBLICA[139].

125 zu den Fresken: G.Carettoni, Das Haus des Augustus auf dem Palatin, 1983.   126 Plinius, Naturalis historia XII 6/13.   127 Sueton, Augustus 70ff.   128 l.c. 29; Velleius II 82; Ovid, Fasti IV 951ff; Dio LIV 27,3; LV 12,5; CIL. I, S. 213; 236.   129 Nordh 1949, S.89.   130 Tacitus, Annalen I 13; II 34; 40; Historia Augusta, Pius 10,4.   131 Sueton, Caligula 22,2.   132 l.c. 22,4.   133 Sueton, Vitellius 15,3.   134 Dio LXXI 35,4.   135 Martial VII 56; Statius, Silvae IV 2,18ff; siehe hier Abb. 12.   136 Dessau, Nr.8694.   137 Collart 1978; die beiden Namen sind gleichbedeutend: Nordh 1949, S.89.   138 Plutarch, Poplicola 15.   139 Plinius, Panegyricus 47,4; vgl. Dessau, Nr.9358.

7.*n.* Der Palatin war nicht der einzige Wohnort der Kaiser in Rom. Tiberius erwarb die *Domus Rostrata* am Westhang des Esquilin[140], die später Gordian I gehörte[141]. Die von Nero mit beispiellosem Aufwand errichtete *Domus Aurea*[142] mit einem Kolossalstandbild (*colossus*), dreifachen Säulengängen von 1,5 km Länge und einem See, mit Kornfeldern, Weinbergen, Viehweiden und Tiergärten versetzte eine Landvilla in die Stadt, wie wenn ganz Rom das Privateigentum des Kaisers wäre[143]. Diesen Eindruck hatte Nero schon mit seinen Gastereien erweckt[144]. Ein Pasquill kursierte: „Rom ist Privathaus geworden, wandert nach Veji, ihr Bürger, / falls nicht auch Veji demnächst zu dem Privathaus gehört"[145]. Als der Kaiser sein „Goldhaus" einweihte, erklärte er, endlich wie ein Mensch zu wohnen[146]. Das Echo liefert Trimalchio, den sein Patron lehrte, „Mensch unter Menschen zu sein"[147]. Die Flavier rissen die *Domus Aurea* teilweise ab und überbauten sie mit öffentlichen Gebäuden: dem Colosseum und den Titusthermen. Vespasian bewohnte vorzugsweise die Gärten des Sallust auf dem Quirinal[148], ebenso später Aurelian[149]. Die Severer bauten das *Palatium Sessorium*[150] in den Gärten der Alten Hoffnung (*Spes Vetus*)[151], wozu Repräsentationsräume, ein Circus und das *Amphitheatrum Castrense* gehörten[152].

Der Begriff *hortus* schließt stets die *villa* ein[153]; wie umgekehrt auch in der Stadt das Landhaus den Garten voraussetzt. Die römischen Lustgärten waren vorzüglich bewässert, mit Kunstwerken und zahmen Tieren ausgestattet; exotische Bäume, beschnittene Hecken und Wandelgänge spendeten Schatten; Lauben und Bänke boten Ruhe; Blumenbeete erfreuten durch Farben und Düfte[154].

7.*o.* Die Villa[155] war ein Ort des Rückzugs und der Entspannung. Hier war man Privatmann[156]. Das galt insbesondere für die *villae* und *praetoria*, die sich der Kaiser außerhalb Roms in Italien errichtete. Sie bestanden aus Säulenhöfen mit anliegenden Zimmern und Speisesälen, mit Säulenhallen und Bibliotheken, Gästezimmern und Sportanlagen, Brunnen und Bädern nebst mosaizierten Latrinen, wo man sich im Sitzen unterhalten konnte. Die Villen waren umgeben von Parks mit

---

140 Cicero, Philippicae II 28/68.   141 Historia Augusta, Gordiani 2,3; 3,6. 142 A. Boethius, The Golden House of Nero, 1960.   143 Sueton, Nero 31 f.   144 Tacitus, Annalen XV 37,1.   145 Sueton, Nero 39,2.   146 l.c. 31,2.   147 Petron 39.   148 Dio LXVI 10,4.   149 Historia Augusta, Aurelian 49,1.   150 Anonymus Valesianus 69.   151 Historia Augusta, Elagabal 13 f.   152 A. M. Colini, Horti Spei Veteris, Palatium Sessorianum. Memorie Acc. Pont. 8,3, 1955, S. 137 ff.   153 Plinius, Naturalis historia XIX 19,1/51.   154 F. Olck, Gartenbau, RE. 13, 1910, Sp. 831 ff; Grimal 1984. 155 Friedländer II, S. 339 ff; Mielsch 1987.   156 Cicero, De officiis III 2; Plinius, Briefe V 6,45; Historia Augusta, Elagabal 28,1.

Wildgehegen (*vivarium*) und Fischteichen (*piscina*). Daß die Kaiser die senatorische Lebenskultur auch in ihren Villen fortsetzten, lehren die Beschreibungen der Häuser des Lucullus, die nach Lage und Ausstattung die kaiserlichen Anlagen vorwegnahmen[157]. Landhäuser dieser Art bauten sich reiche Senatoren seit dem 2. Jh. v. Chr.[158]. Berühmt war der wohl nach hellenistischem Geschmack angelegte Garten des jüngeren Scipio[159]. Die Villen der Kaiser sind typologisch nicht zu identifizieren. Sie übertrafen Privatvillen nicht unbedingt an Luxus[160], vielfach waren sie von privaten Vorbesitzern übernommen, so die von Lucullus errichtete Bergvilla von Misenum, von der aus Tiberius das sizilische und das tyrrhenische Meer überblickte[161]. Die mit Kaiservillen öfter, so in Albanum und Sessorium, verbundenen Circusanlagen sind ebenso für Senatorenvillen bezeugt[162]. Man schätzte den weiten Ausblick[163], wie Tusculum und Albanum ihn boten, ebenso Villen am Meer, bisweilen mit Bauten im Wasser, so südlich von Rom in Neapel, Baiae, Speluncae (Sperlonga) und Circei und nördlich Alsium und Centumcellae – seinen Besuch dort bei Trajan beschreibt der jüngere Plinius[164]. Beliebt waren Villen auf Inseln wie Planasia (Pianosa), Capreae (Capri), schon die Lieblingsinsel des Augustus[165], und Pandateria (Ventotene), der Verbannungsort für Prinzessinnen[166]. Die Damen des Kaiserhauses besaßen ihre eigenen Villen, so Livia die 1863 entdeckte, 12 km nördlich von Rom gelegene Villa Ad Gallinas bei Primaporta, deren Innenräume mit Gartenfresken ausgeziert sind, rekonstruiert im Thermenmuseum in Rom[167]. Agrippina hatte eine Villa im Vatikan, Messalina eine auf dem Pincio[168]. In Circei war der Triumvir Lepidus durchaus komfortabel unter Augustus interniert[169].

7.*p.* Der gewaltigste Villenkomplex, der je erbaut wurde, war die *Villa Hadriana* bei Tibur (Tivoli)[170]. Eine riesige, asymmetrische Anlage mit allem Komfort, den die Mittel eines Weltreiches boten, in herrlicher Lage, halb am Hügel, mit dem aparten *teatro marittimo*, einem symbolischen Rückzugsort, einer Villa in der Villa sozusagen, und einem unterirdischen Versorgungsnetz mit Fahrstraßen, das überirdisch den Eindruck erweckte, man würde von Geistern bedient. Da sich die Kaiser ihren Amtspflichten nie ganz entziehen konnten, haben

157 Plutarch, Lucullus 39.   158 Mielsch 1987.   159 Cicero, De re publica I 14; ders., Laelius 25.   160 Historia Augusta, Pius 11,8.   161 Phaedrus II 5.   162 Olympiodor, fr.43 f.   163 Tacitus, Annalen XIV 9; Seneca, Brief 51,11.   164 Plinius, Briefe VI 31.   165 Sueton, Augustus 98. 166 *Julia, Agrippina, Octavia, Domitilla.*   167 Helbig III Nr. 2486. 168 Sueton, Galba 1; Plinius, Naturalis historia XV 40/136 f.   169 Sueton, Augustus 16.   170 Aurelius Victor, Liber 14,5; Historia Augusta, Hadrian 26; M. de Franceschini, Villa Adriana, 1991; siehe hier Abb. 13.

Abb. 13: Villa Hadriana – Modell

Der Villenkomplex, den Hadrian 118 bis 134 südwestlich von Tibur/Tivoli erbaute, sucht nicht nur in der Antike seinesgleichen. Er umfaßte auf anderthalb Quadratkilometern Säulenhöfe, Speisesäle, Thermen, Sportanlagen, Wandelhallen, Bibliotheken, Tempel, Theater, Gästewohnungen, Wasserspiele, einen Inselpavillon (Teatro marittimo) und ein unterirdisches Stollensystem zur Versorgung. Hunderte von Kunstwerken wurden in den Trümmern gefunden.

sie manchmal auch ihre Villen mit Empfangshallen versehen und dort
Recht gesprochen, so Domitian auf seinem *Albanum*, Trajan in *Cen-tumcellae*[171] und Marc Aurel in *Lorium*, dem Geburts- und Sterbeort
von Antoninus Pius, zwölf Meilen westlich von Rom[172]. Marcus fand
dort nur in den Nachtstunden Muße[173].

7.*q*. Die zuletzt errichtete kaiserliche Wohnanlage bei Rom war die
Villa des Maxentius an der Via Appia mit ihrem Wohntrakt, einem
eigenen Circus[174] und einem Mausoleum, in dem der Kaiser seinen
Sohn Romulus beisetzen ließ[175]. Maxentius erbaute zudem auf dem
Palatin eine Therme[176]. Als Rom in der Spätantike seinen Rang als
Residenz verlor, entstanden *palatia* auch in Nikomedien, Antiochia,
Sirmium, Thessalonike, Mailand, Trier, Ravenna und vor allem in
Konstantinopel. Unbefugten war dort der Zutritt verboten, das Palast-
leben entzog sich fremden Blicken[177]. Als in Abwesenheit Kaiser Leos
zwei Kammerherren dem neugierigen Heermeister Jordanes das Palast-
innere zeigten, brachten sie ihn und sich selbst in große Gefahr[178].
Neben den Palästen in den Metropolen gab es zahlreiche *palatia*,
sacrae domus in kleineren Städten. Ihre Benutzung durch hohe Beamte
wurde 405 untersagt, 407 jedoch gestattet[179].

Die unsicheren Verhältnisse der Spätantike erklären die Entstehung
von ummauerten Anlagen. Die befestigten Villen Diocletians von Spalato[180] und Galerius' bei Gamzigrad (*Romuliana*) in der Dacia Ripensis[181] sind nur von der Größe, nicht von der Anlage einzigartig – an der
Mosel entspricht ihnen die „Palastburg" Pfalzel-Palatiolum[182]. Daneben gab es weiterhin die offenen Landvillen wie Konz-Contionacum,
am Zusammenfluß von Saar und Mosel, wo Valentinian im Juli und
August 371 residierte[183], wie die sizilianische Villa von Elleboro oder
die durch die Mosaiken berühmte *Filosofiana* bei Piazza Armerina auf
Sizilien, der nicht anzusehen ist, ob sie dem Kaiser Maxentius[184] oder
dem Senator und Stadtpräfekten Proculus *signo* Populonius ihre
Gestalt verdankt[185]. Der Besitz wechselt, so ging in Konstantinopel
die Eichen-Villa des gestürzten Präfekten Rufinus ans Kaiserhaus über
und wurde von Pulcheria, der Schwester des jüngeren Theodosius,

171 Plinius, Briefe IV 11,6; VI 31.   172 Eutrop VIII 8.   173 Fronto,
S. 103 (van den Hout BT).   174 Chronica Minora I, S. 148.   175 J.
Rasch, Das Maxentius-Mausoleum an der Via Appia in Rom, 1984.   176
Chronica Minora I, S. 148.   177 Eunap fr. 50; Aurelius Victor, Epitome
48,18; Synesios, De regno 16.   178 Priskos fr. 63.   179 Cod. Theod. VII
10.   180 J. Marasovic u. a., Diocletian's Palace, 1972–1989.   181 Srejovic + Vasic 1994; siehe hier Abb. 15.   182 Trier. Kaiserresidenz und Bischofs-
sitz, 1984, S. 319 ff.   183 l.c. S. 310 ff; Ausonius X 369; Seeck, Regesten,
S. 240 ff.   184 H. Kähler, Die Villa des Maxentius bei Piazza Armerina,
1973.   185 Carandini 1982; siehe hier Abb. 14.

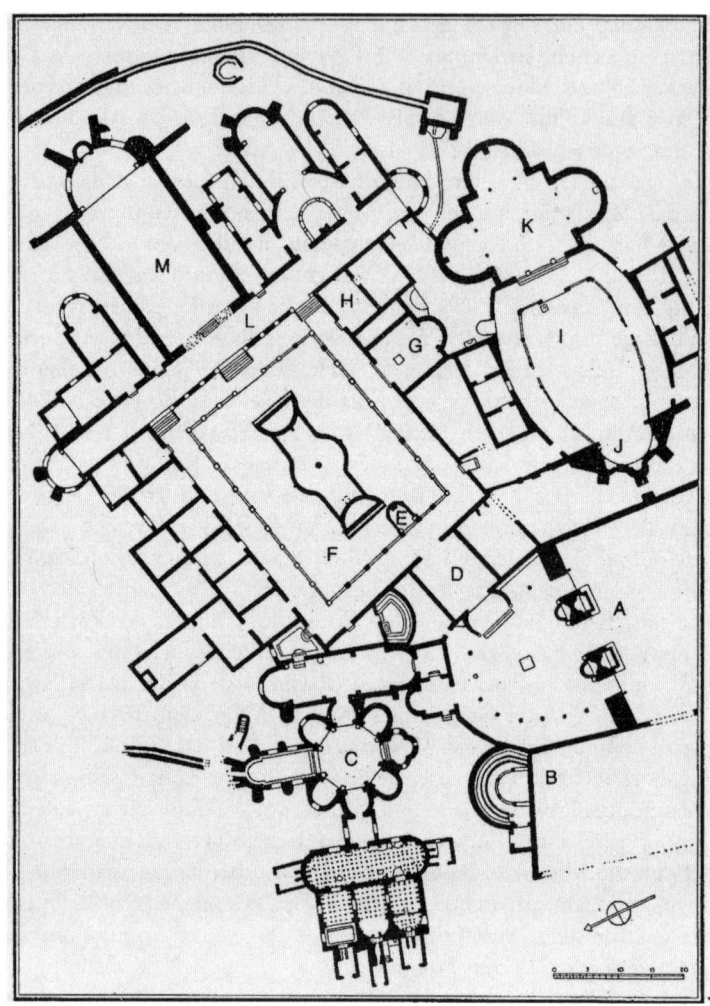

Abb. 14: Grundriß der Villa Filosofiana bei Piazza Armerina

Die um 300 errichtete Prachtvilla im waldigen Inneren Ostsiziliens gehörte möglicherweise den Kaisern Maximianus und Maxentius. Sie besitzt einen dreitorigen Prachteingang (A), mehrere Latrinen (B), Thermen (C), ein Vestibül (D), ein kleines Heiligtum (E), einen Säulenhof mit Garten (F), einen Speisesaal (G), Räume mit Mosaiken, die Tänzerinnen im Bikini zeigen (H), einen ovalen Raum (I), der im Westen in eine überkuppelte Exedra (J), im Osten in einen Dreiapsidensaal (K) übergeht. Eine lange Wandelhalle (L) begrenzt die Repräsentationsbasilika (M) und einige Wohnräume. Die Pracht der Mosaiken, vielfach Jagdszenen, ist unerreicht.

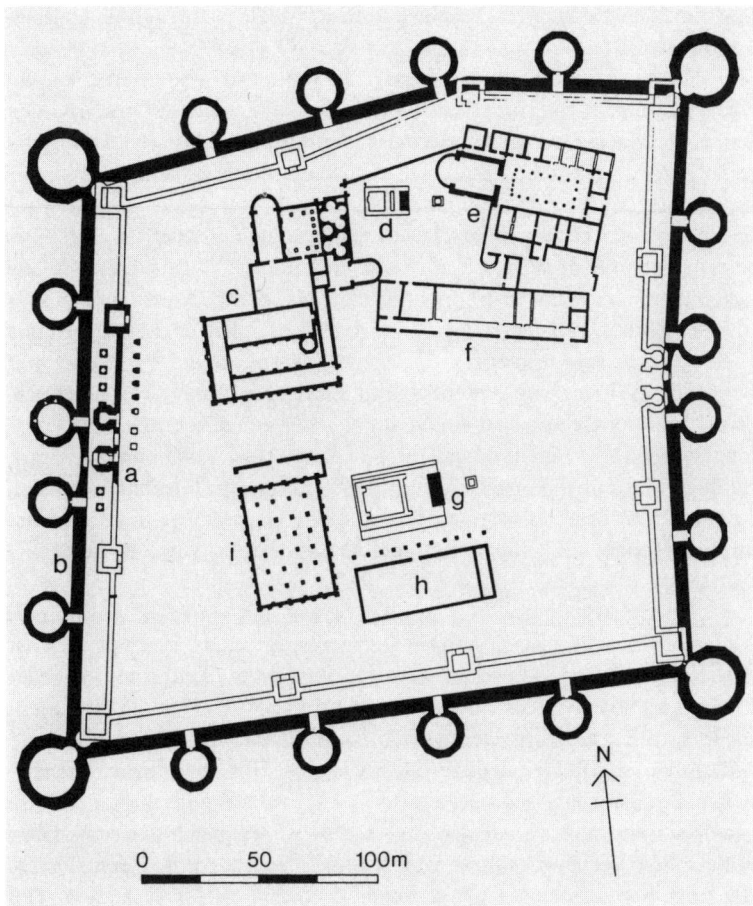

Abb. 15: Grundriß der Galerius-Villa Gamzigrad

Im östlichen Serbien (Dacia Ripensis) liegt die nach der Mutter des Galerius benannte Villa Romuliana, die sich der Kaiser als Alterssitz erbaute. Offenbar plante er, wie Diocletian, nach 20 Regierungsjahren ins Privatleben zurückzukehren, doch starb er 311, zwei Jahre zuvor. Innerhalb der kastellartigen Mauern (a ältere, b jüngere Phase) befinden sich ein Palast (c) mit Audienzsaal, Säulenhöfen, Speiseraum, Bädern, einem Kybele-Tempel (d), weitere ungedeutete Bauten (e,f), ein Hercules-Tempel (g), ein Porticusbau (h) und Vorratsräume (i). Außerhalb wurden ein Grabturm und die Reste eines Scheiterhaufens gefunden.

bewohnt[186]. Die Damen des Kaiserhauses besaßen vielfach einen eigenen Palast[187].

In Kleinasien genossen die Kaiser die Sommerfrische in Ancyra, wo Arcadius regelmäßig mit seiner Familie weilte[188], und den prachtvollen Landsitz Macellum in Cappadocia, vermutlich Göreme, wo Julian seine Jugend verbrachte. Dort gab es Gärten, Bücher, Bäder und immer sprudelnde Quellen[189]. Ein anderes, kleines von seiner Großmutter übernommenes Anwesen beschreibt Julian in einem Brief, in dem er es seinem Freunde Euagrios zum Geschenk macht[190]. Das Gütchen lag gegenüber von Konstantinopel, in der Nähe der Küste, so daß es immer frische Fische gab. Es besaß eigene Quellen und eine reizende Bade-Anlage, war umgeben von einem Garten, einem Park und von duftenden Wiesen, mit Quendel und Eiben bestanden. Dazu gehörte etwas Landwirtschaft und ein Weinberg, der einen vorzüglichen Tropfen lieferte. Von einem Hügel hinter dem Hause sah man zur Stadt hinüber und auf die Segelschiffe im Marmarameer. Hierhin hatte sich Julian oft zu Studien oder zu literarischen Gesprächen mit Freunden zurückgezogen, als Gärtner freilich, so schreibt er, hätte er nicht viel geleistet.

7.r. Die Kaiservillen waren im allgemeinen mit Marmor, Mosaik und Malereien prächtig ausgestattet. Dem entsprach das Inventar[191]. Fast alle Kaiser waren Kunstliebhaber[192]. Das hatte Tradition. Seit der Eroberung von Syrakus durch Marcellus 212 v. Chr.[193] kamen zunehmend griechische Kunstwerke nach Rom, zumal Gemälde und Standbilder aus vergoldeter Bronze oder Marmor. Daß diese zwar aus ehrlicher Begeisterung geschätzt, aber nicht immer auf ehrliche Weise erworben wurden, wissen wir aus Ciceros Reden gegen den Statthalter auf Sizilien Verres. Berühmt waren die Kunstschätze aus dem Osten, die Lucullus in seinen Gärten zeigte[194]. Cicero berichtet zudem, daß Marc Anton die von Caesar dem römischen Volk vererbten Kunstwerke zu seinem Privatvergnügen in seinen *Horti Pompei* und in der *Villa Scipionis* aufstellte[195]. Augustus verzichtete auf Statuen und Gemälde und dekorierte seine Villen mit Saurierknochen und anderen Raritäten[196], Riesen und Zwerge wurden einbalsamiert und in den Kaisergärten ausgestellt[197]. So fiel es ihm leicht, die von Antonius im

186 Holum 1982, S. 131.   187 Zonaras XIII 23; Theophanes 5940; Notitia Constantinopolitana 12 (Seeck, Notitia Dignitatum, S. 238).   188 Claudian XX 95 ff.   189 Cod.Theod.VI 30,2; Sozomenos V 2,9.   190 Julian, Brief 25 (Wright) 426 Dff.   191 Friedländer III, S. 35 ff.   192 Turcan 1987, S. 222 ff.   193 Livius XXV 40,2: *inde primum initium mirandi Graecarum artium*; Plutarch, Marcellus 21; Marquardt 1886, S. 609.   194 Plutarch, Lucullus 39.   195 Cicero, Philippicae II 109.   196 Sueton, Augustus 72,3.   197 Plinius, Naturalis historia VII 16/75.

Osten geraubten Kunstwerke zurückzugeben[198]. Dazu gehört vermutlich der Apollon von Myron aus Ephesus[199]. Über die Hochschätzung griechischer Kunst durch die Kaiser unterrichtet uns der ältere Plinius[200]. Die öffentlichen Aufstellungsorte waren schon in der Republik[201] vorwiegend die Tempel und Foren – *Templum* und *Forum Pacis*, von Vespasian gestiftet[202]; kann man als Europas erstes Museum bezeichnen[203] – die privaten vorrangig die Villen und Gärten. Hier waren sie der Allgemeinheit nicht zugänglich. Das mißfiel. Agrippa hielt eine Rede *De tabulis omnibus signisque publicandis*, und Plinius der Ältere begrüßte diesen, freilich erfolglosen Versuch, die Kunstwerke aus ihrer „Verbannung" in Privatvillen zu befreien[204]. Auch die späteren Kaiser wollten das nicht. Tiberius zwang die Parier, ihm eine Hestia-Figur für den Concordia-Tempel zu verkaufen[205]. Er schmückte seine Grottenvilla in Sperlonga mit Kopien von Meisterwerken der pergamenischen Schule aus Rhodos[206]. Nero ließ Kunstwerke aus Athen, Pergamon und Olympia, sowie aus Delphi 500 Bronzebilder nach Rom schaffen[207]. In der Villa Hadriana wurden über 300 Kunstwerke gefunden[208]. Als Marc Aurel zugunsten der Kriegskasse kaiserlichen Hausrat versteigern ließ[209], kamen auch Kunstschätze unter den Hammer.

7.s. Ludwig Friedländer hat den Römern im allgemeinen ein Verständnis für bildende Kunst abgesprochen und die Zeugnisse für Kunstinteresse aus bloßer Geltungssucht gedeutet[210]. So gewiß der Kunstsinn bei den Griechen weiter entfaltet war, so gewiß wäre es ungerecht, ihn den Römern nur ausnahmsweise zuzugestehen. Von mehreren Kaisern wird ihre besondere Liebe zu einzelnen Künstlern oder Kunstwerken geschildert. Das Vorbild lieferte wieder Alexander, der sich angeblich nur von Apelles malen, allein von Pyrgoteles in Marmor und ausschließlich von Lysipp in Erz darstellen ließ[211]. Bildwerke des letzteren soll er gar auf seinen Feldzügen mitgeführt haben[212]. Plinius überliefert die hohen Preise, die einzelne hellenistische Könige für bestimmte Gemälde und Statuen gezahlt haben[213]. Die Römer setzten

198 Monumentum Ancyranum 24.   199 Plinius, Naturalis historia XXXIV 19,3/58.   200 l.c. XXXVf.   201 Magrit Pape, Griechische Kunstwerke aus Kriegsbeute und ihre öffentliche Aufstellung in Rom, 1975.   202 Sueton, Vespasian 9,1.   203 Plinius, Naturalis historia XXXIV 19/84.   204 l.c. XXXV 9/26.   205 Dio LV 9,6.   206 B. Andreae + B. Conticello, Skylla und Charybdis. Zur Skylla-Gruppe von Sperlonga, 1987.   207 Dion Chrysostomos 31, 147f; Pausanias X 7,1.   208 S.Aurigemma, Villa Hadriana, 1961.   209 Eutrop VIII 13; Historia Augusta, Elagabal 19,1; s.o. 7j!   210 Friedländer III, S.115ff.   211 Plinius, Naturalis historia VII 38/125.   212 Pseudo-Kallisthenes, Vita Alexandri III 3,3.   213 Plinius, Naturalis historia VII 39/126f; Friedländer IV, S.312ff (M. Bang).

das fort. Caesar erwarb zwei Bilder für 80 Talente, um sie im Tempel seiner Ahnfrau Venus aufzuhängen[214]. In sein Schlafzimmer stellte Augustus den von Nikias gemalten schönen Jüngling Hyakinthos, den er aus Alexandria mitgebracht hatte[215]; Tiberius in das seine den Apoxyomenos des Lysipp[216], das für einen Rekordpreis erworbene Bild eines Kybelepriesters[217] und ein obszönes Gemälde von Meleagros und Atalante[218]. Nero liebte die Amazone Euknēmos, die mit den schönen Waden[219], Domitian ein Standbild der Minerva[220]. Hier könnten religiöse Motive mitschwingen, ähnlich wie bei Hannibal, der eine von Lysipp für Alexander angefertigte Heraklesstatue mitführte[221]. Demgegenüber dankte Marc Aurel[222] den Göttern, daß sie ihn gelehrt hätten, ohne Luxus zu leben und sein Herz nicht an Tiere oder an Kunstwerke zu verlieren. In späterer Zeit ist nur noch selten von Kunst am Hof die Rede. Um 473 erschien der arabische Fürst Amorkesos in Byzanz vor Kaiser Leo und brachte ihm als Gastgeschenk ein goldenes Bild. Was es darstellte, ist nicht überliefert, wir hören nur, daß es mit Edelsteinen besetzt war[223].

7.t. „Es ist ein großer Fehler, im Leben ein gepflegtes Haus zu führen, aber nicht für das Grab zu sorgen, wo wir länger wohnen werden." Dieser Vorwurf Trimalchios[224] traf die Kaiser nicht, sie kümmerten sich frühzeitig um ihre letzte Ruhestatt[225]. Ähnlich wie verdiente Personen schon in der Republik und noch in der Kaiserzeit erhielten die Angehörigen des Herrscherhauses ein Staatsbegräbnis (funus publicum)[226]. Augustus hat die Bescheidenheit seiner Wohnung durch den Prunk seines Mausoleums ausgeglichen. Sofort nach der Rückkehr aus Alexandria[227] errichtete er sich auf dem Marsfeld, wo die römischen Könige beigesetzt worden sein sollen[228], eine Grabrotunde von beispielloser Größe. Vermutlich folgte der damals Vierunddreißigjährige dem Vorbild des – noch immer nicht wiederentdeckten – Alexandergrabes[229]. Die späteren Kaiser fanden hier nach ihrer besonders aufwendigen Verbrennung[230] die letzte Ruhe, außer denen, die gewaltsamen Todes starben: so Caligula in den Horti Lamiani[231], Nero im Domitiergrab[232] und Galba, der ebenfalls heimlich bei Nacht von einem Freigelassenen bestattet wurde, als Privatmann sozusagen[233]. Ein

214 Plinius l.c.   215 l.c. XXXV 40,28/131.   216 l.c. XXXIV 19/62.
217 l.c. XXXV 36,5/70.   218 Sueton, Tiberius 44.   219 Plinius, Naturalis historia XXXIV 19/82.   220 Sueton, Domitian 15,3.   221 Martial IX
43,44; Statius, Silvae IV 6,38.   222 Marc Aurel I 17,5.   223 Malchus fr. 1.
224 Petron 71.   225 Waurick 1973.   226 A. Hug, in: RE. Suppl. III 1918,
S. 530 ff.   227 Sueton, Augustus 100,4.   228 Appian XIII 106.   229 K. Kraft
in: Historia 16, 1967, S. 189 ff, dachte an einen Protest gegen das Antoniusgrab
in Alexandria.   230 Tacitus, Annalen XVI 6; Herodian IV 2.   231 Sueton, Caligula 59.   232 Sueton, Nero 50.   233 Plutarch, Galba 28.

ähnliches Ende fand Domitian in seinem Familienmausoleum, in das er sein Geburtshaus hatte umbauen lassen[234]. Trajans Asche kam in den Sockel seiner Säule[235] – trotz des Verbotes aus dem Zwölftafelgesetz *in urbe ne sepelito*[236]. Von Hadrian[237] bis Caracalla[238] war die Engelsburg – benannt nach einer Erscheinung des Erzengels Michael während der Pest von 590 – die Grablege der Kaiser, mit privaten Grabmonumenten nicht entfernt vergleichbar. Eigene Mausoleen sind für Severus Alexander[239] und Gallienus bezeugt. In letzterem wurde auch der 307 von Maxentius getötete Tetrarch Severus beigesetzt[240].

Im dritten Jahrhundert gingen möglicherweise einzelne Kaiser, so wie die römische Gesellschaft allgemein[241], zur Körperbestattung in Sarkophagen über. Der ludovisische Schlachtensarkophag könnte Hostilian gehört haben[242], doch sind die erhaltenen Feldherrnsarkophage nicht eindeutig Kaisern zuweisbar. Die spätantiken Kaisersarkophage bestanden aus Porphyr[243]. Aus der Grabrotunde Maximians bei Mailand ist ein solcher bezeugt[244], für das Mausoleum Diocletians in Spalato wird ein Porphyrsarkophag angenommen[245]. Der Wechsel in der Bestattungsform vollzog sich möglicherweise nicht glatt. Die Konsekrationsmünzen für Constantius I lassen vermuten, daß er 306 noch in herkömmlicher Art verbrannt wurde[246], für Galerius ist es archäologisch erwiesen[247].

Seit Lucullus sich auf einem Landgut in Tusculum bestatten ließ[248], ist die Verbindung von Villa und Grab in Senatorenkreisen Brauch. Diocletian errichtete sich sein Grab inmitten seiner Villa Aspalathos bei Salona[249], Galerius zunächst in Thessalonike[250], dann nahe seiner Villa Romuliana bei Gamzigrad[251], Maxentius in seiner Villa an der Via Appia[252], doch konnte er dort nur seinen früh gestorbenen Sohn Romulus beisetzen[253]. Seine eigene Leiche wurde nach der Schlacht an der Milvischen Brücke aus dem Tiber gefischt und der abgeschnittene Kopf nach Rom gebracht[254]. Constantius II baute seinem von den Häschern des Magnentius in Spanien ermordeten Bruder Constans ein Mausoleum in der Portikusvilla von Centcelles bei Tarragona[255].

234 Sueton, Domitian 17; Waurick 1973, S. 117.   235 Eutrop VIII 5. 236 FIRA. I, S. 66.   237 Historia Augusta, Hadrian 19,11.   238 l.c. Macrinus 5,2.   239 l.c. Alexander 63,3; Anonymus Valesianus 10. 240 Aurelius Victor, Epitome 40,3.   241 L. Koep, in: RAC. II 1954, S. 216. 242 Helga von Heintze, in: Helbig III, S. 280; dagegen: Aurelius Victor, Liber 30,2.   243 Helbig I, Nr. 21; 25.   244 Waurick 1973, S. 121. 245 Ammian XVI 8,4; Kähler in: J. Marasovic, Der Palast des Diocletian 1969, S. 16.   246 L. Koep, in: Jahrbuch für Antike und Christentum 1, 1958, S. 102.   247 Srejovic + Vasic 1994, S. 126.   248 Plutarch, Lucullus 43.   249 s.o. 7q!   250 Waurick 1973, S. 136ff.   251 Aurelius Victor, Epitome 40,16; Srejovic + Vasic 1994.   252 s.o. 7q!   253 Dessau Nr. 673. 254 Anonymus Valesianus 12.   255 Athanasios, Historia Arianorum 69.

Die durchaus unantike Verbindung zwischen Grab und Tempel zeigt bereits der Diocletianspalast. Seit Constantin bauten die Kaiser ihre Mausoleen an Kirchen, zunächst in Rom[256], sodann in Konstantinopel[257], doch war das kein Regal. Die großen Senatorengeschlechter taten dies ebenfalls, wie das *Templum Probi*, das 1514 bis 1519 abgerissene Anicier-Mausoleum an Alt-Sankt Peter dartut[258].

7.*u*. Zum Haushalt gehört das Gesinde. Die *familia Caesaris*[259], bestehend aus den *ministri vitae citerioris*[260], ließ alle senatorischen Dienerschaften weit hinter sich. Die Sklaven und Freigelassenen der Kaiser[261] zählten nach Tausenden. Während die Garde mit Germanen besetzt wurde[262], kamen die Diener überwiegend aus dem griechischen Osten, wie bei den Senatoren, so bei den Kaisern. Innerhalb der Unterschicht bildeten sie eine privilegierte Klasse. Kaisersklaven konnten freie Frauen heiraten[263], kauften sich häufig bald nach dem 30. Geburtstag frei[264] und waren bisweilen große Herren. Kaum ward ein Mann zum Wärter des kaiserlichen Nachtgeschirrs[265], galt er schon als kluger Kopf.[266] Und reich wurden diese Leute! Ein gewisser Musicus Scurranus, Finanzverwalter des Tiberius, ging mit zehn Untersklaven auf Reisen. Darunter waren ein Arzt, ein Kleiderwärter, zwei Silberdiener, zwei Kämmerer und zwei Köche[267]. Der Fachausdruck für den Obersklaven lautet *servus ordinarius*. Der von seinem Herrn drangsalierte, schließlich verkaufte Callistus kam an den Hof Caligulas, machte Karriere, wurde steinreich und kujonierte nun seinen ehemaligen Besitzer[268]. Isidorus, ein Freigelassener des Caligula, hinterließ u. a. 4116 Sklaven[269]. Das größte Privatvermögen seiner Zeit besaß der Freigelassene des Claudius, Narcissus[270]. Seinen Speisesaal zierten 30 riesige Alabastersäulen[271].

7.*v*. Die am Hofe geborenen oder als Kinder gekauften Sklaven (*vernae*)[272] wurden im *Paedagogium* auf dem Palatin ausgebildet[273]. Es war von Tiberius eingerichtet worden[274]; später kam die kaiserliche

---

256 H. Brandenburg, Roms frühchristliche Basiliken des 4. Jhs., 1979, S. 61 ff; H. Koethe, Das Mausoleum der weströmischen Dynastie bei Alt-Sankt Peter, in: MDAI (Rom) 46, 1931, S. 9 ff.   257 Grierson 1962.   258 CIL.VI 1756; Gregorovius, Rom I, S. 94 ff.   259 Friedländer I, S. 35 ff; Weaver 1972.   260 Ammian XIV 1,7; XXV 4,3; XXVII 10,4.   261 Chantraine 1967.   262 Sueton, Augustus 49; Josephus, Antiquitates XIX 1,15.   263 Weaver 1972, S. 112 ff.   264 l.c. S. 97 ff.   265 W. Binsfeld, Vasa obscena, in: Trierer Zeitschrift 57, 1994, S. 129 ff.   266 Epiktet, Diss. I 19,17.   267 Dessau, Nr. 1514 mit Parallelen.   268 Seneca, Brief 47, 9 f; Josephus, Antiquitates XIX 1, 10/64 ff.   269 Plinius, Naturalis historia XXXIII 47/135.   270 Dio LX 34,4.   271 Plinius, Naturalis historia XXXVI 12/60.   272 Herrmann-Otto 1994.   273 H. Riemann, RE. XVIII 2, 1942, S. 2204 ff.   274 W. Enßlin, l.c. S. 2204; Dessau, Nr. 1827.

Abb. 16: Columbarium an der Via Appia

Die als „Taubenhäuser" (columbaria) bzeichneten Grabanlagen waren für
Aschenurnen bestimmt, über denen der Name des Toten (titulus) angebracht
war. Die Sklaven und Freigelassenen des Kaiserhauses wurden wie die der senatorischen Familien gemeinsam beigesetzt. Die heute weitgehend verfallenen
Anlagen waren in den vergangenen Jahrhunderten noch sehr viel besser erhalten, so die hier von Francesco Bianchini (1662–1729) publizierte, den auf dem
Palatin beschäftigten Kaiserdienern gewidmete Anlage.

Sklavenschule *a capite Africae* auf dem Mons Caelius hinzu[275]. Derartige Pädagogien gehörten auch zu größeren Senatorenvillen[276]. Die Berufe der Kaisersklaven waren vielfältig. Da gab es die Pförtner, Nomenklatoren und Kammerherren; die Tierwärter, Boten und Sänftenträger, die Sekretäre und Vorleser, die Archivare und Bibliothekare, getrennt für griechische und lateinische Literatur; weiterhin die Tafeldiener, Einkäufer, Kellermeister und Köche unter dem *archimagyrus*, dem Oberhofkoch[277]. Auch Parasiten und Zwerge finden wir am Hofe[278]. Den Hausrat versorgten Aufseher über das Trinkgeschirr, Gold und Silber getrennt, die Möbel- und Kunstwärter, Perlen- und Juwelendiener, die Schatzmeister, Schaffner und Münzwardeine, Lampenanzünder und Speisesofapolsteraufbewahrer (*dispensator a toris*). Wir kennen die Namen, Sterbealter und Berufe der Hofdiener vor allem aus den Grabinschriften der sog. Columbarien[279], jenen taubenschlagähnlichen Grabkammern mit den Wandnischen für die Aschenurnen (*ollae*) und die Namensinschriften (*tituli*). Diese Anlagen waren geschmackvoll ausgemalt und dokumentieren die Zusammengehörigkeit des Gesindes auch im Tode[280]. Die Kaiserin besaß, wie jede Senatorin, ihr eigenes Personal, das in einem besonderen Columbarium bestattet ward[281], sowie, zumindest von der jüngeren Agrippina in Rom[282] bis zu Galla Placidia in Ravenna[283] und Pulcheria in Konstantinopel, eine persönliche Garde[284].

7.w. Der Umgang der Kaiser mit ihren Dienern entsprach ihrem Charakter[285]. Augustus galt als streng, aber leutselig. Mit seinem Hausverwalter Diomedes machte er große Spaziergänge und verzieh diesem großmütig, als er sich beim unvermuteten Angriff eines Wildschweins auf einen Baum flüchtete, anstatt sich schützend vor den Kaiser zu stellen[286]. Claudius ließ einen Sklaven, der einen Würdenträger beleidigt hatte, auf dem Forum auspeitschen[287].Über Staatsangelegenheiten diskutierte Domitian mit seinem Hofzwerg[288]. Die Strenge des Antoninus Pius gegenüber seinen Freigelassenen wird gerühmt[289], offenbar im Kontrast zu jenen Herrschern, die sich, wie Claudius und Domitian, von ihnen beeinflussen ließen. Daß Clodius Albinus, so wie einst Cato[290], seine Sklaven eigenhändig prügelte, wird ihm als Fehler

---

275 Dessau, Nr. 1826; 1832; Nordh 1949, S. 75.   276 Plinius, Briefe VII 27,13; Herrmann-Otto 1994, S. 317.   277 s. o. 3n!   278 s. o. 3w! 279 siehe hier Abb. 16.   280 Dessau III, S. 414 ff; Herrmann-Otto 1994, S. 421 f.   281 CIL. VI 2 mit 400 Inschriften von Dienern und Dienerinnen der Livia.   282 Tacitus, Annalen XIII 18.   283 Olympiodor, fr. 40. 284 Holum 1982, S. 131 f.   285 Friedländer I, S. 40 ff.   286 Sueton, Augustus 67.   287 Dio LX 12,2.   288 Sueton, Domitian 4,2.   289 Historia Augusta, Pius 11,1.   290 Plutarch, Cato maior 21.

angerechnet[291], doch auch ein sonst positiv geschilderter Kaiser wie Aurelian ließ Sklaven vor seinen Augen peitschen, wenn sie Strafe verdient hatten; schwere Fälle übergab er den ordentlichen Gerichten[292]. Der Sklave war in der sozialen Realität nie „bloß Sache". In der Regel übernahm der neue Kaiser die Dienerschaft seines Vorgängers. Der Vater des von Statius und Martial besungenen Claudius Etruscus war unter Tiberius aus Smyrna nach Rom gekommen und hatte unter zehn Kaisern gedient, als er um 92 n. Chr. starb[293]. Bisweilen kam es dennoch zum *revirement*. Galba zog die übelsten Kreaturen Neros zur Rechenschaft[294], und Maximinus Thrax entließ das Gesinde des von ihm getöteten Severus Alexander, weil er Rache fürchtete[295]. Ähnlich, wenn auch aus anderen Gründen, verfuhr schließlich Julian. Als er im Jahre 361 den Palast von Konstantinopel bezog und einen Haarschneider bestellte, erschien ein Mann, so prächtig gekleidet, daß Julian ihn für den Finanzminister hielt. Auf die Frage, was er verdiene, nannte der Friseur: zwanzig Soldatenrationen, ebensoviel für Pferde, einen beträchtlichen Jahreslohn in Bargeld und sonstige Zuwendungen. Daraufhin entließ Julian ihn und seinesgleichen, die Köche, Kellermeister, Tafeldiener und Eunuchen[296]. Libanios[297] spricht von über tausend „Drohnen". Berührt uns das sympathisch, so wurde es doch von den heidnischen und christlichen Berichterstattern[298] als Verletzung der Kaiserwürde empfunden.

7.x. Die Eunuchen[299] spielten eine ungute Rolle am Hof[300], Licinius nannte sie die „Motten und Mäuse" im Palast[301]. Kastrierte Sklaven sind schon früh im Orient bezeugt und dienten, wie auch der griechische Name – „Betthüter" – besagt, im Schlafzimmer als Kämmerer (*cubicularius*), zumal der Königinnen. Kastraten stammten noch in römischer Zeit überwiegend aus dem Osten und galten in den Augen der Herren als besonders zuverlässig, in den Augen anderer als intrigant und geldgierig[302]. Eunuchen besaß schon Maecenas[303], wir finden sie in vielen reichen Haushalten[304]. Am Kaiserhof erscheinen sie seit Claudius[305], sie gehören fortan zum Personal, doch nicht im Reichsdienst[306]. Auf Grabinschriften werden sie ungeniert als Eunuchen

291 Historia Augusta, Clodius 11,6.   292 l.c. Aurelian 49.   293 Friedländer I, S. 45; 54 f.   294 Plutarch, Galba 17.   295 Herodian VII 1,4. 296 Ammian XXII 4; Julian 352 A.   297 Libanios, Rede 18, 130. 298 Ammian, l.c.; Socrates Scholasticus III 1,58.   299 P. Guyot, Eunuchen als Sklaven und Freigelassene in der griechisch-römischen Antike, 1980. 300 Historia Augusta, Alexander 45,4 f; 66,3; Ammian XVI 7,8.   301 Aurelius Victor, Epitome 41,10.   302 Diogenes Laertios VI 39.   303 Seneca, Brief 114,6.   304 Petron 27; Martial III 58,32; Ammian XIV 6,17. 305 Sueton, Claudius 28; 44; Plinius, Naturalis historia XII 5/12; Zosimos I 6,3.   306 Guyot 1980, S. 122 f.

bezeichnet[307]. Als Kämmerer und Lustknaben[308] besaßen sie beträchtlichen Einfluß auf die Kaiser. Plautianus, der Praefectus Praetorio des Septimius Severus, ließ – wenn wir's glauben – dem Gesetz zuwider[309] hundert Knaben kastrieren, die seiner mit Caracalla verlobten Tochter dienen sollten, unter anderem als Musiklehrer[310]. Caracalla hat sich selbst angeblich einem spanischen Eunuchen verschrieben, der zugleich Giftmischer und Zauberer war[311]. Die Kastraten und *delicati* seines Vorgängers Elagabal hat Severus Alexander an seine Freunde verschenkt[312]. In der Spätantike wurde das Eunuchenwesen gang und gäbe. Sie waren teils Freigelassene, teils Sklaven. Kastration steigerte den Schätzwert eines Sklaven auf das Dreifache[313]. Kaiser Leo verfügte 472, es sei des Kaisers unwürdig, sich von Sklaven bedienen zu lassen, und befahl die Freilassung sämtlicher Hofbedienten[314].

7.y. Die *res privata* im strengen Sinne, d.h. die Haus- und Vermögensverwaltung des Monarchen, entsprach derjenigen der Senatoren, da die Privatwirtschaft der Großgrundbesitzer das Muster für die Organisation der Domänen abgegeben hatte. Auch reiche Senatoren hatten ihre *procuratores*. Seit Augustus war der Kaiser der größte Grundherr und der reichste Mann im Staat[315]. Das Krongut wuchs im Lauf der Zeit durch Erbschaften und Enteignungen. Bisweilen haben die Kaiser einzelne Ländereien verschenkt oder verkauft. Pertinax, der die Luxusvillen des Commodus versteigerte, erhielt gleichwohl wegen seiner Arrondierungen den Spitznamen *agrarius mergus* – „Landhai"[316].

Die Kaiserinnen besaßen ihr persönliches Vermögen[317] und verwalteten es gleichfalls durch Prokuratoren[318]. Zu den reichsten Frauen ihrer Zeit gehörte Matidia, die Großtante Marc Aurels[319]. Als sie starb, war ihr Testament Stadtgespräch. Frauen testierten ebenso frei wie Männer[320]. In der Spätantike waren die Senatorenwitwen bevorzugte Objekte klerikaler Erbschleicherei[321], bis Valentinian dies am 30. Juli 370 verbot und befahl, seinen Erlaß von der Kanzel zu verkünden[322]. Demgemäß besaß die Kaiserin eigene Villen, Domänen und Einkünfte, die vom *praepositus Augustae* und seinen Prokuratoren verwaltet wurden. Der Schatzmeister von Pulcheria wird in den Konzilsakten[323], der von Theodora bei Prokop erwähnt[324].

---

307 Dessau Nr. 1782.   308 s.o. 5t–y!   309 Sueton, Domitian 7,1; Ammian XVIII 4,5.   310 Dio LXXV 14,4 ff.   311 Dio LXXVII 17,2. 312 Historia Augusta, Alexander 23,4 ff; 34,3.   313 Codex Justinianus VII 7,5.   314 l.c. XII 5,4.   315 Hirschfeld 1902.   316 Historia Augusta, Pertinax 8 f.   317 F. Sandels, Die Stellung der kaiserlichen Frauen aus dem julisch-claudischen Hause, 1912, S. 66 ff.   318 Historia Augusta, Marcus 29,10.   319 Fronto, S. 95 ff (van den Hout BT).   320 Sueton, Galba 5,2. 321 Ammian XXVII 3,14; Ambrosius, Brief 18,14.   322 Cod. Theod. XVI 2,20.   323 Holum 1982, S. 131.   324 Prokop, Anekdota 16,11.

7.z. Das Krongut ging beim Wechsel der Dynastie an die Nachfolger über. Nachdem Augustus seine politische Führungsrolle nicht einer staatsrechtlichen Ämterlaufbahn, sondern der testamentarischen Adoption durch seinen Großonkel Caesar und der von diesem ihm hinterlassenen privatrechtlichen Erbschaft verdankte, hat er in einer konsequenten Familienpolitik das dynastische Denken der Öffentlichkeit[325] als eigentliche Herrschaftsgrundlage genutzt. Durch Heiraten und Adoptionen innerhalb der Verwandtschaft haben die Kaiser stets Amt und Familie verquickt. Sie wurde durch Fiktion fortgesetzt. Schon bei dem dynastiefremden Galba ist von der *unius familiae quasi hereditas* die Rede, von der „erblichen Kaiserfamilie"[326]. Fronto spottete: Wo bereits die Geburt einen Herrscher legitimiert, da liegt die Zukunft des Reiches in der Hand einer Hebamme[327].

---

325 Josephus, Antiquitates XVIII 6,8; Sueton, Vespasian 25; Plinius, Panegyricus 7,7; 94,5.   326 Tacitus, Historien I 16.   327 Fronto, S. 120 (van den Hout BT).

8. Sport und Jagd

a. Sport, Gymnasium
b. Ballspiel, Leichtathletik
c. Schwimmen
d. Spaziergang
e. Tanz
f. Wehrsport
g. Theatersport
h. christliche Kaiser

i. **Jagd im Freien: Alexander**
j. Scipio minor
k. seit Augustus
l. Trajan
m. Hadrian
n. seit Pius, Fischfang
o. Soldatenkaiser

p. **Spätantike**
q. Gehege, Jagdvillen
r. Tiere als Diplomatengeschenke
s. Falknerei

t. **Privat oder repräsentativ?**
u. *opus privatum,* Jagdrecht
v. Jagd in der Oberschicht
w. Löwenregal
x. Elefantenregal
y. Arenajagd ehrlos
z. Artenschwund

Romuli proles assiduis venatibus exercitata
Columella

8.a. Im Gegensatz zu den arbeitenden Unterschichten fehlt es den Angehörigen der oberen Klassen gewöhnlich an Bewegung. Um gesund und kriegstauglich zu bleiben, wurde der Sport erfunden[1]. Die früheste für uns faßbare Form ist das in Griechenland seit klassischer Zeit bezeugte Gymnasium[2]; hier traf sich die Jugend aller sozialer Schichten, vornehmlich zu körperlicher Betätigung. Wie der Name sagt, turnte man unbekleidet *(gymnos)*. Der ältere Scipio lernte den Betrieb im Gymnasium in Syrakus kennen und schätzen[3]. In spätrepublikanischer Zeit fand die gymnastische Erziehung Eingang nach Rom, doch übte man nicht nackt. Die Römer fanden das, wie alle Völker außer den Griechen, unschicklich. Einen griechischen Sportlehrer *(paidotribēs)* hatte beispielshalber Pompeius[4], das war gewiß kein Einzelfall.

8.b. Auch wenn die Leibeserziehung bei den Römern eine geringere Bedeutung hatte als bei den Griechen[5], so scheint sie doch an Beliebtheit gewonnen zu haben. Zu den verbreiteten Sportarten gehörte das schon in der Odyssee bezeugte Ballspiel[6]. Alexander der Große schätzte es[7]. Caesar pflegte seine Mitspieler fürstlich zu belohnen[8]. Augustus und Maecenas übten sich im Ball-, Ballon- und Murmelspiel *(pila, folliculum, ocellatus)*[9], ebenso Galba[10], Vespasian[11] und Hadrian[12]. Antoninus Pius, dessen Schwiegervater, 126 n. Chr. zum dritten Male Konsul, in den Thermen unbestrittener Meister im Spiel mit gläsernen Bällen war[13], besuchte die Ringschule *(palaestra)*[14], desgleichen Marc Aurel[15]. Dieser liebte zudem den Faustkampf, das Wettlaufen und wiederum das Ballspiel[16]. Sein Leibarzt, der berühmte Galen, schrieb eine erhaltene Abhandlung über die Vorzüge des Ballspiels gegenüber dem bloßen Laufen[17]. Es fördert vielfältigere Bewegung. Auch

1 Harris 1972; Scanlon 1984; Weiler 1988.   2 Antiphon III 2,3; Euripides, Phoenissae 368.   3 Livius XXIX 19,12.   4 Athenaios 14 F.   5 Harris 1972, S. 44 ff.   6 Homer, Odyssee VIII 370.   7 Athenaios 19 A.   8 Macrobius II 6,5.   9 Horaz, Satiren I 5,48 f; Sueton, Augustus 83.   10 Quintilian, Institutio VI 3,62.   11 Sueton, Vespasian 20.   12 Historia Augusta, Hadrian 26.   13 Dessau Nr. 5173.   14 Fronto, S. 230 (van den Hout BT).   15 Marc Aurel VI 20.   16 Historia Augusta, Marcus 4,9.   17 Galen, De parvae pilae exercitu (VI, S. 406 Kühn), in ders., Scripta minora I, S. 93 ff; Passagen in Englisch bei Harris 1972, S. 92 ff.

Lucius Verus[18] praktizierte Faustkampf und Wettlauf, ähnlich Geta, dem das zum Ruhm angerechnet wird[19], und der allseits tadellose Severus Alexander[20]. Aurelian trainierte sich und seine Pferde täglich, sogar an Feiertagen, obwohl er gesundheitlich schwach war[21]. Constantius II war ein guter Springer, Reiter und Läufer[22]; Julian[23] verglich ihn darin mit den Helden Homers. Zenon soll deswegen ein vorzüglicher Läufer gewesen sein, weil er angeblich keine Kniescheiben hatte[24]. Ein griechisch benannter Ballspielplatz (*sphaeristerion*) befand sich auf dem Marsfeld in Rom[25], sonst spielte man in den Thermen[26].

8.*c.* Zur körperlichen Ausbildung der Jugend gehörte das Schwimmen, so schon im klassischen Athen[27], nicht jedoch bei den meerfernen Makedonen: Alexander konnte es nicht[28]. Wenn die Römer die Liebe der Germanen zum Wasser hervorhoben[29], beweist das nicht, daß sie selbst des Schwimmens unkundig gewesen wären. Der ältere Cato brachte es seinem Sohn persönlich bei[30]. Caesar zeigte seine Schwimmkünste in einer heiklen Situation während der Kämpfe in Alexandria[31]. Auf der Flucht vor den Truppen des letzten Ptolemäers schleppte er mit den Zähnen seinen Feldherrenmantel durchs Wasser und hielt in der Rechten die wichtigsten Dokumente hoch[32]. Auch Augustus lehrte seine Enkel selbst das Schwimmen[33]. Anders als Caligula[34] konnten Nero und Domitian schwimmen[35]. Caracalla lernte es wiederum von seinem Vater Septimius Severus, wie es heißt, in kaltem Wasser[36], das auch Severus Alexander schätzte[37]. Maxentius konnte vermutlich nicht schwimmen, denn er ist im Tiber ertrunken[38]. Schließlich lehrte auch Theodosius seine Söhne das Schwimmen in kalten Flüssen[39]. Die Römer badeten im Tiber[40], in Aquaedukten[41] und im offenen Meer[42]. Diese Sitte ist dann erst wieder in unserem Jahrhundert aufgekommen.

8.*d.* Geruhsame Bewegung fand man beim Ausritt und beim Spaziergang. Augustus legte gern einen Spurt ein[43]. Vor dem Schlafen ging

18 Historia Augusta, Verus 2,10.   19 Herodian IV 3,3.   20 Historia Augusta, Alexander 30,4.   21 l.c. Aurelian 4,2; 49,2.   22 Ammian XXI 16,9.   23 Julian 53 C.   24 Anonymus Valesianus 40.   25 Plutarch, Cato minor 50.   26 Seneca, Brief 56,1; Statius, Silvae I 5,57; Plinius, Brief II 17,12; V 6,27.   27 Elias, in: Aristoteles, Einführungsschriften, übersetzt von O.Gigon 1961, S.331.   28 Plutarch, Alexander 58.   29 Caesar, De bello Gallico IV 1,10; VI 21,5; Tacitus, Historien IV 12; Mela 3,27; Herodian VII 2,12; Ammian XXV 6, 13 f.   30 Plutarch, Cato maior 20.   31 Sueton, Caesar 57; 64; Plutarch, Caesar 49.   32 Plutarch, Caesar 49,9.   33 Sueton, Augustus 64.   34 Sueton, Caligula 54.   35 Tacitus, Annalen XIV 22; Sueton, Domitian 22.   36 Dio LXXVII 11,3.   37 Historia Augusta, Alexander 30,4.   38 Zosimos II 16.   39 Claudian VII 45f; VIII 348.   40 Horaz, Oden III 7,28; ders., Satiren II 1,7.   41 Ovid, Tristien III 12; Tacitus, Annalen XIV 22.   42 Plinius, Briefe IX 33.   43 Sueton, Augustus 83.

Domitian allein in seinen Wandelhallen spazieren[44]. Die *ambulatio* gehörte zu jeder besser ausgestatteten Villa. Antoninus Pius schätzte beim Spaziergang das Gespräch[45]. Von Septimius Severus hören wir, daß er beim Morgengang politische Berichte entgegennahm und abends unterwegs Diskussionen auf lateinisch und griechisch liebte[46]. Gallienus erging sich in den nach ihm benannten Gärten mit großem Gefolge[47]. Theodosius fand Erholung auf seinen Spaziergängen, die er in seiner Muße unternahm, *cum esset otium*[48]. Justinian wandelte nachts stundenlang „Böses planend" durch den Palast[49].

8.e. Seit spartanischer Zeit[50] gehörte das Tanzen (*choros, orchēsis*) zur Ausbildung der Jugend. In Rom war es moralisch umstritten[51], selbst Trimalchio verzichtete darauf, weil es seine Würde verletzte[52]. Gleichwohl gewann es im Zuge der Hellenisierung an Beliebtheit. Dio[53] tadelt die übertriebene Tanzlust eines republikanischen Konsuls. Derartiges war unangemessen, es kennzeichnet „schlechte" Kaiser. Caligula war ein leidenschaftlicher Tänzer, er produzierte sich auch in der Öffentlichkeit[54]. In ebenso anstößiger Weise tat dies Elagabal. Er tanzte in der Orchestra, auf der Straße und bewegte sich überhaupt tanzend[55]. Wenn Lactanz[56] den Tetrarchen Severus einen „stets betrunkenen Tänzer" nannte, so wollte er ihm bloß Mangel an Haltung bescheinigen, denn auch andernorts heißt Severus „gemein nach Herkunft und Umgangsformen"[57]. Dennoch war das Tanzen nicht schlechthin verpönt. Selbst ein „bürgerlicher" Kaiser wie Marc Aurel hatte Tanzen gelernt, sein Tanzlehrer, der vermutlich auch Musik, Gesang und Sprache unterrichtete, war ein griechischer Freigelassener[58].

Akzeptiert war der Waffentanz, die aus Kreta stammende *pyrricha*[59]. Caesar, Nero und Hadrian ließen sie in Rom von griechischen Jünglingen aufführen[60]. Julian war gewiß nicht der einzige Kaiser, der im Lager die *pyrricha* zum Klang der Panflöte tanzen lernte[61]. Der Waffentanz gehörte zum Ritual der Salier, in deren Priesterschaft Marc Aurel mit acht Jahren eintrat[62].

44 Sueton, Domitian 21.   45 Historia Augusta, Pius 11,2.   46 Dio LXXVI 17.   47 Historia Augusta, Gallienus 17,7.   48 Aurelius Victor, Epitome 48,19.   49 Prokop, Anekdota 13,30.   50 Plutarch, Lykurg 24. 51 Cicero, Pro Murena 13; Plinius, Naturalis historia VII 49/159; Plinius, Briefe VII 24; Lukian, De saltatione, *passim*.   52 Petron 52.   53 Dio XXXVII 49,3.   54 Sueton, Caligula 54; Dio LXIX 2,5.   55 Dio LXXX 14,3; Herodian V 6,10.   56 Lactanz, De mortibus persecutorum 18,12. 57 Anonymus Valesianus 9.   58 Dio LXXVIII 21,2.   59 Plinius, Naturalis historia VII 57/204.   60 Sueton, Caesar 39,1; ders, Nero 12,1; Historia Augusta, Hadrian 19,8.   61 Ammian XVI 5,10.   62 Historia Augusta, Marcus 4,2.

8.*f.* Die Wehrübung war immer ein wichtiger Aspekt des Sportes, denn jeder Bürger war wehrpflichtig. Reiten und Fechten gehörte zur Grundausbildung der höheren Jugend. Viele Kaiser beteiligten sich an militärischen Übungen. Wir hören von *campestres exercitationes* bei Caesar[63], Augustus[64], Nero[65], Hadrian[66], weiter bei Marc Aurel[67], Severus Alexander[68] und Aurelian. Wegen seines raschen Griffes zur Waffe hieß er schon als Privatmann „Manu ad ferrum"[69]. Wehrsport trieb ebenfalls Julian[70]. Er hat auf dem Schlachtfeld, wie zuvor Germanicus[71] und Maximinus Thrax[72], Gegner im Zweikampf getötet[73]. Die Zahl der Feinde, die Aurelian eigenhändig erlegt haben soll, ist legendär[74].

Mehrere Kaiser werden als Bogenschützen gerühmt, so Titus[75], Domitian[76], Commodus[77], Caracalla[78] und Aurelian[79] und in der Spätantike Constantius II, *destinandi sagittas mire promptus*[80], Gratian, von dem gesagt wurde, seine Pfeile hätten Hirn[81], sodann Honorius, dem sein Bogen „jeden Wunsch erfüllte"[82], und Theodosius II, ein „Schütze wie Teukros"[83], der „beste unter den Achäern im Bogenschießen"[84].

8.*g.* „Schlechte" Kaiser wie Caligula[85], Lucius Verus[86] und Commodus[87] übten sich mit Gladiatorenwaffen. Auch Hadrian tat dies, produzierte sich aber damit nicht in der Öffentlichkeit[88]. Bei Commodus nahm die Liebe zum Galdiatorenwesen krankhafte Formen an[89]. Er kämpfte selbst in der Arena, indem er seinen Gegnern nur Holzwaffen zugestand, sie aber großmütig begnadigte, wenn er sie kampfunfähig geschlagen hatte. Sein Lehrer im Bogenschießen war ein Parther, im Speerwerfen ein Maure[90]. Alexander Severus besuchte als Caesar auf Betreiben seiner Mutter die Palästra und das Gymnasium[91]. Die Fechtmeister gehörten zum persönlichen Umgang des Kaisers, Commodus wurde von dem seinen erwürgt[92].

63 Sueton, Caesar 57.   64 Sueton, Augustus 83.   65 Sueton, Nero 10,2. 66 Historia Augusta, Hadrian 14.   67 l.c. Marcus 4,9.   68 l.c. Alexander 27,9.   69 l.c. Aurelian 6,2; vgl. 4,2; 49,2.   70 Ammian XVI 5,10; XXI 2,1.   71 Sueton, Caligula 3,1.   72 Herodian VII 2,6.   73 Ammian XXIV 4,4 f.   74 Historia Augusta, Aurelian 6 f.   75 Sueton, Titus 3,2; 5,2. 76 Sueton, Domitian 19.   77 Dio LXXII 18,1; 19,1; Herodian I 15,1; Historia Augusta, Commodus 13,3.   78 Dio LXXVII 10,1.   79 Historia Augusta, Aurelian 4,1.   80 Aurelius Victor, Liber 42,23.   81 Constantinus Manasses 2453; Aurelius Victor, Epitome 47,4.   82 Claudian VIII 527 ff. 83 Anthologia Graeca XV 9.   84 Homer, Ilias XIII 313 f.   85 Sueton, Caligula 32; 54; Dio LXIX 5,5.   86 Historia Augusta, Marcus 8,12.   87 Dio LXXIII 10,2; 19.   88 Historia Augusta, Hadrian 14,10.   89 s. u. 9j! 90 Herodian I 15,2.   91 Herodian V 7,5.   92 Historia Augusta, Commodus 17,2; Dio LXXII 22, 5.

8.h. In christlicher Zeit veränderte sich das Verhältnis zum Körper, dem „Madensack" (Luther). *Palaestrica (ars) diaboli negotium est,* heißt es schon bei Tertullian: „Der Sport ist Teufelsgeschäft"[93]. Dennoch rühmte Euseb[94] die Leistungen Constantins im Gymnasium, beim Reiten, Marschieren und Kämpfen. Als Prinz hat er Sarmaten im Kampf getötet und einmal einen riesigen Barbaren an den Haaren vor Kaiser Galerius geschleppt[95]. Die christlichen Thronfolger wurden weiterhin im Waffenwerk und Reiten erzogen, so Constantius II[96], Theodosius II[97] und Anthemius[98] in Konstantinopel. Noch als Kaiser übten sie sich darin, so Zenon im Osten[99] und im Westen Valentinian II[100], Honorius[101] und Valentinian III, der 455 bei Wehrübungen auf dem Marsfeld – er wollte gerade vom Reiten zum Bogenschießen übergehen – von den Rächern des Aëtius erschlagen wurde[102]. Überraschend ist, daß der aus Gallien stammende Maiorian nicht nur als Schütze und Jäger, als Reiter und Läufer, sondern auch als Faustkämpfer gerühmt wird[103]. Dieser alte griechische Sport scheint außer Übung gekommen zu sein. Neu in der Spätantike war das aus Mittelasien stammende Polospiel. Schon Theodosius II soll den neben dem Palast in Konstantinopel später bezeugten Poloplatz angelegt haben[104]. Der Kaiser hatte einen Kämmerer persischer Herkunft namens Antiochos, er könnte ihm die Kenntnis des Spiels vermittelt haben. So verschwand auch in christlicher Zeit der Sport nicht vom Hof. Justinian bestätigte, daß, anders als beim Würfeln, Geldpreise beim Speer- und Ballwerfen, Laufen und Springen, Ringen und Fechten, *quod virtutis causa fiat,* statthaft seien[105].

8.i. Ihre sportlichen Fähigkeiten stellten die Kaiser nicht zuletzt auf der Jagd unter Beweis[106]. Die Jagd war schon im alten Orient, zumal bei den Persern, ein königliches Vergnügen[107]. Die Tradition kommt von den Assyrern und Achaimeniden und führt bruchlos über die Parther[108], die auch jagende Götter kannten[109], zu den Sassaniden[110]. Die Griechen verehrten Artemis, die Römer Diana als Göttin der Jagd; unter den jagenden Heroen stehen Herakles, Meleager und Orion voran. Mit den jagenden Göttern und Helden beginnt Xenophon seine um 400 v. Chr. verfaßte Schrift über die Hasenjagd (Kynegetika), die zu Fuß mit Hunden durchgeführt wurde. Der berühmteste griechische

93 Tertullian, De spectaculis 18,3.   94 Euseb, Vita Constantini IV 53.
95 Anonymus Valesianus 3.   96 Julian 10C–11C; Ammian XXI 16,7.
97 Sozomenos, Historia ecclesiastica IX 1,6; *dedicatio* 12.   98 Sidonius, Carmina II 138 ff.   99 Anonymus Valesianus 39.   100 Zosimos IV 54,3.
101 Claudian VIII 527 ff.   102 Priskos, fr. 30.   103 Sidonius, Carmina V 151 ff.   104 Preger 1901/1907, III 29.   105 Digesten XI 5,2.   106 Blümner 1911, S. 512 ff; Aymard 1951.   107 Herodot III 129.   108 Sueton, Caligula 5.   109 Tacitus, Annalen XII 13.   110 Ammian XXIV 6,3.

Jäger, der Heraklide Alexander, jagte freilich edleres Wild[111]: Skulpturen von Lysipp und Euthykrates[112], der Alexandersarkophag aus Sidon[113] und ein Kieselmosaik aus Pella zeigen ihn als Löwenjäger[114]. Die Jagd galt, wie nach Xenophon wieder Polybios ausführt, als Ausweis der Männlichkeit (*andreia, virtus*) und brachte hohes Ansehen. Gemäß der stoischen Lehre sind die wilden Tiere dazu geschaffen, daß die Menschen an ihnen ihren Mut und ihre Kraft erproben[115]. Die Verbindung von Jagd, Krieg und Politik scheint eine anthropologische Konstante; das zeigt nicht zuletzt der Streit zwischen Ribbentrop und Göring im September 1939 um die Jagdgründe in Polen, die Stalin dem Reich überlassen hatte[116].

8.j. Den lebenspraktischen Senatoren im republikanischen Rom schien die Waffenübung und die Landwirtschaft sinnvoller als die Jagd[117]. Das änderte sich erst mit dem Philhellenismus des Aemilius Paullus, der für seine Söhne nicht nur Lehrer der Grammatik, der Philosophie und der Rhetorik aus Griechenland holte, sondern ebenso Bildhauer und Maler, Reitlehrer, Hundewärter und Jagdmeister[118]. Nach dem Sieg bei Pydna 168 v. Chr. wurde Scipio Aemilianus, wie uns sein Jagdfreund Polybios[119] mitteilt, in den königlichen Reservaten vom Jagdfieber ergriffen. Er übertrug es nach Rom, wo es sich ausbreitete und zu seiner Popularität beitrug. Seitdem gibt es auf den Villen Italiens Volièren, Fischteiche und Wildgehege[120].

8.k. In der späten Republik kam das Jagen bei der begüterten Jugend in Mode[121], doch gab es noch altrömisch gesinnte Kritiker. Sallust[122] nannte es ein *servile officium* und lehnte es ab. Horaz[123] bezeichnete die Hasenjagd satirisch als *militia Romana*. Columella hingegen betrachtete Landarbeit und Jagd als die beste Vorbereitung für den Wehrdienst und lobt deren Beliebtheit in Rom[124]. Die julisch-claudischen Kaiser gingen anscheinend noch nicht auf die Jagd. Sie widmeten sich dem in der Oberschicht gleichfalls beliebten Fischfang[125]. Antonius angelte im Nil und wurde von Kleopatra gefoppt. Sie ließ ihm durch einen Taucher ein goldenes Krönchen an den Angelhaken hängen[126]. Augustus fischte

111 Pausanias VII 5,2.   112 Plinius, Naturalis historia XXXIV 19/64; 66; Plutarch, Alexandros 40.   113 V. v. Graeve, Der Alexandersarkophag und seine Werkstatt, 1970.   114 P. Petsas, Pella, 1978, S. 95 ff.   115 Cicero, De natura deorum II 161; Philo Alexandrinus, Über die Einzelgesetze IV 120 f; ders., Leben Mosis I 60 f.   116 A. Speer, Erinnerungen, 1969, S. 183.   117 trotz Cicero, Cato maior 56.   118 Plutarch, Aemilius 6.   119 Polybios XXXI 29; Diodor XXXI 27.   120 Gellius II 20; Plinius, Briefe II 17; V 6; IX 7.   121 Horaz, Oden I 1,26 ff.   122 Sallust, Catilina 4,1.   123 Horaz, Satiren II 2,9 ff.   124 Columella I, *praef.* 17.   125 Martial I 55,9; III 58,27; Plinius, Briefe IX 7,4; Aelian, De natura animalium XII 43.   126 Plutarch, Antonius 29.

Abb. 17: Rundbild mit Eberjagd

Constantin schmückte seinen Triumphbogen in Rom mit Spolien, darunter acht Rundbildern (Durchmesser über 2m) von einem Denkmal Hadrians. Die übrigen zeigen den Kaiser beim Opfer für Apoll, auf der Löwenjagd, beim Opfer für Hercules, beim Aufbruch zur Jagd, beim Opfer für Silvanus, auf der Bärenjagd und beim Opfer für Diana. Die Jagdszenen haben die Köpfe Constantins, die Opferszenen die des Licinius erhalten. Der Kopf des Antinoos hinter dem Kaiser wurde nicht ausgetauscht.

im Tiber[127], Nero[128] mit goldenen Netzen. Im Orient blieb das Jagen ein königliches Vergnügen, wie uns für Antonius und Kleopatra in Ägypten[129], für Herodes und Germanicus in Syrien berichtet wird[130]. 8.*l.* Der erste in freier Wildbahn jagende Kaiser war der Spanier Trajan. Plinius rühmt, daß er „zur Erholung" (*instar refectionis*) ganz alleine Berge und Wälder durchstreife, um das Wild aufzuspüren[131]. Der mit ihm befreundete Dion Chrysostomos lobt an einem idealen Herrscher die Lust an den Strapazen der Jagd, im Gegensatz zu den bequemen Vergnügungen im Theater. Die Jagd sei die beste Vorschule für den Krieg[132]. Für den späteren Historiker Cassius Dio[133] war es ein Zeichen von Bürgernähe (*civilitas*), daß Trajan sich an Jagdpartien beteiligte. Er erscheint noch nicht selbst als Veranstalter. Daß auch die Soldaten vom Jagdfieber ergriffen wurden, bezeugen Weihinschriften an Diana, ebenso die Eberhauer und Hirschgeweihe, die ihr ein Legionslegat in Spanien dedizierte[134]. Die Jagdlust der Oberschicht wird deutlich, wenn der jüngere Plinius den Reichtum an Wild in der Nähe seiner Villa an den Apenninen herausstellt[135]. 8.*m.* Ein echter Nimrod war dann Hadrian[136]. Die Jagd paßte in sein hellenistisches Herrscherkonzept. Er betrieb sie so leidenschaftlich, daß er sich einmal Schlüsselbein und Rippe brach[137]. Aus seiner Zeit stammt vermutlich die Grabinschrift eines Aufsehers der kaiserlichen Jagdgarderobe. Es war ein Freigelassener Trajans mit der Amtsbezeichnung *a veste venatoria*[138]. In Bithynien gründete Hadrian zum Andenken an eine dort erlegte Bärin die Stadt *Hadrianotherai* (Hadriansjagd)[139]. An die Bärenjagd erinnert weiterhin ein 1869 bei Thespiae in Böotien gefundenes Jagdgedicht des Kaisers. Die griechische Inschrift wendet sich an den bogenschießenden Eros, dem im Narkissos-Garten am Helikon das Erstlingsopfer einer vom Kaiser zu Pferde erlegten Bärin geweiht wurde, wofür Eros die Gnade seiner Mutter, der himmlischen Aphrodite, für Hadrian erwirken möge[140]. In Libyen tötete der Kaiser gemeinsam mit seinem Liebling Antinoos[141] einen gemeingefährlichen Löwen. Aus dessen Blut entsprang die rote Lotosblume, die Antinoeion genannt wurde. Dieses Abenteuer besang der Dichter Pankrates in homerisierenden Hexametern und erhielt dafür einen

---

127 Sueton, Augustus 83.   128 Sueton, Nero 30.   129 Plutarch, l.c.. 130 Josephus, Antiquitates XVI 10,3/315; 11,8/400; Plutarch, Moralia 537A. 131 Plinius, Panegyricus 81.   132 Dion Chrysostomos, or. 3, 135 f.   133 Dio LXVIII 7,3.   134 Dessau Nr. 3259f; vgl. 3245; 3251; 3254; 3257 etc. 135 Plinius, Briefe V 6,8.   136 Historia Augusta, Hadrian 2,1; siehe hier Abb. 17.   137 l.c. 26.   138 Dessau, Nr. 1762.   139 Historia Augusta, Hadrian 20,13; Dio LIX 10.   140 G. Kaibel, Epigrammata Graeca ex lapidibus conlecta, 1878, Nr. 811.   141 s.o. 5w !

Lehrstuhl für Poesie im Museion von Alexandria[142]. So konnte man im alten Rom Professor werden. Der Kaiser wurde das Erlebnis nicht los. Er träumte vor seinem Tode, er werde von einem Löwen überwältigt[143].

8.*n.* Antoninus Pius liebte gleichfalls die Jagd und – nicht als letzter Kaiser, wie die Nachrichten über Marc Aurel, Commodus[144] und Severus Alexander bezeugen[145] – den Fischfang[146]. Marc Aurel ging als Kronprinz mit Pius auf Wildschweinjagd[147] und betrieb den Vogelfang (*aucupium*)[148]. Das weist voraus auf Heinrich I den Vogler, des „Sachsenlandes Stern". Das Buch Oppians über den Vogelfang mit Mistelleim (Ixeutika) ist verloren[149], sein Gedicht über den Fischfang (Halieutika) – fürstlich entlohnt von Septimius Severus[150] – jedoch blieb erhalten, ebenso die Schrift Arrians über die Zucht von Jagdhunden. Als das Wildgehege in Centumcellae[151] eingeweiht werden sollte, mahnte Fronto seinen Zögling Marcus, zu Pferde ja vorsichtig zu sein[152]. Marc Aurels Mitkaiser Verus jagte gerne in Apulien[153] und später in der Umgebung von Antiochia[154]. Seinen Sohn Commodus zeigen Münzen als Jäger[155]. Die Jagdleidenschaft Caracallas, der dieser zumal an der Donau und in Mesopotamien frönte[156], spricht aus dem ihm gewidmeten Lehrgedicht über das Jagen des schon genannten Oppian aus Apamea. In dessen »Kynegetika« werden auch die im Osten als Jagdwild beliebten Wildesel (*onager*) erwähnt[157].

8.*o.* In der kriegerischen Zeit der Soldatenkaiser treten die Zeugnisse für das kaiserliche Waidwerk zurück. Valerian soll dem späteren Kaiser Claudius Gothicus zwei Jäger geschenkt haben[158]. Im übrigen finden sich Belege aus dem Osten. Der *totius Orientis imperator*[159] Odainathos von Palmyra wird als begeisterter Jäger dargestellt. Von früher Jugend auf habe er Löwen, Panther und Bären gejagt, habe er in Bergen und Wäldern gelebt, Hitze und Regen und alle Strapazen ertragen, die zum Jagdvergnügen gehören. Seine Frau Zenobia habe es ihm gleichgetan[160].

142 Athenaios 677 DE; Hoffa 1912.   143 Historia Augusta, Hadrian 26,10.   144 Oppian I 71 ff.   145 Historia Augusta, Alexander 29,3. 146 Fronto, S. 230 (van den Hout BT); Historia Augusta, Pius 11,2.   147 Fronto, S. 61 (van den Hout BT); Historia Augusta, Marcus 4,9; Dio LXXII 36,2; ein Medaillon: H. A. Grueber, Roman Medaillons in the British Museum 1874, S. 13, Nr. 2, Tafel XVIII unten rechts.   148 Dio LXXI 36,2; Historia Augusta, Marcus 4,9.   149 Suidas, Omikron 452.   150 Sozomenos, Vorwort 5 ff; mit *Severus* könnte auch *Caracalla* gemeint sein.   151 s.o. 7l! 152 Fronto, S. 51 (van den Hout BT).   153 Historia Augusta, Verus 2,9; 6,9.   154 l.c. Marcus 8,12.   155 BMC. IV Tafel 104, Nr. 1; RIC. III Tafel XIV, Nr. 284: Commodus Nr. 114.   156 Herodian IV 7,2; 11,9. 157 Oppian III 183 ff; Ammian XXIII 4,7.   158 Historia Augusta, Claudius 14,11.   159 l.c. Gallienus 3,3.   160 l.c. Tyranni triginta 15,7f.

8.p. Zu Beginn der Spätantike verdichten sich die Nachrichten wieder. Als *venationum studiosus* erscheint der Kaiser Tacitus[161]. Den Kaisersöhnen Carinus und Numerianus widmete Nemesianus sein Gedicht über die Zucht von Jagdhunden[162]. Diocletian jagte Wildschweine[163]. Jagdleidenschaft ist wieder bezeugt für die Kaiser in Gallien: im 4. Jh. für Constans, der die Wälder durchstreifte, als Magnentius sich gegen ihn erhob[164], für Valentinian I, der sich in den Ardennen eine Jagdvilla baute[165] und mit spartanischen Hunden jagte[166]; im 5. Jh. für den jungen Avitus, der auf der Wolfs- und Wildschweinjagd seine Bestimmung zum Kaiser erwies[167], und für Maiorianus, der mit dem Bogen Hirsche, Sauen und Schlangen (?) erlegte[168]. Jagdgründe gab es bei Ravenna, die Honorius aufsuchte[169], und im Osten, wo Theodosius II die Jagd schätze[170]. Am 28. Juli 450 stürzte er vom Pferd und brach sich den Hals[171]. Aus seiner Zeit stammen vermutlich die jüngst restaurierten Jagdmosaiken im Kaiserpalast in Konstantinopel[172]. Wo der von dort stammende spätere Westkaiser Anthemius in seiner Jugend „das Wild mit Speer und Netz in den Wäldern aufspürte"[173], ist nicht überliefert. Die Beliebtheit der Jagd in Byzanz spiegelt sich in den einschlägigen Epigrammen der Anthologia Graeca[174]. Daß auch die Germanenkönige der Jagd huldigten, versteht sich. Caesar und Tacitus schreiben über die Jagd bei den frühen Germanen[175], Agathias berichtet darüber bei den Franken: Der Merowinger Theudebert starb 548 auf der Auerochsenjagd[176].

8.q. Dion Chrysostomos vergleicht die sportlich-waidgerechte Jagd eines Trajan in freier Wildbahn mit der persischen Unsitte, die Tiere in Gehegen zu halten, um die Strecke zu steigern und die Mühen zu mildern[177]. Dies geht zurück auf die *paradeisoi* der Achaimeniden in Persien[178], der Mermnaden in Lydien[179] und der Antigoniden in Makedonien[180]. In der Bibel ist das Paradies das Tiergarten Gottes, das Wort ist persischen Ursprungs. Zwei sassanidische Jagdvillen beschreibt Ammian. An der einen rühmt er die Vielfalt der Pflanzen und die Jagdszenen auf den Wandgemälden[181], bei der anderen den Reichtum

---

161 l.c. Tacitus 11,4.   162 Nemesianus, Cynegetica, *praef.*   163 Historia Augusta, Carus 15,2 f.   164 Aurelius Victor, Epitome 41,22.   165 Nassogne – *Nasonacum* in belgisch Luxemburg, Codex Theodosianus VI 4,21; 7,1; 14,1; VIII 7,12.   166 Ammian XXIX 3,3.   167 Sidonius, carmina VII 165 ff.   168 l.c. V 151 ff.   169 Claudian X 5 f.   170 Johannes Antiochenus fr. 194 = Priskos fr. 3,1.   171 Theodorus Lector, Epitome 353; (II 64, PG. 86, S. 213).   172 W. Jobst, in: Antike Welt 18, 1987, S. 2 ff.   173 Sidonius, Carmina II 138 ff.   174 Anthologia Graeca VI 75; 167f; 175 ff.   175 Caesar, De bello Gallico VI 27f; Tacitus, Germania 15.   176 Agathias I 4,5 f.   177 Dion Chrysostomos, or. 3, 137.   178 Xenophon, Hellenika IV 1,15; ders., Kyropädie I 4,11.   179 Athenaios 515 E.   180 s.o. 8h!   181 Ammian XXIV 6,3.

an Jagdwild, die Löwen, Eber und Bären innerhalb des weiten, von einer Mauer umschlossenen Parks. Diese *villa regia* sei nach römischer Weise gebaut gewesen[182]. Eine Anlage dieser Art (*vivarium*) ist um die Villa Welschbillig nördlich von Trier, archäologisch nachgewiesen[183]. Spätantike Jagdvillen kennen wir ebenfalls aus dem weiteren Moselraum[184] und auf Sizilien[185]. Die bekannteste ist die *Filosofiana* bei Piazza Armerina auf Sizilien. Ein Mosaik zeigt die Jagd mit Pferden, Hunden und Netzen auf Füchse, Hasen, Sauen und Hirsche, sowie den Vogelfang mit der Leimrute; ein anderes Mosaik stellt den Transport afrikanischer Zirkustiere dar[186]. Das Jagen auf Großwild machte Vergnügen und brachte Ruhm. Constantius II wurde von Julian[187] dafür gelobt, daß er in diesen Wildgärten Bären, Panther und Löwen erlegt habe. Ebenso hat Gratian „Bestien mit langen Zähnen" in Tierparks gejagt und ist darum von Ausonius gepriesen[188], von Ammian[189] allerdings getadelt worden. Ammian vergleicht die Jagdleidenschaft des Kaisers (*ludibriosi actus*) mit der des Commodus im Theater. Valentinian II ließ nach dem Ende Gratians die von diesem in seinen *vivaria* ausgesetzten Bären und Löwen töten[190].

8.*r.* Bestückt wurden die Wildgärten unter anderem mit den exotischen Tieren, die von Dynasten des Orients übersandt wurden. Aus Indien erhielt Augustus einen Tiger, der als erster seiner Art in Rom in einem Käfig ausgestellt wurde[191]. Das Ereignis erregte solches Aufsehen, daß der Tag in den Annalen festgehalten wurde. Es war der 7. Mai 11 v. Chr. Diocletian erhielt vom Perserkönig „Tiere von höchster Schönheit"[192], Theodosius bekam „Ungeheuer, vor den Triumphwagen zu spannen", also wohl Elefanten[193]. Die *provincia India* schickte Theodosius II einen zahmen Tiger[194]. An Zeno sandte der Sassanide ebenfalls einen Elefanten, der jedoch nur bis Antiochia gelangte[195]. Anastasius bekam aus „Indien" – gemeint ist Äthiopien – Elefanten und Giraffen (*camelopardalis*)[196], die zuerst Caesar in Rom gezeigt hatte[197]. Als Harun al-Raschid Karl dem Großen einen Elefanten und Affen nach Aachen schickte[198], ein Emir aus Afrika einen

182 Ammian XXIV 5,1 f.   183 Rheinisches Landesmuseum Trier (Hg.), Trier – Kaiserresidenz und Bischofsstadt, 1984, Nr. 152.   184 s.o. 8p!
185 s.o. 7m!   186 Carandini 1982.   187 Julian 53 B.   188 Ausonius XIX 27.   189 Ammian XXXI 10,19.   190 Philostorgios XI 1; Ambrosius, De obitu Valentiniani 15.   191 Plinius, Naturalis historia VIII 25/65; Dio LIV 9,8.   192 Panegyrici Latini X 10,7.   193 l.c. II 22,5.   194 Marcellinus Comes zu 448, in: Chronica minora II, S. 83.   195 Josua Stylites 19.
196 Marcellinus Comes zu 496, in: Chronica minora II, S. 94.   197 Plinius, Naturalis historia VIII 27/69.   198 Einhard, Vita Karoli Magni 16; Annales Laureshamenses maiores *anno* 802, in: MGH. Scriptores I, S. 39.

numidischen Bären und einen maurischen Löwen sandte[199], stand das in einer langen Tradition. 8.*s*. Die naheliegende Vermutung, daß die römischen Kaiser auch die Falkenbeize[200] betrieben hätten, läßt sich erst für das spätantike Gallien belegen. Sie ist bezeugt für Avitus[201] und seinen Sohn Ecdicius[202]. Außerdem wurde sie geschätzt in Nordafrika[203], Sizilien[204] und Kleinasien[205], ebenso in Thrakien[206] und auf der Peloponnes: Mosaiken einer Villa des späten 4.Jahrhunderts in Argos zeigen eine Falkenjagd in sieben Szenen – es ist die älteste Darstellung in der europäischen Kunst[207]. In Italien ist die Falknerei seit der frühen Kaiserzeit bezeugt. Martial nennt unter den Tafelgeschenken einen Jagdfalken zum Vogelfangen[208]. Die Falkenjagd war von den achaimenidischen Persern aus Indien übernommen worden[209]. Als der Stauferkaiser Friedrich II sein Werk »De arte venandi cum avibus« schrieb, stand er, wie auch mit seiner Menagerie[210], in der imperialen Tradition.

8.*t*. Wie in allen Lebensbereichen stellt sich bei der Jagd die Frage: Wo handelt der Kaiser als Privatmann, wo als Monarch? Die Niederjagd bleibt sicher im Bereich des Privaten, beim Hochwild wird es ambivalent. Wenn der Dichter Pankrates den löwenjagenden Hadrian einen *theos thērophonos* nennt, einen tiertötenden Gott, dann überträgt er auf ihn einen Beinamen des drachentötenden Apollon, dessen späte Spielform *sauroktonos*, der Eidechsentöter des Praxiteles ist. Gemeint ist der Kaiser als neuer Herakles, als den ihn eine Münze mit dem Löwenhelm zeigt. Ein bronzenes Medaillon, das Hadrian zu Pferde auf der Löwenjagd darstellt, trägt die Umschrift VIRTVTI AVGVSTI. Die *virtus* bestätigt den Herrscher, die Jagdszene wird zur politischen Demonstration. Von Hadrian bis Constantin werden Kaiser in der Kunst auf der Löwen-, Bären- und Saujagd abgebildet, so auf den Bildscheiben am Constantinsbogen[211] und Gemmen[212], auf Medaillons[213] und Münzen[214].

8.*u*. Der private Aspekt ergibt sich daraus, daß die Hochwildjagd kein kaiserliches Privileg war. Die Antike kennt kein Jagdrecht wie das Mittelalter. Wer nicht fremde Grundstücke betrat, konnte jagen, was

---

199 Friedländer II, S.78.   200 Lindner 1973.   201 Sidonius, carmina VII 202ff.   202 Sidonius, Briefe III 3,2.   203 Apuleius, De magica 34; Gregor d.Gr., Migne PL.76, S.623f.   204 Firmicus Maternus, Mathesis V 8,2. 205 Lindner 1973.   206 Plinius, Naturalis historia X 10/23.   207 Akerstrom-Hougen 1974.   208 *accipiter*, Martial XIV 217.   209 Aelian, De natura animalium IV 26 aus Ktesias.   210 E. Kantorowicz, Kaiser Friedrich II, Ergänzungsband 1931, S.137.   211 H. P. L'Orange + A. v. Gerkan, Der spätantike Bildschmuck des Konstantinsbogen, 1939.   212 Gisela Richter, Engraved Gems of the Romans, 1971, Nr.569.   213 F. Gnecchi, I medaglioni romani, 1912, III 144,12; 146,4; 7.   214 s.o. 8m !.

und wann und wie er wollte. Tiere, Fische und Vögel waren herrenlos (*res nullius*) [215]. Grundsätzlich war das Waidwerk *otium, refectio, opus privatum*. Als *opus privatum* bezeichnet ein Passus der Digesten[216] den Fischfang und die Jagd und rechnet beides den Soldaten als Disziplinverstoß an. Selbst ein Legionslegat wurde einmal von Tiberius entlassen, weil er eine Jagdpartie über den Rhein unternommen hatte[217]. In Suëtons Zeiten rief das Befremden hervor. Damals gab es in den Rheinlegionen *ursarii*, von denen einer sich in einer Weihung an Diana rühmt, in einem halben Jahr fünfzig Bären gefangen zu haben[218]. Sie waren vermutlich für die Arena bestimmt.

8.v. Die Jagd im Freien wurde nicht nur von den Herrschern betrieben, sondern war in militärischen und senatorischen Kreisen allgemein geschätzt. Das bezeugen Plinius minor[219], Ammian[220], Symmachus[221] und Sidonius Apollinaris[222]. Wenn kritisiert wird, daß die Jäger sich mit ihren Leistungen brüsteten, obschon sie die harte Arbeit anderen überließen, fassen wir hier gleichwohl das Streben nach Ansehen. Das bestätigen die beliebten Jagdszenen auf Mosaiken und Sarkophagen. Bei der Sauhatz auf den Kontorniaten[223] ist nicht klar, ob sie im Freien oder im Zirkus zu denken sind.

8.w. In den Bereich der monarchischen Repräsentation treten wir ein mit dem Löwen- und Elefantenregal. Es geht auf altorientalische Vorstellungen zurück[224].Wie in England alle Schwäne der Königin, gehörten in Rom alle Löwen dem Kaiser, der Löwe war der *princeps omnium bestiarum*[225]. Die Löwenjagd war an ein spezielles Privileg gebunden. Commodus ließ einen Jagdgefährten hinrichten, der ihm einen Löwen vor der Nase weggeschossen hatte[226]. Symmachus erbat um 400 die kaiserliche Erlaubnis (*ferae*) *Libycae* zu kaufen[227]. Im Mai 414 erließen Honorius und Theodosius II ein Gesetz[228], wonach es jedermann gestattet sei, Löwen zu töten, die das Leben von Provinzialen bedrohen. Insbesondere die Offiziere werden angesprochen. Verboten bleibt das Aufspüren und Verkaufen der Tiere. Die Kaiser verzichten damit großzügig auf ihre *voluptas*, die zweimal genannt wird. Es geht nicht um die *virtus*, sondern um das Vergnügen. Unklar ist, ob der Erlaß aus Ravenna stammt und auf Africa abzielt oder aus Konstantinopel kommt und den Orient meint. Das Vorrecht wurzelt in derselben Mentalität wie der Anspruch des Kaisers auf alle Edelmetall- und

215 CIC. Institutiones II 1,12 ff; Digesten XLVII 10,13.   216 l.c. IL 16,12,1. 217 Sueton, Tiberius 19.   218 Dessau, Nr. 3267; 9241.   219 s.o. 8l!. 220 Ammian XXVIII 4,21.   221 Symmachus, Briefe V 67 f.   222 s.o. 80! 223 A. Alföldi, Die Kontorniat-Medaillons, I 1976, Nr. 95; II 1990, S. 182 f. 224 s.o. 4u! 225 Isidor, Etymologien XII 2,3.   226 Dio LXXII 14,1. 227 Symmachus, Briefe VII 122; vgl. II 76.   228 Codex Theodosianus XV 11,1.

Marmorvorkommen oder auch auf die Wunder des Meeres: *quidquid conspicuum pulchrumque est aequore toto, res fisci est*[229]. Wenn Domitian den Konsular Glabrio töten ließ, weil er auf dem Albanum außer Bären[230] auch einen Löwen erlegt hatte, dann entspringt dies nicht zuletzt der Abneigung des Kaisers gegenüber den Senatoren[231]. Daß man das Löwenprivileg, wie die meisten Gesetze, übertreten hat, ist anzunehmen. Dafür sprechen indes nicht die zahlreichen Löwenjagd-Sarkophage des 3. Jhs. aus Rom. Sie bezeugen nicht die Jagdgewohnheiten der Zeit, sondern sind sicher als symbolische Überhöhung der Toten zu deuten, als Panegyrik in Stein[232].

8.x. Neben den Löwen beanspruchte der Kaiser die Elefanten. Kein Privatmann durfte einen solchen besitzen, wie wir bei der einzigen Ausnahme von dieser Regel erfahren[233]. Die kaiserlichen Dickhäuter lebten in einem Gehege zwischen Laurentum und Ardea. Wir kennen von dort einen *procurator ad elephantos*[234]. Die dressierten Tiere fanden Verwendung bei Triumphzügen und Circusspielen. Elefantenwagen zogen die Standbilder von Augustus und Livia durch den Circus[235]. Philipp von Thessalonike rühmte den Kaiser, daß er auch die Elefanten zum Frieden erzogen habe[236]. Galba zeigte als Prätor seiltanzende Elefanten[237]. Aelian berichtet als Augenzeuge von einem Symposion, das bekleidete Elefanten höchst menschenähnlich aufgeführt hätten[237a]. Caracalla imitierte durch Elefanten in seinem Gefolge Alexander und Dionysos[238]. Im Krieg spielten sie keine Rolle mehr. Didius Julianus versuchte, sie im Kampf gegen Septimius Severus einzusetzen, doch das mißlang[239]. Im Traumbuch des Artemidoros von Daldis[240] bedeuten sowohl der Löwe als auch der Elefant den Kaiser.

8.y. Den römischen Juristen erwuchs ein Problem daraus, daß *venatio* einerseits die Jagd im Walde, andrerseits die Hatz im Circus bedeutete, beides aber unterschiedlich eingestuft wurde. Ulpian behandelt in den Digesten[241] die Frage, wer wen vor Gericht fordern dürfe. Ehrlose Personen wurden davon ausgeschlossen, und zu ihnen gehörte, wer für Geld gegen Raubtiere kämpfte. Nicht dazu zählte, wer es tat, um seinen Mut zu beweisen (*virtutem ostendere*), wohl aber wiederum, wer sich in der Arena dafür feiern ließ. Das war ein Protest gegen die beifallsüchtigen Theaterjagden des Commodus[242]. Wenn ein Konsul vor Zuschauern einen Löwen tötete, mußte er mindestens mit einem cen-

---

229 Juvenal IV 54f; s.o. 3f! 230 l.c. 99ff. 231 Dio LXVII 14,3; Sueton, Domitian 10,2. 232 B. Andreae, Die römischen Jagdsarkophage, 1980; ders., 1985. 233 Historia Augusta, Aurelian 5,6. 234 Dessau, Nr. 1578. 235 Sueton, Claudius 11,2. 236 Anthologia Graeca IX 285. 237 Sueton, Galba 6,1. 237a Aelian, De natura animalium II 11. 238 Dio LXXVIII 6,2; 7,4. 239 Herodian II 11,9. 240 Artemidoros II 12. 241 CIC. Digesten III 1,1,6. 242 s.u. 9j!

sorischen Tadel rechnen[243]. Ehrbar dagegen sei, wer mit oder ohne Bezahlung außerhalb des Theaters, in freier Wildbahn, Tiere erlege, die dem Lande Schaden zufügen. 8.z. Die Bekämpfung „schädlicher" Tiere galt in der Antike, ja bis in die Zeit von Alfred Brehm, als verdienstvoll. Das hatte seinen Grund: Ganze Landstriche werden wegen der Raubtiere als unbewohnbar geschildert[244]. Ihre Ausrottung wird als Gewinn an Lebensraum für den Menschen gelobt[245], zumal wenn der Kaiser selbst die Löwen erlegte[246]. In Africa hat man gefangene Löwen am Dorfeingang gekreuzigt, in der Annahme, das schrecke ihre Artgenossen ab[247]. Der Artenschwund an jagdbarem Großwild ist historisch nachgewiesen. Die in der mykenischen Kunst dargestellte Löwenjagd hat sich durch neuere Knochenfunde aus der Unterburg von Tiryns archäologisch bestätigt[248]; Herodot bezeugt Löwen in Thrakien[249], Aristoteles unterstützt dies[250], doch zur Zeit von Dion Chrysostomos um 100 n. Chr. waren sie aus Europa verschwunden[251]. Man wußte noch, daß die letzten Löwen in Griechenland in Akarnanien gelebt hatten[252]. Unter den Speisefischen wurde der Stör[253], unter den Nutzpflanzen das Silphion selten[254]. Dieser Vorgang ist in der Spätantike mehrfach beobachtet worden, so von Themistios[255] und Isidor von Sevilla[256]. Niemand hat ihn bedauert.

243 Fronto, S. 75 (van den Hout BT).   244 Aelian, De natura animalium XVII 27; Diodor III 30.   245 Strabon II 5,33.   246 Anthologia Graeca VII 626. 247 Plinius, Naturalis historia VIII 18/47.   248 Kilian u.a., in: Archäologischer Anzeiger 1981, S. 257 f; Aegaeum 8, 1992, S. 295 ff.   249 Herodot VII 126.   250 Plinius, Naturalis historia VIII 17/45.   251 Dion Chrysostomos XXI 1.   252 Philostrat, Sophistenleben 554.   253 s. o. 3r! 254 Plinius, Naturalis historia XXII 48/100.   255 Themistios, or. X 140 a. 256 Isidor, Etymologien XII 2,16

9. Schauspiel und Reisen

a. Politisch oder privat?

b. **Spiele:** profaner Charakter

c. *panem et circenses*

d. Palast und Hippodrom

e. Caesar bis Tiberius

f. Caligula und die Circusparteien

g. Nero

h. Flavier

i. Trajan bis Verus

j. Commodus und Septimius

k. Caracalla

l. Opellius bis Gallienus

m. Spätantike

n. **Reisen:** zu Pferd, zu Fuß

o. Wagen

p. seit Pius

q. Sänfte, Quartier

r. Sommerfrische

s. Weinlese

t. Landarbeit

u. **Tourismus** seit Augustus

v. seit Caligula

w. Hadrian

x. Pius bis Caracalla

y. Spätzeit

z. Wallfahrt

9.a. So wie der Wehrsport die Verbundenheit des Kaisers mit dem Heer, die Jagd seine Tapferkeit im Frieden zur Schau stellte, so gehörte auch der Besuch des Theaters und der Provinzen zu den öffentlichen Aufgaben des Herrschers. Er sollte sehen und gesehen werden. Außerhalb des Palastes zeigte er Volksnähe, sie zählte zu den Eigenschaften eines guten Kaisers. Tiberius ließ sie vermissen. Ein guter Kaiser zog sich nicht auf eine schöne Insel zurück, sondern besichtigte die Städte und Länder seines Reiches, um Feinde abzuwehren, Legionen und Kastelle zu inspizieren, oder er reiste von der Grenze nach Rom, um seinen Herrschaftsantritt oder andere Feste zu feiern. Neben diesen politischen Funktionen zeigen sich in beiden Tätigkeiten jedoch auch persönliche Interessen des Monarchen, denn Feldzüge und Spielleitung konnte er anderen übertragen. Grundsätzlich stand es ihm frei, ob und wann er ins Theater oder auf Reisen ging. Beides fiel in Friedenszeiten in den Bereich der Muße (*otium*) und hing ab von seiner Neugier. Treffend bemerkte der jüngere Plinius: Nichts macht neugieriger als Freizeit[1].

9.b. Zunächst die Spiele![2] Ihr religiöser Ursprung war den belesenen Zeitgenossen bewußt[3], hatte sich im Publikum der Kaiserzeit aber weitgehend verloren, wobei der sakrale Anlaß in der Frühzeit kein Einwand dagegen ist, daß Wettkampf und Opfermahl immer auch dem profanen Vergnügen der Teilnehmer dienten. Diese delektierten sich bei den Vorführungen auf der Bühne und bei Wagenrennen im Circus (Hippodrom) am Können der Akteure, bei den Gladiatorenkämpfen und den Tierhetzen in der Arena (Amphitheater) hingegen auch an dem Gemetzel (*carnarium*)[4]. Gegenüber den Gladiatorenkämpfen werden bisweilen humanitäre Bedenken laut[5], obschon hier nicht nur Verbrecher und Sklaven auftraten, sondern ebenfalls Freie, ja Senatoren, die um der Popularität willen die Standesehre hintansetzten. Einwände gegenüber den – ursprünglich Diana geweihten – *venationes* vernehmen wir erst in christlicher Zeit unter Theodosius II[6]. Die gegenüber

---

1 Plinius, Briefe IX 32.   2 Friedländer II, S. 1ff.   3 Tertullian, De spectaculis 6ff; Cassiodor, Variae V 42.   4 Petron 45.   5 s.u. 9i!   6 Socrates Scholasticus VII 22,12; Cassiodor, Variae V 42,1: *actus detestabilis, certamen infelix.*

den Tieren praktizierte Brutalität empört uns namentlich in den
Gedichten Martials »De spectaculis«, die nur mit Abscheu zu lesen
sind. Die hier bewiesene Fühllosigkeit wird allenfalls vom Sklavenstrafrecht überboten und steht in einem schwer auflösbaren Wider-
spruch zu der Sentimentalität gegenüber den Schoßtieren. Ein Kaiser
konnte Tränen vergießen über seinen toten Lieblingslöwen und
zugleich Hunderte von dessen Artgenossen zum Gaudi für den römischen Mob abschlachten lassen[6a].

9.c. Die Vorliebe für das Schauwesen teilten die meisten Kaiser mit
Senat und Volk von Rom. Die großen Spiele wurden vom Herrscher,
die kleineren von den Konsuln und Prätoren ausgerichtet. War der Kaiser selbst der Stifter, so eröffnete er die Spiele. Sonst betrachtete er sie
wenigstens aus seiner Loge und hörte sich die Sprechchöre (*acclama-
tiones*) des Volkes an. Dabei wurde er mit Schmeicheleien begrüßt oder
auch mit Forderungen und Verbalinjurien behelligt[7]. Gemäß der Devise
panem et circenses[8] waren Massenbelustigungen seit der ausgehenden
Republik eine Begleiterscheinung des Großstadtlebens, im Durch-
schnitt gab es, wie die Festkalender[9] lehren, jeden zweiten Tag Spiele in
Rom. *Annona et spectaculis populus Romanus tenetur* "Getreidespen-
den und Schauspiele halten das Volk im Zaum"[10]. In christlicher Zeit
blieben nur die Wagenrennen üblich. Im übrigen wurden die Theaterspiele durch Prozessionen und Kirchenfeste abgelöst. Die Kaiser nahmen teil und blieben so für Schaulustige und Bittsteller erreichbar.

9.d. Wenn die meisten Paläste mit einem Hippodrom oder
Amphitheater verbunden waren (Rom[11], Konstantinopel, Mailand, Sirmium, Antiochia, Thessaloniki, Trier[12]), so sollte das nicht allein die
Einheit von Kaiser und Volk ausdrücken, sondern diente ebenso dem
privaten Vergnügen des Herrschers. Dies bezeugen die nichtöffentli-
chen Rennbahnen der Kaiser: das Stadion auf dem Palatin, das
Amphitheatrum Castrense am Lateran, der *Ludus castrensis* in Circei
und der Circus der Maxentiusvilla an der Via Appia[13]. Privatem Luxus
dienten ebenso die für die Zeit zwischen Plinius minor[14] um 100
n. Chr. und Olympiodor[15] um 400 n. Chr. belegten privaten Rennbahnen bei Senatorenvillen. Im Spielwesen verbinden sich staatliche Funktionen und persönliche Neigungen der Kaiser. Sie haben in beiden
Sphären ihre Individualität zur Geltung gebracht. Ausnahmen abgerechnet, gilt: Die „guten" Kaiser hielten sich fern, die „schlechten"

6a s.o. 4u! 7 Sueton, Augustus 34; ders., Domitian 13; Plinius, Naturalis historia XXXIV 19/62; Tertullian, De spectaculis 16. 8 Juvenal X 81.
9 A. Degrassi, Inscriptiones Italiae XIII 2, 1963, S. 239ff. 10 Fronto,
S. 213 (van den Hout BT). 11 siehe hier Abb. 18. 12 Panegyrici Latini
VII 22,5. 13 Coarelli 1974, S. 155; 189; 331. 14 Plinius, Briefe V 6,19.
15 Olympiodor, fr. 41 (Blockley).

Abb. 18: Palatin und Circus Maximus in Rom

Die mehrfach nachgewiesene architektonische Verbindung zwischen Palast und
Rennbahn dokumentiert nicht nur die Verbundenheit zwischen Kaiser und
Volk, sondern zugleich das persönliche Interesse der meisten Herrscher an den
Wagenrennen. Der Stich von Onofrio Panvinio (1529–1568) ist zwar in vielen
Einzelheiten ungenau, zeigt aber das Ensemble anschaulich.

beteiligten sich. Unter allen Bereichen des Privatlebens spiegelt das Verhältnis zum Theater am klarsten die Bewertung, die in der antiken Literatur den Kaisern zuteil ward.

9.e. Caesar gab beispiellos teure Spiele. Er wurde deswegen vom Volk bewundert, von den Literaten getadelt, ebenso wegen der blutigen Gladiatorenkämpfe, die er veranstaltete[16]. Das tat er offensichtlich nicht aus persönlicher Neigung, denn er selbst besuchte das Theater nur, weil man es von ihm erwartete. Es wurde übel vermerkt, daß er in seiner Loge, statt sich dem Massenrausch hinzugeben, Korrespondenzen erledigte. Augustus hingegen ging gern zu den Spielen[17], verbot aber das Töten besiegter Gladiatoren[18]. Das Publikum forderte das mit gesenktem Daumen (*pollice verso*[18a]), wenn ein Kämpfer sich schwächlich gezeigt hatte. In seinem Tatenbericht nennt Augustus acht Gladiatorenkämpfe, die er gegeben hat, aber 26 Arenajagden, in denen etwa 3500 Tiere abgeschlachtet wurden[19], darunter ein Nilpferd und ein Nashorn[20]. Tiberius zeigte wenig Neigung zum Theater[21]. Kurz vor seinem Tode versuchte er sich als erster der Kaiser im Kreise von Höflingen in der Arenajagd. Dabei ging es ihm jedoch nicht um die Gunst der Zuschauer, sondern darum, die Gerüchte über seine gebrochene Gesundheit zu zerstreuen. Er schoß im *Ludus Castrensis* der Kaiservilla von *Circei* auf einen Eber[22], erlitt aber einen Rückfall.

9.f. Unter Caligula kam die Schaulust des Stadtvolkes wieder voll auf ihre Kosten. Der junge Kaiser liebte und veranstaltete jede Art von Spielen, er verfiel in Blutrausch und tobte seinen bestialischen Sadismus nicht nur an Verbrechern aus[23]. Seit Augustus gab es im Circus vier Parteien (*factiones*), sozusagen Fanclubs: die Roten, Weißen, Grünen und Blauen, die je eigene Rennwagen laufen ließen. Tertullian warnte die Christen vor den Spielen, indem er an ihre heidnisch-religiösen Ursprünge erinnerte. Er interpretierte den Umlauf als ursprünglichen Sonnenkult – Phöbus Apollon fuhr ja auch einen Wagen – und ordnete die Farben den Jahreszeiten zu. Anfangs hätten nur Sommer (Rot) und Winter (Weiß) gegeneinander gestanden, später seien Frühling (Grün) und Herbst (Blau) hinzugekommen[24]. Domitian stiftete noch eine goldene und eine purpurne Partei[25]; doch verschwanden diese wieder. Bedeutung behielten die Blauen und die Grünen. Sie waren auch Tischgespräch bei der »Cena Trimalchionis«. Man schloß

16 Dio XLIII 24,1.   17 Sueton, Augustus 45; Tacitus, Annalen I 54.
18 Sueton, Augustus 43,1; 45,3 f; ders., Nero 4; Dio LIV 29,6.   18a Juvenal III 36f.   19 Augustus, Monumentum Ancyranum 22.   20 Dio LI 19,2; 22,2; LV 10,7; Sueton, Augustus 43.   21 Tacitus, Annalen I 76; IV 62; Sueton, Tiberius 47; Dio LVII 11,5; 14,3.   22 Sueton, Tiberius 72.
23 Sueton, Caligula 11; 18; 26f; 55; Dio LIX 7,3; 10; 13,8f.   24 Tertullian, De spectaculis 9.   25 Sueton, Domitian 7,1.

Wetten ab[26]. Dies ist aber nicht das erste Zeugnis für den Turf – ihn gibt es schon bei den Leichenspielen für Patroklos[27]. Rennsportbegeisterte Kaiser begünstigten ihre Lieblingspartei. Caligula favorisierte die Grünen und soll die Pferde und Wagenlenker der Gegenparteien vergiftet haben[28]. Klatsch ist die Anekdote, daß er sein bevorzugtes Pferd *Incitatus* (Heißsporn) zum Priester[29] und Konsul habe erheben wollen[30]. Glaubhafter ist schon, daß der Stall des Pferdes aus Marmor, die Krippe aus Elfenbein, die Satteldecke purpurn und das Zaumzeug mit Edelsteinen besetzt war und daß am Tage vor dem Rennen polizeilich Ruhe angeordnet wurde; damit der Gaul ruhig schliefe[31]. Claudius war ebenfalls ein Freund des Schauwesens[32] und wurde für seine Lust an Gladiatorenblut getadelt[33]. Das hängt vielleicht mit seiner Vorliebe für die Etrusker zusammen[34], die bei ihren Totenfeiern Gladiatoren auftreten ließen. Von ihnen hatten die Römer die Sitte übernommen[35].

9.g. Nero verwöhnte das Theaterpublikum durch Spiele, bei denen, um der Abartigkeit willen, Neger, Frauen, Kinder und Senatoren fochten[36]. Er führte außerdem Agone im griechischen Geschmack ein[37] und trat selbst als Wagenlenker auf, so wie schon sein Großvater[38]. In Olympia[39] lenkte er ein Zehnergespann und wurde – kein Wunder – vom Wagen geschleudert[40]. Um dem Publikum zu gefallen, ließ er darüber hinaus seine Stimme hören. Er sang zur Leier, wie schon Alexander[41], allerdings, anders als dieser, im Theater. Nero unterwarf sich einer harten Gymnastik, um seine Lungen zu stärken, verzichtete auf den Genuß von Obst und aß an bestimmten Tagen im Monat nur Lauch mit Öl, um seine Stimme zu veredeln[42]. Zuerst trat er mit griechischen Liedern in Neapel auf und organisierte seine eigene Claque[43]. Die Zither ließ er sich vom Chef seiner Leibgarde vorantragen, und beim Brande Roms im Jahr 64 soll er vom „Turm des Maecenas" aus den Untergang Trojas besungen haben[44]. Der Versuch seines Hausphilosophen Musonius Rufus, den Kaiser zu ernsteren Dingen anzuregen, mißlang[45]. Noch Vitellius fand Gefallen an den *Neronica cantica* und ließ sie sich von einem Kitharöden vortragen[46]. In Neapel kämpfte

---

26 Petron 70.   27 Homer, Ilias XXIII 486.   28 Dio LIX 14,5 f.   29 l.c. 28,6.   30 Sueton, Caligula 55; Dio LIX 14,7.   31 l.c.   32 Sueton, Claudius 21; Dio LX 7,3; 13,1; 30,3; Tacitus, Annalen XII 56f.   33 Sueton, Claudius 34; Dio LX 13.   34 s.u. 10h!   35 Athenaios 153 F; Isidor von Sevilla, Etymologien X 159.   36 Sueton, Nero 12; Dio LXI 9; 15; 17; LXII 3,1; Tacitus, Annalen XV 32; Petron 45.   37 Sueton, Nero 12,3.   38 l.c. 4; 22.   39 s.u. 9r!   40 Sueton, Nero 24.   41 Plutarch, Perikles 1.   42 Plinius, Naturalis historia XIX 33/108; Sueton, Nero 20.   43 l.c.   44 Tacitus, Annalen XV 39; Sueton, Nero 38,6; Dio LXII 18,1.   45 Themistios, or. XXXIV 48.   46 Sueton, Vitellius 11.

Abb. 19: Relief mit Wagenrennen

Im Laufe der Kaiserzeit gewannen die Wagenrennen im Hippodrom (*circus*) an Beliebtheit; in der Spätantike waren sie das wichtigste Volksvergnügen in allen Städten des Reiches. Die Kutscher fuhren für die vier überall vertretenen Zirkusparteien (*factiones*), die Blauen, Grünen, Roten und Weißen. Das Startzeichen gab der spielgebende Beamte von der Tribüne über dem Eingang (*carceres*) mit der *mappa*, einer Serviette. Die „Insel" (*spina*), die umfahren wurde, war mit Kunstwerken geschmückt, hier mit einem Reiterbild, das von einer Victoria bekränzt wird. Mehrere Kaiser sind selbst als Rennfahrer aufgetreten.

Nero auch mit einem präparierten Löwen, *spectante populo*, um nach Apollo auch noch Hercules zu übertreffen[47]. *Qualis artifex pereo*, soll er vor seinem Selbstmord gesagt haben: „Welch ein Künstler stirbt in mir!"[48]

9.*h.* Vitellius favorisierte die Blaue Partei[49] und behandelte Äußerungen gegen sie als Majestätsbeleidigung[50]. Vespasian selbst fand wenig Gefallen an Gladiatorenblut, hatte aber Spaß an Tierhetzen[51]. Plutarch begegnete ihm einmal im Marcellus-Theater, wo ein perfekt dressierter Hund vorgeführt wurde. Er spielte menschliche Rollen wie nach einem Text und mimte einen Tod durch Vergiftung, sprang aber am Ende der Szene wieder auf[52]. Vespasians Sohn Titus, *amor et deliciae generis humani*[53], veranstaltete zur Einweihung des Kolosseums[54] neben den üblichen Gladiatorenkämpfen und Naumachien eines der größten Gemetzel wilder Tiere, das Rom erlebt hat. Hundert Tage dauerte die Schlächterei, 9000 Tiere starben[55]. Sein Bruder und Nachfolger Domitian schätzte ebenso Schaukämpfe aller Art[56], darunter wieder Wettspiele nach griechischem Vorbild[57]. Statius und Martial beschreiben, daß die Römer durch Gefechte von Frauen und Zwergen, durch Speisungen, ausgefallene Dressurakte und nächtliche Theaterbeleuchtung überrascht wurden[58]. In seiner Arena auf der Villa Albana (Castel Gandolfo) schoß Domitian vor geladenen Zuschauern Hunderte von Tieren ab und setzte die Jagd zu Hause fort, wo er mit dem Griffel Fliegen spießte. Das zeige, sagte Dio, seinen Charakter[59].

9.*i.* Im Unterschied zu Domitian, der sich für bestimmte Gladiatoren ereiferte[60], wahrte Trajan wieder Neutralität[61]. Er fand gleichwohl Gefallen an ihren Kämpfen und liebte einen Tänzer namens Pylades[62]. Diesem schenkte Hadrian die Freiheit[63], auch er besuchte die Gladiatorenspiele[64]. Antoninus Pius bevorzugte das darstellende Schauspiel der *histriones*[65], schickte daneben an seinem Geburtstag hundert Löwen in die Arena[66]. Wie der Stoiker Seneca[67] verabscheute dann der Philosoph Marc Aurel das Amphitheater und den Circus[68], konnte aber nicht umhin, gelegentlich *venationes* zu stiften[69]. Er erledigte Amtsgeschäfte

---

47 Sueton, Nero 53.   48 l.c. 49,1.   49 Sueton, Vitellius 7,1.   50 l.c. 14,3.   51 Dio LXV 12,2.   52 Plutarch, Moralia 973 E ff.   53 Sueton, Titus 1.   54 siehe hier Abb. 20.   55 Dio LXV 25; Sueton, Titus 7 f. 56 Sueton, Domitian 4; Dio LXVII 1,2; 8,2; 14,3; Martial VIII 80.   57 Sueton, Domitian 4,4; Dio LXVII 1,2.   58 Statius, Silvae I 6; Dio LXVII 8,4; Martial, De spectaculis *passim*.   59 Sueton, Domitian 3; 19; Dio LXVI 9,4; Juvenal IV 100 f.   60 Sueton, Domitian 10; 13.   61 Plinius, Panegyricus 33,3 f.   62 Dio LXVIII 10,2.   63 Dessau Nr. 5185.   64 Historia Augusta, Hadrian 19.   65 l.c. Pius 11,2.   66 Dio LXIX 8,2; RIC.III, S. 134, Nr. 861 ff; Historia Augusta, Pius 10,9.   67 Seneca, Brief 7.   68 Marc Aurel I 5; VI 46.   69 Historia Augusta, Marcus 17,7.

Abb. 20: Tierkampf-Relief

Zu den beliebtesten Schauspielen (*ludi*) gehörten die im Amphitheater aufge-
führten Kämpfe von Gladiatoren gegen Löwen, Panther, Bären und andere
wilde Tiere (*venationes*). Die Bandagen dienten dazu, die Tiere am Kran hoch-
zuziehen und aus den Kellern in die Arena zu befördern. Mehrfach haben sich
auch Kaiser an derartigen Kämpfen beteiligt. Das Relief zeigt links hinten das
Untergeschoß der Fassade des Kolosseums, doch ist die Szene im Inneren zu
denken.

in der Loge und erntete dafür den Spott der Massen[70]. Anders sein Lehrer Fronto[71] und sein lebenslustiger Adoptivbruder und Mitregent Lucius Verus: Dieser begeisterte sich für Wagenlenker und Schaufechter[72], bekundete seine Vorliebe für das Rennpferd *Volucer* (Flieger) von der grünen Circuspartei[73] durch einen nach ihm benannten Kristallpokal[74] und durch ein goldenes Ebenbild des Zelters, das der Kaiser auf seinen Reisen mit sich führte. Schließlich errichtete er ihm ein Grab auf dem vatikanischen Hügel[75].

9.*j.* Commodus ließ dem Rennpferd *Pertinax* (der Hartnäckige) nach dem Ausscheiden aus dem Circus die Hufe vergolden[76]. Es gehörte ebenfalls den Grünen[77], für die der Kaiser auch selbst kutschierte[78]. Der humane Marc Aurel hatte den Seiltänzern Netze verordnet[79] und den Gladiatoren die scharfen Waffen verboten[80], aber unter seinem Sohn normalisierte sich das Vergnügen wieder. Commodus verkehrte mit Gladiatoren[81], trat selbst als Gladiator auf[82], angeblich insgesamt 735 mal[83]. Der Kitzel bestand darin, daß dies Personen senatorischen Standes verboten war[84]. Commodus trug mit Stolz den Beinamen *Gladiatorius*[85]. Er erschlug als römischer Hercules einen Löwen mit der Keule[86], schoß mit verblüffender Treffsicherheit im Circus wilde Tiere[87], die er aus Indien und Äthiopien, aus den südlichsten und nördlichsten Ländern beischaffen ließ[88]: Tiger[89], Hirsche, Panther, Gazellen[90], sowie Nashörner und Giraffen, einmal an zwei folgenden Tagen fünf Nilpferde und zwei Elefanten[91], ein andermal an einem Tag hundert Bären, dann wieder hundert Löwen von der sicheren Balustrade aus[92]. Strauße köpfte er mit Wurfsicheln, so daß sie ohne Kopf weiterliefen, wie Herodian aus eigener Anschauung bekundet[93]. Des Kaisers Schmeichler priesen das als Zeichen seiner Tapferkeit[94]. Das Theatervolk war solange begeistert, bis der Kaiser zum Gladiatorenkampf in heroischer Nacktheit auftrat. Das war dann doch mit der kaiserlichen Würde nicht mehr vereinbar[95].

9.*k.* Pescennius Niger vergeudete die Zeit nach seiner Erhebung in den Theatern und Rennbahnen von Antiochia[96]. Der Fehler rächte sich, als sein Gegner Septimius Severus anrückte. Dieser dagegen gab

70 l.c. 15,1.   71 Fronto, S.187 (van den Hout BT).   72 Historia Augusta, Verus 2 ff.   73 l.c. 4,8.   74 l.c. 10,9.   75 l.c. 6,2 ff.   76 Dio LXXIV 4,3.   77 l.c.   78 Historia Augusta, Commodus 2,9; Dio LXXIII 17.   79 Historia Augusta, Marcus 12,12.   80 Dio LXXII 29,3. 81 Historia Augusta, Commodus 1,8.   82 Herodian I 15.   83 Historia Augusta, Commodus 5,5; 11,12.   84 Dio XLVIII 43,3 zu 38 v. Chr. 85 Historia Augusta, Commodus 17,10.   86 l.c. 8,6; 9,6.   87 l.c. 12,12; 13,3.   88 Herodian I 15,5.   89 Dio LXXII 19,1.   90 Herodian I 15,3. 91 Dio LXXII 10.   92 Dio LXXIII 10,3; Herodian I 15,6.   93 l.c. 15,5. 94 l.c. 13,8.   95 l.c. 15,7.   96 Herodian II 8,9.

Spiele, um dem Volk zu gefallen[97], nicht aus persönlichem Interesse. Anders wieder seine Söhne. Caracalla und Geta konnten von Theater, Zirkus und Schautanz nicht genug bekommen[98]. Sie favorisierten verschiedene Zirkusparteien[99], und nachdem Caracalla seinen Bruder erdolcht hatte, mußten auch die von diesem geschätzten Athleten, Jockeis, Musiker und Tänzer sterben[100]. Caracalla liebte Gladiatorenkämpfe und tötete einmal zum Vergnügen der Zuschauer hundert Wildschweine[101] und andere Tiere auf kurze Entfernung[102]. Er lenkte wieder Rennwagen für die blaue Partei[103], nicht nur in Rom, sondern auch an der Donau und im Orient[104], und veranstaltete einmal im Hippodrom ein Gemetzel unter den Gegnern eines von ihm begünstigten Wagenlenkers[105].

9.l. Unter den Nachfolgern lebte die Theaterleidenschaft weiter. Opellius Macrinus widmete sich in Antiochia mehr den Musik-, Tanz- und Theaterdarbietungen als der Politik. Er kümmerte sich nicht um die Soldaten und bezahlte das, ähnlich wie Pescennius Niger, mit Thron und Leben[106]. Nach den Exzessen Elagabals, der sich im Wagen von Elefanten, Kamelen, Hunden, und Hirschen, angeblich sogar von Löwen und Tigern ziehen ließ[107] und persönlich wieder für die Grünen kutschierte[108], mäßigte Severus Alexander seine Teilnahme an den *spectacula*. Er besuchte sie, aber verwöhnte die Akteure nicht[109]. Die Tierhetzen, die Philippus Arabs im Jahre 248 zur Tausendjahrfeier Roms abhielt[110], besagen nichts über seine privaten Neigungen. Bei Gallienus schließlich gehört die Liebe zu den Spielen zum Klischee des schlechten Kaisers[111], während sich der „gute" Kaiser Aurelian bloß an Mimen delektierte[112].

9.m. In der Spätantike mindert sich das Interesse der Kaiser an den Spielen[113]. Ammian bezeugt es von dem grausamen Caesar Gallus in Antiochia[114]. Julian hat Theater und Circus demonstrativ gemieden, auch wenn ihn das unbeliebt machte[115]. Valentinian ging zu den Rennen in Trier[116] und kümmerte sich um die Zirkuspferde in Rom, einzelnen gewährte er den Gnadenhafer; das Reichsgesetzbuch enthielt eine Verordnung darüber[117]. Eine weitere Bestimmung regelte die Fütterung der Rennpferde mit campanischen Bohnen[118]. Schon Constantin

97 Herodian III 8,9. 98 l.c. 10,3. 99 Herodian IV 4,1. 100 l.c. 6,2.
101 Dio LXXVIII 6,2; 10,1. 102 Herodian IV 7,2. 103 Dio LXXVIII
10. 104 Herodian IV 7,2; 11,9; 12,6. 105 l.c. 6,4 f. 106 Herodian V
2,4. 107 Historia Augusta, Elagabal 23,1; 28,1 ff. 108 Dio LXXX 14.
109 Historia Augusta, Alexander 37,1; 44,7. 110 l.c. Gordian 27,9; 33,1 ff.
111 l.c. Gallienus 14,5. 112 l.c. Aurelian 50,4, aber 33,3 f. 113 siehe
hier Abb. 19. 114 Ammian XIV 7,3. 115 Julian 339–340. 116 Augustin, Bekenntnisse VIII 15. 117 Codex Theodosianus XV 10,1. 118 l.c.
X 10,2.

hatte die Gladiatorenspiele durch Gesetz verboten[119], doch wurde es in Rom erst beachtet, als sich unter Honorius im Jahr 404 ein Mönch aus dem Osten namens Telemachos in der römischen Arena zwischen die Kämpfenden stürzte und dabei getötet wurde[120]. Als Patriarch von Konstantinopel unterband Nestorius die Wagenrennen, Theaterspiele, Pantomimen, den Schautanz und die Tierhatz[121]. Kaiser Anastasius wiederholte den Versuch, die *venationes* abzuschaffen[122], doch zeigt ihre Darstellung auf Konsulardiptychen der Folgezeit, darunter das seines Namensvetters von 517 aus dem *Cabinet des Médailles* in Paris, daß ihm dies mißlungen ist[123]. Unverändert beliebt blieben die Wagenrennen. Justinian und Theodora favorisierten die blaue Zirkuspartei und sahen deren Anhängern einiges nach[124]. Aus Mangel an Geld gingen die Spiele in Theater, Hippodrom und Zirkus weitgehend zurück[125]. Die letzten Wagenrennen in Rom veranstaltete der Gotenkönig Totila nach seiner Einnahme der Stadt im Jahre 547[126].

9.n. Nun zu den Reisen! Wenn die Kaiser in Friedenszeiten unterwegs waren[127], so ritten sie zu Pferde oder marschierten zu Fuß, fuhren in Wagen oder ließen sich in Sänften tragen. Seereisen haben die Römer lieber vermieden. Im Vergleich zu den Griechen waren die Römer wasserscheu. Das Reiten über Land bezeugt Marc Aurel. Er schreibt an Fronto, wie er mit Antoninus Pius von der Weinlese heimritt und mit Schafhirten handgemein wurde, die kurioserweise das kaiserliche Gefolge für eine Räuberbande hielten[128]. Der Kaiser war demgemäß ohne Zeichen seiner Würde unterwegs. Geritten wurde im Kriege[129]. Wenn Caracalla grundsätzlich zu Pferde saß, so erscheint es als Besonderheit und ist seinen soldatischen Tugenden zuzurechnen[130]. In der Spätantike ist ein Kaiser im Sattel nichts besonderes, Reitkunst ist ein panegyrischer Topos, etwa bei Constantin[131] oder Honorius[132]. Daß römische Staatsmänner auch größere Strecken zu Fuß marschierten, hören wir schon von Scipio maior[133] und Cato maior[134], unter den Kaisern und Prinzen von Caesar[135], Germanicus[136] und Hadrian[137], von Septimius Severus[138], Caracalla[139] und Severus Alexan-

119 l.c. XV 12,1.   120 Theodoret, Historia Ecclesiastica V 27. 121 Holum 1982, S.149.   122 Josua Stylites 34.   123 R. Delbrueck, Die Consulardiptychen und verwandte Denkmäler I/II 1929, S.75–78; Cassiodor, Variae V 42.   124 Prokop, Anekdota 7; 12,28; 17,3.   125 l.c. 26,8. 126 Prokop, Bellum Gothicum III 37,4; Chronica minora I, S.334. 127 Halfmann 1986; Turcan 1987, S. 228ff.   128 Fronto, S. 34 (van den Hout BT).   129 Anonymus Valesianus 3.   130 Dio LXXVII 11,3. 131 Euseb, Vita Constantini IV 53.   132 Claudian VIII 539ff.   133 Tacitus, Annalen II 59.   134 Plutarch, Cato maior 1; 6.   135 Sueton, Caesar 57.   136 Tacitus, Annalen II 59.   137 Dio LXIX 9,3.   138 Herodian III 6,10.   139 Herodian IV 7,6.

der[140]. Dies bezeugte Nähe zum (Fuß-) Volk und war daher eine politische Geste.

9.o. Häufiger als das Reitpferd wurde von Begüterten überland der Reisewagen verwendet[141]. In Rom und anderen Großstädten war Privatleuten der Gebrauch von Wagen untersagt[142]. Das änderte sich erst in der Spätantike[143]. Caesar, berühmt für seine Reisegeschwindigkeit[144], erledigte Dienstpost auf Rädern. Er fuhr auch in Mietwagen[145]. Augustus aß im Reisewagen Brot und Datteln[146]. Die hier erwähnte *esseda* oder das *essedum* - dieses keltische Wort bezeichnet ursprünglich den Streitwagen[147] – benutzten ebenso Caligula[148] und Claudius[149]. Nero soll nie mit weniger als tausend Wagen losgezogen sein, die Maultiere trugen silberne Hufbeschläge, die Treiber scharlachrote Mäntel, und auch die begleitenden Reiter waren mit aller Pracht ausstaffiert[150]. In jener Zeit kamen kutscherlose, von den Passanten selbst gesteuerte Wagen auf. Neros Frau Poppaea ließ den ihren mit Silber auszieren und ihren Pferden die Hufe vergolden[151].

9.p. Antoninus Pius und Marc Aurel reisten zuweilen im Wagen durch Italien[152]. Ein Kaiser wie Elagabal zeigte seinen Charakter auch in seinen Fahrzeugen: Sie waren mit Gold und Edelsteinen verziert; Silber, Erz und Elfenbein schien ihm zu billig[153]. Angeblich spannte er vor seine Kutsche je vier Hunde, Hirsche, Kamele oder Elefanten, zahme Löwen oder Tiger[154], ja sogar schöne nackte Frauen und fuhr auch selber unbekleidet[155]. Auf Reisen soll er mit 600 Wagen gegangen sein, um Nero zu übertreffen, der nur 500 gehabt hätte[156]. Die Zahlen sind wie meist unzuverlässig. Den Weg zum Wagen, den Elagabal zu Fuß zurücklegen mußte, ließ er mit Gold- und Silbersand bestreuen[157]. Aurelian benutzte beim Einzug in Antiochia einen Wagen statt des Reitpferdes, weil er verwundet war[158]. Noch die Kaiser der Spätantike reisten in Wagen, so Diocletian nach seiner Abdankung[159]. Der Fuhrpark (*bastaga privata*) unterstand dem *comes rei privatae*, der auch die Domänen verwaltete[160]. Die Freifahrscheine für die kaiserlichen Postkutschen (*evectiones*) waren begehrt.

140 Historia Augusta, Alexander 48,4. 141 siehe hier Abb. 21. 142 Sueton, Claudius 25; Historia Augusta, Marc Aurel 23,8; l.c. Aurelian 5,4; Marquardt 1886, S.725ff. 143 Ammian XIV 6,16. 144 Sueton, Caesar 57. 145 l.c. 146 Sueton, Augustus 76. 147 Seneca, Brief 56,4; Caesar, De bello Gallico IV 33. 148 Sueton, Caligula 51. 149 l.c. 33. 150 Sueton, Nero 30. 151 Plinius, Naturalis historia XXXIII 49/140. 152 Fronto, S.46; van den Hout BT). 153 Historia Augusta, Elagabal 29,1. 154 l.c. 23,1; 28,1f. 155 l.c. 29,2. 156 l.c. 31,5f. 157 l.c. 31,3. 158 l.c. Aurelian 5,3f. 159 Lactanz, De mortibus persecutorum 19,6. 160 Notitia Dignitatum orientalis XIV 5; occidentalis XII 28f.

Abb. 21: Reisewagen-Relief

Das als Spolie an der Wallfahrtskirche Maria Saal bei Klagenfurt angebrachte
Relief ist eine der besten Darstellungen eines kaiserzeitlichen Reisewagens. Es
stammt vom Grabmal eines Fuhrmanns aus Virunum. Die in verschiedenen
Typen gebräuchlichen Fahrzeuge tragen großenteils keltische Bezeichnungen
und verraten damit ihre Herkunft. Spätantike Gesetze regeln Größe und Be-
lastbarkeit. Die Kaiser hatten einen eigenen Fuhrpark (*bastaga privata*).

9.q. Aufwendiger war das Reisen in der Sänfte (*lectica*)[161]. Die Sitte, sich tragen zu lassen, kam über Griechenland aus dem Orient, wo die Sänften der hellenistischen Granden bisweilen prachtvoll gestaltet waren[162]. Caesar beschränkte den Wagen- und Sänftengebrauch in Roms überfüllten Straßen auf bestimmte Stände und Altersgruppen[163], doch gab es bis in die Spätantike *castra lecticariorum*, Standplätze von Mietsänften[164]. Augustus reiste in einer Sänfte, wie er sie auch in Rom benutzte, mit Vorliebe nachts und kurze Strecken[165]. Caligula ließ sich in einer Acht-Träger-Sänfte – wie die bithynischen Könige[166] – durch die eigens für ihn gekehrten und besprenkelten Straßen tragen[167], Nero benutzte eine Doppelsänfte, anfangs gemeinsam mit seiner Mutter, später mit seinem Lustknaben[168]. Frauen reisten in verschlossenen Sänften, in denen man zuweilen Männer versteckte[169]. Zahlreiche *lecticarii* (Sänftenträger) des Kaiserhauses kennen wir inschriftlich, sie waren in Dekurien gegliedert[170]. Der gichtbrüchige Septimius Severus reiste 208 n. Chr. in einer Sänfte auf den britannischen Kriegsschauplatz[171]. Unter Elagabal war die Kaisersänfte üppig mit Gold und Edelsteinen ausgeziert[172]. Noch Diocletian benutzte als Kranker eine Sänfte[173]. In der Spätzeit gab es auch Sänften, die von Tieren getragen wurden (*basternae*)[174].

Angesichts des kaum entwickelten Hotelgewerbes – die *mansiones*, die auf der Peutingerischen Weltkarte[175] verzeichnet sind, gehören erst dem 4. Jh. an – mußte die Quartierfrage von Fall zu Fall gelöst werden. Wenn der Kaiser nicht bei einem reichen Provinzialen zu Gast sein konnte[176], ließ er Zelte aufschlagen. Vor Diocletian, heißt es, sei das üblich gewesen, er aber hätte Gästehäuser einrichten lassen[177]. Diese *palatia, sacrae domus* oder *mansiones* wurden auch von reisenden Beamten bezogen[178].

9.r. Auf ihren Privatreisen suchten die Kaiser entweder Erholung oder verbanden amtliche Tätigkeiten und private Neugier. Die Sommerfrische fanden die julisch-claudischen Kaiser in ihren Küstenvillen Campaniens oder auf den Inseln[179]. Galba übersommerte in Tusculum[180]. Hadrian[181] und Antoninus Pius[182], Marc Aurel[183] und Septi-

---

161 Marquardt 1886, S.736ff.   162 Athenaios 195 C; 212 C.   163 Sueton, Caesar 43.   164 Nordh 1949, S.106.   165 Sueton, Augustus 29; 82.   166 Cicero, In Verrem 5,27.   167 Sueton, Caligula 43.   168 Sueton, Nero 9; 28; Dio LXI 3,2.   169 Sueton, Otho 6,3; Sokrates Scholastikos V 11.   170 Dessau, Nr.1750ff.   171 Herodian III 14,2f.   172 Herodian V 8,6.   173 Lactanz, De mortibus persecutorum 17.   174 Historia Augusta, Elagabal 21,7; Ammian XIV 6,16.   175 K. Miller, Die Peutingersche Tafel, 1887/1962.   176 Philostrat, Sophistenleben 534.   177 Malalas XII 38.   178 Codex Theodosianus VII 10.   179 Sueton, Augustus 72; 98; ders., Claudius 3.   180 Sueton, Galba 4,3.   181 Historia Augusta, Hadrian 9.   182 l.c. Pius 7,11.   183 Fronto, S. 60 (van den Hout BT).

mius Severus[184] schätzten die *rusticatio* in der campanischen Landluft. Als die Kaiser nach Konstantinopel gezogen waren, suchten sie sommers Erholung in ihren kleinasiatischen Villen.[185]

9.s. Einen Ortswechsel brachte alljährlich die Weinlese (*vindemiae*), bei der nicht nur gegessen, getrunken und gesungen, sondern auch gearbeitet wurde[186]. Der römische Festkalender verzeichnet sie zum 5.September[187]. Antoninus Pius beging die *vindemiae* „wie ein Privatmann" mit seinen Freunden[188]. Anschaulich macht das ein Brief aus dem Jahre 147 oder 148 von Marc Aurel an seinen Lehrer Fronto in Rom aus Lorium[189]: „Uns geht es gut. Geschlafen habe ich nur wenig, wegen einer kleinen Erkältung, die aber überwunden scheint. So habe ich von der elften Stunde der Nacht (5 Uhr früh) bis zur dritten des Tages (9 Uhr) teils gelesen, und zwar in Catos »De agri cultura«, teils geschrieben, gottseidank weniger schlecht als gestern. Dann machte ich meinem Vater (Antoninus Pius) die Morgenvisite und schlürfte bis zum Zäpfchen Honigwasser, das ich wieder ausspie. Ich „reinige meine Kehle", sage ich, obschon Novius und andere sagen würden „ich gurgelte" (*gargarissavi*). Mit sauberer Kehle also ging ich abermals zu meinem Vater und stand bei ihm, als er opferte. Dann kam das Frühstück. Was meinst Du, was ich aß? Nur etwas Brot, während ich andere Bohnen, Zwiebeln und Fische mit viel Rogen verschlingen sah. Dann gingen wir Trauben schneiden und kamen gehörig ins Schwitzen. Wir jodelten dabei und ließen einige, wie der Dichter[190] sagt, „hochhängende als Überlebende der Weinlese zurück." Nach der sechsten Stunde (um 12 Uhr) kehrten wir heim. Ich studierte ein wenig, aber es kam nichts dabei heraus. Dann hielt ich mit meinem Mütterchen auf dem Sofa sitzend einen Schwatz. Ich sagte: „Was meinst Du, macht mein Fronto jetzt?" Darauf sie: „Und was meinst Du, macht meine Cratia?" (Frontos Tochter). Während wir so plauderten und zankten, wer wen lieber hätte, ertönte der Gong. Das hieß: Mein Vater geht ins Bad. Als wir gewaschen waren, gab es in der Torkel das Essen, und wir hörten mit Vergnügen, wie die Landleute sich übereinander lustig machten. Darauf ging ich zurück, und bevor ich mich gleich auf die Seite lege und schnarche, erfülle ich mein literarisches Pensum und liefere den täglichen Bericht an meinen geliebten Lehrer. Könnte ich ihn noch mehr vermissen, als ich es tue, nähme ich den Gram gerne auf mich. Bleib mir gesund, Fronto, wo immer Du bist, mein Honigsüßer! meine Liebe! meine Wonne! Wie

184 Herodian III 13,1.   185 s.u. 7q!   186 Fronto, S.62 f (van den Hout BT).   187 A. Degrassi, Inscriptiones Italiae 13,2, 1963, S.508.   188 Historia Augusta, Pius 11,2.   189 Fronto, S.62 (van den Hout BT).
190 Novius, Komödiendichter um 70 v. Chr.

steht es mit uns? Ich liebe Dich auch in der Ferne." So der junge Marc Aurel.

9.t. Landarbeit genoß Ansehen[191]. Schon Laërtes, der Vater des Odysseus, war König und Bauer zugleich[192]. Unter den hellenistischen Herrschern widmete sich Attalos III von Pergamon der Gärtnerei[193]. In Rom stehen Cincinnatus und Cato maior für die Vereinbarkeit von Staatskunst und Landbau, dessen Regeln Vergil in seinen »Georgica« sachkundig besang. Unter den Kaisern lobt der *Scriptor Historiae Augustae* Antoninus Pius als *diligens agri cultor*[194] und Clodius Albinus als *agri colendi peritissimus*[195]. Bei Maximinus Thrax[196] und Galerius[197] dagegen wird ihre Jugend als Hirten zur Erklärung für ihr immer bäurisch-ungehobeltes Wesen angeführt. Das ist die Kehrseite. Der berühmteste Kaisergärtner war Diocletian: Als er drei Jahre nach seiner Abdankung von seinen unfähigen Nachfolgern gebeten wurde, ins Amt zurückzukehren, erwiderte er ihnen: „Besucht mich einmal in Salona und seht, wie mein Kohl gedeiht – dann verschont ihr mich vielleicht mit einem solchen Ansinnen!"[198] Oder mit Candide: *Cultivons nos jardins!*

9.u. Die Kaiser reisten nicht nur aufs Land, sondern ebenso in die Provinzen. Das war nicht ungewöhnlich. Es gab seit der Kaiserzeit einen beachtlichen Tourismus, der vorwiegend den Kulturdenkmälern[199], Heiligtümern und Naturwundern galt, wie wir aus dem Werk des Pausanias, dem kaiserzeitlichen Baedeker Griechenlands wissen[200]. Niemals allerdings überschritt ein römischer Kaiser die Reichsgrenzen in friedlicher Absicht, ebensowenig wie ein persischer Großkönig oder ein ägyptischer Pharao dies freiwillig getan hätte. Das gehört in den Bereich der negativen historischen Tatsachen.

Augustus besuchte, vorwiegend zu politisch-militärischen Zwecken, alle Provinzen außer Africa und Sardinien[201]. Germanicus bereiste als erster Angehöriger des Kaiserhauses Ägypten *cognoscendae antiquitatis*, d.h. in touristischer Absicht. Die landesväterliche Sorge für die Provinz war nur vorgeschützt[202]. Ägypten war schon für die reiselustigen Griechen das Wunderland, so für Solon, Herodot und Platon[203]. Römische Reisende haben sich zumal an oberägyptischen Denkmälern

191 Cicero, De officiis I 151. 192 Homer, Odyssee XXIV 240 ff. 193 Plutarch, Demetrios 20; Justin XXXVI 4. 194 Historia Augusta, Pius 2,1. 195 l.c., Albinus 11,7. 196 Herodian VI 8,1. 197 Lactanz, De mortibus persecutorum 22; Aurelius Victor, Epitome 40,15. 198 l.c. 39,6. 199 Strabon II 5,17. 200 griechisch und englisch von W. H. S. Jones 1918 ff (Loeb); Friedländer I, S. 391 ff; Balsdon 1969, S. 224 ff. 201 Sueton, Augustus 47. 202 Tacitus, Annalen II 59 ff; D. G. Weingärtner, Die Ägyptenreise des Germanicus, 1969. 203 Plutarch, Solon 2; 26; 31 f; Herodot II 13. Die Geschichtlichkeit der Reisen ist strittig.

inschriftlich verewigt[204]. Auf dem Memnonskoloß bezeugten sie, ihn bei Sonnenaufgang singen gehört zu haben[205].

9.*v.* Caligula bestaunte die Wunder Siziliens; er floh aber, als der Ätna zu rauchen begann[206]. Nero, der Philhellene, fuhr 66 nach Griechenland, um sich selbst zur Schau zu stellen. Von einem gewaltigen Hofstaat begleitet, zog er von Theater zu Theater und ließ sich feiern; in Olympia wurden ihm zuliebe olympische Spiele außer der Reihe abgehalten, denn die vier Jahre waren noch nicht um[207]. Dabei erlitt er den erwähnten Unfall mit dem Zehngespann[208]. Am 28. November 67 verlas er im Stadion der isthmischen Spiele bei Korinth[209] eine theatralische Freiheitserklärung[210], mit der er an die des Flamininus 196 v. Chr. anknüpfte[211]. Kaiser Titus besuchte auf dem Wege von Palästina nach Rom das Aphroditeheiligtum von Paphos auf Cypern[212], das angeblich kein Regen benetzte[213], und sein Vater Vespasian besichtigte bei dem Aufenthalt in Alexandria das Serapeion[214], das schönste Bauwerk der Welt nach dem Capitol in Rom[215]. Religiöses und profanes Staunen sind selten zu trennen.

9.*w.* Der große Reisekaiser war Hadrian[216], *omnium curiositatum explorator*[217]. Er hatte Trajan in den Orient begleitet und erreichte 118 auf dem Landweg wieder Rom. 121 ging er nach Gallien, Germanien und Britannien und kehrte über Spanien nach Rom zurück. 123 reiste er über Sizilien nach Africa und Griechenland, weiter nach Syrien und Arabien, Judaea und Ägypten. Hier ertrank sein Liebling Antinoos bei der Fahrt auf dem Nil[218]. Danach reiste Hadrian auf dem Landweg zurück[219]. 130 besuchte er mit Sabina Ägypten, dort hörten auch sie, wie die inschriftlich erhaltenen Gedichte der kleinasiatischen Fürstentochter Balbilla bezeugen, das Singen der Memnonskolosse[220]. Die Reisebegleitung umfaßte Tausende von Zivil- und Militärpersonen[221]. Hadrian besuchte überall die berühmten Kultstätten und Kunstwerke und bestieg in Sizilien den Ätna, in Syrien den Mons Kasios, beidemal um den Sonnenaufgang zu erleben[222]. Das Naturgefühl ist nicht erst

204 Dessau, Nr. 8758 ff.   205 letzter Beleg: H. v. Steuben, Die Memnonsäulen. In: Der Aquädukt 1763–1988. Ein Almanach aus dem Verlag C. H. Beck, 1988, S. 390 ff.   206 Sueton, Caligula 51,1.   207 Sueton, Nero 23. 208 s. o. 9g!   209 von dort stammt der hier Abb. 22 wiedergegebene Kopf Neros.   210 Dessau Nr. 8794; Sueton, Nero 24,2; nach Halfmann 1986, S. 173 ff schon 66 n. Chr.   211 Polybios XVIII 46,5.   212 Tacitus, Historien II 2 ff.   213 l.c. II 3.   214 Tacitus, Historien IV 81 f; Sueton, Vespasian 7.   215 Ammian XXII 16,12.   216 W. Weber, Untersuchungen zur Geschichte des Kaisers Hadrianus, 1907.   217 Tertullian, Apologeticum 5,7. 218 s. o. 4f!   219 Halfmann 1986, S. 188 ff.   220 Kaibel, Epigrammata Graeca, Nr. 988 ff; CIG. III 4725 ff.   221 l.c. S. 110.   222 Historia Augusta, Hadrian 13 f.

Abb. 22: Kopf Neros

Auf seiner Griechenlandreise besuchte Nero auch Korinth, wo er am 28.
November 67 (oder 66) eine Feiheitserklärung verlas. Der wohl damals angefertigte, in Korinth gefundene Kopf zeigt Nero mit dem künstlerischen Backenbart und der über den Kopf gezogenen Toga. Diese Verschleierung (*velatio
capitis*) war bei religiösen Handlungen üblich (Cic., nat. deor. II 10).

von Petrarca entdeckt worden[223]. Es resultiert aus seinem Humanismus.

9.*x*. Antoninus Pius verzichtete – wie Tiberius zuvor – auf Reisen, weil das die Kassen der Provinzen auch bei größter Sparsamkeit allzusehr belaste[224]. Marc Aurel war durch den Marcomannenkrieg gebunden, Commodus amüsierte sich in Rom. Septimius Severus aber reiste wieder. Als Student hatte er Athen besucht wegen der künstlerischen und religiösen Altertümer[225]; als Kaiser fuhr er nach Ägypten, wo ihn, wie zuvor Germanicus, Monumente und Tiere faszinierten. Er besichtigte Memphis und die Memnonskolosse, die Pyramiden und das Labyrinth im Fayum[226]. Seinen Sohn Caracalla zog es nach Pergamon, damit Asklepios ihm heilende Träume beschere, weiter nach Ilion, wo er das Grab des Achill schmückte und selber dessen Rolle übernahm, indem er einen dort verstorbenen Begleiter als neuen Patroklos beisetzen ließ. Weiter ging es über Antiochia nach Alexandria, wo Caracalla das Grab Alexanders verehrte[227]. Es ist die letzte Nachricht aus der Antike über dieses noch immer nicht gefundene Monument.[228] Als Caracalla von Karrhai aus den berühmten Tempel der Mondgöttin besuchen wollte, nutzten seine Mörder die Gelegenheit, während der Kaiser im Gebüsch seine Notdurft verrichtete[229].

9.*y*. In der Zeit der Reichskrise waren die Kaiser fast nur noch unterwegs, um von der Front, wo sie erhoben wurden, zum Herrschaftsantritt nach Rom zu kommen oder aber von dort aus die Kriegsschauplätze zu erreichen. Sie waren aus politischen und militärischen Gründen in Bewegung. Ein persönliches Interesse am Reisen ist ebenso bei den spätrömischen Kaisern kaum noch zu erkennen. Wenn Valentinian einen Jagdausflug in die Ardennen machte[230] oder Arcadius in die Sommerfrische nach Ancyra ging[231], so unterbrachen sie ihre Gesetzgebung nicht, wie die Absenderangaben zeigen[232]. Seit den Söhnen des Theodosius schlossen sich die Herrscher mehr und mehr im Palast ein und überließen die Kriegsführung ihren Heermeistern. Die späteren Kaiser im Osten sind nicht mehr auf Reisen gegangen. Als Theodosius II im Jahre 436 der Stadt Kyzikos auf der asiatischen Seite des Marmara-Meeres einen Besuch abstattete, wurde dies in den Reichsannalen verzeichnet[233]. Die späteren Kaiser konnten Konstantinopel nicht mehr verlassen, weil sich sonst ein Usurpator der Stadt bemächtigt hätte.

---

223 Friedländer I, S. 461 ff.   224 Historia Augusta, Pius 7,11.   225 l.c. Septimius Severus 3,7.   226 l.c. 17,4.   227 Herodian IV 8.   228 Die Zeugnisse aus islamischer Zeit sind dubios.   229 Herodian IV 13.   230 s.o. 8p!   231 Claudian XX 95 ff.   232 O. Seeck, Regesten der Kaiser und Päpste, 1919, S. 242; 293; 309.   233 Chronica Minora II, S. 79.

9.z. In christlicher Zeit kam ein neuer Reisetypus auf: die Wallfahrt (*peregrinatio ad loca sancta*). Unser Wort „Pilger" stammt von lateinisch *peregrinus*, der Fremde, der „über (*per*) den Acker (*ager*) kommt". Die Pilger stammten aus allen Schichten: Egeria (Aetheria) aus niederen Kreisen Südgalliens, Melania iunior aus dem senatorischen Hause der Valerii in Rom. Auffällig ist das Vorwalten von Frauen. Im Kaiserhause beginnt das mit der Reise Helenas nach Jerusalem um 326. Nachdem sie durch ihren Sohn Constantin bekehrt worden war[234], reiste sie ins Heilige Land und besichtigte die von Constantin erbauten Kirchen in Bethlehem und Jerusalem, die sie kostbar ausschmücken ließ[235]. Zugleich verteilte sie Spenden an Bettler, notleidende Gemeinden und Garnisonen und kaufte Verurteilte aus Gefängnissen, Bergwerken und Verbannungsorten frei[236]. Milde Gaben und Dienst am Nächsten gehörten fortan zu den Tugenden reicher Frauen: Melanie vertritt die Senatorinnen[237], Aelia Flaccilla die Kaiserinnen[238]. Im vierten Jahrhundert nahm das Pilgerwesen einen großen Aufschwung, die erhaltenen Reiseberichte[239] sind kulturgeschichtlich bedeutsam. Die berühmteste Kaiserpilgerin der folgenden Zeit war Athenais-Eudokia, die unglückliche Frau von Theodosius II. Sie besuchte 439 Jerusalem zum ersten Mal und ließ sich nach der Apfel-Affäre[240] 443 auf Dauer hier nieder[241]. Pilgernde Kaiser kennt die Spätantike noch nicht.

234 Euseb, Vita Constantini III 47.   235 l.c. III 42 ff.   236 l.c. III 44.
237 Gerontios, Leben der heiligen Melania.   238 Ambrosius, De obitu Theodosii 40; Theodoret, Kirchengeschichte V 19.   239 Itinera Hierosolymitana, deutsch von H. Donner 1979.   240 s.o. 5s!   241 Chronica Minora II, S. 80; Kedrenos I, S. 601 (Bonn).

10. Literatur und Bildung

a. **Republik:** Fächer
b. Hauslehrer, Ratgeber

c. **Kaiser:** Lektüre, Sprachen
d. Memoiren, Gedichte
e. Caesar, Augustus
f. Prinzen
g. Tiberius, Caligula
h. Claudius
i. Nero
j. Flavier
k. Nerva, Trajan
l. Hadrian
m. Aelius, Pius
n. Marc Aurel: Lehrer
o. Philosophie unrömisch?
p. Selbstbetrachtungen, Kulturpolitik
q. Pertinax, Septimius
r. Elagabal, Alexander
s. Soldatenkaiser, Gallienus
t. Constantin
u. Julian
v. Westkaiser
w. Ostkaiser

x. **Musik**
y. Bildende Künste
z. Cassiodor

10.a. Heraklit nannte die Bildung „die andere Sonne"[1]. Bildung[2] war das, was den „Kindern" nottat, darum griechisch *paideusis*; was den Menschen aus dem „rohen Zustand" herausbrachte, daher lateinisch *eruditio.* Sie bestand in der Kenntnis der Literatur und der Fähigkeit, Reden zu halten, d.h. in der Kommunikation mit den Toten und den Lebenden. Bei den Römern umfaßte sie ebenso die Charakterbildung. Das Erziehungsziel war der *vir bonus dicendi peritus* – der tüchtige, redegewandte Mann –, wie der ältere Cato das formulierte und Quintilian[3] es übernahm. An Lehrfächern kamen zur Redekunst hinzu Rechnen, Geometrie, Astronomie, Musik und Wehrsport, daneben – typisch für Rom – das Recht[4]. Mädchen wurden in Literatur und Handarbeit unterwiesen, auch die „höheren Töchter"[5]. Von Lucullus bis zu Ammian besaß jede größere Villa ihre Bibliothek[6]. Seneca[7] bezeugt, daß man eine Privatbibliothek für ebenso wichtig hielt wie eine Badeanlage, und verspottet die Büchersammler, die bloß ihre Wände dekorieren. Besser wenige Autoren gründlich studieren als sich mit vielen verzetteln! Wir hören, daß der Freigelassene Epaphroditos 30000 Bücher besessen habe[8].

10.b. Die reichen Familien der Republik ließen ihren Kindern in Lesen, Schreiben und Rechnen Privatunterricht erteilen, falls der Vater das nicht, wie im Falle Catos[9], selber tat. Man beschäftigte vorzugsweise griechische Hauslehrer, vielfach Sklaven und Freigelassene[10]. Die höchste Summe, die bis zu Plinius je für einen Sklaven gezahlt wurde, leistete der *princeps senatus* Marcus Scaurus um 100 v. Chr. für einen griechischen Grammatiker[11]. Soweit die Heranwachsenden nicht in Athen oder Rhodos studierten, lernten sie bei griechischen und lateinischen Rhetoren in Rom. Lucullus hörte bei Antiochos von Askalon[12], Pompeius bei dessen Bruder Kratippos[13], Cicero bei Poseidonios von

1 H. Diels + W. Kranz, Fragmente der Vorsokratiker, Nr. 22, B 134.   2 Marrou 1977. 3 Quintilian, Institutio XII 1,1. 4 Dessau, Nr. 7748. 5 Sueton, Augustus 73; Macrobius, Sat. II 5,2. 6 Plutarch, Lucullus 42; Petron 48; Ammian XIV 6,18; XXIX 2,4. 7 Seneca, De tranquillitate 9,4 ff. 8 Suidas, Epsilon 2004. 9 Plutarch, Cato 20. 10 Christes 1979. 11 Plinius, Naturalis historia VII 40/128. 12 Plutarch, Lucullus 42; Aelian, Varia Historia XII 25. 13 l.c. VII 21.

Apamea und Apollonios Molones[14]. Das Wort Ciceros über die Griechen *ut virtutis a nostris, sic doctrinae ab illis exempla petenda sunt*[15] galt weiterhin – Vorbilder für Lebenstüchtigkeit bot Rom, für die Wissenschaften und Künste aber Griechenland.

Vergil hat es klassisch formuliert: „Mögen andere feinere, ja lebendig scheinende Erz- und Marmorbilder schaffen, mögen andere schönere Gerichtsreden halten, den Umlauf der Sphären beschreiben, den Aufgang der Sterne berechnen – so sollst du, Römer, mit Macht die Völker regieren, das ist deine Kunst: dem Frieden Gesittung verleihen, die Unterworfenen schonen und die Aufbegehrenden niederwerfen"[16].

10.c. Gesittung im Frieden umfaßte nicht zuletzt literarische Bildung. Von einem Kaiser erwartete man sie[17], sein Charakterbild in der Öffentlichkeit hing davon ab[18]. Abgesehen von einigen Soldatenkaisern standen die Kaiser in der Bildung tatsächlich auf der Höhe ihrer Zeit. Sie konnten lesen und schreiben, hatten den Grammatik- und Rhetorikunterricht genossen und waren im Rechtswesen bewandert. Sie verkehrten auch als Erwachsene mit Philosophen und Rhetoren[19], so wie dies seit der späten Republik[20] in Senatskreisen üblich war[21]. Die Lektüre der Kaiser umfaßte nicht nur die seriösen Schul-Autoren. Wir hören auch von ausgefallenen Interessen[22]. Die überlieferten Zitate beweisen die literarische Bildung der Kaiser. Namentlich Homer und die Theaterdichter lieferten ihnen geflügelte Worte, mit denen sie ihre Briefe, Reden und Schriften schmückten. Fast alle sprachen und schrieben griechisch wie lateinisch. Das gilt auch für die Damen des Kaiserhauses bis in die Spätantike[23]. Wenn Constantin sich auf dem Konzil von Nicaea eines Dolmetschers bediente, so kann das kaum besagen, daß er die Sprache seiner Mutter vergessen hätte[24]. Es war ein Prestige-Akt wie einst bei Cato in Athen[25]. Barbarische oder orientalische Sprachen indes verstanden Kaiser nur ausnahmsweise. Als gebürtiger Africaner sprach Septimius Severus punisch[26], Elagabal aus Emesa gewiß syrisch.

10.d. Fast alle Kaiser hinterließen eigene Schriften. Die literarischen Versuche der Kaiser und Prinzen sind bis auf Fragmente verloren[27], wir besitzen lediglich lateinische und griechische Gedichte Hadrians[28] und

---

14 Plutarch, Cicero 4. 15 Cicero, De oratore III 137. 16 Vergil, Aeneis VI 847 ff. 17 Aurelius Victor, Liber 40,13. 18 Holtkamp 1969. 19 Rawson 1989. 20 Plutarch, Lucullus 42; ders., Caesar 48; Strabon XIII 2,3. 21 Friedländer III, S. 283 ff. 22 Turcan 1987, S. 215 ff. 23 Fronto, S. 21 ff (van den Hout BT); Sozomenos IX 1. 24 Euseb, Vita Constantini III 13; IV 35. 25 Plutarch, Cato maior 12. 26 Aurelius Victor, Epitome 20,8; Historia Augusta, Septimius Severus 15,7. 27 Sueton, Tiberius 70; ders., Vespasian 23; Dio LXXVI 15,7; LXXVII 16,1; Historia Augusta, Aelius 5,3; l.c. Elagabal 11,6; l.c. Numerian 11,2. 28 Historia Augusta, Hadrian 25; Anthologia Graeca VI 332; VII 674; IX 137; 387(?); 402; CIL.XII 1122.

griechische Epigramme Julians[29]. Ob Clodius Albinus tatsächlich Georgica und milesische Romane verfaßt hat, ist unsicher[30]. Wohlbezeugt aber sind die – schon bei hellenistischen Herrschern üblichen – Autobiographien mehrerer Kaiser[31]: so von Augustus[32], dessen 13. Buch mit dem Cantabrerkrieg 25 bzw. 19 v. Chr. schloß[33], von Tiberius[34], Claudius[35], Vespasian[36], Trajan[37], Hadrian[38], Septimius Severus[39] und Constantin[40]. Von den Kaiserinnen verfaßte Memoiren Agrippina Minor[41] – sie zitierte auch Homer[42]. Alle diese Schriften sind untergegangen.

10.e. Caesar war als Literat kaum weniger erfolgreich denn als Feldherr. Er verfaßte außer den *commentarii* zu seinen Kriegen, die in ihrer meisterhaften Klarheit als Stilmuster klassisch wurden, politische Streitschriften, ein Reisegedicht, eine Tragödie »Oedipus«, eine Spruchsammlung und ein sprachphilosophisches Werk, in dem er nachwies, daß in der Sprache nicht Anomalie, sondern Analogie herrsche, keine Gesetzlosigkeit, sondern Regelmaß – wie das dem Staatsideal Caesars entsprach[43]. Nach der Einnahme Alexandrias besuchte er die Vorlesungen des Peripatetikers Ariston[44]. Im Unterschied zur üblichen Buchrolle verwendete Caesar ein paginiertes Notizbuch, er ist der erste bezeugte Benutzer, vielleicht gar der Erfinder des Blätterbuches[45]. Varro erhielt den Auftrag, für ihn eine Bibliothek zusammenzutragen[46], aber ein literarischer Ruhestand war Caesar nicht vergönnt.

Sein Adoptivsohn Octavian befand sich an den Iden des März in Apollonia, wo er Apollodor von Pergamon hörte[47]. Mehrere seiner Lehrer kennen wir mit Namen[48]. Der Stoiker Areios Didymos aus Alexandria versah später am Hofe sozusagen die Stelle eines Hauskaplans und Trostspenders[49]. Philosophische Berater und Erzieher an Fürstenhöfen gab es bei den Griechen früh: denken wir an Platon bei Dionysios[50] und Aristoteles bei Alexander[51]. Suëton[52] berichtet ausführlich über Stilgefühl und Rechtschreibung des Augustus, über

29 s.u. 10 u!   30 Historia Augusta, Albinus 11,7f.   31 R.G. Lewis, in: ANRW. 34,1, 1993, S.629ff.   32 Sueton, Augustus 27; Digesten XLVIII 24. 33 Sueton, Augustus 85; Dio LIII 25,5; LIV 11; Florus II 33,52.   34 Sueton, Tiberius 61; ders., Domitian 20.   35 Sueton, Claudius 41.   36 Josephus, Vita 65/342.   37 Sein Werk über den Dakerkrieg erwähnt Priscian in: H. Keil (ed.), Grammatici Latini II 1855, S.205.   38 Historia Augusta, Hadrian 7,16.   39 Dio LXXVI 7,1; Historia Augusta, Septimius 3,2; 18,6. 40 Lydos, De magistratibus II 30; III 33.   41 Tacitus, Annalen IV 53,2. 42 Dio LIX 19,2.   43 Caesar, De analogia: Sueton, Caesar 56,5; Fronto, S.224 (van den Hout BT).   44 Aelian, Varia Historia VII 21; Appian XIV 89.   45 Sueton, Caesar 56,6.   46 l.c. 44.   47 Sueton, Augustus 8,2; 89,1; Dio XLV 3,1.   48 Sueton, Augustus 89; Aelian, Varia Historia XII 25. 49 Seneca, Consolatio ad Marciam VI 4,2ff; Julian 434 A.   50 Diogenes Laertios III 18.   51 l.c.V 4.   52 Sueton, Augustus 84ff.

Handschrift und Formuliertechnik, über Sprachkenntnis und Sprachempfinden des Kaisers. Augustus führte Buch über die Gespräche mit seiner Frau Livia[53]. Nachdem schon Lucullus seine große Büchersammlung der Öffentlichkeit zugänglich gemacht hatte[54], stiftete Augustus nach dem Vorbild von Asinius Pollio[55] zwei öffentliche Bibliotheken, jeweils nach griechischen und lateinischen Autoren getrennt, eine in der Säulenhalle der Octavia und eine am Apollontempel auf dem Palatin[56]. Als dessen Raum galt früher der von Santa Maria Antiqua[57], doch sind die Ziegelstempel erst domitianisch[58]. Wir kennen aus Inschriften mehrere Hofbibliothekare[59].

Augustus versammelte, vermittelt durch Maecenas, die größten Dichter seiner Zeit an seinem Hofe: Horaz, Properz und Vergil, dessen Gedichte er vor der testamentarisch verfügten Verbrennung bewahrte[60]. Dem Dichter Varius zahlte er für die Tragödie »Thyestes«, die bei den aktischen Spielen aufgeführt wurde, eine Million Sesterzen[61]. Vortragende Dichter und Historiker, Redner und Philosophen hörte er aufmerksam und ausdauernd[62]. Maecenas, selbst Schüler des Areios[63], überließ dem Kaiser seinen Freigelassenen Melissus als Bibliothekar[64]. Augustus verfaßte außer seinen »Erinnerungen«[65] zahlreiche Schriften[66]. Politischen Charakter trugen ebenfalls seine Biographie über Drusus und die Schrift gegen Cato[67]. Epigramme dichtete er vorwiegend im Bade[68]. Der Kaiser verteidigte in republikanischer Manier seine Klienten vor Gericht[69], außerdem trat er bei der Totenfeier für Verwandte als Redner vor die Öffentlichkeit, so wie Caesar[70], und errang damit Ansehen. Der ältere Plinius[71] hat noch Manuskripte von ihm, Vergil, Cicero und den Gracchen gesehen. Suéton zitiert aus Reden und Briefen des Princeps. Erhalten hat sich der »Tatenbericht« (Res Gestae), das »Monumentum Ancyranum«, die „Königin der Inschriften" (Mommsen).

10.f. Augustus sorgte darüber hinaus für eine solide literarische Bildung seiner Familienangehörigen. Seine Enkel unterrichtete er persönlich[72], er bestallte für den hohen Jahreslohn von hunderttausend Sester-

---

53 l.c. 64.   54 Plutarch, Lucullus 42.   55 Plinius, Naturalis historia VII 31/115; XXXV 2/10.   56 Sueton, Grammatici 20f; ders., Augustus 29. 57 Ch. Huelsen, Das Forum Romanum, 1905, S. 152.   58 Coarelli 1974, S. 85.   59 Dessau, Nr. 1587ff.   60 Plinius, Naturalis hist. VII 31/114. 61 Quintilian, Institutiones X 1,98; Tacitus, Dialogus 12,6; Martial VIII 18,7f. 62 Sueton, Augustus 89; Seneca, Controversiae II 12,12; X *praef.* 14. 63 Aelian, Varia Historia XII 25.   64 Sueton, Grammatici 21.   65 s.o. 10c! 66 Sueton, Augustus 85; Digesten XLVIII 24,1; Dio XLVIII 44,4.   67 Sueton, Claudius 1,5.   68 Sueton, Augustus 85; Martial XI 20.   69 Sueton, Augustus 56.   70 Sueton, Caesar 6; Tacitus, Annalen XIII 3; Dio LIV 28,3. 71 Plinius, Naturalis historia XIII 26/83.   72 Sueton, Augustus 64,3.

zen den gelehrten Sohn eines Freigelassenen, Verrius Flaccus, der seine
Schüler mitbringen – aber keine neuen mehr annehmen – durfte[73].
Einen Pädagogen, der Gaius Caesar in den Osten begleitete und sich
dort bereicherte, ließ Augustus, wie es heißt, mit einem Stein um den
Hals in einen Fluß werfen[74]. Als Tiberius sich mit seiner Frau Julia und
deren Vater Augustus zerstritten hatte, ging er 6 v. Chr. „zum Studieren" nach Rhodos, wo er griechische Kleidung trug und versuchte, wie
ein Privatmann (*idiōtikōs*) zu leben[75]. Gerühmt wegen seiner vielseitigen Bildung wurde sein allseits beliebter Neffe Germanicus. Er trat als
Redner vor Gericht auf[76], dichtete in beiden Sprachen und übersetzte
die »Phainomena« des Arat, ein astronomisches Lehrgedicht. Sein Lehrer Cassius Salanus war ein Freund Ovids[77]. Dieser war befreundet mit
Julia, der Tochter des Augustus, die für ihre „im Kaiserhause leicht zu
erwerbenden" Literaturkenntnisse ebenso berühmt war wie für ihre
dort leicht zu verlierenden Sitten[78]. Die Pädagogen von Julia, der Tochter des Germanicus, und von Livia, der Schwiegertochter des Tiberius,
kennen wir inschriftlich[79]. Gemeinsam mit den eigenen Prinzen ließ
Augustus Söhne von Klientelkönigen aufziehen, um Bindungen zu stiften[80]. Zu ihnen gehörten die Söhne des Königs Herodes[81].

   10.g. Tiberius studierte lateinische Rhetorik bei Messalla Corvinus[82],
dem ersten Stadtpräfekten unter Augustus[83], und galt als guter, bisweilen ironischer Redner[84]. Er schätzte aus der griechischen Poesie die
mythischen Stoffe der gelehrten Alexandriner und schrieb selbst griechische und lateinische Gedichte sowie eine Autobiographie[85]. Sein Stil
war archaistisch, griechische Fremdwörter mied er[86]. Tiberius war
befreundet mit dem *tolerabilis poeta* Montanus[87], ließ sich die Bei-
spielsammlung des Valerius Maximus widmen, ging aber – anders
als der geduldige Augustus[88] – gegen Literaten vor, von denen er sich
beleidigt glaubte[89]. Caligula[90] wurde vom Senat als Redner bewundert.
In seinem Verhältnis zur Literatur folgte er seinen bekannten Tyran-
nenlaunen. Kaiserfeindliche Geschichtswerke, die der Senat verboten
hatte, ließ er paradoxerweise wieder verbreiten, plante aber unter
Berufung auf Platon die Vernichtung der Werke von Homer, Vergil und
Livius[91].

---

73 Sueton, Grammatici 17; ders., Augustus 48.   74 l.c. 67,2.   75 Dio LV
9,5 f; Sueton, Tiberius 11 f.   76 Sueton, Caligula 3,2.   77 Plinius, Naturalis historia XXXIV 18/47; Ovid, Ex Ponto II 5,41 ff.   78 Macrobius II 5,2.
79 Dessau, Nr. 1828; CIL.VI 3998.   80 Sueton, Augustus 48.   81 Josephus, Antiquitates XVI 1,2/6.   82 Sueton, Tiberius 70,1.   83 Tacitus,
Annalen VI 11,3.   84 l.c. XIII 3.   85 Sueton, Tiberius 61; 70; ders.,
Domitian 20.   86 Dio LVII 15,2.   87 Seneca, Brief 122,11.   88 Seneca,
Controversiae II 12,13.   89 Tacitus, Annalen VI 29; 39; Dio LVII 22,5.
90 Dio LIX 6; 19,3; Tacitus, Annalen XIII 3.   91 Sueton, Caligula 16,1.

10.h. Der größte Gelehrte auf dem Kaiserthron wurde Claudius[92], nachdem ihn sein Hofmeister, ein „Barbar und ein Stallknecht", als Knaben allzu streng behandelt hatte[93]. In jungen Jahren begann er auf Anregung des damals hochbetagten Livius Geschichte zu schreiben, doch hatte er mit seinen öffentlichen Vorlesungen wenig Glück. Als Kaiser ließ er durch einen Lektor sein Geschichtswerk vortragen, das mit Caesars Tod begann und 43 Bücher füllte. In Neapel brachte er eine griechische Komödie seines Bruders Germanicus auf die Bühne[94]. Er verfaßte eine Autobiographie[95], eine Schrift über das Würfelspiel und eine Verteidigung Ciceros gegen die Angriffe des Asinius Gallus, des Sohns von Asinius Pollio. Claudius verbesserte die nach Augustus benannte erste Qualität des Papyrus, die für Buchrollen zu fein war und nur als Briefpapier in Gebrauch blieb[96]. Außerdem erfand er drei neue Buchstaben für die Laute W (⅃), Ps (Ɔ) und Ü (Ⱶ). Sie wurden auf Inschriften verwendet, verschwanden aber nach seinem Tode wieder aus dem Alphabet[97]. Claudius sprach und schrieb fließend griechisch, unter anderem zwanzig Rollen etruskische und acht Rollen karthagische Geschichte auf Griechisch. Er erweiterte das Museion von Alexandria und ließ dort seine Schriften rezitieren[98]. Sein Stil war, nach den Edikten und Reden vor dem Senat zu urteilen, unbeholfen. Wir besitzen einen originalen Text auf einer bei Lyon in der Rhone gefundenen Bronzetafel[99]. Claudius hat das Hofamt eines Studiendirektors (*a studiis*) eingerichtet[100], der zugleich Bibliothekar war[101]. Der Erzieher seines Sohnes Britannicus, der Grieche Sosibios, erhielt ein Salär von einer Million Sesterzen, wurde aber von Agrippina umgebracht, weil er angeblich ihrem Sohne Nero Schlingen legte[102].

10.i. Nero erhielt eine Ausbildung in allen Freien Künsten[103], er sprach lateinisch wie griechisch[104]. Seine ersten Lehrer waren ein Tänzer (*saltator*) und ein Barbier (*tonsor*)[105]. Seinen Tutor Asconius Labeo ehrte er mit einem Standbild[106]. Zwei andere Pädagogen machten Karriere: Beryllos wurde Sekretär für Griechisch (*ab epistulis Graecis*)[107], Anicetus stieg auf zum Flottenkommandanten in Misenum[108]. Neros berühmtester Hauslehrer war der Philosoph Seneca[109]. Dieser verfaßte

---

92 Sueton, Claudius 21; 33; 41 f.   93 l.c. 2.   94 l.c. 11.   95 s.o. 10d!
96 Plinius, Naturalis historia XIII 23f/74 ff.   97 Tacitus, Annalen XI 14;
Sueton, Claudius 41; Dessau, Nr. 210 ff: Inschriften mit *litterae Claudianae*.
98 Sueton, Claudius 42.   99 Dessau, Nr. 206; 212; rhetorisch bearbeitet bei
Tacitus, Annalen XI 23 ff.   100 Sueton, Claudius 28.   101 Friedländer I,
S. 56.   102 Tacitus, Annalen XI 4; Dio LX 32,5.   103 Sueton, Nero 52.
104 l.c. 7,2; Tacitus, Annalen XII 58.   105 Sueton, Nero 6,3.   106 Tacitus, Annalen XIII 10.   107 Josephus, Antiquitates XX 8,9/183; der Name ist
bisweilen zu Unrecht in *Burrus* emendiert.   108 Tacitus, Annalen XIV 3.
109 Sueton, Nero 7; Tacitus, Annalen XIII 2.

die von Nero auf Claudius gehaltene Totenrede; zuvor schrieben die Kaiser ihre Reden selbst[110]. In späteren Jahren bestellte Nero Philosophen an seine Tafel, um sich an ihren Meinungsverschiedenheiten zu ergötzen[111]. Neros eigene Poesie – darunter sein Trojalied »Troïka«[112] – verriet immerhin Grundkenntnisse der Dichtkunst, *elementa doctrinae*[113]. Neros Frau Messalina erlernte die Redekunst bis zur Auftrittsreife[114], seine Mutter Agrippina hinterließ Memoiren, die Tiberius verleumdet haben[115]. Zeitweilig zählte der Dichter Lucan, der ihm seine »Pharsalia« widmete[116], zu Neros Freunden, bis der Kaiser auf den Ruhm des Jünglings eifersüchtig wurde und ihm verbot, sein Können zu zeigen[117]. Die Lieder aus Neros »Liber Dominicus« schätzte noch Vitellius[118].

10.j. Galba wird dafür gerühmt, daß er neben den Freien Künsten gründlicher als andere das Recht studiert hatte[119]. Vespasian redete gut, auch griechisch[120]. Er schrieb Erinnerungen[121] und war mit mehreren Literaten befreundet[122], richtete Lehrstühle für griechische und lateinische Rhetorik ein und förderte Dichter und Künstler[123]. Die Schmähungen der kynischen Bettelphilosophen ertrug er gelassen[124], verbannte aber die Sterndeuter, die Unruhe stifteten[125]. Sein Sohn Titus war zusammen mit Britannicus am Hofe des Claudius in Rede- und Dichtkunst, Kitharaspiel und Kurzschrift ausgebildet worden[126]. Er hielt Reden lateinisch wie griechisch, schrieb ein Gedicht über den 76 n. Chr. erschienen Kometen und ließ sich als Kaiser die auch kulturgeschichtlich hochbedeutsame Naturgeschichte des älteren Plinius widmen[127]. Titus empfing den Wanderphilosophen und Wundertäter Apollonios von Tyana[128] und berief den Philosophen Musonius Rufus aus dem Exil zurück[129].

Der Bruder und Nachfolger Domitian wurde vor seiner Thronbesteigung von den Literaten als Musenfürst gefeiert[130]. Der Dichter Statius beschrieb die erste Einladung zur Tafel bei Hofe als seinen zweiten Geburtstag[131]. Als Kaiser bestellte Domitian den von seinem Vater

---

110 l.c. XIII 3; XV 49; Sueton, Nero 9.   111 Tacitus, Annalen XIV 16.
112 Dio LXII 29,1.   113 Tacitus, Annalen XIII 3; Sueton, Nero 52; ein mögliches Beispiel: Persius I 93 ff.   114 Scholien zu Juvenal VI 434.
115 Tacitus, Annalen IV 53; Plinius, Naturalis historia VII 6/46.   116 Lucan, Pharsalia I 33 ff.   117 Tacitus, Annalen XV 49.   118 Sueton, Vitellius 11,2.   119 Sueton, Galba 5,1.   120 Tacitus, Historien II 80; Aurelius Victor, Liber 9,1.   121 Josephus, De vita sua 65/342; 358.   122 Tacitus, Dialogus 8; 13; ders., Historien I 1; IV 7.   123 Sueton, Vespasian 17 f; Euseb/Hieronymus, Chronik zu Abr. 2104.   124 Sueton, Vespasian 13 f.
125 Dio LXVI 9; 13.   126 Sueton, Titus 3.   127 Plinius, Naturalis historia, *praef.*; II 22/89.   128 Philostrat, Vita Apollonii VI 29 f.   129 Euseb/Hieronymus, Chronik zu Abr. 2095; Themistios XIII 173c.   130 Martial V 6; Valerius Flaccus I 10; Silius Italicus III 620.   131 Statius, Silvae IV 2.

berufenen Rhetor Quintilian zum Hauslehrer[132]. Eine abermalige Vertreibung der Philosophen und Sterndeuter war wohl politisch motiviert[133]. Später hat Domitian die *liberalia studia* vernachlässigt[134]: seine einzige Lektüre seien die Memoiren und Tagebücher des Tiberius gewesen[135]. Mißliebige Autoren wurden von ihm bisweilen verfolgt, ja hingerichtet[136].

10.k. „Endlich können wir wieder aufatmen" – *Nunc demum redit animus*, schreibt Tacitus[137] nach dem Tode Domitians. Der Kaiser hatte zwar die Karriere des Tacitus gefördert[138], ihm das Schreiben jedoch unmöglich gemacht. Seine Nachfolger Nerva, der selber als Dichter einen gewissen Ruf genoß[139], und Trajan gestatteten wieder freie Rede. Trajan hatte keine höhere Bildung genossen[140], aber baute in sein *Forum Ulpium* zwei bis in die Spätantike berühmte Bibliotheken, eine für griechische, eine für lateinische Literatur[141]. Der Kaiser schrieb über seinen Dakerkrieg[142] und ehrte den Redner Dion Chrysostomos, den Domitian verbannt hatte[143], nahm ihn sogar oft in seinem Reisewagen mit[144].

10.l. Hadrian, *doctus princeps*[145], hatte schon für Trajan Reden verfaßt, nachdem dessen Sekretär Licinius Sura gestorben war[146]. Hadrians ungewöhnliches Interesse für Literatur bezeugen Juvenal[147] und die »Historia Augusta«. Sie nennt ihn *poematum et litterarum nimium studiosissimus*. Seine Autobiographie ließ Hadrian unter dem Namen seines Freigelassenen Phlegon erscheinen, um ihr höhere Glaubwürdigkeit zu verleihen[148]. Bis in die Spätantike erhielt sich eine Sammlung von zwölf Reden des Kaisers[149]. Hadrian war befreundet mit dem Stoiker Epiktet[150], stiftete das „Athenaeum" benannte Auditorium in Rom[151] und eine Bibliothek in Athen[152]. Er umgab sich mit Gelehrten[153] und verteidigte seine Vorliebe für archaische Autoren

132 Quintilian, Institutio IV *prooemium* 2; X 1,91.   133 Plinius, Briefe III 11,3; IX 13,2 f; Tacitus, Agricola 2; 45; Euseb/Hieronymus, Chronik zu Abr. 2105; 2111; Dio LXVII 13,2.   134 Sueton, Domitian 2,2; 20; Tacitus, Historien IV 86.   135 Sueton, Domitian 20.   136 Tacitus, Agricola 2. 137 l.c.; Plinius, Panegyricus 41,1.   138 Tacitus, Historien I 1.   139 Martial VIII 70,7; Plinius, Briefe V 3,5.   140 Dio LXVIII 7,4; Aurelius Victor, Epitome 13,8; Historia Augusta, Hadrian 3; 11; Julian 327 B.   141 Dio LXVIII 16,2; Gellius XI 17,1; Historia Augusta, Aurelian 1,7; 1,10; 8,1; 24,7. 142 s.o. 10d!   143 Philostrat, Vitae sophistarum 488.   144 Suidas, Delta 1240; Dio LXVIII 7,3.   145 Fronto, S. 229 (van den Hout BT). Zu Hadrians Bildung vgl.: J. M. André, in: ANRW. 34,1, 1993, S. 583 ff; S. A. Stertz, l.c. S. 612 ff.   146 Historia Augusta, Hadrian 3,11; Julian 327 A.   147 Juvenal VII 1 ff.   148 Historia Augusta, Hadrian 1,1; 7,2; 16,1; dieselbe, Septimius 1,6; Dio LXIX 11.   149 vgl. Dessau, Nr. 2487, 9133 ff; H. Keil (ed.), Grammatici Latini, I 1855, S. 222.   150 Historia Augusta, Hadrian 16,10. 151 Aurelius Victor, Liber 14,3.   152 Pausanias I 18, 9.   153 Historia Augusta, Hadrian 15 f.

gegen den gallischen Philosophen Favorinus, dem daraus kein Schaden erwuchs[154]. Alle Professoren überschüttete er, heißt es, mit Geld und Auszeichnungen. Dem alten und kranken Philosophen Euphrates, der schon auf Vespasian großen Einfluß hatte[155], schickte er auf dessen Wunsch Schierling[156]. Wir hören von einem poetischen Wettstreit mit dem Dichter Florus, der ihm schrieb: „Niemals wollt ich Kaiser hei-ßen, / fernhin nach Britannien ziehen, / bei Germanen mich verber-gen, / winters bei den Skythen frieren"[157], worauf Hadrian antwortete: „Niemals wollt ich Florus heißen, / in den römischen Tavernen / mich verbergen und die runden / Mückenstiche dort ertragen."[158] Außer einigen Tier- und Jagdgedichten[159] haben wir Hadrians Altersgedicht an seine Seele[160]:

animula vagula blandula,
hospes comesque corporis,
quae nunc abibis in loca
pallidula rigida nudula?
nec ut soles dabis iocos!

Lord Byron hat es unter dem Titel »Adrians address to his Soul« in den »Hours of Idleness« so übersetzt:

Ah! gentle, fleeting, wav'ring sprite,
Friend and associate of this clay!
To what unknown region born
Wilt thou now wing thy distant flight?
No more with wonted humour gay,
But pallid, cheerless and forlorn.

10.*m.* Dem lockeren Lebenswandel seines Adoptivsohnes Aelius[161] entsprach dessen Vorliebe für die Rezepte des Apicius, für die »Lie-beskunst« Ovids und die Spottgedichte Martials. Antoninus Pius bewahrte dem Redner Polemon von Smyrna die Freundschaft, obschon dieser ihm gegenüber die Pflicht des Gastgebers verletzt hatte[162]. Von Aelius[163] und Pius[164] vermutete man, daß sie, so wie Nero, Domitian und Trajan zuvor, ihre Reden nicht selbst verfaßt hätten, sondern sie sich vom *magister scrinii* oder *magister dicendi* schreiben ließen. Gleichwohl wird Pius eine einzigartige Eloquenz

154 Philostrat, Vitae sophistarum 489; Historia Augusta, Hadrian 15 f.
155 Philostrat, Vita Apollonii V 33 ff.   156 Dio LXIX 8,3.   157 *Ego nolo Caesar esse, / ambulare per Britannos, / latitare per (Germanos), / Scythicas pati pruinas*, Historia Augusta, Hadrian 16,3.   158 *Ego nolo Florus esse, / ambulare per tabernas, / latitare per popinas, / culices pati rotundos*, l.c. 159 s.o. 4u! 8j!   160 Historia Augusta, Hadrian 25,9. A. Birley, in: Laverna 5, 1994, S. 176 ff.   161 l.c. Aelius 5,9.   162 Philostrat, Vitae sophistarum 534.   163 Historia Augusta, Aelius 4,7.   164 l.c. Pius 11,3.

bescheinigt[165]. Er regelte die Privilegien der Rhetoren, Philosophen und Ärzte[166].

10.n. Unter allen Kaisern war wohl keiner so auf Bildung und Bücher versessen wie Marc Aurel[167]. Er nahm sie mit ins Theater, zu den Spielen, ja zum Gelage[168], sie bildeten seine einzige Erholung vom Regieren[169]. Antoninus Pius hatte den Stoiker Apollonios aus Chalkedon zur Erziehung des Prinzen berufen[170]. Ihn und seine anderen Lehrer hat Marc Aurel, anders als Nero, auch nach der Thronbesteigung noch verehrt, ja als Kaiser hat er weiterhin ihre Vorlesungen besucht[171]. Seine griechisch abgefaßten aphoristischen „Selbstbetrachtungen" (*Eis heauton* – An sich selbst), die seine stoische Lebensphilosophie enthalten, beginnt er mit seinen Vorbildern und Lehrern; er führt aus, welche Eigenschaften er wem verdankt und nennt dabei Diognetos, der ihm schon als Knabe auftrug, Dialoge zu verfassen[172], Junius Rusticus[173], den späteren Stadtpräfekten, den eben erwähnten Apollonios, der ihn mit den Schriften Epiktets bekannt gemacht hatte, und natürlich Fronto[174]. Noch als Kaiser unternahm Marc Aurel Reisen, um bestimmte Redner zu hören[175], und schrieb ihnen Briefe, unter anderem seinem einstigen Lehrer[176] Herodes Atticus in Athen[177]. Als der Kaiser einen Rechtsstreit der Athener gegen diesen, ihren reichsten Bürger entschied, erschien Herodes Atticus empört im Hoflager an der Donau. Sein Versuch, den Kaiser durch Grobheiten aus der Ruhe zu bringen, mißlang[178]. Über das geradezu sentimental anmutende Verhältnis zu Fronto unterrichtet uns der erhaltene lateinische Briefwechsel. An ihn wie an Herodes Atticus schrieb er bisweilen mehrere Briefe täglich[179]. Darin geht es um stilistische und grammatische Fragen, um den Gesundheitszustand, um Freundschaftsgefühle und allerlei Alltäglichkeiten. Mommsen bemerkte zu Fronto: „einen inhaltsloseren Publizisten hat es kaum gegeben"[180]. Marc Aurel diktierte zuweilen, auf- und abgehend[181], zumeist aber schrieb er, wie sein Lehrer, der die Handschrift seines Schülers liebte[182], das erwartete: eigenhändig, *autocheiria*[183]. Wenn Fronto mit einem diktierten Brief antwortete, so entschuldigte er sich[184].

165 l.c. 2,1.   166 Digesten XXVII 1,6,2; Historia Augusta, Pius 11,3. 167 Herodian I 2,3; siehe hier Abb. 23.   168 Fronto, S. 66 (van den Hout BT).   169 l.c., S. 105; 227.   170 Historia Augusta, Pius 10,4; l.c. Marcus 2f; Lukian, Demonax 31.   171 Dio LXXI 1,2.   172 Marc Aurel I 6. 173 l.c. I 7.   174 l.c. I 8.   175 Philostrat, Vitae sophistarum 557; 577; 582.   176 Dio LXXI 35,1.   177 Philostrat l.c. 562.   178 l.c. 561. 179 Fronto, S. 46 (van den Hout BT); Philostrat l.c. 242.   180 Mommsen, Kaisergeschichte, S. 350.   181 Fronto, S. 83 (van den Hout BT). 182 l.c. S. 38.   183 Dio LXXI 36,2.   184 Fronto, S. 90; 235 (van den Hout BT).

Abb. 23: Büste Marc Aurels

Da Marc Aurel (geb. 121, reg. 161–180) schon als Knabe zur Herrschaft vor-
gesehen war, besitzen wir von ihm Porträts aus allen Altersstufen. Stets hat er
den melancholischen Blick, in der Jugend verschlafen, im Alter sorgenvoll. Als
stoischer Philosoph durch seine „Selbstbetrachtungen" berühmt, verbrachte der
Kaiser seine besten Jahre im Kampf gegen die Marcomannen an der Donau.

10.0. Mit 25 Jahren wandte sich der Prinz zum Bedauern seines Lehrers[185] unter dem Eindruck der Schriften des Stoikers Ariston von der Rhetorik ab und der Philosophie zu[186]. Das verstieß gegen die Sitte, denn seit alters wurde die Philosophie von den Römern mit Mißtrauen betrachtet. Schon Ennius schrieb, man dürfe aus der Philosophie nur Kostproben genießen, sich nicht von ihr verschlingen lassen: *degustandum ex philosophia, non in eam ingurgitandum*[187]. Dasselbe meinte auch der ältere Cato, ungehalten über den Akademiephilosophen Karneades und dessen 155 v. Chr. in Rom vorgetragene, von der höheren Jugend enthusiastisch aufgenommene Doppelrede, erst für, dann gegen die Gerechtigkeit[188]. Nero wurde von seiner Mutter daran gehindert, Philosophie zu treiben, weil sich dies mit dem Herrscheramt nicht vertrüge[189], und ähnlich bewahrte die Mutter Agricolas, wie Tacitus schreibt, ihren Sohn davor, sich mehr mit Philosophie zu befassen, als einem Römer und Senator zukomme[190]. Der Urtyp Trimalchio beschloß seine ruhmredige Grabinschrift mit der Feststellung: NEC UMQUAM PHILOSOPHUM AUDIVIT. VALE ET TU![191]. „Nie hat er einen Philosophen gehört. Auch du lebe wohl!" Man fürchtete, die Philosophie mache „gedankenreich und tatenarm".

10.p. Für Marc Aurel gilt das gewiß nicht. Seine griechischen »Selbstbetrachtungen« sind, obschon im Kriege abgefaßt, ein Katechismus der Humanität[192]. Der Sinn des Lebens heißt Arbeit für die Gemeinschaft im Geiste einer kosmopolitischen Philanthropie, eingebettet in eine Harmonie der Natur. Sie wird gestört durch Ärger und Mißgunst, durch Eigensinn und Leidenschaft, die man bei sich wie bei anderen im Zaum halten müsse. Der Kaiser vertrat einen undogmatischen, platonisierenden Stoizismus. Selbst Epikur wird mit Respekt zitiert[193]. Das Werk wurde zum Lieblingsbuch Friedrichs des Großen. Marc Aurel stiftete Lehrstühle für Rhetorik und Philosophie in Athen[194] und erweiterte die von Pius festgesetzten Professorenprivilegien[195]. Es wurde Mode, Bücher zu sammeln, schreibt Lukian[196], bloß um dem Kaiser zu gefallen. Hinz und Kunz begann zu philosophieren, an jeder Straßenecke stand ein Sittenprediger mit langem Bart und ollem Mantel[197].

---

185 l.c. S. 133 ff; 149 ff.   186 l.c. S. 67; Marc Aurel I 7; 17,4.   187 Gellius V 16,5.   188 Plutarch, Cato maior 22 f; Cicero, De re publica III 9 ff. 189 Sueton, Nero 52.   190 Tacitus, Agricola 4; vgl. ders., Dialogus 34; Historia Augusta, Alexander 14,5.   191 Petron 71.   192 Eine griechisch-deutsche Ausgabe: Kaiser Marc Aurel, Wege zu sich selbst, herausgegeben und übertragen von W. Theiler, 1951. Einen Kommentar verfaßte A. S. L. Farquharson 1944.   193 Marc Aurel VII 64; IX 41.   194 Dio LXXI 31,3; Philostrat, Vitae sophistarum 566; Lukian, Eunuchus 3.   195 Digesten XXVII 1,6,8.   196 Lukian, Adversus indoctum 24.   197 Lukian, Bis accusatus 6; Dio LXXI 35,2.

Marc Aurel bestimmte *litteratores* im Lateinischen und Griechischen für seinen Sohn Commodus, doch kennen wir sie nicht namentlich[198]. Commodus war ein schlechter Redner[199]. Der Sophist Pollux widmete ihm sein Lexikon, jedes der zehn Bücher extra. Das brachte ihm einen Lehrstuhl in Rom ein. Eine gute Ausbildung hatte auch Marc Aurels Mitkaiser Lucius Verus genossen, er machte in der Jugend Verse, war ein begabter Redner und umgab sich mit Gebildeten[200], doch entspricht dieser Zug nicht seinem sonstigen Charakterbild als Luftikus.

10.q. Kaiser Pertinax hat seine Laufbahn als *grammaticus* begonnen und trat wegen des schlechten Verdienstes ins Heer ein[201]. Auch später schätzte er den Umgang mit Lehrern[202]. Er ließ seinen Sohn die allgemeinen Schulen besuchen und verzichtete auf Privatunterricht[203]. Sein Nachfolger Septimius Severus sprach stets mit afrikanischem Akzent[204], wird aber als ausgezeichneter Kenner der lateinischen und griechischen Literatur, der Philosophie wie der Rhetorik bezeichnet[205]. Studiert hatte er in Rom und Athen[206]. Der Kaiser hinterließ eine für ihre Verläßlichkeit gerühmte Autobiographie[207]. Er wird als Freund von Weisheit und Wissenschaft beschrieben[208], insbesondere die stoische Philosophie von Marc Aurel sagte ihm zu[209]. Septimius Severus und seine zweite Frau Julia Domna lebten mit Literaten und Professoren in engem Kontakt[210]. Zu ihnen gehörten der Erzähler Aelian, der Philosoph Alexander von Aphrodisias und der Dichter Oppian, der für jeden Vers seines Lehrgedichtes über den Fischfang vom Kaiser ein Goldstück erhielt[211]. Julia Domna trug selbst den Beinamen „die Philosophin"[212]. Sie bewog Philostrat, die Vita des Apollonios von Tyana zu verfassen[213], jenes Wundermannes, der vielleicht ein heidnischer Gegenchristus sein sollte, und verschaffte dem Sophisten Philiskos seinen Lehrstuhl in Athen[214]. Zum Lehrer seiner Söhne bestimmte Septimius den Antipater aus Hierapolis, der zugleich die griechische Korrespondenz des Kaisers betreute – „wir nannten ihn den Lehrer der Götter", schreibt Philostrat[215]. Caracalla zitierte Euripides[216]; sein ungeliebter Bruder Geta galt als Freund namentlich der alten Autoren[217], sammelte die Bezeichnungen für Tierstimmen[218] und schätzte

---

198 Historia Augusta, Commodus 1,6.   199 l.c. 17,3.   200 Historia Augusta, Verus 2,5 ff.   201 l.c. Pertinax 1,4 f.   202 l.c. 12,7.   203 Herodian I 4,9.   204 Historia Augusta, Septimius 19,10.   205 l.c. 18,5.   206 l.c. 1,4 f; 3,7.   207 l.c. 3,2,; 18,6; Aurelius Victor, Liber 20,22; Dio LXXV 7,3. 208 Historia Augusta, Septimius 18,2.   209 l.c. 19,3; l.c., Geta 2,2. 210 Dio LXXV 15,7; LXXVI 16,1; LXXVII 18,3; Philostrat, Vitae sophistarum 601; 622.   211 Suppl. Aristot. II 2, S. 164; Sozomenos, Vorwort 5 f. 212 Philostrat l.c. 622.   213 Philostrat, Vita Apollonii I 3.   214 Philostrat, Vitae sophistarum 622.   215 l.c. 607.   216 Dio LXXIX 8,4. 217 Historia Augusta, Geta 5,1.   218 l.c. 5; Chronica minora I, S. 548.

die antiquarischen Schriften des Sammonicus Serenus[219], den Caracalla umbringen ließ[220]. Caracalla verachtete die Gelehrten[221].

10.r. Daß die Nähe zum Kaiser auch ihre Schattenseiten hatte, lehrt das Schicksal des Rhetors Silvinus, den Elagabal zum Hauslehrer für Severus Alexander bestellt hatte und dann in einer Sultanslaune umbringen ließ[222]. Drei *litteratores* aus Alexanders Kindheit in Syrien sind namentlich bekannt, darunter ein Freigelassener seines Vaters. Daneben werden ein Grammatiker, ein Rhetor und ein Philosoph erwähnt, für die Zeit in Rom ebenfalls ein Grammatiker und drei Rhetoren. Seine lateinischen Reden vor Senat, Volk und Heer galten als schwach. Severus Alexander habe darauf geachtet, daß alles, *quae publice et privatim agebat*, geziemend aufgeschrieben und der Nachwelt überliefert würde[223]. Überhaupt interessierte sich der kaiserliche Knabe für Geschichte[224]. Seinem Idealbild in der »Historia Augusta« entsprechend ist seine Lieblingslektüre gestaltet: Platons »Politeia«, Ciceros »De officiis« und »De re publica«, auch Reden und Gedichte, darunter die des Sammonicus Serenus und des Horaz. Als Lieblingsbuch erscheint natürlich die Biographie Alexanders des Großen, seines Namenspatrons und Vorbilds[225]. In seinem zweiten Lararium habe der Kaiser Büsten von Vergil, Cicero, Achill, Alexander und anderen großen Männern aufgestellt[226]. Severus Alexander ließ sich aus den genannten Schriften vorlesen und besuchte Deklamationen im Athenaeum[227]. Die öffentliche Bildung förderte er, indem er Rhetoren, Grammatiker, Ärzte, Eingeweideschauer, Astrologen, Mechaniker und Architekten bestellte, ihnen Auditorien zuwies und armen Studenten Stipendien aussetzte[228].

10.s. Den Soldatenkaisern fehlte zumeist die Ausbildung und die Zeit für literarische Muße. Maximinus Thrax, ein Hirtensohn, der neben seinem „halbbarbarischen" Thrakisch kaum Latein verstand, war „nahezu unberührt von Literatur"[229]. Er machte Karriere durch seine militärischen Qualitäten, ließ aber seinem Sohn eine sorgfältige literarische Ausbildung in beiden Kultursprachen zuteil werden[230]. Gordian I besaß anscheinend literarischen Ehrgeiz, wenn er mit einem Epos über Antoninus Pius und Marc Aurel den Rang der »Aeneis« erreichen wollte[231]. Philostrat widmete ihm seine Sophistenbiographien. Zu den gebildetsten Männern seiner Zeit gehörte Gallienus. Sein

219 Macrobius, Sat. III 9,6.   220 Historia Augusta, Caracalla 4,4.
221 Dio LXXVII 11,2.   222 Historia Augusta, Elagabal 16,4.   223 l.c.
Alexander 3.   224 l.c. 16,3.   225 l.c. 30,1 ff.   226 l.c. 31,4 f.   227 l.c.
35,1 f.   228 l.c. 44,4 f.   229 Herodian VI 8,1; Aurelius Victor, Liber 25,1;
Historia Augusta, Maximinus 2,5.   230 l.c. 27,2 ff.   231 Historia Augusta, Gordian 3,2.

ihm keineswegs wohlgesonnener Biograph[232] räumt ein, er sei als Redner, Dichter und Künstler berühmt gewesen. Von ihm stamme das
schönste von hundert Hochzeitsgedichten, von dem fünf Zeilen überliefert werden.[233] Gallienus[234] und seine Frau Salonina schätzten und
förderten den Neuplatoniker Plotin, dem sie ein Anwesen in Campanien in Aussicht stellten, um eine Stadt mit Namen Platonopolis zu
gründen[235]. Ob der Kaiser Tacitus das ihm von der »Historia Augusta«[236] unterstellte Interesse an dem gleichnamigen Historiker besaß,
ist eher zweifelhaft. Sicher aber zählt dann wieder zu den hochgebilde-
ten Prinzen Numerianus, der Sohn des Carus. Er wird als Dichter und
Redner gerühmt und soll in der *Bibliotheca Ulpia* auf dem Trajansfo-
rum eine Statue erhalten haben[237].

Die Tetrarchen werden als *semiagrestes*[238], halbgebildet, bezeichnet,
wie ihre soziale und regionale Herkunft aus den Bergen Illyriens vermuten läßt. Galerius trug den Spitznamen *Armentarius*, der Vieh-
treiber[239], sein Neffe Maximinus Daia schätzte trotz seiner gleichfalls
bäurischen Abstammung Philosophen und Literaten in seiner Umgebung[240]. Der bildungsstolze Aurelius Victor[241] meinte, die Tetrarchen
hätten durch Mühsal des Landlebens und des Heeresdienstes ersetzt,
was ihnen an literarischer Bildung abging. Not erziehe zur Klugheit
und Redlichkeit, die jenen fehle, die im Luxus aufgewachsen seien. Nur
Licinius wird als Bücherfeind angeprangert[242]. Die Tetrarchen waren
die letzten Soldatenkaiser.

10.t. In christlicher Zeit änderte sich das Verhältnis zur Bildung nur
langsam. Schrieb Tertullian: *doctrinam saecularis litteraturae ut stul-
titiae apud deum deputatam, aspernamur* – „Weltliche Wissenschaften
sind Torheit vor Gott, wir verschmähen sie"[243], so setzte sich diese rigo-
rose Abkehr von der paganen Literatur zunächst nicht durch. Constantin[244] heißt einerseits *litteris minus instructus*[245], wird andererseits aber
für seine Neigung zu den *artes bonae*, zu den *studia liberalia* gepriesen[246]. Er interessierte sich allerdings mehr für religiöse als für literarische Fragen, sehen wir ab von seiner Bewunderung für Publilius
Optatianus Porphyrius, der höchst artifizielle Figurengedichte produzierte. Jacob Buckhardt[247] nennt sie „ganz verzweifelte poetische Luft-

---

232 l.c., Gallienus 11,6ff.   233 Poetae Latini Minores, ed. E. Baehrens IV
1882, Nr. 113, S. 103f.   234 siehe hier Abb. 24.   235 Porphyrios, Vita
Plotini 12/65f.   236 Historia Augusta, Tacitus 10,3.   237 l.c. Carus 11.
238 Aurelius Victor, Liber 39,17 u. 26.   239 Lactantius, De mortibus persecutorum 22; Aurelius Victor, Epitome 40,15.   240 l.c., Epitome 40,18.
241 l.c., Liber 39,26f.   242 l.c., Liber 40,13; l.c., Epitome 41,8.   243 Tertullian, De spectaculis 18.   244 Schanz + Hosius IV 1904, S. 6f.
245 Anonymus Valesianus 2.   246 Aurelius Victor, Epitome 41,14; Eutrop
X 7.   247 Burckhardt 1880, 276f.

Abb. 24: Kopf des Gallienus

Gallienus (um 218 bis 268) kam 254 als Mitregent seines Vaters Valerian zur Macht und regierte nach dessen Gefangennahme durch die Perser 260 allein. Obwohl die Reichskrise unter ihm kulminierte, an allen Fronten Feinde einbrachen und Usurpatoren auftraten, hat er sich mit dem Neuplatoniker Plotin beschäftigt. Sein Bild in der senatsfreundlichen „Historia Augusta" ist vermutlich deswegen so abträglich, weil er den Senatoren die Legionskommanden entzog.

sprünge". Constantin selbst studierte nachts die heiligen Schriften[248] und hinterließ eine Autobiographie[249], Predigten[250] und Briefe, zumeist an Bischöfe[251]. Die Philosophen Sopatros[252] und Kanonaris[253] bezahlten ihr Eintreten für den alten Glauben mit dem Leben. Der christliche Rhetor Strategius alias Musonianus erklärte dem Kaiser den Manichäismus und machte Karriere[254]. Als Hauslehrer für seinen Sohn Crispus beschäftigte Constantin den schon von Diocletian nach Nikomedien geholten christlichen Rhetor Lactanz[255], auch für seine Söhne von Fausta suchte er hervorragende Lehrer und unterwies sie selbst in Religion[256]. Sein Sohn Constans berief den christlichen Rhetor Prohairesios aus Athen nach Trier, verlieh ihm eine Ehrenamt (*stratopedarchēs*) und erhob ihn zum Tischgenossen (*homotrapezos*)[257]. Auch seinem Bruder Constantius II werden literarische Interessen bescheinigt[258]. In der Rhetorik und der Poesie habe er indessen wenig geleistet[259]. Sein Gegenkaiser Vetranio war mit dem Alphabet nicht vertraut[260].

10.u. Julian, dessen Mutter Basilina in den Gedichten von Homer und Hesiod unterrichtet worden war[261], studierte seit seinem siebten Lebensjahre bei seinem Pädagogen, dem gotischen Eunuchen Mardonios, der ihn für Homer begeisterte[262]. Grammatik lehrte ihn Nikokles aus Sparta, Rhetorik Hekebolios aus Konstantinopel[263]. Die Vorlesungen des Heiden Libanios in Nikomedien konnte er nicht hören, doch verschaffte er sich die Texte[264]. Entscheidend wurde für Julian der Unterricht bei dem Neuplatoniker Maximus von Ephesos, der ihn bis an die Vorhalle des Tempels der Philosophie geführt habe[265]. Über Julians Studium an der Akademie in Athen haben wir gute Nachrichten[266]. Julian, der sich seiner stets tintenverschmierten Finger rühmte[267], behauptete, kein Altersgenosse hätte mehr gelesen als er[268]. Libanios bestätigt das: viele lateinische, noch mehr griechische Philosophen und Redner, Dichter und Historiker habe Julian studiert[269]. Während andere Menschen ihr Herz an Pferde, Vögel oder andere Tiere hängten, habe er selbst, schreibt Julian[270], immer nur nach

248 Euseb, Vita Constantini IV 29.   249 s.o. 10d!   250 überliefert im Anhang zur Constantins-Vita Eusebs.   251 Texte bei P. Silli, Testi Costaniniani nelle fonti letterarie, 1987.   252 Zosimos II 40,3.   253 Preger, 1901/1907, S. 55.   254 Ammian XV 13,1 f.   255 Euseb/Hieronymus, Chronik Abr. 2334   256 Euseb, Vita Constantini IV 51; Julian 10 Cff. 257 Eunap, Vitae sophistarum 492.   258 Julian 11 D; Ammian XXI 16,4. 259 l.c.; anders Aurelius Victor, Liber 42,23.   260 l.c., Liber 41,26. 261 Julian 352 B.   262 Julian 351 Bff.   263 Sokrates Scholastikos III 1,10.   264 Libanios, or. 18,13.   265 Julian 235 A.   266 J. Bidez, Julian der Abtrünnige, 1940, S. 123 ff.   267 Julian 339 B.   268 Julian 347 A. 269 Libanios, or. 15,28; 18,21; Ammian XVI 5,6 f.   270 Julian, Brief 23 (Wright).

Büchern verlangt. Als Kaiser hatte er kaum noch Zeit für Lektüre, doch lagen Homer und Platon immer griffbereit[271]. Stets hat er die Verbindung zu Gelehrten gehalten, so zu Maximus[272] und Libanios[273]. Protest erhob sich, selbst von heidnischer Seite, gegen Julians Rhetorenedikt von 362[274], das christlichen Lehrern die Auslegung der altgläubigen Autoren untersagte[275]. Auf seinem Totenbett disputierte Julian mit den in seinem Feldlager weilenden Philosophen Maximus und Priscus über die Unsterblichkeit der Seele[276] – wie einst Sokrates und Seneca. Von Julian besitzen wir ein respektables *œuvre* an Reden, Briefen, Traktaten und Epigrammen, sämtlich griechisch[277]. Boshaft ist die Bemerkung Eunaps, Julians Nachfolger, der ungebildete Jovian habe eine in Antiochia von Julian angelegte Bibliothek niedergebrannt, wobei ihn seine Frau und seine Konkubinen unterstützt hätten[278].

10.v. Die Kaiser im Westen des spätantiken Imperium verfügten wieder über eine gute Bildung. Valentinian wird wegen seines guten Stils gelobt, auch als Redner und Dichter machte er Eindruck[279]. Er berief als Erzieher für seinen Sohn Gratian den Rhetor Ausonius aus Bordeaux nach Trier, der ihm unter anderem einen *Cento Nuptialis* dichtete, ein Fetzengedicht aus vergilischen Hexametern, die nur durch Umstellung einen neuen, zuletzt obszönen Sinn erhalten[280]. Valentinian hatte selbst ein solches Poëm verfaßt und den Rhetor zum Wettbewerb herausgefordert. Das Gedicht des Kaisers ist verloren. Gratian glänzte als Dichter einer »Achilleis«[281], als Redner und Interpret. Von den Historikern las er vermutlich Sallust und Suëton[282]. Auf die Helden der Republik verwies Claudian den jungen Honorius 398 beim Antritt seines Konsulats in Mailand[283]. Valentinian III wurde nach dem Urteil Prokops von seiner Mutter Galla Placidia nicht streng genug erzogen[284]. Der gallische Kaiser Avitus sodann hatte die bei senatorischen Magnaten übliche Ausbildung erhalten und als Jüngling Geschichtsbücher gelesen[285]. Der aus Byzanz stammende spätere Westkaiser Anthemius soll die Schriften der Sieben Weisen und der übrigen großen Philosophen, einschließlich Epikurs, studiert und auch die lateinischen Klassiker nahezu vollständig gelesen haben[286]. Als Kaiser holte Anthe-

271 Julian, Brief 29 (Wright).   272 Ammian XXII 7,3.   273 G.R. Sievers, Das Leben des Libanios, 1868, S. 85 ff.   274 Cod. Theod. XIII 3,5.   275 Ammian XXII 10,7; XXV 4,20.   276 Ammian XXV 3,23.   277 Griechisch und englisch von W.C. Wright in der Loeb Classical Library I–III, 1913 ff.   278 Eunap, fr. 29,1.   279 Ammian XXX 9,4.   280 Ausonius XVII. Der Text der »Imminutio« (Entjungferung) ist in der lateinisch-englischen Ausgabe der Loeb Classical Library nicht übersetzt.   281 Ausonius XIX 26.   282 Aurelius Victor, Epitome 47,4; Symmachus, or. III 7.   283 Claudian VIII 396 ff.   284 Prokop, Bellum Vandalicum I 3,10 ff.   285 Sidonius, Carmina VII 175 ff.   286 l.c., Carmina II 156 ff.

mius den heidnischen Philosophen Phoebus Severus an den Hof und erhob ihn zum Konsul für 470[287]. Nach Anthemius verfiel das Westreich in Agonie. Die folgenden kurzlebigen Kaiser hatten in ihren Kriegs- und Geldnöten keine Zeit mehr für die Musen.

10.w. Die Lage im Osten war weniger bedrohlich, daher spielte das Bildungsleben dort eine größere Rolle als im Westen. Konstantinopel entwickelte sich durch die Förderung seitens des Hofes zur geistigen Metropole neben Athen und Alexandria[288]. Über geringe Bildung verfügte der erste Ost-Kaiser Valens[289]. Sein Interesse an der Geschichte jedoch[289a] bestätigt die Tatsache, daß er sich die historischen Abrisse von Eutrop, Aurelius Victor und Rufus Festus widmen ließ. Außerdem stiftete er in Konstantinopel eine Schreibwerkstatt mit drei Kopisten für lateinische und griechische Texte[290] und richtete einmal einen Redewettkampf im Heerlager aus[291]. Sein Nachfolger Theodosius I ließ sich die Gedichte des Ausonius nach Konstantinopel schicken[292]. Auch seine literarische Bildung war mittelmäßig (*litteris mediocriter doctus*), doch liebte er gleichfalls die Geschichte. Er entrüstete sich über die Gewaltpolitik von Cinna, Marius und Sulla, wie er überhaupt leicht in Wut geriet[293]. Nach dem Zeugnis des Redners Themistios, den er zum Prinzenerzieher bestellt hatte, rief der Kaiser die Philosophie zurück auf den Thron[294]. Zum Lehrer seiner Söhne Arcadius und Honorius – sie wuchsen gemeinsam mit denen des Heermeisters Promotus auf[295] – berief er den römischen Priester Arsenius, der nach eigenem Ermessen von der Zuchtrute Gebrauch machen durfte[296]. Prügelstrafe wurde mit der Peitsche aus Aalhaut (*anguilla*) vollzogen[297] und war, wie im allgemeinen[298], so auch am Hofe selbstverständlich[299]. Sie entsprach der paganen wie der biblischen Tradition. „Ein Mensch, der nicht geschunden wird, wird nicht erzogen", heißt es bei Menander[300]. „Wer seiner Rute schonet, der hasset seinen Sohn; wer ihn aber lieb hat, der züchtigt ihn frühzeitig", lesen wir in den Sprüchen Salomonis[301].

Mit Salomon wird Theodosius' Enkel Theodosius II verglichen[302]. Er wurde gemeinsam mit einigen Senatorensöhnen erzogen[303] und

---

287 PLRE II, S. 1005 f.   288 Heinrich Schlange-Schöningen, Kaisertum und Bildungswesen im spätantiken Konstantinopel, 1995.   289 Ammian XXXI 14,5.   289a Eunap, fr. 44 (Bl).   290 Codex Theodosianus XIV 9,7. 291 Themistios, or. XI,143 C–144 B.   292 Ausonius I 3 f.   293 Aurelius Victor, Epitome 48,9.   294 Themistios, or. XVI 204 c; 213 a; XVII.   295 Zosimos V 3.   296 Zonaras XIII 19.   297 Isidor, Etymologiae V 27,15. 298 Libanios, or. 2,20; Sidonius, Briefe II 10,1.   299 Historia Augusta, Tacitus 6,5 f; Prokop, Bellum Gothicum I 2,9.   300 Menander, Monosticha 422.   301 Sprüche Salomonis 13,24.   302 Sozomenos, Vorwort 10. 303 Holum 1982, S. 81; Johannes Antiochenus, fr. 192.

glänzte durch Kenntnisse in Literatur, Mathematik und Astronomie[304].
Er studierte die Taten der Griechen und Römer, die Natur der Steine,
die Kräfte der Wurzeln und die Wirkungen der Heilmittel. Seine
Schwester Pulcheria überwachte die Erziehung, sorgte für die Einübung
der Etikette und vor allem für die Unterweisung im rechten Glauben[305]. Sozomenos widmete ihm seine Kirchengeschichte[306]. Das Studium der aristotelischen Logik soll ihn Selbstbeherrschung gelehrt
haben[307], handwerkliche Tätigkeiten hielten ihn vom Regieren ab[308].
Er konstruierte eine Leselampe, deren Öl automatisch nachfloß und
den *lampadarii* des Palastes Nachtruhe bescherte[309], während er seiner
Neigung als Kalligraph huldigte[310]. Es gibt eine Handschrift der
»*Collectanea rerum mirabilium*« des Solinus, die auf Geheiß des Kaisers (*studio et diligentia domini Theodosii invictissimi principis*) angefertigt wurde[311]. Theodosius II förderte die Dichter Ammonios und
Kyros, der 441 zum Konsul erhoben wurde[312].

Die Kaiserin Athenaïs, die Tochter eines Philosophen aus Athen[313],
gehörte zu den gebildetesten Frauen ihrer Zeit. Sie verfaßte ein Epos
über den Perserkrieg von 421/422[314], daneben acht Bücher poetischer
Paraphrasen des Alten Testaments, ein Gedicht über den heiligen
Cyprian und eine Leidensgeschichte Christi aus 2343 umgestellten
Homerversen[315]. Unter ihrem Einfluß wurden bedeutende Rhetoren
und Philosophen, auch solche heidnischen Glaubens, mit Ehrenrängen
an den Hof gezogen[316]. Im heiligen Lande hörte sie bei dem heidnischen Rhetor Orion[317]. Pulcheria, die fromme Schwester des Kaisers,
wird wegen ihrer Sprach- und Schreibfertigkeit in Latein und Griechisch gerühmt[318].

Mit dem Ende der theodosianischen Dynastie ging die Bildung auch
im Osten zurück. Leo I, der „Schlächter", wird als Gewaltherrscher
geschildert, doch äußerte er den sympathischen Wunsch: „Wenn ich
doch den Tag erlebte, wo das Geld, das jetzt die Soldaten beziehen, die
Lehrer bekämen!"[319]. Auch der Isaurier Zenon besaß keine literarische
Kultur[320]. Der Tiefpunkt war erreicht, als Justin den Caesarenthron
bestieg. Er hatte sich als Bauernsohn aus Thrakien in der Leibgarde
hochgedient und war Analphabet geblieben. Er vollzog die Unterschrift

---

304 Sozomenos, Vorwort 8; Sokrates Scholastikos VII 22.   305 l.c.; Sozomenos IX 1.   306 Sozomenos, Vorwort 17.   307 Johannes Antiochenus,
fr. 193.   308 l.c. 194.   309 Sozomenos, Vorwort 8.   310 Johannes
Antiochenus, fr. 194; Kedrenos I 571; Nikephoros II 3.   311 Codex Vossia-
nus Q. 56: Th. Mommsen (ed.), C. Iulii Solini Collectanea, 1895, S. XXXVII.
312 Sokrates Scholastikos VI 6; Suidas, Theta 145; l.c. Kappa 2776.
313 s.o. 5s!   314 Sokrates Scholastikos VII 21,8.   315 Gregorovius
1881/1926, S. 128.   316 PLRE. II, S. 534.   317 l.c. S. 812.   318 Sozomenos IX 1,5.   319 Malchus, fr. 3.   320 Malchus, fr. 16,2.

mit einer Schablone[321]. Sein Neffe und Nachfolger Justinian jedoch stand wieder auf der Höhe der Zeit, zumal in allen theologischen Fragen.

10.x. Seit klassisch-griechischer Zeit gehört die Musik zu den Freien Künsten[322]. Der erste ihr ergebene Prinz war Germanicus, der „wie Apollon" zur Leier sang und nur durch seine politischen Pflichten gehindert wurde, sich ganz den Musen zu verschreiben[323]. Anders Nero, der die Musik vornehmlich als Mittel zur Selbstinszenierung verwendete. Er liebte die Publizität in jeder Form. Eine neue Wasserorgel ließ er sich technisch erklären[324], sie fand im Theater und in der Arena Verwendung[325]. Galba schätzte Flötenklang[326], spielte aber nicht selber. Titus hatte als Mitschüler des Britannicus gelernt, zur Kithara zu singen[327]. Dasselbe ist überliefert für Hadrian[328]. Die Neigung des Commodus zum Tanzen, Singen und Pfeifen wird mit seinem lockeren Lebenswandel verbunden[329]. Caracalla ahmte wieder Nero nach[330]. Der Knabe Elagabal war offenbar ein musikalisches Talent. Er versuchte sich in Gesang und Tanz, blies wie zuvor Ptolemaios Auletes[331] Flöte und Tuba, spielte Laute *(pandura)* und Orgel[332]. Die ernsthafte Beschäftigung mit Musik war eigentlich unter der Würde eines zum Staatsdienst bestimmten Senators[333]. Severus Alexander sang und musizierte daher nur im engsten Kreise. Er war anscheinend ebenso begabt wie sein Vetter, beherrschte angeblich die Lyra, die Flöte, die Orgel und die Tuba[334]. Gallienus liebte die Musik, betrieb sie aber nicht selbst. Beim Auszug aus Rom bevorzugte er Flötenspiel, bei der Rückkehr Orgelmusik, jeweils mit Gesang[335].

Von Julian besitzen wir ein Gedicht auf die Orgel[336]. Sie besaß im spätantiken Musikleben eine große Bedeutung[337]. Julians Interesse an der Musik spricht aus seinem Befehl an den Präfekten von Ägypten, einen Knabenchor aufzustellen, denn wenn irgend etwas Förderung verdiene, so „die heilige Musik"[338]. Der Kaiser klagte einerseits über die barbarischen Gesänge, die er in Gallien zu hören bekam, und andererseits über die Gleichgültigkeit der Antiochener gegenüber der

---

321 Johannes Lydus, De magistratibus 3,51; Prokop, Anekdota 6,11 ff. 322 Wille 1967.   323 Ovid, Ex Ponto IV 8,65 ff.   324 Sueton, Nero 41,2. 325 Petron 36.   326 Sueton, Galba 12,3.   327 Sueton, Titus 3,2. 328 Historia Augusta, Hadrian 14; Fronto, S. 229 f (van den Hout BT); Aurelius Victor, Epitome 14,2; Julian 311 CD.   329 Historia Augusta, Commodus 1,8.   330 Dio LXXVIII 13,7.   331 Plutarch, Demetrios 20; Athenaios 206 D.   332 Historia Augusta; Elagabal 32,8.   333 Nepos, Epaminondas 1; Historia Augusta, Alexander 14,5.   334 l.c. 27,5 ff. 335 l.c. Gallienus 17,3.   336 Anthologia Graeca IX 365.   337 Ammian XIV 6,18; J. Perrot, L'orgue de ses origines hellénistiques à la fin du XIII e siècle, 1965.   338 Julian, Brief 49 (Wright).

Musik. So singe auch er, wie das Sprichwort besage, „für die Musen und für sich alleine"[339].

10.y. In den bildenden Künsten haben die Kaiser – so der junge Nero als Bildhauer und Maler[340] – nur dilettiert, mit Ausnahme des vielseitigen Kaisers Hadrian, der in allen Disziplinen, einschließlich der Medizin, glänzte, ein begabter Bildhauer war[341] und zu den bedeutendsten Architekten Roms zählt. Die Villa in Tivoli, sein Mausoleum in der Engelsburg, der Roma-Venus-Tempel und das Pantheon zeigen ein so eigenständiges Gepräge, daß persönliche Entwürfe des Kaisers dahinter zu vermuten sind. Hadrian befaßte sich außerdem mit Arithmetik, Geometrie und Malerei[342]. Letzteres tat auch Marc Aurel[343]. Commodus soll getöpfert haben[344]. Severus Alexander versuchte sich in der Malerei und der Geometrie[345], Valentinian malte und formte in Wachs und Ton mit Anmut – *venuste pingens et fingens*[346] –, außerdem konstruierte er Kriegsmaschinen[347]. Mal- und Modellierkunst werden ebenso dem jungen Theodosius II nachgerühmt[348]. All dies gab es schon im Hellenismus[349] und wieder im Barock – die Drehbank Peters des Großen im Sommerpalast zu Sankt Petersburg ist kein Einzelfall[350].

10.z. Das Verhältnis der Kaiser zum Bildungswesen zeigt Unterschiede, aber doch nicht entfernt von dem Ausmaß wie in den anderen Lebensbereichen. Die Spanne reicht von ausgesprochenen Gelehrten wie Claudius und Hadrian, Marc Aurel und Julian bis zu mehr oder weniger illiteraten Bauernsöhnen wie Maximinus Thrax und Galerius, Vetranio und Justin, aber ein erklärter Verächter der Literatur wie Caracalla, der damit seinen Soldaten gefallen wollte, ist sonst nicht darunter. Das Interesse an Technik und Naturwissenschaft, an Musik und bildender Kunst kommt vor, steht aber zurück hinter der Literatur. Grundsätzlich waren sie alle einig mit Cassiodor[351]: *Nec aliqua in mundo potest esse fortuna, quam litterarum non augeat gloriosa notitia.* Zu deutsch:

Alles Glück auf dieser Erden
kann durch Lesen schöner werden.

339 Julian 337 C–338 A.   340 Tacitus, Annalen XIII 3; Sueton, Nero 52.
341 Aurelius Victor, Epitome 14,2.   342 Historia Augusta, Hadrian 14.
343 l.c. Marcus 4,9.   344 Historia Augusta, Commodus 1,8.   345 l.c.
Alexander 27,7.   346 Ammian XXX 9,4.   347 Ammian l.c.; Aurelius
Victor, Epitome 45,6; Anonymus de rebus bellicis, *praefatio*.   348 Sokrates
Scholastikos VII 22; Malalas XIV 9.   349 Justin XXXVI 4; Plutarch, Demetrios 20.   350 K. Maurice, Der drechselnde Souverän, 1985.   351 Cassiodor, Variae X 3.

11. Religion und Aberglaube

a. *Pietas*
b. seit Caesar
c. seit Vespasian

d. **Mythisches Rollenspiel**
e. im Hellenismus
f. in Rom seit Augustus
g. seit Commodus
h. archäologische Zeugnisse
i. Medium der Kritik
j. Medium der Identität
k. historisches Rollenspiel
l. *Imitatio exemplorum*

m. **Orientalische Kulte**
n. Elagabal und Severus Alexander
o. Judentum und Christentum
p. seit Constantin

q. **Aberglaube**
r. seit Augustus
s. seit Vespasian
t. seit Septimius
u. seit Constantin

v. **Träume**
w. seit Caesar
x. seit Hadrian
y. seit Septimius
z. Spätantike

Was bei anderen Menschen
tadelnswert wäre, hält bei den
Römern den Staat zusammen:
ihr Aberglaube.

Polybios

11.a. Die Römer waren stets stolz auf ihre Frömmigkeit. Ihr Ahnherr war der *pius Aeneas*, der auf Geheiß Juppiters die schöne Dido verlassen hatte, um nach Italien zu fahren und Stammvater der Römer zu werden[1]. Götterfurcht vor Gattentreue! Die von Polybios[2] den Römern bescheinigte abergläubische Religiosität wurde schon vom älteren Cato mit seinem Wort vom Augurenlächeln in Zweifel gezogen[3]. Es verrät das „Wissen" der Eingeweihten. Seitdem kreuzen sich in Rom die Zeugnisse für aufgeklärtes Denken und religiöses Empfinden in schwer entwirrbarer Weise. Zu den Kennzeichen der antiken Religion gehört, daß der Ritus wichtiger ist als der Glaube: Die Teilnahme an den Festen für die Staatsgötter war für alle Bürger selbstverständlich, das tägliche Opfer für die Hausgötter gehörte zu den Pflichten des *pater familias*[4].

11.b. Caesar war ein Freigeist. Er schlug die Weisungen der Priester in den Wind, wo die Vernunft zu handeln gebot[5], ohne daß von einer göttlichen Rache die Rede wäre. Dennoch berief er sich auf seinen „Ahnherrn" Aeneas[6] und weihte den Tempel auf seinem neuen Forum seiner von ihm besonders verehrten[7] „Ahnfrau" Venus Genetrix[8]; hier empfing er auch den Senat[9]. Ob er zur Adoption Octavians tatsächlich durch Vorzeichen bewogen wurde, wie Suëton[10] schreibt, ist zweifelhaft – vermutlich hat er das bloß propagandistisch genützt.

Augustus hat die Erneuerung der altrömischen Religion ebenso aus politischem Kalkül wie aus individueller Religiosität betrieben[11]. Bisweilen hat auch er Vorzeichen eigenwillig zu seinen Gunsten umgedeutet[12]. Frivol war die Bestrafung Neptuns für einen Seesturm[13]. Immerhin hatte Augustus zu Mars Ultor[14], der ihm die Rache für Caesar

1 Vergil, Aeneis IV. 2 Polybios VI 56,6 ff. 3 Cicero, De divinatione II 24,51. 4 Tacitus, Annalen IV 52; Historia Augusta, Pertinax 11,2; 14,3; Fronto, S. 63 (van den Hout BT). 5 Cicero, De divinatione II 52; Sueton, Caesar 59. 6 l.c. 6,1. 7 Dio XLIII 43,3. 8 Sueton, Caesar 26; Plinius, Naturalis historia XXXV 45/156. 9 Sueton, Caesar 78,1. 10 Sueton, Augustus 94,11; anders Dio XLIII 41,3. 11 Horaz, Oden III 6. 12 Sueton, Augustus 96,2. 13 l.c. 16. 14 l.c. 29.

Abb. 25: Claudius mit Eichenlaubkranz

Seit Alexander d. Gr. präsentieren sich griechische und römische Herrscher in heroischer (Halb-) Nacktheit mit den Attributen von Göttern. Das mythische Rollenspiel ist ein für die Antike bezeichnendes Medium der Selbstdarstellung. Für einen Kaiser wie Claudius waren die Zeichen Juppiters angemessen. Am Fuß dieser aus Lanuvium stammenden Marmorstatue (2,65 m) kauert der Adler des Götterkönigs; der Kaiser hielt links ein Szepter und rechts (wahrscheinlich) das Blitzbündel.

gegönnt hatte, und zu Apollon, dem Gott von Actium, ein persönliches Verhältnis[15]. Auf einen archaischen Seelenzug – oder einen orientalischen Brauch – deutet es, wenn Augustus infolge eines nächtlichen Gesichtes am Neujahrstage betteln ging und sich von den Leuten auf der Straße Münzen in die hohle Hand legen ließ. Dieser symbolische Verzicht auf sein Glück – von Tiberius abgelehnt und von Suëton mißverstanden – sollte wohl den Neid der Götter beschwichtigen und galt der Nemesis[16]. Neue und fremde Riten lehnte Augustus ab, so die ägyptischen und die jüdischen Kulte[17]. Die Religionspolitik des Augustus wurde von Claudius fortgeführt[18]. Unter Nero erhob sich die Klage: „Niemand glaubt mehr an den Himmel, niemand fastet mehr, niemand macht sich etwas aus Juppiter. Alle zählen bloß noch ihre Denare, ohne nach rechts oder links zu sehen"[19].

11.c. Die ersten Flavier lassen keine ausgesprochene Religiosität erkennen. Eine individuelle Beziehung jedoch besaß Domitian zu Juppiter[20] und Minerva[21], deren Bild in seinem Schlafzimmer stand[22]. Die ihr zu Ehren gefeierten „Panathenäen" in der Villa Albana lassen noch etwas vom sakralen Charakter der Spiele verspüren[23]. Domitians Philhellenismus wurde dann aufgegriffen durch Hadrian. Zugleich hielt er bewußt an den altrömischen Kulten fest und verachtete die fremden[24]. Antoninus Pius stellte eine Fortuna Aurea ins Schlafzimmer[25]. Er ließ die ihm obliegenden Opfer nie von Vertretern durchführen[26]. Der durchaus aufgeklärte, aber keineswegs irreligiöse Kaiser Marc Aurel[27] interessierte sich schon als Jüngling für sakrale Antiquaria[28] und hat im Zusammenhang mit dem Markomannenkrieg alle kultischen Bräuche gewahrt[29], ja darin zu viel getan, wie ein Pasquill über die Opferstiere dartut, das noch in der Spätantike zitiert wurde: „Wir, die schneeweißen Stiere, grüßen Marcus, den Kaiser. / Wenn du noch einmal siegst, sind wir alle dahin!"[30]. Der platonischen und stoischen Theologie gemäß spricht Marc Aurel gewöhnlich von „dem Gott" oder „den Göttern", er vermeidet eine namentliche Spezifizierung[31]. Schon vor seiner „Bekehrung" von der Rhetorik zur Philosophie rief er die „hilfreichen Götter aller Völker" an, sie mögen Fronto gesund machen[32]. Marc Aurel ließ sich bei seinem Besuch in Griechenland, wie

15 Vergil, Aeneis VIII 704; Horaz, Carmen saeculare.   16 Sueton, Augustus 91; Dio LIV 35,3; LVII 8,6.   17 Sueton, Augustus 93.   18 Dio LX 6,6; Sueton, Claudius 25.   19 Petron 44.   20 Tacitus, Historien III 74. 21 Sueton, Domitian 67,1 f.   22 Dio LXVII 16,1.   23 Dio LXXVII 1,2; Sueton, Domitian 4,4.   24 Historia Augusta, Hadrian 22.   25 l.c. Pius 12,5.   26 l.c. 9,5; Fronto, S. 62 (van den Hout BT).   27 Marc Aurel I 3; Ammian XXV 4,17; Historia Augusta, Marcus 13,2.   28 Fronto, S. 60 (van den Hout BT).   29 Dio LXXI 33,3.   30 Ammian XXV 4,17.   31 Marc Aurel I 17.   32 Fronto, S. 43 (van den Hout BT).

vor ihm Augustus[33] (nicht aber Nero[34]) und Hadrian[35], wie nach ihm Gallienus[36] und Julian[37], in die eleusinischen Mysterien einweihen[38], nachdem er dies in einer kritischen Lage während des Quadenkrieges gelobt hatte[39]. Die Tetrarchen waren dann die letzten Verehrer der capitolinischen, bzw. olympischen Götter, wie nicht nur ihre selbstgewählten Beinamen bezeugen: Diocletian nannte sich *Iovius*, der von Juppiter geliebte, Maximian *Herculius*[40]. Religiöses Bewußtsein bestätigten die Tempelbauten und die Gesetzgebung[41], so daß Aurelius Victor schreiben konnte: *veterrimae religiones castissime curatae*[42]. Aufschlußreich ist das Toleranzedikt des Galerius von 311: Er gestattet den Christen den Kult, weil das besser sei als gar keine Religion. Der Kaiser maß dem Christengott also metaphysische Gewalt zu, bat er doch die Christen, seine Hilfe für Rom zu erbitten[43].

11.d. Eine Eigentümlichkeit der antiken Religiosität ist das mythische Rollenspiel, die Imitation und Simulation von Göttern und Helden aus Sage und Geschichte. Menschen treten in mythischer Montur auf und lassen sich in dieser darstellen[44]. Der Ursprung dieser Sitte liegt im Alten Orient, wo der König im Neujahrsritual die Rolle des Gottes spielt. Als Götter drapierte Menschen, begegnen uns in der griechischen Welt bei Peisistratos. Als der Tyrann sich von einem als Athena verkleideten Mädchen namens Phye in die Stadt zurückführen ließ, wurde das von Herodot[45] als frivoler Betrug des Tyrannen an den leichtgläubigen Athenern ausgelegt, könnte aber auch als rituelle Demonstration eines naiven Gottesgnadentums gemeint gewesen sein, die der ionische Rationalist mißverstand[46]. Der Sinn dieser quasisakralen Schauspielerei war fortan umstritten. Propagandistische Selbsterhöhung motivierte vermutlich die Erzstatue von Dionysios dem Älteren in Syrakus, die ihn, wenn die Nachricht verläßlich ist, als Dionysos darstellte[47]. Sein Nachahmer[48] Klearchos aus Heraclea Pontica paradierte nach glaubhafter Überlieferung als Sohn des Zeus mit dessen Attributen durch die Straßen[49].

33 Dio LI 4,1; Sueton, Augustus 93.   34 Sueton, Nero 34.   35 Historia Augusta, Hadrian 13,1; Dio LXIX 11; Inscriptiones Graecae III 900. 36 Historia Augusta, Gallienus 11,3.   37 Eunapios, Vitae sophistarum 475. 38 Historia Augusta, Marcus 27,1; Dio LXXI 31,3; Philostrat, Vitae sophistarum 563; 588.   39 l.c. 242.   40 Aurelius Victor, Liber 39,18; Lactanz, De mortibus persecutorum 52,3.   41 FIRA. II, S. 580 f.   42 Aurelius Victor, Liber 39,45.   43 Lactanz, De mortibus persecutorum 34.   44 P. Riewald, De imperatorum Romanorum cum certis dis et comparatione et aequatione, 1920; K. Latte, Römische Religionsgeschichte, 1960, S. 316; F. Kiechle, Götterdarstellung durch Menschen in den altmediterranen Religionen, in: Historia 19, 1970, S. 260 ff.   45 Herodian I 60.   46 Kiechle l.c.   47 Dion Chrysostomos, Rede 37,21.   48 Diodor XV 81,4.   49 Iustin XVI 5,8 ff.

11.e. Ein Standbild des Perikles mit dem Blitz des Zeus ist schwer
vorstellbar, aber seit Alexander dem Großen ist die Selbstidentifikation
mit mythischen Gestalten verbreitet und läßt sich bei ihm selbst durchaus als Ausdruck echter Religiosität verstehen. Er trug bei Festgelagen
bisweilen das Purpurgewand seines „Vaters" Zeus Ammon und dessen
Hörner[50], die Lysimachos auf seinen Alexandermünzen abgebildet
hat[51]. Der König erschien auch im Kostüm der Artemis, des Hermes
oder des Herakles[52]. Wenn der Kopf des Herakles auf Alexanders
Münzen mit dem König identifiziert wurde, so darf offen bleiben, ob
der König mit den Attributen des Herakles oder dieser mit den Zügen
Alexanders ausgestattet wurde. Jedenfalls entspricht dies der Familien-
legende der Argeaden, die sich von Herakles herleiteten[53]. Herakles
war Alexanders Vorbild[54], wenn auch in anderem Sinne, als Dionysos
das Muster des Demetrios Poliorketes war, der darin ein Alibi für seine
Exzesse in Athen fand[55]. Berenike II als Tyche oder Isis bezeugt, daß
auch die königlichen Damen sich an diesem Rollenspiel beteiligten.
Wie weit ein Ritual, das derart handgreiflichen Nutzen abwarf, von
echtem Glauben getragen war, ist schwer abzuschätzen. Das Medium
Mythos verselbständigt sich, dient nur noch der Überhöhung.

11.f. In Rom trug der Triumphator das Kostüm Juppiters[56]. Abgesehen von diesem altehrwürdigen Brauch interpretierte man das Götter-
spiel zumindest in gebildeten Kreisen seit Augustus als hybriden Tand.
Sein Zwölfgöttermahl wurde als Frivolität ausgelegt[57]. Augustus trug
bei dem Gelage die Attribute des Sonnengottes Apoll, aber man fragt
sich, in welchem Kostüm Venus wohl erschien. Marc Anton machte ihm
das zum Vorwurf, hat aber selbst ähnliche Spiele geschätzt[58], seitdem
Kleopatra ihm in Tarsos als Isis erschienen war[59]. Der greise Tiberius sodann soll seine perversen Amüsements auf der „Ziegeninsel" Capri mit
„Nymphen" und „Ziegenpanen" getrieben haben[60]. Sein Nachfolger
Caligula erschien als Dionysos verkleidet beim Bankett und ließ sich in
hellenistischer Manier als *Neos Dionysos* titulieren, so wie Marc Anton
das zuvor in Athen getan hatte[61]. Caligula präsentierte sich außerdem
im Kostüm Neptuns und anderer Götter[62], einschließlich dem der
Venus[63]. Messalina, die Frau seines Onkels und Nachfolgers Claudius,
der selbst als Juppiter auftrat[64], mimte die rasende Bacchantin und ihr
Buhle Silius den Dionysos[65]. Der Sänger Nero trat als Apollon[66] und in

---

50 Athenaios 537 EF; Koran, Sure 18,82 ff.   51 P. R. Franke + M. Hirmer,
Die griechische Münze, 1964, Tafel 176.   52 Athenaios 537 EF.   53 Cur-
tius IV 2,3.   54 Curtius IX 2,29.   55 Herodian I 3,3.   56 Alföldi 1970,
S. 146 f.   57 Sueton, Augustus 70.   58 Velleius II 83,2.   59 Plutarch,
Antonius 54.   60 Sueton, Tiberius 43,2.   61 Athenaios 148 BCD.   62 Dio
LIX 26,6.   63 Aurelius Victor, Liber 3,12.   64 siehe hier Abb. 25.
65 Tacitus, Annalen XI 31.   66 l.c. XIV 14.

Rollen aus Euripides-Tragödien auf[67]. Makaber war, wenn er den „wahnsinnigen Hercules" oder gar den „muttermordenden Orestes" spielte, ja es schmeichelte ihm, wenn das Volk ihn so nannte[68]. Er ließ im Theater die stiergeile Pasiphae in der Holzkuh und den Todessturz des Ikarus nachspielen[69], wie auch sonst Hinrichtungen in der Arena mythische Todesarten kopierten. Grausige Beispiele aus der Zeit Domitians bietet Martial in seinen Epigrammen „De spectaculis".

11.g. Seriöse Kaiser wie Trajan und Hadrian, Pius und Marcus beteiligten sich am mythischen Rollenspiel nicht. Nur Aelius verkleidete seine Tafeldiener als Amoretten[70]. Mit Commodus wurde die mythische Mimesis wieder Mode. Der Sohn Marc Aurels ließ seine Beischläferin Marcia als Amazone malen und nannte sich selbst Amazonius[71]. Er trat in den Kostümen von Hercules und Mercur auf[72] und wurde auch als Hercules bezeichnet[73]. Seine berühmte Büste im Konservatorenpalast zeigt ihn mit dessen Attributen[74]. Angetan mit dem Löwenfell erschoß er Tiere und Menschen in der Arena[75]. Er ließ den Krüppeln Roms Schlangenattrappen an die Beine binden und tötete sie, den Gigantenkampf imitierend, unter dem Beifall des Mobs[76]. Unter dem Vorwand, als Hercules die stymphalischen Vögel erlegen zu müssen, schoß er wahllos in die Zuschauer[77]. Während wir von Septimius Severus keine „Spielereien" dieser Art vernehmen, ahmte sein Sohn Caracalla den Dionysos auf dem Elefantenwagen nach[78]. Elagabal, bei dem sich libidiniöse und religiöse Motive mischten, spielte in der Geschichte vom Paris-Urteil die Rolle der Aphrodite[79]. Im Kostüm der Magna Mater fuhr er auf dem Löwenwagen, als Dionysos verkleidet ließ er seinen Wagen von zahmen Tigern ziehen[80]. Die Tortur Ixions im Hades wiederholend, band er seine Parasiten an Wasserräder, die sie eintauchten und wieder hochdrehten[81].

11.h. Das mythische Rollenspiel ist archäologisch vielfach belegt. Standbilder und Reliefs zeigen die Kaiser mit den Attributen von Juppiter[82] oder Hercules[83], die Kaiserinnen als Venus[84] oder Fortuna[85], Athena[86] oder Ceres[87]. Einen früh verstorbenen Sohn des Germanicus

---

67 Dio LXIII 9,4; Philostrat, Vita Apollonii V 7.   68 Sueton, Nero 21; 39.
69 l.c. 12.   70 Historia Augusta, Aelius 5,10.   71 l.c. Commodus 11,9.
72 Dio LXXIII 17; Athenaios 537 F.   73 Herodian I 14,8f; 15,9: Historia Augusta, Caracalla 5,5.   74 Helbig II, Nr. 1486; siehe hier Abb. 26.
75 Historia Augusta, Commodus 8,5; 9,2 u.6.   76 Dio LXXIII 16; Historia Augusta, Commodus 9,6.   77 Dio, l.c.   78 Dio LXXVIII 7,4.   79 Historia Augusta, Elagabal 5,4.   80 l.c. 28,2.   81 l.c. 24,5.   82 Helbig I, Nr. 45.   83 Helbig II, Nr. 1486.   84 Sueton, Caligula 52.   85 siehe hier Abb. 27.   86 J. Oliver, Julia Domna as Athena Polias, Harvard Studies in Classical Philology, Suppl. 1, 1940, 528 f.   87 Faustina minor im Tempel des Herodes Atticus in der Villa Borghese zu Rom.

Abb. 26: Prunkbüste des Commodus

Dieses 18/4 auf dem Esquilin gefundene Wunderwerk zeigt den Kaiser als Hercules mit Löwenkappe, Keule und den Äpfeln der Hesperiden. Die Pranken sind mit einem „Hercules-Knoten" über der nackten Brust verschlungen. Die Büste wird scheinbar symbolisch von einem Amazonenschild mit Gorgoneion gehalten, der auf zwei gekreuzten Füllhörnern steht. Diese wiederum liegen auf der gestirnten Himmelskugel, über die sich ein Band mit den Tierkreiszeichen (*zodiacus*) schlingt. Der Skorpion (Sinnbild des Mars) erinnert an die Erhebung zum Caesar (12. Oktober 166), der Steinbock (Sinnbild der Vesta) an die Aufnahme in die Priesterkollegien (20. Januar 175) und der Stier (Sinnbild der Venus) an die Verleihung des Augustus-Titels (Mai/April 177). Von den zwei Victorien, die zu beiden Seiten des Globus knien, fehlt die rechte. Das Ganze ist ein Programm römischer Herrscherideologie, kein Privatporträt.

Abb. 27: Standbild der älteren Faustina

So wie die Kaiser haben sich auch ihre Frauen mit göttlichen Attributen darstellen lassen, die ihre segensreichen Fähigkeiten demonstrieren sollten. Das mit
Ähren, Früchten und Blumen bestückte Füllhorn (*cornucopia*) symbolisiert
seit griechischer Zeit Gedeihen und begegnet oft als Beizeichen der Fortuna.
Ursprünglich war es das Horn der zeusnährenden Ziege Amaltheia (Paroemio-
graphi I, 1839, S. 44 f). In der Rechten hält die Kaiserin eine Opferschale
(*patera*). Sie trägt ein Stola, darunter eine fußlange Tunika und Sandalen.

ließ Livia *habitu Cupidinis* darstellen[88]. Auch Privatpersonen erscheinen in der kaiserzeitlichen Grabkunst mit Götterattributen[89]. Ob das ebenso im Leben, etwa bei Festen vorkam, ist unklar. Seit der Renaissance finden wir diesen Darstellungstypus wieder: um Paolina Borghese, die Schwester Napoleons, unbekleidet zeigen zu dürfen, gab ihr Canova 1805 einen Apfel in die Hand, der sie als Venus „kostümierte".

11.i. Die Identifizierung mit mythischen Größen diente den Kaisern selbst zu ihrer Glorifizierung, ihren Untertanen bisweilen als Medium der Kritik. Auch dies führt zurück in die griechische Zeit. Der Tyrann Dionys erwischte den ihm befreundeten Dichter Philoxenos, wie dieser die Geliebte des Tyrannen verführte. Dionys verurteilte Philoxenos zur Steinbrucharbeit in den Latomien von Syrakus. Dort schrieb dieser eine Satire, in der Dionys der böse Kyklop Polyphem war, das Mädchen die Nymphe Galatea und er selbst Odysseus[90]. Im kaiserzeitlichen Rom fungierte das Theater ebenfalls als Mittel des Widerstandes. Tiberius verurteilte einen Tragödiendichter, weil dieser auf der Bühne seinen Agamemnon mit Worten tadelte, die der Kaiser, vermutlich zu Recht, auf sich selbst bezog[91]. Dies trug ihm den Spitznamen *Atrides* ein. Domitian sodann rächte sich blutig, als er im Theater durch die Maske des Paris und der Oinone seine eigene Scheidung angegriffen glaubte[92], und Caracalla veranstaltete ein Gemetzel unter den Alexandrinern, die seine Mutter *Iokaste* genannt hatten in Anspielung auf den Brudermord an Geta 212[93]. Iokaste war die Mutter des von seinem Bruder Eteokles getöteten Polyneikes.

11.j. Der Mythos als Medium der Identität ist in der Antike allgegenwärtig. Das zeigt sich in der homerisierenden Namengebung, denken wir an Peisistratos oder Pyrrhos, jener nach einem Sohne Nestors, dieser nach einem Sohne Achills benannt, begegnet aber ebenso in der metaphorischen Umschreibung, wenn ein beliebiger Wagenlenker *Automedon* (nach dem des Achill), ein beliebiger Arzt *Machaon* (nach dem Sohn des Asklepios) oder ein beliebiger Ratgeber *Nestor* genannt wird. Bei den Dichtern dient diese uneigentliche Redeweise teils als Demonstration von Gelehrsamkeit, teils als Stilmittel der Charakterisierung. Immer ist eine Überhöhung im Spiel – im Positiven wie im Negativen.

11.k. Neben dem mythischen gibt es auch das historische Rollenspiel, die figurale Repräsentation gegenwärtiger Vorgänge durch vergangene[94]. Das kannten schon die Griechen: durch ein Denkmal für die

---

88 Sueton, Caligula 7.   89 Dessau, Nr. 3123.   90 Athenaios 7 A.   91 Sueton, Tiberius 61,3; Tacitus, Annalen VI 29; Dio LVIII 24,4.   92 Sueton, Domitian 10,4.   93 Herodian IV 9,3.   94 Demandt 1978, S. 406 ff.

Schlacht bei Marathon feierte Attalos von Pergamon seinen Triumph über die Galater[95]. Den Untergang Trojas zitierte Scipio minor 146 v. Chr. bei der Eroberung Karthagos[96], Nero 64 n. Chr. angesichts des Brandes Roms[97]. Augustus zelebrierte seinen Erfolg gegen die Parther mit einer theatralischen Wiederholung der Schlacht bei Salamis in Form einer Naumachie[98]. An die Grenze zur Schauspielerei führt die *imitatio Alexandri*. Sie ist bezeugt für Pompeius[99], Caligula[100], Nero[101] und Caracalla[102]. Wie Alexander fühlte sich dieser zudem als neuer Achill und wiederholte in Troja die Leichenspiele für Patroklos. Severus Alexander verehrte seinen Namenspatron wieder in gemäßigter Form [103]. In der Familie des kurzlebigen Kaisers Macrianus (260/261) soll die Achtung vor Alexander in Siegelringen und Tafelsilber zum Ausdruck gekommen sein, auch die Frauen hätten das Bild des Makedonen auf ihren Schmuckstücken und ihren Kleidern gezeigt. Eine als Tischgeschirr verwendete getriebene Silberschale sei in der Mitte mit dem Kopf Alexanders, am Rande mit Bildern aus seinem Leben verziert gewesen; man habe geglaubt, daß dies Glück bringe[104].

11.l. Die Nachahmung historischer Vorbilder, die *imitatio exemplorum*, war eine in der Antike geläufige Verhaltensform. In schwächerer Intensität begegnet sie, wo wir von der Bewunderung gegenüber Größen der Geschichte hören: so bei Septimius Severus[105] und Julian[106] gegenüber Marc Aurel, bei Caracalla gegenüber Hannibal, Sulla und Tiberius[107]. Wenn es von Elagabal heißt, er habe unter den Privatleuten den Apicius, unter den Kaisern Otho und Vitellius imitiert[108], mag das eher auf ähnlicher Lebensweise Elagabals als auf dessen historischer Lektüre beruhen. Bisweilen erschien er in der altväterlichen *dalmatica* im Publikum und gebärdete sich wie ein republikanischer Held, indem er sich Fabius Gurges oder Scipio nennen ließ[109]. Ammian karikiert die Senatoren zu Ende des 4. Jhs., die sich bei ihren Landpartien vorkämen wie Marcellus und Cato, wie Caesar und Alexander[110].

11.m. Eine wachsende Bedeutung gewannen die orientalischen Kulte, wie in der Öffentlichkeit so am Hofe. Nero, ein Verächter jeder religiösen Bindung, verehrte zeitweilig die *Dea Syria* Atargatis, bis er

95 Pausanias I 25,2.   96 Polybios XXXVIII 22.   97 Sueton, Nero 38,2;
Tacitus, Annalen XV 39.   98 Dio LV 10,7; Ovid, Ars amatoria I 171 ff.
99 Plutarch, Pompeius 46; Appian XII 117.   100 Dio LIX 17,3.   101 Sueton, Nero 19,2.   102 Herodian IV 8f; V 7,3; Historia Augusta, Caracalla
2,1; Dio LXXVIII 7,4.   103 Historia Augusta, Alexander 30,2; 31,5; 35,1;
39,1; Aurelius Victor, Epitome 21,4.   104 Historia Augusta, Tyranni 14,4 ff.
105 l.c. Geta 2,2; Aurelius Victor, Liber 20,30.   106 Julian 328 B ff;
Ammian XVI 1,4.   107 Herodian IV 8,5; Historia Augusta, Caracalla 2,2.
108 l.c. Elagabal 18,4.   109 l.c. 26,2.   110 Ammian XXVIII 4,18 ff.

sie durch Urin entweihte[111]. Derartiges galt als entwürdigend; es gibt Grabsteine mit der Inschrift: „Pinkeln verboten!"[112], Trimalchio stiftete testamentarisch einen Grabwärter, *ne in monumentum meum populus cacatum currat*[113]. Otho feierte die Isis-Feste öffentlich[114]. Ein Adonisgarten ist im Palast Domitians bezeugt[115]. Die kaiserzeitlichen Ekstasen der orientalischen Religiosität verletzte die griechisch-römische Anschauung von *humanitas*. Commodus soll seine Devotion für Mithras bis zu Menschenopfern gesteigert haben[116]. Er hatte den ägyptischen Anubis eingeführt und sich Isis zuliebe dann kahl scheren lassen[117], später huldigte auch Pescennius Niger dieser Göttin[118]. Aus religiösen und touristischen Motiven machte Septimius Severus auf seiner Ägyptenreise dem Serapis seine Aufwartung[119]. Caracalla baute ihm auf dem Quirinal einen Tempel[120] und intensivierte den Isis-Dienst[121].

11.n. Wenig später hielten mit seinem angeblichen Sohn[122] Varius Avitus, der sich Antoninus nannte, die syrischen Kulte im Kaiserhaus Einzug. Der Volkswitz leitete seinen Gentilnamen Varius davon ab, daß sein Vatersname variierte. Er bekam den später üblichen Spitznamen nach seinem Gott *Sol Elagabal* (der „Gott vom Berge"), denn er war dessen Priester in Emesa[123]. Elagabal zelebrierte ihm in Rom wüste Feste[124], baute ihm einen Tempel[125] und verlieh ihm einen Rang über allen anderen, auch über dem Staatsgott Juppiter[126]. Diesen und die anderen Götter bezeichnete er als die Kammerdiener seines eigenen Gottes[127]. Daß er alle Religionen außer seiner eigenen auslöschen wollte, ist sicher unhistorisch[128]. Dennoch erregte er Unwillen, signalisierte aber die seit dem 3. Jh. steigende Glaubensinbrunst. Elagabal unterzog sich der im Kult der Magna Mater Cybele üblichen Stierblut-Taufe (*taurobolium*)[129]. Der Kaiser verehrte dessen ungeachtet die syrophönikische Göttin Salambo[130], zelebrierte eine rituelle Hochzeit zwischen seinem syrischen Baal-Helios und der karthagischen Dea Caelestis[131] und heiratete selbst eine Vestalin, die zur kultischen Keuschheit verpflichtet war[132].

---

111 Sueton, Nero 56.   112 Dessau, Nr. 8203: Grabinschrift *ne quis hic urina(m) faciat.*   113 Petron 71.   114 Sueton, Otho 12,1.   115 Philostrat, Vita Apollonii VII 32.   116 Historia Augusta, Commodus 9,6.   117 l.c. 9,4; l.c. Caracalla 9,11; l.c. Pescennius 8.   118 l.c.   119 l.c. Septimius Severus 17,4.   120 Dio LXXXVII 15,6; Dessau, Nr. 4387.   121 Historia Augusta, Caracalla 9,10.   122 Herodian V 3,10.   123 l.c. 3,4ff; siehe hier Abb. 28.   124 Herodian V 5f.   125 Historia Augusta, Elagabal 17,8.   126 Dio LXXIX 11; Herodian V 5,7.   127 Historia Augusta, Elagabal 7,4.   128 l.c. 6,7.   129 l.c. 7,1.   130 l.c. 7,3.   131 Dio LXXIX 11f.   132 Herodian V 6,2; Historia Augusta, Elagabal 6,6.

Abb. 28: Kopf des Elagabal (?)

Die Dekadenz am Hof erreichte unter der Herrschaft des syrischen Knaben A. Varius Avitus, als Kaiser Marcus Aurelius Antoninus (geb. 203, reg. 218–222), ihren Tiefpunkt. Als Priester des „Gottes vom Berge" Heliogabalus oder Elagabal wurde er selbst auch so genannt, da niemand weniger als er den Namen Marc Aurels verdiente. Das ihm von Bernoulli zugewiesene Porträt ist vermutlich erst gallienisch, die Zuschreibung beruht auf einer durch Lavater inspirierten physiognomischen Korrespondenz mit dem historisch-literarischen Bild.

Sein in vieler Hinsicht andersartiger Nachfolger zeigte dieselbe dem Orient gegenüber aufgeschlossene Haltung. Severus Alexander[133] verehrte in seiner Hauskapelle (*lararium*) Apollonios von Tyana, Christus, Orpheus, Abraham, *et huiuscemodi ceteros*: die vergöttlichten Kaiser, die „ausgewählten Besten" und „reine Seelen". Den Sonnenkult bei Aurelian[134] sodann kann man der Tendenz zum Monotheismus zurechnen, nicht aber unbedingt der zum Orientalismus. Diocletian, der ein Nahverhältnis zu Juppiter besaß[135], kehrte nochmals zur alten Religion zurück, während Constantin zunächst wie sein Vater der Sonnenverehrung zuneigte[136].

11.0. Die wichtigste orientalische Religion war das Judentum, das in seiner christlichen Form mehr und mehr Anhänger fand. Am Hofe begegnen uns Sympathien für die biblische Religion schon bei Neros Frau Poppaea[137] und unter Domitian, der wegen „Gottlosigkeit" seinen Vetter Flavius Clemens hinrichten und dessen Frau Domitilla verbannen ließ. Da im römischen Recht Atheismus nicht strafbar ist, muß sich hinter dem Vorwurf etwas anderes verbergen, vermutlich eine Form der *laesa maiestas* (Majestätsbeleidigung). Clemens soll den jüdischen, Domitilla den christlichen Glauben angenommen haben[138], nur eines dürfte zutreffen, vermutlich ersteres. Sympathie für das Judentum wäre nicht ungewöhnlich: Die »Heidnischen Märtyrerakten« tadeln namentlich Trajan für seine Bevorzugung der Juden[139]. Persönliche Äußerungen von Kaisern über die Christen haben wir von Trajan, der sie zu begnadigen befahl, wenn sie opferten[140], und von Marc Aurel, der ihnen eine theatralisch zur Schau gestellte Todeslust vorwarf[141]. Unsicher, aber nicht sicher falsch ist die Nachricht, daß Elagabal sich beschneiden ließ und das „phönizische" Schweine-Tabu beachtete[142]. Er wollte den jüdischen, samaritanischen und christlichen Kultus nach Rom überführen, wenn die »Historia Augusta« Recht hat[143]. Der Plan, Christus unter die Götter aufzunehmen und ihm einen Tempel zu errichten, wird ihm jedoch gewiß zu Unrecht zugeschrieben[144]. Glaubhaft ist hingegen der von Julia Mamaea, der mächtigen Mutter des Severus Alexander, angeregte Besuch des Kirchenvaters Origenes am Hof in Antiochia um 232 n. Chr[145]. Das Interesse dieser *religiosa femina*[146] am Christentum spiegelt sich auch darin, daß ihr Hippolytos sein Buch über die Auferstehung widmete. Euseb bezeugt theologische

133 l.c. Alexander 29.   134 l.c. Aurelian 25;35.   135 Demandt 1989, S. 58.   136 l.c. S. 48; 66f.   137 Josephus, Antiquitates XX 8,11. 138 Dio LXVII 14,2; Euseb, Historia ecclesiastica III 18.   139 H. Musurillo, The Acts of the Pagan Martyrs, Acta Alexandrinorum, 1954.   140 Plinius, Briefe X 97.   141 Marc Aurel XI 3.   142 Dio LXXIX 11,1.   143 Historia Augusta, Elagabal 3,5.   144 l.c. Alexander 43,6.   145 Euseb, Historia ecclesiastica VI 21.   146 Rufinus, Historia ecclesiastica VI 21,3 (nach Euseb).

Sendbriefe des Origenes an Philippus Arabs und seine Frau Severa[147]. Das ist wohl der Anlaß für die spätere Legende, nicht Constantin, sondern Philippus sei der erste Christ auf dem Caesarenthron gewesen[148]. *11.p.* Die „constantinische Frage", wie religiös der Kaiser war, ist kaum zu entscheiden. Grundsätzlich ist an Constantins persönlicher Religiosität trotz Jacob Burckhardt[149] nicht zu zweifeln, wenn wir, wie billig, Christenglauben und Moralität auseinanderhalten. Constantin hielt Predigten über Gott und Welt, verfaßte theologische Sendschreiben[150] und interessierte sich auch für die Manichäer und andere Sekten[151]. Für seine Nachfolger gilt ähnliches. Abgesehen von dem enthusiastischen Neuplatoniker Julian[152] und dem liberalen Katholiken Valentinian[153] waren die Kaiser fortan fromme Christen. Die Kaiserinnen übertrafen sie darin bisweilen: So Helena, die Mutter Constantins[154]; Eusebia, die Frau von Constantius II[155]; Justina als Frau und Witwe Valentinians[156] und namentlich die Damen des theodosianischen Hauses[157]. Theodosius II soll die ganze Stadt Konstantinopel in eine Kirche verwandelt haben[158].

11.q. Sowohl die Griechen als auch die Römer haben zwischen Religion und Aberglauben unterschieden[159]. Letzterer heißt griechisch *deisidaimonia* – „Dämonenfurcht", lateinisch *superstitio* – „übertriebene Götterscheu". Plutarch[160] schrieb einen Essay darüber und vertrat die Ansicht, daß Aberglaube schlimmer sei als Gottlosigkeit. Beides ging wohl auch zusammen, wenn es von Caligula heißt, er habe die Religion verachtet, sei aber dem Aberglauben verfallen gewesen[161]. Umgekehrt betonte Marc Aurel, daß er zwar die Gottesfurcht gelernt hätte, aber vor dem Glauben an Wunder und Zauberei bewahrt worden sei[162], wie auch Pius frei von Geisterfurcht war[163]. Daß die Trennlinie unscharf bleibt, zeigt sich, wenn aus römischer Sicht der Tierkult der Ägypter[164] und die Speisetabus der Juden[165] als Aberglaube gebrandmarkt wurden oder aus jüdischer und christlicher Perspektive der „Götzendienst"[166].

147 Euseb, Historia ecclesiastica VI 21,3 f.   148 Euseb/Hieronymus, Chronik, Abr. 2161; Orosius, Historiae VII 20,2.   149 Burckhardt, 1853/80, S. 345 ff.   150 s.o. 10t!   151 Ammian XV 13,1 f.   152 s.o. 10u!   153 Ammian XXX 9,5; Codex Theodosianus IX 16,9.   154 Euseb, Vita Constantini II 42 ff.   155 Suidas, Lambda 254.   156 Augustin, Confessiones IX 15; Theodoret, Historia ecclesiastica V 13.   157 Holum 1982.   158 Socrates Scholasticus, Historia ecclesiastica VII 22,17; Theodoret, Historia ecclesiastica V 36.   159 E. Rieß, Aberglaube, RE. 1, 1893, S. 29 ff.   160 Plutarch, Moralia 164 Eff.   161 Sueton, Caligula 51,1.   162 Marc Aurel I 6.   163 l.c. I 16,15.   164 Sueton, Augustus 93.   165 Cicero, Pro Flacco 67; Horaz, Satiren I 4,142; Seneca, Brief 108,22; Fronto, S. 31 (van den Hout BT).   166 Philo Alexandrinus, Über die Einzelgesetze I 53; Firmicus Maternus 6,1; 12,1 u.7; 17,4.

Ein Aufklärer wie Plinius maior betrachtete die Göttervorstellungen der Völker allgemein, auch die der Römer, als Folklore und akzeptierte nur zwei göttliche Mächte: die Natur[167] und den Zufall[168].

11.r. Alle Formen der Wahrsagerei waren in Rom populär. Sie wurden gewerblich betrieben von Juden, Armeniern, Phrygern, Ägyptern und vor allem von Chaldäern, deren Herkunftsname zur Berufsbezeichnung aufstieg[169]. Auch die meisten Kaiser glaubten an Zauberei und Zukunftsdeutung. Da letztere nur sinnvoll ist, wenn das Kommende unabänderlich ist, hatte Aurelius Victor recht damit, alle Formen der Hellseherei für unsinnig zu erklären[170]. Denn dann kann man sowieso nichts ändern. Aber was hilft die Vernunft gegen das Begehren? Trimalchio zog bei seinen Geschäften einen *mathematicus*, d.h. einen Astrologen, zu Rate. Dieser war so klug, daß er auch die Götter hätte beraten können[171].

Augustus, der schon vor Caesars Tod Sterndeuter aufsuchte[172], trug zur Blitzabwehr eine Seekalbhaut, befragte Astrologen[173] und fürchtete einen Unglückstag, wenn er morgens versehentlich den rechten Fuß in den linken Schuh gesteckt hatte[174]. Tiberius war unreligiös und abergläubisch. Er schützte sich gegen Blitze mit einem Lorbeerkranz[175], ließ sich die Haare nur bei Vollmond schneiden (wohl damit sie wieder wüchsen)[176] und verkehrte mit dem aus Rhodos mitgebrachten Astrologen Thrasyllos[177], obschon er zu Beginn seiner Herrschaft Sterndeuter und Magier aus Rom verbannt hatte[178]. In Padua zeigte man die goldenen Würfel, die Tiberius in die Aponusquelle geworfen hatte, um das Orakel des Geryon zu befragen[179]. Sein Glaube an Vorzeichen wurde kritisch vermerkt[180].

Nero[181] verehrte eine angeblich prophetische Mädchenstatue durch dreifaches Opfer täglich, befragte den Astrologen Balbillus und war der Zauberei ergeben. Seine Versuche, Tote zu beschwören, mißlangen freilich, so daß er sich von der schwarzen Kunst wieder abwandte. Plinius nahm dies als Bestätigung dafür, daß Nekromantie Scharlatanerie sei[182]. Unter dem christlichen Kaiser Constantius wurde sie bestraft[183], desgleichen unter Valens[184]. Neros Frau Poppaea hatte ebenfalls eine

167 Plinius, Naturalis historia XXIV 1/1; XXXVII 78/205.   168 l.c. XXVII 9/8.   169 Juvenal VI 542ff.   170 Aurelius Victor, Liber 38,5. 171 Petron 76.   172 Sueton, Augustus 94,12.   173 Friedländer I, S. 73 f. 174 Plinius, Naturalis historia II 5/24; Sueton, Augustus 90; 92; 94; Petron 30. 175 Plinius, l.c. XV 40/135; Sueton, Tiberius 69.   176 Plinius, l.c. XVI 75/194.   177 Sueton, Tiberius 14;62; Dio LV 11,1 f.   178 Tacitus, Annalen II 32.   179 Sueton, Tiberius 14.   180 Josephus, Antiquitates XVIII 6,9. 181 Sueton, Nero 36; 56.   182 Plinius, Naturalis historia XXX 5/15; so schon Cicero, De divinatione I 132.   183 Ammian XIX 12, 14.   184 Socrates Scholasticus IV 19.

Vorliebe für Astrologen, sie waren das *pessimum instrumentum*, das schlimmste Zubehör einer kaiserlichen Ehe[185]. Die Wirren nach Neros Tod brachten den Wahrsagern Auftrieb. Jeder unberechenbare Thronwechsel war Gegenstand einer Weissagung. Galba verehrte eine Statue der Fortuna, die ihm das Kaisertum offenbart hatte[186]. Otho erfuhr seine Zukunft von dem Astrologen Seleukos[187] und von dem chaldäischen Seher Ptolemaios[188]. Othos Nachfolger Vitellius ließ darauf alle Astrologen aus der Stadt verweisen, hielt sich selbst jedoch eine germanische Prophetin aus dem Chattenlande, die seiner Herrschaft Dauer voraussagen sollte[189]. Vespasian befragte das Orakel am Karmel[190]. Private Wahrsagerei wurde in Rom wiederholt verboten, weil die Prophezeiung eines Herrscherwechsels Unruhen auslösen konnte[191].

11.s. Gerüchte über einen künftigen Herrscher aus dem Orient kursierten in den letzten Jahren Neros. Die messianischen Stimmen zur Zeit des Ersten Jüdischen Krieges beflügelten einerseits den Aufstand der Zeloten in Jerusalem[192], andererseits die Erhebung Vespasians gegen Vitellius. Der nüchtern-praktische Kaiser wurde in Alexandria von Kranken um Handauflegen gebeten. Er fragte Ärzte, ob das einen Sinn hätte. Diese meinten, medizinisch sei das ungewiß, aber politisch nützlich; denn Mißerfolge würden vergessen, Heilung dagegen weitererzählt – und so geschah es. Die Blinden wurden sehend, die Lahmen standen auf[193]. Das Charisma des Retters aus dem Osten[194] war bestätigt. Trotz seiner skeptischen Haltung ließ sich Vespasian oft in Begleitung des Astrologen Seleukos sehen[195], es war vermutlich der Berater Othos. Auch schätzte Vespasian Balbillus, den Astrologen Neros[196]. Der Hofsterndeuter seines Sohnes Domitian hieß Askletarion[197]. Einen Senator, dem sein Horoskop (*genesis*) die Kaiserwürde vorausgesagt haben soll, ließ Domitian töten[198]. Viele seien aus solchen Gründen von ihm beseitigt worden, nur Nerva habe Schonung gefunden, weil die Astrologen verkündeten, er werde ohnedies bald sterben[199]. Dies traf ein, aber erst nachdem der Kaiserwechsel stattgefunden hatte.

Hadrian sodann war laut Marius Maximus selbst *peritus matheseos*[200]. Nach Ammian war er „eher abergläubisch als ein strenger

185 Tacitus, Historien I 22.   186 Sueton, Galba 4,3.   187 Sueton, Otho 4,1.   188 Plutarch, Galba 23.   189 Sueton, Vitellius 14,5.   190 Sueton, Vespasian 5.   191 Digesten XLVIII 19,30; Mommsen, Strafrecht, S. 861 ff. 192 M. Hengel, Die Zeloten, 1961.   193 Sueton, Vespasian 7.   194 l.c. 4,5.   195 Tacitus, Historien II 78; Dio LXV 9,2.   196 Dio LXVI 9,2 nennt ihn *Barbillos*.   197 Sueton, 15; Dio LXVII,12,2; 15,5f; 16,3.   198 Sueton, Domitian 10,3.   199 Dio LXVII 15,6.   200 Historia Augusta, Aelius 3,9; 6,3.

Bewahrer der überkommenen Bräuche"[201]. Zur Erforschung der Zukunft bediente er sich der *Sortes Vergilianae*[202]. Er ließ sich von den Astrologen an jedem 1. Januar den Jahreslauf weissagen und soll so auch seinen Tod vorausgewußt haben[203]. Klingt dies nach Klatsch, so erst recht die Geschichte, daß Marc Aurel seine Frau Faustina auf Rat der chaldäischen Magier im Blute des von ihr geliebten Gladiators baden ließ, um sie von ihrer Leidenschaft zu befreien[204]. Nach späterer Legende berief er den als heilkundig berühmten Bischof Aberkios (Avircius) von Hierapolis am Glaukos nach Rom, wo dieser die Kaisertochter Lucilla durch eine Teufelsaustreibung geheilt haben soll[205]. Marcus selbst lehnte aber den Umgang mit Magiern, Exorzisten und Zauberern ab[206]. Bezeugt ist gleichwohl die Gunst des Kaisers gegenüber Alexander von Abunoteichos, dem „falschen Propheten"[207], und dem ägyptischen Zauberer Arnuphis, der nach einer der drei Legendenvarianten auf dem Markomannenzug das „Regenwunder" bewirkt haben soll[208]. Nach der zweiten Tradition soll das Gebet des Kaisers selbst den Blitz verursacht haben, der die feindlichen Kriegsmaschinen verbrannte und den dürstenden Soldaten den Regen brachte[209]; gemäß einer dritten Version gebührt das Wunder dem Verdienst der christlichen Legionäre[210]. An das Blitzwunder erinnert der Beiname der *Legio XII Fulminata*[211].

11.t. Die Unsicherheit nach dem Ende der Antoninen brachte wiederum den Aberglauben in Schwang. So wurde Didius Julianus beschuldigt, er habe zum Zwecke der Weissagung von *magi* einen Knaben schlachten lassen[212]. Ein solcher Vorwurf traf auch andere „böse" Kaiser[213]. Septimius Severus, *matheseos peritissimus*, war von der Weisheit der Astrologie überzeugt[214]; er befragte pannonische Auguren[215] und ließ die Konstellation seiner Geburtsstunde an die Decke seines Palastes malen[216]. Das schreckte Attentäter ab. Caracalla urteilte nach dem Horoskop, wen er als Freund, wen als Feind behandeln, wen er fördern, wen er töten müsse[217]. Hier zeitigt die private Einstellung wieder beträchtliche politische Folgen. Vor seinem Ende soll Caracalla alle erreichbaren Magier, Astrologen und Opferdeuter befragt haben[218].

---

201 Ammian XXV 4,17.   202 Historia Augusta, Hadrian 2,8.   203 l.c. 16.   204 Historia Augusta, Marcus 19,3.   205 Symeon Metaphrastes (10. Jh.) in: Migne, PG.115, S.1211.   206 Dio LXXI 9,2; Marc Aurel I 6. 207 Lukian, Alexander 48; 57.   208 Dio LXXI 8,4.   209 Historia Augusta, Marcus 24, 4.   210 Euseb, Historia ecclesiastica V 7.   211 Dessau Nr. 1047.   212 Historia Augusta, Didius 7,9 ff; Dio LXXIII 16,5.   213 Dio LXXIV 16,5; LXXIX 11; Historia Augusta, Commodus 9,6; l.c. Elagabal 8,2. 214 Historia Augusta, Septimius Severus 2,8; 3,9; 4,3; 10,7; l.c. Pescennius Niger 9,6.   215 l.c. Septimius Severus 10,7.   216 Dio LXXVII 11,1. 217 Dio LXXVIII 2.   218 Herodian IV 12,3.

Aberglaube und Feinschmeckerei verbanden sich, wenn Elagabal glaubte, der Genuß von Hahnenkämmen, die lebenden Tieren abgeschnitten worden seien, schütze vor Krankheiten[219]. Sein Nachfolger Severus Alexander erscheint in allen Künsten der Zukunftsschau bewandert: in Astrologie, Haruspizin und Orneoskopie[220]. Zu seinen Vertrauten zählte der *mathematicus* Thrasybulos[221]. Maximinus Thrax behauptete, seine Herrschaft aus Orakeln und Träumen vorher gewußt zu haben, seinen Sturz hingegen sah er nicht voraus[222]. Als letzter heidnischer Kaiser soll Diocletian auf Weissagungen erpicht gewesen sein, nachdem ihm als Offizier in Gallien von einer weisen Frau die Kaiserwürde vorausgesagt worden war[223]. Eine solche Prophetin war ebenso die germanische Mutter des Usurpators Magnentius[224].

11.u. In der Spätantike blieben Astrologie und Magie volkstümlich[225]. Die neuplatonische Variante ist die „Theurgie", der Gotteszwang. Aberglaube herrschte in den heidnischen Kreisen, wie der Einfluß des Theurgen Maximus von Ephesos auf Julian lehrt[226], der als Kenner der Vorzeichen, Traumdeutung und Sternkunde gerühmt wird[227]. Christliche Kaiser waren nicht aufgeklärter: Valentinian verschob seinen Regierungsantritt, um den Schalttag und seine böse Vorbedeutung zu vermeiden. Das wäre dann ein unverantwortliches Risiko gewesen, wenn der Glaube an glücklose Tage nicht von vielen geteilt worden wäre[228]. Der Glaube an Wunderkraft ging im 4. Jh. zunehmend von Theurgen an Heilige über, an Eremiten und sonstige Gottesmänner. Gleichzeitig kam es zu einem rapiden Aufschwung des Reliquienglaubens. Die von Ambrosius vielleicht erfundene, sicher aber verbreitete Legende von der Kreuzesauffindung Helenas in Jerusalem[229] brachte das Kaiserhaus mit der zeitgemäßen Form des Aberglaubens in Verbindung.

Dennoch finden wir weiterhin Zauberer in der Nähe der Kaiser. Galla Placidia zwang ihren Mann Constantius III, einen gewissen Libanios aus Kleinasien zu töten, der mit magischen Praktiken die Barbaren zu besiegen versprach[230]. Valentinian III verkehrte mit Astrologen[231]. Eine schillernde Figur ist der Ägypter Pamprepios, der als Grammatiker und Dichter begann, über Athen nach Konstantinopel kam und dort eine Rhetorikprofessur erhielt. Nach mehreren hohen Staatsäm-

219 Historia Augusta, Elagabal XX 5.   220 l.c. Alexander 27,5 f.   221 l.c. 62,2.   222 Herodian VI 8,6.   223 Aurelius Victor, Liber 39,48; Lactantius, De mortibus persecutorum 10; Zosimos II 10,5; Historia Augusta, Carus 14,2 f.   224 Zosimos II 46.   225 Ammian XIX 12; Barb 1963. 226 Eunap, Vitae sophistarum 474.   227 Ammian XXI 1,6; 2,1 f; Julian 130 B ff; Zosimos III 11.   228 Ammian XXVI 1,7 ff.   229 Ambrosius, De obitu Theodosii 43 ff.   230 Olympiodor fr. 36.   231 Prokop, Bellum Vandalicum I 3,11.

tern und wechselvollem Schicksal endete er als *magister officiorum* des Gegenkaisers Leontios 484. Pamprepios wird als Wundermann und Hellseher beschrieben, seinen Lebensweg kennen wir durch sein Horoskop, das erhalten ist[232]. Justinian ging wie gegen Würfler, Huren und Homosexuelle so gegen Sterndeuter vor. Er ließ sie prügeln und auf Kamelen durch die Straßen führen[233].

11.v. Abergläubische Vorstellungen sind weiterhin der Grund dafür, daß wir über die Träume der römischen Kaiser einiges erfahren. Die heidnische wie die christlich-jüdische Welt war gleichermaßen davon überzeugt, daß der Mensch im Traum die Stimme Gottes hören und Blicke in die Zukunft werfen könne[234]. Schon Aristoteles befaßte sich damit[235]. Voraussetzung war, daß man die Traumbilder entschlüsselte, und dafür gab es Traumdeuter und Traumbücher, von denen wir mehrere besitzen[236].

11.w. Caesar träumte in Spanien, mit seiner Mutter zu schlafen, und das deutete Cassius Dio[237] auf seine Macht über die Mutterstadt. In der Nacht vor seiner Ermordung schien ihm, er werde zu den Wolken emporgehoben und ergriffe die Hand Juppiters, während seine Frau träumte, ihr Haus bräche zusammen und Caesar flüchte, von irgendwelchen Männern verwundet, an ihre Brust[238]. Nachdem Caesar, den warnenden Traum seiner Frau mißachtend, ermordet worden war[239], bezeugte ein Komet seine Aufnahme unter die Götter[240]. Ihm folgte Octavian, dessen Herrschaft Cicero im Traume vorausgesehen hatte. Die Senatorensöhne hätten sich im Tempel des capitolinischen Juppiter versammelt, und dieser habe dem Knaben Octavius die Hand gegeben und gesagt, er werde als Führer der Römer die Bürgerkriege beenden[241]. Als Kaiser war Augustus für Träume sensibel[242]. *Admonitus in quiete* ließ er das Standbild des Apoll von Myron nach Ephesos zurückbringen[243]. Der Statue des Juppiter Tonans gab er aufgrund eines Traums eine Schelle in die Hand[244].

In der Regel werden solche Träume überliefert, die mit dem Leben in einem offenkundigen Zusammenhang stehen. Caligula hatte Angstträume, einmal soll das Meer mit ihm geredet haben[245]. Claudius tötete einen Mann, der ihm im Traum als sein Mörder erschienen

232 PLRE. II, S. 825 ff.   233 Prokop, Anekdota XI 34 ff.   234 Cicero, De divinatione I 63 mit Pease zur Stelle.   235 Aristoteles, Über Träume. In: ders., Parva Naturalia III, in: ders., Werke deutsch XIV 3, 1994, S. 15 ff; Ammian XXI 1,12.   236 Das bedeutendste verfaßte Artemidoros aus Daldis in Lydien um 170 n. Chr. Weiteres bei Cicero, l.c.   237 Dio XXXVII 52,2. 238 Sueton, Caesar 81; Dio XLIV 17,1.   239 Plutarch, Caesar 63. 240 Sueton, Caesar 88.   241 Plutarch, Cicero 44.   242 Sueton, Augustus 91.   243 Plinius, Naturalis historia XXXIV 19,3/58.   244 Dio LIV 4. 245 Sueton, Caligula 50,3.

war[246]. Der Kaiser Nero, der nie zu träumen pflegte, erblickte kurz vor seinem Ende nachts seine ermordete Mutter[247]. Auch dem Kaiser Otho setzte sein Opfer zu: ihm raubten die Manen Galbas die Nachtruhe[248]. Diesem wiederum hatte Fortuna im Schlaf sein Kaisertum vorausgesagt[249]; sie meldete sich abermals vor seinem gewaltsamen Ende[250]. Vespasian träumte einmal von einer Waage, die im Vestibül des Palastes stand – in der einen Schale Claudius und Nero, in der anderen er selbst nebst seinen Söhnen. Sie waren im Gleichgewicht, und das habe die gleiche Summe der Regierungsjahre prophezeit, beidemale 27, nämlich 41 bis 68 und 69 bis 96 n. Chr.[251]. Drei Träume sollen Domitian vor seinem Ende gewarnt haben. Der Traum, ihm wüchse ein goldener Buckel, wurde so gedeutet, daß nach ihm bessere Zeiten kommen würden[252].

11.x. Angeblich hat Hadrian vor seinem Tode geträumt, er hätte von seinem Vater einen Schlaftrunk erhalten und sei von einem Löwen überwältigt worden[253]. Marc Aurel glaubte, wie die Menschen der Antike allgemein, an Heilschlaf, der medizinische Ratschläge offenbarte[254]. Er soll als Caesar einmal geträumt haben, seine Arme und Schultern wären aus Elfenbein, und dies habe seine Thronbesteigung angezeigt[255]. Die Nachricht kann auf den Kaiser selbst zurückgehen, denn entsprechend der *communis opinio* hielt er Träume für Eingebungen der Götter[256]. Seine Frau Faustina träumte vor der Geburt des Commodus, eine Schlange zur Welt zu bringen[257]. Dasselbe wird für die Mutter des Severus Alexander überliefert, sein Vater soll geträumt haben, auf den Flügeln der Senats-Victoria in den Himmel getragen worden zu sein[258]. Marc Aurel ist der einzige Kaiser, von dem berichtet wird, daß er seinerseits anderen im Traum erschienen sei und ihnen die Zukunft verkündet habe[259].

11.y. Die meisten Träume kennen wir von Septimius Severus, der diese selbst in seinen Memoiren erzählt hat und durch Künstler darstellen ließ[260]. Sein Geschichtsschreiber Cassius Dio war ebenso traumgläubig. Dio hatte seine eigenen Träume von der Zukunft des damaligen Legaten Septimius Severus aufgeschrieben, veröffentlicht und diesem geschickt. Er wurde belohnt, als Septimius Severus Kaiser geworden war, denn sie lieferten ihm eine metaphysische Rechtfertigung für den Staatsstreich. Septimius Severus hatte sich dazu entschlossen, als er

246 Sueton, Claudius 37.   247 Sueton, Nero 46,1.   248 Sueton, Otho 7,2.   249 Sueton, Galba 4,3.   250 l.c. 18,2.   251 Sueton, Vespasian 25. 252 Sueton, Domitian 23,2; Dio LXVII 16,1.   253 Historia Augusta, Hadrian 26.   254 Marc Aurel I 17,20.   255 Dio LXXII 36,1; Historia Augusta, Marcus 5,2.   256 Marc Aurel I 17,8; IX 27.   257 Historia Augusta, Commodus 1,1.   258 l.c. Alexander 14,1 f.   259 l.c. Marcus 18,7. 260 Herodian II 9,4.

in der Nacht nach dem Tage, an dem er Pertinax gehuldigt hatte, diesen auf einem mit dem kaiserlichen Zaumzeug geschmückten Pferd sitzen sah, das ihn über die Heilige Straße bis zum Eingang des Forums
trug und dann abwarf, sich aber von Septimius Severus besteigen ließ,
der aufs Forum ritt und die Huldigung des Volkes entgegennahm[261].
Der Traum verwertet die Metapher „Reiten" für „Herrschen"[262]. Dio
erhielt, ebenfalls im Traum, den Befehl, Geschichte zu schreiben, und
folgte ihm[263]. In seinem – weitgehend erhaltenen – Werk nun bringt er
die Wahrträume des Kaisers nochmal, der schönste zeigt den künftigen
Herrscher, wie er seine Hände auf Land und Meer legt, so als ob es das
Manual einer Orgel wäre, auf der er nun das Reich zum Klingen
bringt[264]. Vor seinem Tode träumte er von seiner Himmelfahrt[265]. Sein
Sohn und Nachfolger Caracalla erhielt Heilträume im Asklepieion zu
Pergamon[266] und träumte vor seinem Tode von seinem Vater, der ihm
Rache für den Brudermord an Geta verhieß[267].

11.z. Träume werden auch noch von spätantiken Kaisern überliefert.
Heidnische wie christliche Autoren maßen den Träumen prophetische
Bedeutung zu. Vor der Niederlage an der Milvischen Brücke soll
Maxentius im Traum von Rachegöttinnen (*ultrices*) heimgesucht wor-
den sein[268]. Lactanz[269] berichtet von dem Engel Gottes, der Licinius im
Schlaf erschienen sei und ihm das siegbringende Heeresgebet übermit-
telt habe. Julian[270] erklärte, der *Genius Populi Romani* habe ihn in
Paris zur Erhebung aufgefordert. Ob das eine Propagandalüge oder ein
Wunschtraum war, läßt sich nicht mehr ausmachen. In Vienne erschien
ihm nachts eine Gestalt, die ihm den Tod seines Gegners Constantius II
in Versen ankündigte[271]. Diesen schreckten hingegen Visionen im
Halbschlaf: sein Vater Constantin erschien ihm und brachte ihm seinen
Genius, der ihm den Reichsapfel aus der Hand nahm[272]. Jovian verdankt seinen Namen einem Traum seines Vaters[273]. Diesem soll zudem
ein Traum die Erhebung seines Sohnes vorausgesagt haben, die ihm
kurz vor seinem Tode noch gemeldet wurde. Die Prophezeiung seines
Konsulates habe sich an seinem gleichnamigen Enkel erfüllt[274]. Die
Angst seines Nachfolgers Valentinian, die Herrschaft am Schalttage
anzutreten, wurde auf einen Traum zurückgeführt[275].

Wenn Theodoret[276] berichtet, Theodosius habe vor seiner Erhebung
durch Gratian 379 geträumt, der heilige Meletios von Antiochia habe

---

261 l.c. 9,4 ff.   262 Demandt 1978, S. 33.   263 Dio LXXII 23.   264 Dio
LXXV 3; Historia Augusta, Septimus 3,5; vgl. 4.   265 l.c. 21,1 f.   266 Herodian IV 8,3.   267 Dio LXXVIII 7,1.   268 Panegyrici Latini XII 16,5 f.
269 Lactantius, De mortibus persecutorum 46.   270 Ammian XXI 14;
Julian 284 C.   271 Ammian XXI 2,2.   272 Ammian XXI 14,1.   273 Aurelius Victor, Epitome 44,2.   274 Ammian XXV 10,16 f.   275 Ammian
XXVI 1,7.   276 Theodoret, Kirchengeschichte V 6.

ihm die Krone aufgesetzt, so ist das gewiß ein Anachronismus, weil die erste Kaiserkrönung durch einen Geistlichen, die Leos durch den Patriarchen von Konstantinopel, erst 457[277] stattgefunden hat, also kurz vor der Zeit, in der Theodoret schrieb. Ideologieverdacht liegt bei Träumen stets nahe, negativ oder positiv: In polemischer Absicht berichtet Prokop, Theodora, die Frau Justinians, habe schon in Antiochien geträumt, in Byzanz den Fürsten der Dämonen zu heiraten[278], und zu dessen Ruhm überliefert der Anonymus Banduri, Justinian habe den Plan zur Hagia Sophia von einem Engel im Traum empfangen[279]. Wer die Kirche gesehen hat, glaubt es.

277 Theophanes, anno mundi 5950. 278 Prokop, Anekdota 12,31.
279 Preger 1901/1907, S. 83.

12. Ein anthropologisches Experiment

a. Maximale Freiheit
b. Etikette
c. Sidonius über Maximus
d. Damokles-Schwert
e. Vergleichsbeispiele
f. Freizeit unkontrolliert
g. Vorbilder in der Lebenskunst
h. Entfaltungsmöglichkeiten
i. Interesse
j. Sittenverfall?
k. Marx und Freud: Entfremdung
l. Bindung: Rückert

Humani nil a me alienum puto.

Terenz

12.a. Das Privatleben der römischen Kaiser bildet innerhalb der europäischen Kulturgeschichte ein anthropologisches Experiment ohne Beispiel. Es zeigt uns Menschen in einem Leben unter minimaler Kontrolle, in maximaler Freiheit. Nero hat einmal erklärt, vor ihm habe noch niemand gewußt, was ein Fürst sich alles erlauben dürfe[1]. Er widerlegte damit den Historiker Sallust[2], der schrieb, mit steigender sozialer Stellung schwinde die Freiheit ihres Inhabers, und enttäuschte den Philosophen Seneca[3], der seinem Zögling Nero aus seiner herausgehobenen Position eine entsprechende Verpflichtung ableiten wollte. Daß dem Kaiser zwar rechtlich, nicht aber moralisch alles erlaubt sei[4], leuchtete dem jungen Liebes-, Leib- und Lebenskünstler nicht ein. Als *artifex* forderte er künstlerische Freiheit rundum.

12.b. Weder die Meinung der Öffentlichkeit in Rom, im Senat oder im Lager noch die Rücksicht auf Ratgeber und Angehörige haben den Kaisern Schranken setzen können. Eine höfische Etikette, wie sie im neuzeitlichen Absolutismus beachtet wurde, hat die Kaiser nicht einmal im frühbyzantinischen 4. Jh. n. Chr. eingeschränkt, wie das eigenwillige Verhalten Julians lehrt, der sich über die Regeln des Hoflebens ebenso hinwegsetzte, wie über den herrschenden Glauben. Erst im 5. Jh. verlauten Klagen darüber, daß die Übernahme des Kaiseramtes die Freiheit einschränke. Der Westkaiser Constantius III beklagte 421, daß der Kaiser, wenn es ihm irgendwo mißfalle, „nicht einfach weggehen könne"; das Kaiseramt lasse ihm keine Zeit für Liebhabereien[5]. Der Ostkaiser Valentinian III freilich widmete sich fast ausschließlich seinen Steckenpferden und überließ die Regierung den Frauen und Eunuchen im Palast. Einmal unterschrieb er, ohne den Scherz zu bemerken, den Befehl, seine eigene Frau in die Sklaverei zu verkaufen[6].

12.c. Die Freiheit des Kaisers hing indessen ab von der politischen Lage. In Zeiten der Not blieb nicht viel davon übrig. Der gallische Dichter Sidonius Apollinaris[7] widersprach einem Freunde, der seinen *patronus*, den reichen Senator Petronius Maximus, glücklich gepriesen hatte, als dieser 455 sein höchstes Ziel erreicht glaubte und Kaiser von

---

1 Sueton, Nero 37.   2 Sallust, Coniuratio Catilinae 51,13.   3 Seneca, De clementia I 8,1 f.   4 Seneca, Consolatio ad Polybium 7,7.   5 Olympiodor, fr.33.   6 Theophanes 5941; Holum 1982, S. 130f.   7 Sidonius, ep. II 13.

Rom geworden war. Selbst ein Sulla, der sein Glück in der Macht gesucht, göttliches und menschliches Recht hintangesetzt hätte, verdiene nicht, „Felix" genannt zu werden. Wie viel weniger ein Mann, der zwar als Senator reiche Gelage gab und seinen Neigungen folgen durfte, der Geld in Fülle hatte und seinen Aufwand nicht begrenzen mußte, der sich der Literatur widmen und Ehrenämter bekleiden konnte, dessen Latifundien und Klienten florierten – nun sich aber als Kaiser in den Palast einsperren ließ, vor Sonnenaufgang schon unter Amtslasten stöhnte und erkannte, daß das *negotium principis* mit dem *otium senatoris* nicht vereinbar war. Inmitten von unzufriedenen Volksmassen, aufsässigen Soldaten und unberechenbaren Germanen regierte Maximus zwei Monate und starb auf der Flucht aus dem Straßenkampf an einem Steinwurf[8].

12.d. Der genannte Sidonius erläutert das Elend des Herrscheramtes an der Geschichte vom Damokles-Schwert[9]. Dieser Damokles hatte den Tyrannen Dionysios von Syrakus um sein Glück beneidet und war von ihm eingeladen worden, einen Tag mit ihm zu tauschen. Nachdem Damokles alle Freuden des Palastes genossen hatte und abends beim Weine lag, erblickte er über sich ein Schwert, das an einem Roßhaar hing. Erschreckt sprang er auf und wußte jetzt, womit das „Glück" des Herrschers erkauft war.

12.e. Den Blick nach oben haben die Kaiser gewöhnlich vermieden. Sie nahmen ihre bedrohte Stellung in Kauf und lebten, zumindest in der Zeit des Principats, ohne äußeren Beschränkungen unterworfen zu sein. Kein griechischer Tyrann, kein italienischer Renaissancefürst hat sich so hemmungslos ausleben dürfen. Gewiß waren Dionysios von Syrakus, Al Hakim in Kairo oder Cesare Borgia in Florenz ebenso frei von sittlichen Rücksichten wie ein Nero, ein Caligula oder ein Commodus, aber sie verfügten weder über die Machtmittel eines Weltreiches noch über die Freiheit, selbst Religionen nach Belieben verändern, verspotten und verbieten zu können.

12.f. War der Freiraum der Kaiser schon in der Amtsführung und in der Politik beträchtlich, so gab es für die Gestaltung der Freizeit überhaupt keine festen Grenzen. Der rechtskundige Kaiser Galba stellte fest, daß niemand darüber Rechenschaft schuldig sei, wie er seine Freizeit verbringe: *quod nemo rationem otii sui reddere cogeretur*[10]. Für Kaiser gilt das in doppeltem Sinne: zum ersten, weil es auf alle Bürger zutrifft; zum zweiten, weil ein Kaiser sowieso nicht zur Rechenschaft gezogen werden kann, auch für seine Amtshandlungen nicht. Dafür lebte er tatsächlich unter dem Damokles-Schwert. Nach der Ermor-

8 Prokop, BellumVandalicum I 5,2. 9 vgl. Cicero, Tusculanen V 61 ff.
10 Sueton, Galba 9,1.

dung Caligulas erklärte der Prätorianerpräfekt Arrecinus Clemens, ein
Kaiser, der die Gesetze mißachte und ermordet werde, sei an seinem
Tode selbst schuld[11]. Kaiser wurden eher wegen ihres anstößigen Pri-
vatlebens als aus politischen Gründen ermordet.

12.g. Die Art und Weise, wie die Kaiser ihre persönlichen Freiräume
genutzt haben, fällt in ihre sittliche Verantwortung, ist aber nur zum
Teil ihr geistiges Eigentum. Vorbilder fanden sie und ihre Berater in der
Lebenskunst bei den spätrepublikanischen Magnaten unter den Lici-
niern und Metellern[12], namentlich bei dem „Xerxes in der Toga"[13]
Lucullus, und unter den hellenistischen Potentaten wie Demetrios Poliorketes[14], Antiochos Epiphanes[15] und Ptolemaios Auletes, dem flöten-
spielenden Vorgänger Neros[16]. Nach dem, was wir über die „Gesellschaft der unnachahmlichen Lebenskünstler" unter Kleopatra hören,
verdienten sie ihren Namen durchaus[17]. Daran haben sich die Kaiser
– positiv oder negativ – orientiert. Stets haben sie nur die in der Gesellschaft ihrer Zeit angelegten und angedeuteten Möglichkeiten ausgelebt,
d.h. solche Lebensformen verwirklicht, die auch anderen erstrebens-
wert erschienen, denen aber die Mittel dazu fehlten. Das erweisen die
vielfältigen Versuche von Privaten, den Kaiser zu kopieren[18]. *Compo-
nitur orbis regis ad exemplum* – die Welt folgt dem Vorbild des Herrschers[19]. Das haben die Zeitgenossen schon beobachtet[20], das hat die
Archäologie bestätigt, jedenfalls für die Frisuren[21].

12.h. Reichtum und Macht erlauben einen individuellen Lebensstil
in vielfältigen Formen. Sie eröffnen der gestaltenden Phantasie weite
Räume. Armut und Ohnmacht hingegen zeigen allenthalben ein ähnlich klägliches Bild. Das Privatleben von Sklaven und Plebejern ist
interessant, soweit es Einblick in das Dasein des Standes als ganzen
gewährt. Die Kaiser hingegen konnten sich hemmungslos entfalten und
verdienen, als Individuen betrachtet zu werden. Insbesondere gilt dies,
wie Herodian bemerkt[22], für die in jungen Jahren zur Herrschaft
gelangten Kaiser, die noch nicht durch ein langes bürgerliches Dasein
in ihrem Lebensstil festgelegt oder doch eingeschränkt waren. Schon
das ist ein Grund, weshalb ein Caligula für unser Thema interessanter
ist als ein Nerva. Die Kaiser zeigen in der Vergrößerung die Spanne des
Zeitmöglichen, sie verkörpern Extreme. Sie demonstrieren uns in der
Realität eine Lebenskultur, die ihren Untertanen bloß im Traume vor-

---

11 Josephus, Antiquitates XIX 1,19.	12 Mommsen, Römische Geschichte II,
S. 401 ff.	13 Plutarch, Lucullus 39.	14 Plutarch, Demetrios.	15 Athe-
naios 193 D ff.	16 Athenaios 206 D.	17 Plutarch, Antonius 29; 71.
18 Friedländer I, S. 33 ff.	19 Claudian VIII 299 f.	20 Xenophon,
Kyropädie VIII 8,5; Platon, Gesetze 711 C; Tacitus, Annalen III 55; Herodian I
2,4; Aurelius Victor, Liber 9,5.	21 s.o. 6g–j!	22 Herodian I 1,6.

schwebte und die sie in dem vielfältig überlieferten Hofklatsch weiter-
gedacht haben. Das Privatleben der Kaiser erweitert Möglichkeiten des
Lebens und Denkens in der spätrömischen Oberschicht. Darin liegt der
heuristische Wert unseres Themas.

12.i. Die Entsprechung zwischen dem, was die Bürger sich vorstell-
ten, und dem, was die Imperatoren taten, erklärt die ausführliche
Berichterstattung durch die antiken Autoren und das Interesse ihrer
Leser. *Levia persequimur, cum maiora dicenda sint,* heißt es beim
»Scriptor Historiae Augustae«[23]. Es gehe zu weit, alle Frivolitäten und
Banalitäten über die Kaiser zu sammeln; Statur, Körper, Kleidung,
Trinken und Essen zu beschreiben – das mögen andere tun, denn für
gutes oder schlechtes Beispiel bleibe das unerheblich[24]. Kaum ein Autor
aber geht breiter als er selbst auf diese Dinge ein, die tatsächlich mehr
historisches Interesse wecken, als man anstandshalber zugibt. Dennoch
sind sie nicht gänzlich belanglos, denn Sitte und Sittlichkeit, privates
und politisches Leben hängen, wie sich zeigen ließ, zusammen. Der
Mensch zeigt, wer er ist, wenn er keinem Zwang unterliegt; *otio pro-
dimur* – die Muße verrät uns[25].

12.j. Das Privatleben der römischen Kaiser bietet einen nicht immer
repräsentativen, aber besonders informativen Ausschnitt aus der Sit-
ten- und Unsittengeschichte der herrschenden Klasse im alten Rom
und liefert daher Stoff für die Lehre vom Niedergang der *mores maiorum.* Die Beispiele für den Sittenverfall könnten kaum deutlicher sein.
Dennoch eignen sie sich nicht zur Bestätigung einer andauernden
Dekadenz. Die Entwicklung von Augustus zu Nero setzt sich nicht
fort. Mit dem Beginn der flavischen Dynastie bemerkt selbst ein so
gestrenger Sittenrichter wie Tacitus[26] eine moralische Besserung nicht
nur am Hofe, sondern auch in der Öffentlichkeit. Domitian freilich
sinkt in mancherlei Hinsicht wieder auf den Tiefstand eines Nero. Mit
Nerva beginnt die längste Phase des guten Regiments, jene Zeit, von
der Edward Gibbon[27] meinte, sie wäre die glücklichste der Menschheit
überhaupt gewesen. Sie endet mit den Ausschweifungen unter Commodus. Das Auf und Ab setzt sich fort von Septimius Severus bis zu
Elagabal, der Nero in einigen Bereichen an Sittenlosigkeit übertraf.
Unter Severus Alexander verzeichnet die »Historia Augusta« einen
neuen Aufstieg, Aurelius Victor[28] einen solchen unter Aurelian. Die
Abhängigkeit der Sittlichkeit von der persönlichen Einstellung des Kaisers verbietet eine Linearisierung.

---

23 Historia Augusta, Firmus 4,4.   24 l.c. 11,4.   25 Plinius, Panegyricus
82,9.   26 Tacitus, Annalen III 55,4f.   27 Edward Gibbon, History of the
Decline and Fall of the Roman Empire, I 1776, chapter 3.   28 Aurelius Victor, Liber 35,13.

Eine gewisse Stabilität zeigt erst die byzantinische Spätantike unter dem Einfluß der Etikette und des Christentums. Ammian[29] rechnete sogar damit, daß Würde und Pflichten als Kaiser die Vorliebe Jovians für die Freuden des Leibes etwas gebessert hätten, wäre er nicht so bald umgekommen. Der Vorwurf gegenüber Constans und Theodosius, als Schwelger gestorben zu sein, wird vom Kirchenvater Philostorgios weder begründet noch ausgeführt[30]. Vielleicht scheute er sich. Dem frommen Moralisten ist die Beschreibung einer unsittlichen Handlung selbst eine solche, denn sie erlaubt eine geheime Teilhabe an der verpönten Lust.

12.k. Unser Thema hat neben der historischen noch eine anthropologische Dimension. Sowohl Marx[31] als auch Freud[32] lehrten, der Mensch werde in der Klassengesellschaft bzw. in der Kultur seinem wahren Wesen entfremdet. Dahinter steht der Wunsch, diese Entfremdung zu überwinden und die völlige individuelle Selbstverwirklichung zu realisieren – gleich als ob die geschichtlich gewordene, von uns selbst mitgestaltete Gemeinschaft, in der wir leben, die Schuld an unserem Unglück trüge. Fixiert auf das Negativum der angeblichen Fremdbestimmtheit, fragten Marx und Freud nicht nach dem Positivum, nämlich danach, was dabei herauskomme, wenn alle gesellschaftlichen Zwänge entfallen und der Mensch sich ungehemmt entfalten darf. Das Privatleben der römischen Kaiser – genauer: das der „schlechten" Kaiser – führt es uns vor Augen. So wie ein Vespasian, wie ein Marc Aurel kann man zu allen Zeiten leben, wenn man den Halt in sich selber findet und freiwillig Rücksicht nimmt. Wie ein Caligula oder Nero konnte man aber nur – wenigstens zeitweise – auf dem Cäsarenthron existieren, wo alles erlaubt schien. Für eine Gesellschaft aus völlig selbstverwirklichten Menschen bieten sie kein probates Vorbild.

12.l. So gibt die Geschichte bisweilen Antworten auf Fragen, die erst tausend Jahre später gestellt werden. Das meinte Jacob Burckhardt mit seinem Wort über die unerkannte Tatsache im Thukydides[33]. Die Geschichte zeigt uns Wesenszüge des Menschen, die keineswegs unwiderruflich der Vergangenheit angehören, sondern als Anlage in uns ruhen, auch wenn die veränderten Lebensumstände ihre Entfaltung verhindern oder erschweren. Das Wort des Terenz[34]: *homo sum, humani nil a me alienum puto*, gilt gerade, wenn wir uns der Geschichte zuwenden. Die Exzesse des Cäsarenwahns bestätigen die

---

29 Ammian XXV 10,15.   30 Philostorgios, ed. Bidez, S. 49; 134.   31 Karl Marx, Deutsche Ideologie, in: ders., Der historische Materialismus. Die Frühschriften II (Kröner) 1932, S. 26.   32 Sigmund Freud, Das Unbehagen in der Kultur, in: ders., Kulturtheoretische Schriften, 1986, S. 197 ff.   33 s.o. Vorwort!   34 Terenz, Heautontimorumenos I 1,25.

stoische Ansicht, daß der Mensch nicht außerhalb, sondern innerhalb seiner sozialen Bindung Erfüllung suchen möge[35], auch wenn dabei Kanten und Ecken abgeschliffen werden. Sagen wir es mit Friedrich Rückert:

> Willst du, daß wir mit hinein
> in das Haus dich bauen,
> laß es dir gefallen, Stein,
> daß wir dich behauen!

35 Marc Aurel VIII 39.

Liste der römischen Kaiser und ihrer Frauen

Nach Veh, Kienast und PLRE. Gegenkaiser (Usurpatoren) sind nicht als solche bezeichnet, nicht alle sind aufgenommen. Regierungsbeginn bei den spätrömischen Kaisern die Erhebung zum Caesar. West- und Ostkaiser der Spätantike sind durch W und O bezeichnet.

Augustus (geb. 63 v. Chr.)	27 v. Chr. –14 n.	Claudia (ab 43; unberührt verstoßen 41 v. Chr.) Scribonia (ab 40; geschieden 39 v. Chr.) Livia (ab 38 v. Chr.; gest. 29 n. Chr.)
Tiberius (geb. 42 v. Chr.)	14–37	Vipsania Agrippina (ab 16; verstoßen 12 v. Chr.) Julia (ab 11; verbannt 2 v. Chr.)
Caligula (geb. 12 n. Chr.)	37–41	Iunia Claudilla (ab 33–36/37 n. Chr.) Cornelia Orestina (ab. 37/38 n. Chr.) Lollia Paulina (ab 38/39 n. Chr.) Milonia Caesonia (ab 39; ermordet 41 n. Chr.)
Claudius (geb. 10 v. Chr.)	41–54	Plautia Urgulanilla (geschieden) Aelia Paetina (verstoßen) Valeria Messalina (ab 39; hingerichtet 48 n. Chr.) Julia Agrippina (ab 49 n. Chr.; ermordet 59)
Nero (geb. 37 n. Chr.)	54–68	Octavia (ab 53; verbannt 62 n. Chr.) Poppaea Sabina (ab 62; getötet 65 n. Chr.) Statilia Messalina (ab 66 n. Chr.; gest. um 80)
Galba (geb. 3 v. Chr.)	68–69	Aemilia Lepida (vor 68 gest.)
Otho (geb. 32 n. Chr.)	69	Poppaea Sabina (s. o., ab 58; geschieden 62)
Vitellius (geb. 12/15 n. Chr.)	69	Petronia (geschieden) Galeria Fundana (69)
Vespasian (geb. 9 n. Chr.)	69–79	Flavia Domitilla (ab 39, vor 69 gest.)

Titus (geb. 39)	79–81	Arrecina Tertulla (vor 65 gest.) Marcia Furnilla (ab 65, später verstoßen)
Domitian (geb. 51)	81–96	Domitia Longina (ab 70; gest. um 135)
Nerva (geb. 30)	96–98	Anonyma (gest. vor 96)
Traian (geb. 53)	98–117	Pompeia Plotina (vor 98; gest. nach 123)
Hadrian (geb. 76)	117–138	Vibia Sabina (um 100; gest. 136/137)
Lucius Aelius, Caesar (geb. um 101)	136–138	Anonyma; Avidia Plautia
Antoninus Pius (geb. 86)	138–161	Annia Galeria Faustina I (ab ca. 110; gest. 141)
Marc Aurel (geb. 121)	161–180	Annia Galeria Faustina II (ab 145; gest. 176)
Lucius Verus (geb. 130)	161–169	Lucilla (ab 163; verbannt 181, dann hingerichtet)
Commodus (geb. 161)	180–192	Bruttia Crispina (ab 178; verbannt 192)
Pertinax (geb. 126)	192–193	Flavia Titiana (vor 192, gest. nach 193)
Didius Julianus (geb. 133)	193	Manlia Scantilla (vor 193, gest. nach 193)
Pescennius Niger (geb. 137?)	193–194	Anonyma
Clodius Albinus (geb. 147?)	193–197	Anonyma
Septimius Severus (geb. 145)	193–211	Paccia Marciana (ab ca. 176; gest. 185) Julia Domna (ab 185/87; Selbstmord 217)
Caracalla (geb. 186/188)	211–217	Publia Fulvia Plautilla (ab 202; verbannt 205, 211 ermordet)
Macrinus (geb. 164/166)	217–218	Nonia Celsa

Elagabal (geb. 203/204)	218–222	Julia Cornelia Paula (ab 219, 220 verbannt) Julia Aquilia Severa (ab 220) Annia Faustina (ab 221, 221 verstoßen)
Severus Alexander (geb. 208)	222–235	Sallustia Orbiana (ab ca. 225, 227 verbannt) Memmia
Maximinus Thrax (geb. 172/173)	235–238	Caecilia Paulina (ab ca. 215; hingerichtet 236)
Gordian I (geb. 158/159)	238	Fabia Orestilla (ab 191?)
Gordian II (geb. um 192)	238	nicht verheiratet
Pupienus (geb. um 164)	238	Anonyma (Pulchra?)
Balbinus	238	Anonyma
Gordian III (geb. 225/226)	238–244	Tranquillina (ab 241)
Philippus Arabs (geb. 204?)	245–249	Marcia Otacilia Severa (vor 238; gest. 248)
Decius (geb. ca. 190/200)	249–251	Herennia Etruscilla (vor 249; gest. 251?)
Trebonianus Gallus (geb. ca. 206)	251–253	Afinia Gemina Baebiana (gest. 251)
Aemilius Aemilianus (geb. ca. 210)	253	Cornelia Supera
Valerian (geb. ca. 200; gest. nach 262)	253–260	Mariniana (gest. vor 253?)
Gallienus (geb. ca. 213)	253–268	Cornelia Salonina Chrysogone (ab 254; ermordet 268)
Claudius Gothicus (geb. 214)	268–270	
Quintillus	270	Anonyma
Aurelian (geb. 214)	270–275	Ulpia Severina (275 gest.)
Tacitus (geb. ca. 200)	275–276	Anonyma
Florianus	276	Anonyma

Probus (geb. 232)   276–282 Anonyma

Carus (geb. 224)   282–283 Anonyma

Numerianus (geb. ca. 253)   283–284 Anonyma?

Carinus (geb. ca. 250)   283–285 Magnia Urbica

Diocletian O   284–305 Prisca (314/315 gest.)
(geb. 247/248; gest. 316)

Maximian (geb. ca. 250) W 285–310 Eutropia (ab ca. 280; nach 325 gest.)

Constantius I W   293–306 Helena (Konkubine ab ca. 270)
(geb. ca. 250)   Theodora (ab 289)

Galerius O   293–311 Anonyma (293 getrennt)
                                         Galeria Valeria (ab 293–311,
                                           315 hingerichtet)

Maximinus Daia O   305–313 Anonyma
(geb. 270?)

Severus W   305–307 Anonyma

Maxentius (geb. 275/283) W 306–312 Valeria Maximilla (ab 305?)

Licinius (geb. ca. 265;   308–324 Constantia (ab 313)
gest. 325) O

Constantin I (geb. 272?)   306–337 Minervina (Konkubine seit 290?);
                                         Fausta (ab 307, 326 hingerichtet)

Constantin II (geb. 317)   317–340 Anonyma (vor 335)

Constans I   333–350 Olympias (verlobt vor 337)
(geb. 320/323)

Constantius II O   324–361 Anonyma
(geb. 317)   Eusebia (ab 353; gest. 357/361)
                                         Faustina (ab 361, gest. nach 366)

Magnentius (geb. um 303) W 350–353 Justina (gest. 388)

Vetranio W   350
(geb. vor 290; gest. 356)

Constantius Gallus   351–354 Constantina (ab 351; gest. 354)
(geb. 325/326), Caesar O

Julian (geb. 331)   360–363 Helena (ab 355; gest. 360)

Jovian (geb. 331)	363–364	Charito (vor 363; gest. nach 380)
Valentinian I (geb. 321) W	364–375	Marina Severa (vor 359; verbannt um 370, gest. nach 375) Justina (ab ca. 370, gest. 388)
Valens (geb. ca. 328) O	364–378	Albia Domnica (ab 364?)
Procopius (geb. um 326) O	365–366	Artemisia (?)
Gratian (geb. 359) W	367–383	Constantia (383 gest.) Laeta (gest. nach 408)
Valentinian II (geb. 371) W	375–392	unverheiratet
Theodosius I O (geb. 346/347)	379–395	Aelia Flavia Flaccilla (ab 376, gest. 386) Galla (ab 387, gest. 394)
Eugenius W	392–394	
Arcadius (geb. 377) O	395–408	Aelia Eudoxia (ab 395, gest. 404)
Honorius (geb. 384) W	395–423	Maria (ab 398; gest. 407) Thermantia (ab 408, gest. 415)
Constantin III W	407–411	
Attalus W	409–415	
Flavius Constantius (III) W	421	Galla Placidia (ab 417; gest. 450)
Theodosius II (geb. 401) O	408–450	Eudokia-Athenais (ab 421, gest. 460)
Johannes W	423–425	
Valentinian III (geb. 419) W	425–455	Licinia Eudoxia (ab 437; gest. um 462)
Marcian (geb. 392) O	450–457	Pulcheria (gest. 453)
Petronius Maximus W (geb. um 396)	455	Anonyma, Licinia Eudoxia (s. o., ab 455, gest. um 462)
Avitus W	455–456	Anonyma
Leo (geb. 401) O	457–474	Verina (vor 457; gest. 484)
Maiorianus W	457–461	
Libius Severus W	461–465	
Anthemius W	467–472	Euphemia (ab 453?)

Olybrius W	472	Placidia (ab 454?; gest. um 482)
Glycerius (gest. um 480) W	473–475	
Nepos (ermordet 480) W	474–475	Anonyma
Romulus Augustulus W (geb. um 465, gest. 511?)	475–476	
Zeno (geb. um 440) O	474–491	Ariadne (ab 467, gest. 515)
Basiliscus O	475–476	Zenonis (ab 470?; gest. 476)
Anastasius (geb. 430) O	491–518	Ariadne (s.o., ab 491, gest. 515)
Justin (geb. um 450) O	518–527	Euphemia-Lupicina (gest. vor 527)
Justinian (geb. 482) O	527–565	Theodora (vor 527, gest. 548)

Literatur und Abkürzungen

Die nachfolgend genannten Schriften sind im Text oben abgekürzt angeführt, zudem wird in den Fußnoten bisweilen auf Spezialarbeiten verwiesen, die dann mit vollem Titel zitiert sind.

F. Adcock, Woman in Roman Life and Letters, in: Greece and Rome 14, 1945, S. 1 ff
AdW – Akademie der Wissenschaften
Th. W. Africa, Marc Aurels Opiumsucht (1961), in: R. Klein (Hg.), Marc Aurel, 1979, WdF. 550, S. 133 ff
G. Akerstroem-Hougen, The Calendar and Hunting Mosaics of the Villa of the Falconer in Argos, I/II, 1974
A. Alföldi, Die monarchische Repräsentation im römischen Kaiserreiche, 1970
J. M. André, Griechische Feste – Römische Spiele, 1994
B. Andreae, Die Symbolik der Löwenjagd, 1985
B. Andreae + B. Conticello, Skylla und Charybdis. Zur Skylla-Gruppe von Sperlonga, 1987
ANRW – Aufstieg und Niedergang der römischen Welt, hg. von W. Haase und Hildegard Temporini, 1972 ff
P. Aries + G. Duby, Geschichte des privaten Lebens I, Vom Römischen Imperium zum Byzantinischen Reich, 1989
AT – Altes Testament
S. Aurigemma, Villa Hadriana, 1961
J. Aymard, Essai sur les chasses romaines des origines à la fin du siècle des Antonins, 1951
J. P. V. D. Balsdon, The Emperor Gaius, 1934
Ders., Life and Leisure in Ancient Rome, 1969
Ders., Roman Women, 1974
A. A. Barb, The Survival of Magic Arts, in: A. Momigliano (ed.), The Conflict between Paganism and Christianity in the Fourth Century, 1963, S. 100 ff
H. Bardon, Les empereurs et les lettres latines d'Auguste à Hadrien, 1986
S. Barthélemy, + D. Gourevitch, Les Loisirs des Romains, 1975
H.-G. Beck, Byzantinisches Erotikon, 1986
W. A. Becker, Gallus oder römische Scenen aus der Zeit Augusts, 1863
J. Beranger, Le privatus dans l' histoire Auguste et dans la tradition historique; Bonner Historia-Augusta-Colloquium 1982/83, 1985, S. 21–55
J. Bidez, Julian der Abtrünnige, 1940
A. Birley, Septimius Severus, 1971
H. Blanck, Einführung in das Privatleben der Griechen und Römer, 1976
J. Bleicken, Verfassungs- und Sozialgeschichte des römischen Kaiserreiches, I/II, 1978
H. Blümner, Die römischen Privataltertümer, 1911

BMC – British Museum Catalogue. Coins of the Roman Empire in the British Museum, ed. H. Mattingly u.a. 1923 ff

A. *Bridge*, Theodora, 1978

BT – Bibliotheca Teubneriana

E. *Burck*, Die Frau in der griechisch-römischen Antike, 1969

J. *Burckhardt*, Die Zeit Constantins des Großen, 1853/1880

Alan Cameron, Circus Factions. Blues and Greens at Rome and Byzantium, 1976

A. *Carandini (u.a.)*, Filosofiana. La Villa di Piazza Armerina, 1982

J. *Carcopino*, So lebten die Römer während der Kaiserzeit, 1959

Ders., Rom: Leben und Kultur in der Kaiserzeit, 1977

G. *Carettoni*, Das Haus des Augustus auf dem Palatin, 1983

carm. – carmen/carmina, Lied / Lieder

H. *Castritius*, Zu den Frauen der Flavier, in: Historia 18, 1969, S. 492 ff

H. *Chantraine*, Freigelassene und Sklaven im Dienst der römischen Kaiser, 1967

K. *Christ*, Geschichte der römischen Kaiserzeit, 1992

J. *Christes*, Sklaven und Freigelassene als Grammatiker und Philologen im antiken Rom, 1979

CIG – Corpus Inscriptionum Graecarum, ed. A. Böckh, 1825 ff

CIL – Corpus Inscriptionum Latinarum, ed. Th. Mommsen, 1862 ff

E. *Cizek*, L'époque de Néron et ses controverses idéologiques, 1972

G. *Clark*, Women in Late Antiquity. Pagan and Christian Life-styles, 1994

F. *Coarelli*, Guida archeologica di Roma, 1974

F. R. *Coewell*, Everyday Life in Ancient Rome, 1961

A. M. *Colini*, Horti Spei Veteris, Palatium Sessorianum. Memorie Acc. Pont. 8, 3, 1955, S. 137 ff

P. *Collart*, Au Palatin, 1978

W. *Dahlheim*, Die Antike, 1993

Ch. *Daremberg* + E. *Saglio*, Dictionnaire des Antiquités grecques et romaines, 1877 ff

A. *Demandt*, Metaphern für Geschichte. Sprachbilder und Gleichnisse im historisch-politischen Denken, 1978

Ders., Die Spätantike. Römische Geschichte von Diocletian bis Justinian (284–565), 1989

M. *Durry*, Les empereurs comme historiens d'Auguste à Hadrien, in: Histoire et historiens dans l'antiquité, Entretiens sur l'Antiquité classique, Fondation Hardt 4, 1956, S. 213 ff

ep. – epistula/epistulae, Brief / Briefe

A. *Esser*, Cäsar und die julisch-claudischen Kaiser im biologisch-ärztlichen Blickfeld, 1958

Silvia Fein, Die Beziehungen der Kaiser Trajan und Hadrian zu den Litterati, 1992

FIRA – Fontes Juris Romani Antejustiniani, I ed. S. Riccobono 1941; II ed. J. Baviera 1968; III ed. V. Arangio-Ruiz 1943

M. *de Franceschini*, Villa Adriana, 1991

L. *Friedländer*, Darstellungen aus der Sittengeschichte Roms, I–IV, 1920 bis 1923

Jane F. Gardner, Frauen im antiken Rom. Familie, Alltag, Recht, aus dem Amerikanischen von Kai Brodersen, 1995

G. *Giacosa*, Women of the Caesars. Their Lives and Portraits in Coins, 1977

Emily Gowers, The Loaded Table. Representations of Food in Roman Literature, 1993

F. Gregorovius, Athenaïs. Geschichte einer byzantinischen Kaiserin, 1881/1921

Ders., Der Kaiser Hadrian, 1884

Ders., Geschichte der Stadt Rom im Mittelalter, I 1886

P. Grierson, The Tombs and Obits of the Byzantine Emperors (337–1042), in: Dumbarton Oaks Papers 16, 1962, S. 20 ff

P. Grimal, Les jardins romains, 1984

Ders., L'amour à Rome, 1988

P. Guyot, Eunuchen als Sklaven und Freigelassene in der griechisch-römischen Antike, 1980

P. Hadot, Marc Aurèle était-il opiomane?, in: Memorial André-Jean Festugière, 1984, S. 33 ff

R. v. Haehling, Der obstessende Kaiser, in: Antiquitas, Reihe 4, Beiträge zur Historia Augusta-Forschung 21, 1991, S. 93 ff

G. Hagenow, Aus dem Weingarten der Antike: Der Wein in Dichtung, Brauchtum und Alltag (Kulturgeschichte der antiken Welt, 12), 1982

H. Halfmann, Itinera Principum. Geschichte und Typologie der Kaiserreisen im Römischen Reich, 1986

(P. F. H. Hancarville), Monumens *(sic!)* de la vie privée des douze Césars, d' après une suite de pierres gravées sous leur règne, 1780/1906; deutsch: Bilder aus dem Privatleben der römischen Cäsaren, 1965

H. A. Harris, Sport in Greece and Rome, 1972

W. Helbig, Führer durch die öffentlichen Sammlungen klassischer Altertümer in Rom, I 1963, II 1966, III 1969, IV 1972

B. W. Henderson, The Life and Principate of the Emperor Hadrian, 1923

A. Henze + A. Hönle, Römische Amphitheater und Stadien, Gladiatorenkämpfe und Zirkusspiele, 1981

E. Herrmann-Otto, Ex ancilla natus, 1994

G. Herrlinger, Totenklage um Tiere in der antiken Dichtung, 1930

P. Herz, Kaiserfeste in der Prinzipatszeit, in: ANRW. 16, 2, 1978, S. 1135 ff

R. Herzog (u. a.), Die lateinische Literatur, 1989

O. Hirschfeld, Die kaiserlichen Grabstätten in Rom, Sitzungsberichte der AdW. Berlin, 1886, S. 1149 f

Ders., Der Grundbesitz der römischen Kaiser, 1902. In: Ders., Kleine Schriften, 1913, S. 516 ff

W. Hoffa, Die Löwenjagd des Kaisers Hadrian, Mitteilungen des Deutschen Archäologischen Instituts Rom 27, 1912, S. 97 ff

D. Holtkamp, Die Bildung der Herrscher im Urteil kaiserzeitlicher Historiker, 1969

K. Holum, Theodosian Empresses, 1982

A. Hyland, Equus. The Horse in the Roman World, 1990

G. Jennison, Animals for Show and Pleasure in Ancient Rome, 1937

B. W. Jones, The Emperor Domitian, 1992

Ders., The Emperor Titus, 1984

H. Kähler, Die Villa des Maxentius bei Piazza Armerina, 1973

Ders., Rom und seine Welt, I 1958, II 1960 (archäologisches Tafelwerk)

U. Kahrstedt, Frauen auf antiken Münzen, Klio 10, 1910 S. 261 ff

Ders., Kulturgeschichte der römischen Kaiserzeit, 1944/1958

M. Kaser, Das altrömische Ius, 1949

O. Keller, Die antike Tierwelt, I 1909; II 1913

E. Kettenhofen, Die syrischen Augustae in der historischen Überlieferung, 1979

D. Kienast, Augustus. Prinzeps und Monarch, 1982

Ders., Römische Kaisertabelle, 1990

W. Kierdorf, Freundschaft und Freundschaftsaufkündigung. Von der Republik zum Prinzipat, In: G. Binder (Hg.), Saeculum Augustum I, 1987, S. 223 ff

Ders., Sueton: Leben des Claudius und Nero, 1992

F. Kolb, Römische Mäntel, in: Mitteilungen des Deutschen Archäologischen Instituts Rom 80, 1973, S. 69 ff

W. Krenkel, Sex und politische Biographie, in: Wissenschaftliche Zeitschrift der Universität Rostock, 1980, S. 65 ff

Antje Krug, Heilkunst und Heilkult. Medizin in der Antike, 1993

P. Lambrechts, L'empereur Lucius Verus. Essai de réhabilitation, in: Les Études classiques 3, 1934, S. 173 ff

l.c. – loco citato, an der zuvor bezeichneten Stelle (bei zweiteiligen Angaben)

M. Leppert, 23 Kaiservillen, 1974 (ungedruckte Dissertation, Freiburg)

H. Leppin, Histriones, 1992

Barbara Levick, Tiberius. The Politician, 1976

Dieselbe, Claudius, 1990

D. Liebs, Lateinische Rechtsregeln und Rechtssprichwörter, 1982

K. Lindner, Beiträge zu Vogelfang und Falknerei im Altertum, 1973

A. Lippold, Kommentar zur Vita Maximini Duo der Historia Augusta, 1991

Ders., Theodosius der Große und seine Zeit, 1980

H. I. Marrou, Geschichte der Erziehung im klassischen Altertum, 1977

J. Marquardt, Das Privatleben der Römer, 2. Aufl. 1886/1975

MDAI – Mitteilungen des Deutschen Archäologischen Instituts

H. Mielsch, Die römische Villa, 1987

F. Millar, The Emperor in the Roman World (31 BC – AD 337), 1977

A. Momigliano, Claudius, 1961

Th. Mommsen, Römische Kaisergeschichte. Nach den Vorlesungs-Mitschriften von Sebastian und Paul Hensel 1882/86, herausgegeben von Barbara und Alexander Demandt, 1992

Ders., Römisches Staatsrecht, I–III, 1887/88

H. Müllejans, Publicus und Privatus im römischen Recht und im älteren kanonischen Recht, 1961

A. Nordh, Libellus de regionibus Urbis Romae, 1949

NT – Neues Testament

J. Oliver, Julia Domna as Athena Polias, in: Harvard Studies in Classical Philology, Suppl. 1, 1940

S. I. Oost, Galla Placidia Augusta, 1968

or. – oratio, Rede

U. E. Paoli, Das Leben im alten Rom, 1948

M. Pani, Principe e magistrato a Roma fra pubblico e privato. In: Ders., Potere e valori a Roma fra Augusto e Traiano, 1993, S. 65 ff

J. Peradotto + J. P. Sullivan, Women in the Ancient World, 1984

St. Perowne, Hadrian, 1966

PLRE – Prosopography of the Later Roman Empire, I ed. A.H.M. Jones, J.R. Martindale, J. Morris, 1971; II ed. J. Martindale, 1980

F. Poulsen, Ein Tag mit einem römischen Kaiser, in: ders., Römische Kulturbilder, 1949, S. 30 ff

pr. – praefatio, Vorwort

Th. Preger (ed.), Scriptores Originum Constantinopolitanarum, 1901/1907 (BT)

RAC – Reallexikon für Antike und Christentum, 1950ff

Elisabeth Rawson, Roman Rulers and their Philosophic Adviser, in: M. Griffin + J. Barnes (edd.), Philosophia Togata, 1989, S. 233ff

H. Rauschning, Gespräche mit Hitler, 1940/1973

RE – *A. Pauly* + *G. Wissowa (ed.)*, Realencyclopädie der Classischen Altertumswissenschaft, 1893ff

M. Reinhold, History of Purple as Status Symbol in Antiquity, 1970

RIC – Roman Imperial Coinage, ed. H. Mattingly, 1923ff

A. Rich, Illustriertes Wörterbuch der römischen Altertümer, 1862

L. Richardson, A New Topographical Dictionary of Ancient Rome, 1992

Gisela M. A. Richter, The Furniture of the Greeks, Etruscans and Romans, 1966

Eugenia S. P. Ricotti, Amori e amanti à Roma tra republica e Impero, 1992

Dies., L'arte del convito nella Roma antica, 1983

R. Rilinger (Hg.), Lust an der Geschichte, Leben im Alten Rom, 1991 (Quellensammlung deutsch)

R. S. Rogers, The Emperor's Displeasure – amicitiam renuntiare. Transactions and Proceedings of the American Philological Association 90, 1959, S. 224ff

T. F. Scanlon, Greek and Roman Athletics, 1984

M. Schanz + *C. Hosius*, Geschichte der römischen Literatur, II 1959, S. 8ff (Augustus); S. 419ff (Tiberius bis Trajan); III 1959, S. 3ff (Hadrian bis Diocletian)

Sabine Schmidt, Mark Aurel und Spectacula, Stadion 10, 1984, S. 21ff

P. Schrömbkes, Essen und Politik. Zur Person des Kaisers Tiberius, Jahresbericht des St. Ursula-Gymnasiums Brühl, 1986.

V. Scramuzza, The Emperor Claudius, 1940

H. H. Scullard, The Elephant in the Greek and Roman World, 1974

R. Seager, Tiberius, 1972

O. Seeck, Die Regesten der Kaiser und Päpste 311 bis 476, 1919

W. J. Slater (ed.), Dining in a Classical Context, 1991

D. Srejovic + *C. Vadic*, Imperial Memorials in Felix Romuliana, Gamzigrad, East Serbia, Belgrad, 1994

A. Stahr, Römische Kaiserfrauen, 1880

E. A. Stückelberg, Die Bildnisse der römischen Kaiser, 1916

Jocelyn M. C. Toynbee, Tierwelt der Antike, 1983/1980

Susan Treggiari, Domestic Staff at Rome in the Julian-Claudian Period, in: Histoire Sociale, Revue Canadienne 6, 1973, S. 241ff

Dies., Roman Marriage. Iusti Coniuges from the Time of Cicero to the Time of Ulpian, 1993

R. Turcan, Vivre à la cour des Césars d' Auguste à Diocletian, 1987

G. Turton, The Syrian Princesses (193–235), 1975

Jutta Väterlein, Roma ludens. Kinder und Erwachsene beim Spiel im antiken Rom, 1976

O. Veh, Lexikon der römischen Kaiser, von Augustus bis Justinian 27. v. Chr. bis 565 n. Chr., 1985

P. Veyne (ed.), Historie de la vie privée. I, De l'Empire romain à l' an mil, 1985

G. Ville, La gladiature en occident des origines à la mort de Domitien, 1982

G. Waurick, Untersuchungen zur Lage der römischen Kaisergräber in der Zeit von Augustus bis Constantin. In: Jahrbuch des Römisch-Germanischen Zentralmuseums Mainz, 20, 1973, S. 107ff

P. R. C. Weaver, Familia Caesaris, 1972

I. *Weiler*, Der Sport bei den Völkern der Alten Welt, 1988

G. *Wille*, Musica Romana. Die Bedeutung der Musik im Leben der Römer, 1967

Lillian M. Wilson, The Clothing of the Ancient Romans, 1938

Dies., The Roman Toga, 1924

G. *Wissowa*, Religion und Kultus der Römer, 1912

G. *Wolf*, Geschichte der Frisur in allen Zeiten, 1952

P. *Zazoff*, Die antiken Gemmen, 1983

Abbildungsnachweis

Abb. 1 Kopf des Augustus. München, Glyptothek 317. D. Boschung, Die Bildnisse des Augustus. Das römische Herrscherbild I 2 (1993) 164f. Nr. 133 Taf. 150.

Abb. 2 Zeichnung aus dem Filocaluskalender: Würfler. M. R. Salzman, On Roman Time (1990) Abb. 52.

Abb. 3 Kopf des Agrippa. Paris, Louvre Ma 1208. K. de Kersauson, Mus. du Louvre. Cat. des portraits romains I (1986) 54f. Nr. 22.

Abb. 4 Kopf Trajans. Ostia. Mus. Inv. Nr. 17. Helbig⁴ IV Nr. 3085. W. H. Gross, Bildnisse Trajans. Das römische Herrscherbild II 2 (1940) 112ff. Taf. 33–35.

Abb. 5 Grabinschrift der Amme Hadrians. Potsdam, Schloß Glienicke. CIL VI 10909; XIV 3721. F. W. Goethert, Kat. der Antikensammlung des Prinzen Carl von Preußen im Schloß zu Klein-Glienicke bei Potsdam (1972) 71 Nr. 378 Taf. 121.

Abb. 6 Grabinschrift der Konkubine Vespasians. CIL VI 12037.

Abb. 7 Inschrift mit der Konkubine des Antoninus Pius. CIL VI 8972.

Abb. 8 Büste des Antinoos. Rom, Vatikan, Sala Rotonda 545. Helbig⁴ I Nr. 39; H. Meyer, Antinoos (1991) 125 Kat. V 2 Taf. 109, 3–4. (Foto DAI, Rom).

Abb. 9 Büste Hadrians. Rom, Mus. Nazionale Romano 8618. A. Giuliano, Museo Nazionale Romano. Le sculture I 1 (1979) 18f. Nr. 21. (Foto DAI, Rom).

Abb. 10 Büste der Julia Titi (?). Rom, Mus. Capitolino, Stanza degli Imperatori 15. Helbig⁴ II Nr. 1288; K. Fittschen–P. Zanker, Kat. der römischen Porträts in den Capitolinischen Museen und den anderen kommunalen Sammlungen der Stadt Rom III (1983) 53 Nr. 69 Taf. 86–87. (Foto DAI, Rom).

Abb. 11 Büste des Severus Alexander. Rom, Mus. Capitolino 480. Helbig⁴ II Nr. 1319. K. Fittschen – P. Zanker, Kat. der römischen Porträts in den Capitolinischen Museen und den anderen kommunalen Sammlungen der Stadt Rom I (1985) Nr. 99 Taf. 123.

Abb. 12 Die Bauten auf dem Palatin. F. Coarelli, Guida archeologica di Roma (1974) 136–137. F. Richardson, A New Topographical Dictionary of Ancient Rom, 1992, S. 280.

Abb. 13   Villa Hadriana. H. Kähler, Rom und seine Welt, II, 1960, Abb. 187 ff; Franceschini, Villa Adriana, 1991.

Abb. 14   Grundriß der Villa Filosofiana bei Piazza Armerina. H. Kähler, Rom und seine Welt (1960) 373 Abb. 134; ders., Die Villa des Maxentius bei Piazza Armerina (1973) Abb. 3; Carendini 1982.

Abb. 15   Grundriß der Galerius-Villa. D. Srejovic+C. Vadic, Imperial Memorials in Felix Romuliana, Gamzigrad, East Serbia, Belgrad 1994.

Abb. 16   Columbarium an der Via Appia. Stich von Francesco Bianchini. Archäologie der Antike. Aus den Beständen der Herzog-August-Bibliothek 1500–1700 (1994) 81.

Abb. 17   Rundbild mit Eberjagd. Rom, Constantinsbogen. H. P. L'Orange+A. v. Gerkan, Der spätantike Bildschmuck des Konstantinbogens (1939) Taf. 41; G. M. Koeppel, Die historischen Reliefs der römischen Kaiserzeit IV, Bonner Jahrbücher 186, 1986, 27 Nr. 5. (Foto: DAI, Rom).

Abb. 18   Palatin und Circus Maximus (Stich von Panvinio). Archäologie der Antike, Aus den Beständen der Herzog-August-Bibliothek 1500-1700 (1994) 72.

Abb. 19   Relief mit Wagenrennen. Rom, Vatikan. W. Amelung, Die Sculpturen des Vaticanischen Museums II (1908) 65 f. Nr. 21 b Taf. 5. Bildkat. der Skulpturen des Vatikanischen Mus. (1995) Taf. 458. (Foto: DAI, Rom).

Abb. 20   Tierkampf-Relief. Museo Torlonica, Rom. (Foto: DAI, Rom).

Abb. 21   Reisewagen-Relief. Maria Saal. G. Piccottini, Die Römer in Kärnten (1989) Taf. 36.

Abb. 22   Kopf Neros. Korinth, Mus. F. P. Johnson, Corinth IX, Sculpture (1931) 76 ff. Nr. 137.

Abb. 23   Büste Marc Aurels. Venedig, Mus. Archeologico Inv. Nr. 115. G. Traversari, Mus. Archeologico di Venezia. I Ritratti (1968) Nr. 97.

Abb. 24   Kopf des Gallienus. Rom, Palazzo Braschi, Inv. 487. M. Wegner, Gordianus III. bis Carinus. Das römische Herrscherbild III 3 (1979) 119 Taf. 41. (Foto: DAI, Rom).

Abb. 25   Claudius mit Eichenlaubkranz. Rom, Vatikan, Sala Rotonda 243. Helbig[4] I Nr. 45. C. Maderna, Iuppiter Diomedes und Merkur als Vorbilder für römische Bildnisstatuen (1988) 157 Nr. JS 2 Taf. 3,1.

Abb. 26   Prunkbüste des Commodus. Rom, Pal. dei Conservatori. Helbig[4] II Nr. 1486. K. Fittschen – P. Zanker, Kat. der römischen Porträts in den Capitolinischen Museen und den anderen kommunalen Sammlungen der Stadt Rom I (1985) 85 ff. Nr. 78. (Foto DAI, Rom).

Abb. 27 Statue der älteren Faustina. Rom, Mus. Capitolino, Atrio 8. K. Fitt-schen – P. Zanker, Kat. der römischen Porträts in den Capitolinischen Museen und den anderen kommunalen Sammlungen der Stadt Rom III (1983) Nr. 16 Taf. 20. (Foto DAI, Rom).

Abb. 28 Kopf des Elagabal (?). Rom, Mus. Capitolino, Inv. 470. Helbig[4] II Nr. 1323; K. Fittschen – P. Zanker, Kat. der römischen Porträts in den Capito-linischen Museen und den anderen kommunalen Sammlungen der Stadt Rom I (1985) Nr. 98 Taf. 120–121. (Foto DAI, Rom).

Register

Erstellt von Thomas Gerhardt,
Andreas Müggenburg, Michael Redies

A

Aachen 8r
Aal-Suppe 3r
Aal-Haut 10w
abdicatio 2j
Aberkios (Avircius) von Hierapolis
  (Bischof) 11s
Abraham 11n
Absolutismus 12b
Achäer 8f
Achaimeniden 8i, q, s
Achat 3m; 7j, r
Achilles 9x; 10r; 11j, k
Acte (Geliebte Neros) 2s; 5e, j
Actium 4q; 11b
Adoratio 4d
Ägäis 5f
Ägypten/Ägypter 8k; 9u, w, x; 10x;
  11m, r
Aelia siehe Eudoxia
Aelia Flaccilla (Frau von Theodosius I)
  9z
Aelianus, Claudius (Buntschriftsteller)
  8x; 10q
Aelius (Caesar) 5m; 6e; 10m; 11g
Aemilius Paullus (Konsul 182, 168
  v. Chr.) 8j
Ämterlaufbahn 7z
Aeneas 11a, b
Äthiopien 8r; 9j
Aëtius (Heermeister) 3w; 5s; 8h
Aëtius von Amida (Arzt) 5s
Ätna 9v, w
Affen 4p; 6j; 8r
Africa/africanisch 1f; 3w; 4g; 5q;
  6i, v; 7v; 8q, r, s, w, z; 9u, w;
  10c, q
Agamemnon 1f; 11i
Agathias Scholastikos (Historiker) 3x;
  8p

Agricola (Schwiegervater des Tacitus)
  10o
Agrippa, Marcus 7r
– und Augustus 4e; 6d; 7k
Agrippina Vipsania (Gattin des
  Tiberius) 3y; 5h
Agrippina minor (Mutter des Nero)
– und Claudius 3y; 5i; 6o
– Drossel 4s
– persönliche Garde 7v
– nimmt Gegengifte 3y, z
– Inzest mit Caligula 5i
– Memoiren 5u; 10d, i
– und Nero 2p; 3y; 5i; 10h, o
– ornatrix 6z
– ermordet Sosibios 10h
– über Tiberius 5u; 10i
– Villa 7o
– und Xenophon (Arzt) 6o
– zitiert Homer 10d
Akarnanien (in Griechenland) 8z
Al Hakim 12e
Alabaster 7u
Alarich (Gotenkönig) 2j; 4z
Alba siehe Albanum
Albanum (Kaiservilla) 3f; 7o; 8w
Alexander der Große 11l
– und Aristoteles 10e
– auf mittelalterlichen Abbildungen
  10
– Ballspiel 8b
– Bartlosigkeit 6i
– Biographie 10r
– Bukephalos 4p
– Freundschaft 4a
– Grab 7t; 9x
– Gesang 9g
– Hund Peritas 4p
– Imitation durch Caracalla u. a. 7b;
  8x; 11k

(Alexander der Große)
– Jagd 8i
– Künstler/Kunstwerke 7s
– Mantel 7i
– mythisches Rollenspiel 11e
– Nichtschwimmer 8c
– Porträt als Siegel des Augustus 7k
– Schlaf 3d
– Würfelspiel 3x
Alexander von Abunoteichos 11s
– von Aphrodisias 10q
Alexandersarkophag 8i
Alexandria (Amme des Nero) 5g
Alexandria 4e; 6s; 7l, s, t; 8c, m; 9v,
    x; 10e, h, w; 11s
Alkibiades 4o
Alphabet 10h, t
Alsium (Kaiservilla) 7o
Alte Hoffnung (Spes vetus, Kaiser-
    villa) 7n
Amazone 7k, s; 11g
Ambrosius (Kirchenvater) 11u
ambulatio 8d
Ameise 4t
amicitia 4 Motto; 4b, c
Ammianus Marcellinus (Historiker)
    1k, m; 4z; 5a; 6v; 8q, v; 9m; 10a;
    11l, s; 12j
Ammonios (Dichter) 10w
Amorkesos (arabischer Fürst) 7s
Amphitheatrum Castrense (in Rom)
    7n; 9d
Amsel 4y
Amtsabzeichen 7a
Amtstracht 6j; 7b, d
Anastasius, Flavius (Kaiser 491–518)
    3c; 6j, k, y; 8r; 9m
Ancyra 7q; 9y
Andromeda (Zwergin) 3w
Anicetus 10i
Animula vagula blandula siehe
    Hadrian
Annalen 1d; 5c; 6i; 8r; 9y
Annius Verus (Schwiegervater des
    Antoninus Pius) 8b
Anthemius (Kaiser 467–472) 8h, p;
    10v
Anthologia Graeca 5y, 8p
Antigoniden 8q
Antilopenreis 3r
Antinoeion (Lotosblume) 8m

Antinoopolis (am Nil) 5w
Antinoos 4f; 5w; 8m; 9w
Antiochia am Orontes 4o; 5w; 7q; 8n,
    r; 9d, k, l, m, p, x; 10u, x; 110, z
Antiochos (Kämmerer bei Theodosius
    II) 8h
Antiochos von Askalon (Lehrer
    Luculls) 10b
Antiochos IV Epiphanes (König von
    Syrien 175–163) 4o; 12g
Antipater von Hierapolis (Sekretär
    von Septimius Severus) 10q
Antonia minor (Gattin des Drusus)
    3y; 5g, k
Antonia (Tochter des Drusus) 4s
Antonia (Halbschwester der Octavia)
    5j
Antoninus Pius (Kaiser 138–161)
– Epos Gordians I 11s
– Essen 3g, p; 4n
– Freunde 4f, h; 9s
– und Fronto 5f
– Gesundheit 6q
– Jagd 8n
– Kleidung 7a
– zur Knabenliebe 5w
– Landarbeit 9t
– Lebensführung 2p
– in Lorium 7p
– und Marc Aurel 9n; 10n
– Professorenprivilegien 10p
– Reden 10m
– Reisen 9p, r, x
– Religion 11c
– Schauspiel 9i
– Spaziergänge 8d
– Sport 8b
– Sterbealter 6y
– Strenge 7w
– Tochter Faustina 5f, n
– Weinlese 9n, s
Antonius, Marcus (Triumvir)
– Actium 4q
– angelt 8k
– und Cicero 7r
– in Epigramm des Augustus 5t
– und Glaphyra 5t
– und Kleopatra 3x; 8k; 11f
– Kunstwerke 7r
– Tiere 4q
– würfelt 3x

(Antonius, Marcus)
- tadelt Zwölfgöttermahl des
  Augustus 11f
Antonius Musa (Arzt des Augustus)
  6l
Antonius Primus (Freund Vespasians)
  4e
Anubis 11m
Apamea 3 o; 4x; 8n; 10b
Apelles (Maler) 7s
Apennin 8l
Aper (Prätorianerpräfekt) 6s
Apfel/Äpfel
- der Athenaïs 5s; 9z
- bei Augustus 3y
- des Calvena 3f
- bei Clodius Albinus 3s
- bei Constantius II 1k
- Apfeldessert 3p
- bei Domitian 3i
- bei Gallienus 3s
- Apfelkrotzen 3l
- Reichsapfel des Constantius II 11z
- bei Severus Alexander 3g
- vergiftet 3y
Aphraat (Heiliger) 4z
Aphrodite 5m, n; 8m; 11g
Apicius (Kochbuch-Autor) 3f, n;
  10m; 11l
Apollinaris (Leibarzt des Titus) 6p
Apollodor von Pergamon (Lehrer
  Octavians) 10e
Apollon 7l; 8t; 9f, g; 10e, x; 11b, f
Apollonia (in Epirus) 10e
Apollonios von Chalkedon (Lehrer
  Marc Aurels) 10n
Apollonios Molones (Lehrer Ciceros)
  10b
Apollonios von Tyana (Wundermann)
  10j, q; 11n
Apollon-Statue von Myron 7r; 11w
Aponusquelle (bei Padua) 11r
apophorêta (Gastgeschenke) 4m
Apoxyomenos des Lysipp 7s
Apulien 8n
Aquaedukte 8c
Aquileia 3u
Arabien 9w
Aratos von Soloi (Dichter) 10f
Arcadia, Aelia (Tochter des Arcadius)
  5s

Arcadius (Kaiser 395–408)
- heiratet Aelia Eudoxia 5e
- in Ancyra 7q; 9y
- Erziehung 10w
- Stiefmutter 5f
archimagyrus (Oberhofkoch) 7v
Archivare 7v
Ardea 6i; 8x
Ardennen 8p; 9y
Areios Didymos (Philosoph) 10e
Arena 7g, j; 8y
- des Domitian 9h
- Gladiatorenkämpfe 5v; 8g; 9m
- Hinrichtungen 11f, g
- Jagden 9e
- Orgel 10x
- Tierhetzen 4l; 8u; 9b, i
Argeaden 11e
Argos (Peloponnes) 8s
Argos (Hund) 4s
Ariston (Lehrer Marc Aurels) 10 o
Ariston von Alexandria (Lehrer
  Caesars) 10e
Aristoteles 8z; 10e, w; 11v
Arithmetik 10y
Armenier 11r
Arnuphis (Magier) 11s
Arrecinus Clemens
  (Prätorianerpräfekt) 12f
Arrian (Autor) 8n
Arsenios (Prinzenerzieher unter
  Theodosius I) 10w
Arzt 6h, m, n, q, s, t, u, v, w, x; 7u;
  8b; 11j
Artemidoros von Daldis (Autor) 6d; 8x
Artemis (Göttin) 8i; 11e
Artorius Asclepiades, Marcus
  (Leibarzt des Augustus) 6k
Asconius Labeo (Tutor Caligulas) 10i
Asiaticus (Freigelassener des Vitellius)
  5v
Asinius Gallus (Sohn des Asinius
  Pollio) 10h
Asinius Pollio (Autor) 10e, h
Askese 2v
Asklepios 9x; 11j
- Heiligtum 6 o, s
Askletarion (Astrologe) 11s
Aspalathos, Spalato (Villa) 7t
Aspar (Heermeister) 3w, y
Aspasia (Geliebte des Perikles) 5n

Assyrer 8i
Assyrius siehe Elagabal
Astronomie 10a, w
Astrologie/Astrologen 6v; 10r; 11r, s,
    t, u
Atalante (Heroine) 7s
Athavulf (Gotenkönig) 5e
Atheismus 110
Athen 1d; 2e; 5e; 7k, r; 8c; 9x; 10b,
    c, l, n, p, q, t, u, w; 11e, f, u
Athena (Göttin) 11d, h
– ihr Schild als Gericht des Vitellius
    3f
Athenaeum (in Rom) 10l, r
Athenaios (Uhrmacher) 3a
Athenaios von Naukratis (Autor) 3z;
    4s
Athenaïs-Eudokia (Frau von
    Theodosius II) 5e, s; 9z; 10w
Atlantik 5j
Attalos I Sotêr (König von Pergamon
    241–197) 11k
Attalos III Philometor (König von
    Pergamon 170–133) 9t
Attalus (Gegenkaiser) 2j
Atticus, Herodes (Rhetor) 5n; 10n
Attila (Hunnenkönig) 3w; 5s
Aubergine 3r
Auerochse 8p
Augurenlächeln 11a
Augustinus (Kirchenvater) 6v
Augustus (Gaius Julius Caesar
    Octavian, 31 v. bis 14 n. Chr.) 10g;
    12j
– Actium 4q; 11b
– und Agrippa 4e; 6d; 7k
– angeblicher Vorfahr Caligulas 5i
– „Anticato" 10e
– hört Apollodor von Pergamon 10e
– Apollontempel 7l
– Bart 6b, i
– als Bauherr 7l
– campestres exercitationes 8f
– Circus 9e, f
– und Cotison (Getenkönig) 5e
– Darstellungen, Skulptur 1f, j, o;
    4s; 6b, g; 8x
– als Dichter 5t
– und Diomedes 7w
– Doppelgänger 3w
– über Drusus 10e

– Ehegesetze 5s
– Eßgewohnheiten 3f, o, p, s, w, y;
    4n; 9o
– Fischfang im Tiber 8k
– Freunde 4c, d, f
– und Gabba (Parasit)
– Gärten 7l
– als Gast 4n
– Gesetzgebung 5c, t
– Gesundheit 6k
– Großer Bär 1j
– Heiratspolitik 5d
– und Julia 5f, h; 7l
– kinderlieb 5f
– Kleidung 7a, e
– Knabenliebe 5t
– Krongut 7y
– Kunst 7r, s
– Liebschaften 5h
– Literatur 10e, f, g
– und Livia 3u; 5g, h; 8x; 10e
– und Maecenas 4e; 8b; 10e
– Mausoleum
– und Menas 4h
– Nachfolgepolitik 7z
– Naumachie 11k
– Neujahrsbettelei 1n
– und Nikolaos 30
– Papyrus 10h
– Parther 11k
– praegustator 3y
– Prinzenerziehung 10f
– Rabe 4q
– auf Reisen 9u
– Religion 11b, r
– Res Gestae (Monumentum
    Ancyranum) 2g; 9e; 10d, e
– Schlacht bei Philippi 7k
– Schlaf 3c, d
– Schwimmlehrer der Enkel 8c
– und Scribonia 5f, h
– Sexualleben 2s
– Siegel 7k
– Sonnenhut 10; 7b
– Sonnenuhr 3a
– Spurt 8d
– Sterbealter 6y
– bei Sueton 10e
– Thermen 6d
– und Tiberius 5h; 10f
– Tiere 4q

(Augustus)
- Tod 7k
- vorhergesehen im Traum des Cicero 11w
- Träume 11r
- Triumph 11f
- Urlaub vom Regieren 2o
- Vestatempel 7l
- und Vipsania 5h
- Wein 3u
- Wohnung 7l
- Würfel 3x
- Zangenlocke 6g
- Ziege 4r
Aurelian (Kaiser 270–275) 12j
- bestraft Ehebrecher 5r
- Bogenschütze 8f
- fastet 6t
- in den Gärten des Sallust 7n
- tötet Gegner 8f
- Mimen 9l
- Rotwein 3u
- Saturnalien 4k
- Sklavenbehandlung 7w
- Sonnenkult 11n
- Sport 8b, f
- und Tetricus 2j
- verbietet Konkubinat mit Freien 5s
- Wagen 9p
- Wehrsport 8f
- und Zenobia 2j
Aurelius Victor (Historiker) 1j; 1o Motto, 1ow; 11c, r, s; 12j
Ausonius (Rhetor) 2q; 4z; 8q; 1ov, w
Austern 3g, o, x, y
Avitus, Eparchius (Kaiser 455–456) 2j; 8p, s; 1ov; 11n
Avocado 3r
Aymard, J. 1g

B
Baal-Helios 11n
Badekostüm 6e
Badenixen 6e
Bär 4x, z; 8r, u, w
- Jagd 8m, o, q, t; 9j
- Schinken 3r
- Sternbild 1j
Baiae (in Campanien) 3k, o; 4n, s; 6o, q; 7o
Balbilla (Dichterin) 9w

Balbillus (Astrologe) 11r, s
Balbinus (Kaiser 238) 6x
Balkanidee 2e
Balsdon, John Percy Vivian Dacre 1q
balteus siehe Gürtel
Barbaren 2m; 4g, m; 5e; 7h, i; 8h; 1oc, h, s, x; 11u
barbatoria 6i
Barbier 6i; 1oi
Bardon, Henry 1p
Barschfilet 3r
Bart
- Anastasius 6j
- Augustus 6b, i
- Caracalla 6i
- Christus 6j
- Constantin 6j
- Elagabal 6i
- Hadrian 6i
- Julian 6j
- Nero 6i
- Otho 6g
- Septimius Severus 6i
- Lucius Verus 6i
- Vetranio 6j
Basilina (Mutter Julians) 1ou
Bathyllos (Pantomime) 3w
Bauto (Heermeister) 5e
Bedriacum (in Oberitalien) 5v
Benedicta (Gespielin Marc Aurels) 5n
Benn, Gottfried 2e
Berenike (Tochter des Herodes Agrippa, Konkubine des Titus) 5e, k; 7j
Berlin 1a; 2k
Beryll (Edelstein) 6p
Beryllos (Sekretär Neros) 1oi
Bethlehem 4d; 9z
Bettelphilosophen 1oj
Bibel 3d; 8q
Bibliothek 7o; 1oa, k, l, u
Bibliothekar 7v; 1oe, h
Bier 3t
Birne 3r
Bischof 1f; 2j; 7i; 11s
Bithynien 1h; 5t; 8m
Bleda (Bruder Attilas) 3w
Bleicken, Jochen 1q
Blitz 1f
Blitzwunder 11s
Böotien 8m

Bohnen 9m, s
Bordell 2r; 4n; 5i, o, q, x
Borgia, Cesare 12e
Borysthenes (Pferd Hadrians) 4v
Bosporus 5s
Boten 7v
bracae siehe Hosen
Braun, Eva 4s
Brehm, Alfred 8z
Brettspiel 3x; 5s
Brille 6p
Britannicus, Tiberius Claudius Caesar
  (Sohn des Claudius) 3y; 4t; 10h, j, x
Britannien 4e; 5p; 9w; 10l
Brokat 3l, m; 7g, j, r
Bronzegefäße 7l
– medaillon 8t
– standbilder 7r
– tafel (Claudius-Rede) 10h
Brot 3f, g, l, q; 6g; 9c, o, s
Brutus, Marcus (Caesarmörder) 7j
Buchrolle (volumen) 10e, h
Bukephala (Stadt) 4p
Bukephalos (Pferd Alexanders) 4p
Burckhardt, Jacob (Historiker)
  Vorwort; 11p, t
Burrus (Freund und Tutor Neros) 4e;
  5j
Busenbinde (fascia pectoralis) 7c
Bußanstalt (kaiserlicher Palast) 2w
Byron, Lord 10l
Byzanz 5s, y; 7s; 8p; 10v, w; 11z;
  12b, j
– siehe auch Konstantinopel

C
Caecina Alienus (Suffektkonsul 69
  n. Chr.) 5k
Caelestis, Dea (Tanit) 11n
Caenis (Konkubine Vespasians) 5k
Caesar, Gaius Julius 6x; 10h; 11l
– und Ariston 10e
– und Augustus 7z; 11b
– Bilder 7s
– Blätterbuch erfunden 10e
– commentarii 10e
– Epilepsie 6k
– und Eunoë 5e
– Giraffen 8r
– Glatze 6g
– über die Germanen 8p

– Frauen 5e, h
– Haartracht 6h
– Kleidung 7b, e
– und Kleopatra 5e
– Komet 11w
– Kunstwerke 7r
– Leibroß 4p
– als Literat 10e
– als Lustknabe 1h; 5t
– und Nikomedes 1h
– Notizbuch 10e
– schenkt Perlen 7j
– Reisen 9o
– Religion 11b
– Sänften 9q
– Schriftsteller 10e
– Schwert 7i
– Siegel 7k
– Spiele 9e
– Sport 8b, c
– Staatsideal 10e
– Träume 11w
– Wagen 9q
– Waffentanz 8e
– Wehrübungen 8f
Caesarenthron 12k
Caesarenwahn 3y; 12l
Caesonia (Frau Caligulas) 3y
Caligula (Gaius, Kaiser 37–41) 7u;
  12h
– im Bad 6c
– und Caesonia 3y
– Circus 4i; 9f
– als Dionysos 11f
– erweitert Domus Tiberiana 7m
– Ehe 5i
– Ermordung 12f
– Essen 3f
– Feste 4l
– Gift 3y; 9f
– als Gladiator 8g
– und Gladiatoren 4i
– Glatze 6g
– als Gott begrüßt 4d
– Grab 7t
– Grüne Circuspartei 4i; 9f
– und Halkyon (Leibarzt) 6n
– Herkunft 5i
– Homosexualität 5u
– imitatio Alexandri 11k
– Inzest 5i

(Caligula)
- Kleidung 7g
- Lebensführung 12e, k
- und Lepidus 5u
- vgl. Lollia Paulina (Ehefrau)
- Luxus 9f, q
- und Mnester 5u
- Nachtschwärmer 4 o
- Name 7f
- als Neptun 11f
- Nichtschwimmer 8c
- Pferd Incitatus 9f
- und Platon 10g
- als Redner 10g
- Reisewagen 9 o
- Religion 11q
- Schlaf 3d
- trägt Schmuck 7j
- als Tänzer 8e
- als Tourist 9v
- Traum 11w
- und Venus 7g; 11f
- Würfel 3x
Callistus (Sklave Caligulas) 7u
Calpurnia (Konkubine des Claudius) 5i
Calvena Matius (Kochbuch-Autor) 3f
Camillus (Keltensieger 387 v. Chr.) 6i
Campanien 2j; 3 o, s; 6 o; 9m, r; 10s
Campus Rediculus (an der Via Appia) 4t
canceris plaga 6v
Candide (aus Voltaire) 9t
Canidia (Giftmischerin) 3y
Cantabrerkrieg 6d; 10d
capillamentum 6g
Capitol (in Rom) 7m; 9v
Cappadocia 7q
Capri 5u; 6n; 7 o; 11f
capricornus (Ziegenfisch) 4r
Caracalla (Kaiser 211–217) 6t
- vgl. Bart
- Bestattung 7t
- Bildung 10q, z
- Circus 9k
- Darstellung 1f
- Eßgewohnheiten 3g; 4h
- und Eunuch 7x
- und Geta 3y; 4w; 9k
- Gift 3y, z
- Glatze 6g
- Homosexualität 7x

- Inzest 5q
- Jagd 8n
- und Julia Domna 5p
- Kleidung 7b, g, i
- und Partherkönig 5e
- und Plautianus 4g, l
- und Plautilla 4l, 5q
- reitet 9n
- Religion 11m
- und Sammonicus Serenus 10q
- und Senatoren 4h, l
- Sexualleben 5q; 7x
- Sport 8c, f
- Theater 11i
- Tiere 4x; 8x
- Tod 9x
- Träume 9x; 11y
- angebl. Vater des Severus Alexander 5q
- Vorbilder 7b; 8x; 9x; 10x; 11g, k, l
- Wahrsagerei 11t
Carcopino, Jérôme 1q
Carinus, Marcus Aurelius (Kaiser 283–285) 5r, y; 8p
Carus, Marcus Aurelius (Kaiser 282–283) 6x; 8p; 10s
Casanova 2k
Casino 2k
Cassiodor (Kanzler Theoderichs) 10z
Cassius Salanus (Lehrer des Germanicus) 10f
Castel Gandolfo siehe Villa Albana
Castor-Tempel 4t; 7m
Cato maior 11l
- in Athen 10c
- Augurenlächeln 11a
- »De agri cultura« 9s
- Erziehung 10a, b
- Haar-/Barttracht 6i
- Landarbeit 9t
- Philosophie 10 o
- Reisen zu Fuß 9n
- Sklaven 7w
- Sohn 8c; 10b
- Schwimmen 8c
Cato Uticensis 10e
Catull (Dichter) 5b
Censor 5b, c; 8y
Centcelles (Villa in Spanien) 7t
Centumcellae (Kaiservilla) 7 o, p; 8n
Ceres (Göttin) 7h; 11h

Chaldäer 11r
Champignon 3o
Chateaubriand, François René
  Vicomte de 2d
Chios 3o
Chitôn 7a
Chlamys – siehe Purpurmantel
Christ, Karl (in Marburg) 1q
Christen, Christentum 2t; 5s; 11p;
  12j
– Aberglaube 11r, u
– Ausbreitung 2k
– Circus 9f
– unter Galerius 11c
– Glücksspiele 3x
– und Individualität 2d
– und Julia Mamaea 11o
– unter Marc Aurel 11o
– bei Mommsen 1b
– unter Trajan 11o
– und das Regenwunder 11s
– Urchristentum 1a
Christus 3j; 4h; 5s; 6j; 11o
Cicero, Marcus Tullius 1g
– und Apollonios Molones 10b
– zu Berühmtheiten 1e
– Büste 10r
– bei Claudius 10h
– zur Freundschaft 4 Motto, 4a, b
– zu Griechen 10b
– zu Klatsch 5a
– als Lektüre des Avitus 10v
– und Marcus Antonius 7r
– und Octavian 11w
– »De officiis« 10r
– bei Plinius 10e
– und Poseidonios 10b
– »De re publica« 2o; 10r
– Traum 11w
– gegen Verres 7r
– Warze 6g
Cincinnatus, Lucius Quinctius
  (Diktator 458 v. Chr.) 9t
cingulum siehe Gürtel
Cinna (Konsul 87–84) 10w
Circei (Kaiservilla in Latium) 7o; 9d, e
Circus, Hippodrom 7j; 8v, y
– bei Caracalla und Geta 9k
– bei Julian 9m
– unter Justinian 9m
– bei Marc Aurel 9i

– des Maxentius 7q; 9d
– Pferde 9m
– bei Severern 7n
– Tiere 8q, x; 9j
– in Villen 7o, q
– Wagenrennen 9b
Circusparteien 9f, k, m
– blau 9h, k, m
– grün 4i; 9i, j, l
Claudian (Dichter) 4j, z; 10v
Claudius (Kaiser 41–54) 4s; 5j; 10j
– vgl. Agrippina minor
– Autobiographie 10d
– bestraft Becherdiebstahl 3m
– Bildung 10h, z
– erfindet Buchstaben 10h
– und Calpurnia (Konkubine) 5i
– Circus 9f
– und Cleopatra 5i
– und Ehebrecher 5c
– Eßgewohnheiten 3f, k, v
– Eunuchen 7x
– Frauen 5i
– Freunde 4e
– Freigelassene 5e; 6z; 7u, w
– Gesundheit 3v; 6o
– Gicht 6o
– Gift 3y
– als Historiker 10h
– gegen Homosexualität 5u
– Kapuze 7b
– kinderlieb 5f
– inszeniert Komödie 10h
– und Livius 10h
– und Messalina 5i
– und Nero 10i
– Reisewagen 9o
– Religion 11d
– Rückkehr ins Privatleben 2j
– und Senatoren 4n
– Schlafgewohnheiten 3c, d
– Schoßhund 4u
– als Schriftsteller 10h
– läßt Sklaven peitschen 7w
– Tischmanieren 3v
– Tod 3y
– Totenrede 10i
– Traum 11w
– und Vitellius, Lucius 7c
– Wein 3u
– Würfel 3x

(Claudius)
– und Xenophon (Arzt) 6 o
Claudius Etruscus (Höfling) 7w
Claudius Gothicus (Kaiser 268–270)
  7a; 8 o
Cleopatra (Geliebte des Claudius) 5i
Clodius Albinus (Kaiser 195–197) 3s,
  u, y; 7w; 9t; 1od
Cocceius, Marcus Nerva (Vater des
  Kaisers) 4e
Colonia Agrippensis (Köln) 5i
Colosseum (in Rom) 7n; 9h
Columbarien 7v
Columella (Autor) 8 Motto, 8k
comes rei privatae 9p
Commodus (Kaiser 180–192) 7y
– als Amazonius 11g
– im Bad 6e
– und Crispina 5 o
– Esel 5x
– Fischfang 8n
– Gastgeber 3e
– Gift 3y, z
– als Gladiator 8g, y; 9j
– Goldknabe Philocommodus 5x
– Haare 6g
– Hochzeit 2q
– Homoerotik 5x
– Inkognito 4 o
– Jagd 8m, w; 9j
– Kleidung 7g
– Konkubinen 5 o, x
– Lebensführung 1ox; 12e, j
– Menschenopfer für Mithras 11m
– mythische Mimesis 11g
– auf Münzen 8m
– Namenspatron von Speisen 3m
– Pest 6t
– schlechter Redner 1op
– Rennpferd 9j
– keine Reisen 9x
– Schwelgerei 3g
– Siegelring 7k
– Sport 8f, g
– Tageslauf 3c
– Theater 8q
– Tod 8g
– töpfernd 1oy
– Traum Faustinas 11x
– Umgebung 4g, i
– Vaterschaft 5n

– Verschwörung 2s
– Würfler 3x
Concordia-Tempel (in Rom) 7r
Conopas (Zwerg) 3w
Constans (Kaiser 337–350) 3u; 5y;
  6v; 7t; 8p; 1ot; 12j
Constantin I der Große (Kaiser
  306–337) 6d; 8t
– Aussatz 6v
– Autobiographie 1od, t
– Bildung 1ot
– und Crispus 3y; 1ot
– als Christ 11 o, p
– erscheint Constantius im Traum
  11z
– und Fausta 1ot; 11t
– Geburtstag 6x
– verbietet Gladiatorenspiele 9m
– bei Julian 6h
– baut Kirchen 9z
– Konkubine Minervina 5s
– Künste 8t
– und Lactanz 1ot
– und Maxentius 2j
– und Musonianus 1ot
– Mutter Helena 5s; 9z
– zu Nekromantie 11r
– Predigten 1ot; 11p
– Rasur 6j
– reitet 9n
– Schlaf 3d
– Schriftstellerei 1ot; 11p
– Sonnenverehrung 11n
– Sport 8h
– Sprachkenntnisse 1oc
– tötet Sarmaten 8h
– vergiftet 3y
Constantinsbogen (in Rom) 8t
Constantius I Chlorus (Kaiser
  293–306) 3m; 7t
Constantius II (Kaiser 337–361)
– als Bogenschütze 8f
– und Constans 7t
– Ehe 5s
– empfängt Freunde 3c
– Eßgewohnheiten 3s
– und Eusebia 5s; 11p
– Gesundheit 6t
– Jagd 8s
– und Julian 8b, s
– literarische Interessen 1ot

(Constantius II)
- Mausoleum 7t
- in der Öffentlichkeit 1k
- „Privatleben" 2l
- Schlaf 3d
- Sport 8b, f, h
- Tod 6t
- tötet Magier Libanios 11u
- Träume 11z
Constantius III (Kaiser 421) 3w; 6u;
   11u
Corbulo, Gnaeus Domitius (General
   Neros) 5l
Cornelia (Mutter der Gracchen) 7j
Corvinus Messalla (Rhetor) 10g
Cotison (Getenkönig) 5e
Cotta, Aurelius 1g
Cratia (Tochter Frontos) 9s
Crispina, Bruttia (Gattin des
   Commodus) 5o
Crispus, Flavius Julius (Sohn
   Constantins) 3y; 5s; 10t
cubicularius siehe Kämmerer
Cybele (Göttin) 11n
Cypern 9v
Cyprian (Kirchenvater) 10w

D
Dämonen 6f; 11q, z
Daia, Maximinus (Neffe des
   Galerius) 10s
Dakerkriege
- 86–89 n. Chr. 10k
- 101–106 n. Chr. 6o
Dalmatien 2j; 3o
Damaskuspflaumen 3o, s
Damoklesschwert 12d, f
Daphne (bei Antiochia) 6i
Dattel 3c, s; 9o
Dekadenz 12j
Delphi 7r
Demetrios Poliorketes (Diadoche)
   11e; 12g
depositio barbae 6i
Diadem 7a
Diamantring 7j
Diana 8i, m, u; 9b
Diazôma 7b
Didius Julianus (Kaiser 193)
- Bestattung 2j
- Elefanten 8x

- Ernährung 3g
- Weissagung 11t
- Würfler 3x
Dido (Königin von Karthago)
   11a
Digesten Vorwort; 8h, u, y
Dio Cassius (Historiker)
- Begrifflichkeit 2o
- über Caesar 11w
- über Caracalla 4h
- über Domitian 9h
- über Ehebruch 5c
- über Julia Domna 5p
- über Pertinax 4h
- zum Privatleben 1j, m
- und Septimius Severus 11y
- tadelt Tanzlust 8e
- über Träume 11w, y
- über Trajan 8l
- über Vitellius 3n
Diocletian (Kaiser 284–305)
- Abdankung 2j; 6u; 9p
- Bestattung 7t
- stiftet Ehen 5d
- als Gärtner 9t
- Gästehäuser 9q
- und Juppiter 11c, n
- Kleidung 7d
- Krankheit 7t; 9q
- und Lactanz 10t
- Mausoleum 7t
- Palast 7t
- und Pannonier 4g
- und Perserkönig 8r
- und Prisca 5r
- Rückkehr ins Privatleben 2j
- Sänfte 9q
- Sterbealter 6y
- Sterbejahr unsicher 6x
- erhält Tiere 8r
- unterrichtet seine Söhne 10t
- Villa in Spalato 5r; 7q, t
- Wagen 9p
- Weissagung 11t
Diodoros Siculus (Historiker) 4u
Diognetos (Lehrer Marc Aurels)
   10n
Dion von Prusa (Chrysostomos) 8l,
   q, z; 10k
Diomedes (Verwalter des Augustus)
   7w

Dionysios I von Syrakus 11d, i; 12d, e
Dionysios II von Syrakus 4a; 10e
Dionysos 8x; 11d, e, f, g
Dioskuren 7k
Dirnen 3w
Dix (Bad in den Pyrenäen) 6k
Domänen 9p
Domitia Longina (Frau Domitians) 5l
Domitian (Kaiser 81–96) 1j; 11f
– Aberglauben 11s
– Bildung 10j
– Circus 9f
– und Domitia Longina 5l
– Fisch 3f
– im Flaviergrab 5g; 7t
– Fliegenjagd 9h
– Freigelassene 7w
– und Glabrio 8w
– und Gladiatoren 9i
– Haartracht 6h
– Hofzwerg 7w
– Juden 11o
– keine Freundschaft 4a
– Klistier 3v
– Körperpflege 6g
– Konkubinen 5l; 6i
– Küche 3f
– Kunst 7s
– Lebensführung 12j
– Lieblingslöwe 4u
– und Martial 3w
– Mittagsruhe 3c
– Mundtücher 3l
– als Musenfürst 10j
– Ernährung 3i, o, u
– Palast 2o; 7l; 11m
– als Päderast 5v
– spricht Recht 7p
– Reden 10m
– Religion 11c
– und die Senatoren 3f
– Spaziergänge 8d
– Sport 5l; 8c, f; 9h
– und Tacitus 10k
– Theater 11i
– und Titus 3y; 6c
– Träume 11w
– Tod 5l
– würfelt 3x
Domitilla (Frau des Flavius Clemens)
  11o

– vgl. Flavia Domitilla
Domus Augustana (Kaiserpalast) 7m
Domus Aurea (Palast Neros) 3k; 7n
Domus Flavia siehe Domus Augustana
Domus Rostrata (in Rom) 7n
Domus Tiberiana (in Rom) 7m
Donau 6t; 8n; 9k; 10n
Doryphoros (Geliebter Neros) 5u
Drohnen 7w
Drusus (maior) 5g; 10e
Drusus (minor) 3f, y; 4s, t
Dürrenmatt, Friedrich 3 Motto

E
Eber 4v; 8q; 9e
– Eberhauer 8m
– vgl. Schwein
Ebner-Eschenbach, Marie von 5t
Ecdicius (Sohn des Avitus) 8s
Ecloge (Amme Neros) 5g
Edelstein 3k, m; 6p; 7b, f, h, j, s; 9f,
  p, q
Egeria (Aetheria) 9z
Ehebruch (adulterium)
– unter Augustus 5c
– unter Claudius 5c
– unter Constantin 5s
– Crispina 5o
– bei Cassius Dio 5c
– Faustina minor 5n
– Gesetze dagegen 5t
– Julia 5f
– durch Leibärzte 6z
– bei Seneca 5c
– unter Trajan 5c
Eibe 7q
Eidechsen-Leber 6k
Eier 3b, p, t
Eis 3o
Eisen 7k
Elagabal (Kaiser 218–222)
– als Aphrodite 11g
– Assyrius genannt 7h
– im Bad 6e
– vgl. Bart
– sieht Boxkämpfe 3w
– vgl. Christus
– Circus 9l
– als Dionysos 11g
– Eßgewohnheiten 3g, l, m, n, r, w;
  4i, o, x; 11t

(Elagabal)
- foltert Parasiten 11g
- Gäste 3w; 4x
- Geschenke 4m
- Gladiatorenkämpfe 3w
- Homosexualität 4i; 5x
- Kastraten 3w; 7x
- Kleidung 7h
- Luxus 3g, m, r, t; 7h, j; 9p, q
- als Magna Mater 11g
- Musik 10x
- Nachtschwärmer 3c
- Name Sol Elagabal 11n
- Pantomimen 3w
- Porträt 6a
- als Privatmann 2q
- Rasur 6i
- Religion 11n, o
- heißt Sardanapal 5q
- Sexualleben 5q, x
- Silvinus 10r
- Sittenlosigkeit 12j
- Speisesaal 3k
- spricht syrisch 10c
- Sterbealter 6y
- Tanz 8e
- Tiere 4x; 9p; 11g
- Tod 3z
- Vorbilder 11n
- heiratet Zoticus 5x
- heiratet eine Vestalin 1n; 11n
- Wagenrennen 3w
- Zwerge 3w
Elefanten 8w, x
- als Geschenke 8r
- Gespann 8r; 9p; 11g
- Spiele 9j, l
Elfenbein 3k; 9f, p; 11x
Elleboro (Villa auf Sizilien) 7q
Elster 4q
Elvira (Iliberis, in Spanien) 3x
Elysium 4z
Emesa (in Syrien) 10c; 11n
Engelsburg (Hadriansgrab) 7t; 10y
England 8w
- siehe auch Britannien
Ennius (Dichter) 10o
Ente 4y
Epaphroditos (Freigelassener) 10a
Ephesos 7r; 11w
Epigramm 4m; 5t, y; 8p; 10d, e, n; 11f

Epiktet (Philosoph) 5z; 10l, n
Epikur (Philosoph) 10v
Epilepsie 6l
Erbschleicherei 7y
Eremiten 11u
Eros 8m
ervum (Hülsenfrucht) 6k
Erz 7s; 9p
Esch, Doris (in Rom) 3s (Anm. 205)
Esel 5x; 6z; 8n
- Eselinnen 6z
- Milch 6z
Esquilin-Hügel 7n
Esser, Albert 1p
Eteokles 11i
Etikette 3b; 6w; 12b, j
Etrusker 4h, p; 9f
Euagrios (Freund Julians) 7q
Eudoxia, Aelia (Frau des Arcadius) 5e
Eugenius (Kaiser 392–394) 6j
Euknêmos (Amazone) 7s
Eule 7k
Eunap (Historiker) 10u
Eunoë (mauretanische Königin) 5e
Eunuchen 5i; 6f, vgl. 6y; 7w, x; 10u;
    12b
Euphemia (Frau Justins) 5e
Euphrates (Philosoph) 10l
Euripides (Dichter) 10q
Europa 7a, r; 8s, z
Eurykleia (Amme des Odysseus) 5g
Euseb (Kirchenvater) 8h; 11o
Eusebia (Frau von Constantius II) 5s;
    11p
Euthykrates (Bildhauer) 8i
Eutrop (Historiker) 2p; 10w

F
Fabia (Schwester des Lucius Verus) 3y
Fabius Maximus Gurges, Quintus
    (Konsul 292, 276 v. Chr.) 11l
familia Caesaris 7u
Fasan 3o, q; 4x, y
Fausta, Flavia Maxima (Frau
    Constantins) 5s; 10t
Faustina maior (Frau des Antoninus
    Pius) 3y; 5m
Faustina minor (Frau Marc Aurels)
    5f, n; 11s, x
Favorinus von Arelate (Rhetor) 5g;
    10l

Fayum 9x
Feige 3f, o, s, y
Feigenblatt, rhetorisches 2k
Feldherrenmantel 7d, f
Felix (Freigelassener des Claudius) 5e
Fellini, Federico 3e
feminalia (Beinkleider) 7b
fibula (Spange) 7a, h, j
fides 4b
Figaro 5r
Figurengedichte 10t
Filosofiana (Villa bei Piazza
 Armerina) 7q
Fisch 3 o, p; 5s
– bei Augustus 3f
– des Domitian 3f
– bei Elagabal 3n
– Fang 8k, n, u; 10q
– Gräten 3n
– bei Julian 7q
– bei Juvenal 3f
– bei Marc Aurel 9s
– bei Nero 4l
– Papageienfisch 3p
– Soße 3 o
– Tafelfisch 3g; 8z
– Teiche 7 o; 8l
– Ziegenfisch 4r
Flamingo 3 o
Flamininus, Titus Quinctius (Konsul
 198 v. Chr. 9v
Flavia Domitilla (Frau Vespasians) 5d
Flavia Titiana (Frau des Pertinax) 5o
Flavius Clemens (Vetter Domitians)
 11o
Fliege 1 Motto, 1b; 9h
Flöte 1 o; 3r, w; 4i, l, t; 10x; 12g
– Pansflöte 8e
Florus (Dichter) 1ol
Fortuna 11c, h, r, w
Forum
– Julium 4p
– Pacis 7r
– Romanum 4l, t; 7e, w; 11y
– Ulpium 10k, s
– Veneris 11b
Franken, fränkisch 5e; 6a; 8p
Freigelassene 7u
– der Acte 5j
– und Antoninus Pius 7w
– als Ammen 5g

– und Augustus 4h
– und Caracalla 4h
– Eunuchen 7x
– unter Galba 5v
– griechische Hauslehrer 10b
– und Hadrian 4n
– Historiker, Lehrer des Pompeius 1d
– als invitatores 4h
– als kosmetisches Personal 6z
– Reichtum 7u
– Siegelringe 7k
– vergiftet (unter Nero) 3y
– als Vorkoster 3y
Freitod Marc Aurels 6s
Fresken 7l
Freud, Sigmund 12k
Friedländer, Ludwig 1q; 7s
Friedrich der Große 1 o; 10p
Friedrich II (von Hohenstaufen)8s
Friseusen 6z
Frisuren 6h; 12g
Fritigern (Gotenfürst) 3y
Fronto, Marcus Cornelius (Rhetor)
– über Amtspflichten des Kaisers 2m
– und Antoninus Pius 5f
– und Cratia 9s
– zum dynastischen Prinzip 7z
– Kinder 5f
– und Marc Aurel 1f; 3d, g; 4g; 6r;
 8n; 9n, s; 10n; 11c, s
– bei Mommsen 1on
– in Rom 9s
– Spiele 9i
– Wachteln 4w
Frosch 7k
Fuchs 8q
Fuhrpark (bastaga privata) 9p
Fulvia (Frau Marc Antons) 5t

G
Gabba (Parasit bei Augustus) 3w
Gärten 2f; 7l, n, r; 8d, m vgl. Horti
– majanische 1f
Gästehäuser 9q
Galatea (Nymphe) 11i
Galater 11k
Galba (Kaiser 68–69)
– bestraft Diener Neros 7w
– bisexuell 5v
– Elefanten 8x
– „erbliche Kaiserfamilie“ 7z

(Galba)
- schätzte Flötenklang 10x
- Fortuna (-Statue) 11r, w
- Gicht 6p
- Glatze 6g
- Grab 7t
- Kaisertum vorhergesagt 11r, w
- Name 3h
- und Otho 11w
- rechtskundig 10j; 12f
- Spiel 8b
- Sterbealter 6y
- Tusculum 9r
- Vielfraß 3h, i
Galenus (Arzt) 6h, s, v; 8b
Galerius (Kaiser 293–311)
- heißt Armentarius 10s
- Bären 4z
- Bestattung 7t
- keine Bildung 10z
- und Constantin 8h
- Eßgewohnheiten 3g
- Freunde 4g
- ius primae noctis 5r
- Jugend 9t
- bei Lactanz 4z; 5r
- Sitten 9t
- Toleranzedikt 11c
- Villa Romulianum 7q, t
- Wüstling 5r
Galla Placidia (Schwester des
   Honorius) 5e, s; 7v; 10v; 11u
Gallien 1h; 3m; 5s; 8h, q; 9w, z; 11t
- Falkenbeize 8s
- Jagd 8p
- Musik 10x
- Schweinefleisch 3o
Gallienus (Kaiser 253–268)
- Ausschweifungen 5r
- Badegewohnheiten 6e
- Bildung 10s
- Eleusinische Mysterien 11c
- und Fälscher 7j
- Frauenkleider 7h
- als Galliena Augusta 1n
- Gärten 8d
- Gäste 4j
- als Galliena 7h
- Haartracht 6g
- und Konkubine Pipa 5e, l
- Mausoleum 7t

- bevorzugt Militär 4j
- Most 3t
- Musik 10x
- Nachtschwärmer 4o
- Obst 3s
- und Plotin 10s
- und Salonina 10s
- und Senatoren 4j
- Spaziergänge 8d
- Spiele 9l
- Tafelluxus 3g, l, m, s, u
- Weichling 6e
Gallus, Gaius Vibius Trebonianus
   (Kaiser 251–253) 4o; 9m
Gamzigrad (Romulianum) 7q, t
Ganymed (Weinschenk) 5w
Gargantua (bei Rabelais) 3s
Gastrecht 4n
Gazelle 9j
Geometrie 10a, y
Germana (Amme Hadrians) 5g
Germanen/germanisch 6b; 9w; 10l;
   12c
- keine Ammen 5g
- Bier 3t
- Garde des Kaisers 7u
- Gesandtschaft 6u
- Jagd 8p
- Könige 8p
- Leibwache Caracallas 6h
- Mantel 7i
- Mutter des Magnentius 11z
- Prophetin 11r
- Verschwägerung mit Kaisern 5e
- Wasser 8c
- Würfel 3x
Germanicus 5h; 11h
- Ägyptenreise 9u, x
- übersetzt Arat 10f
- Ausritt 3c
- besingt Augustus' Pferd 4q
- Bildung 10f
- zu Fuß 9n
- Jagd 8k
- Literatur 10f; h
- Kinder 5f, g
- Musik 10x
- Rabe 4t
- Redner 10f
  tötet Gegner 8f
- als Tourist 9u

Geryon (Orakel) 11r
Geschmeide 7j
Geta (Sohn des Septimius Severus)
– Appetit 3g
– Brudermord 3y; 9k; 11i, y
– Bruderzwist 4w
– Gift 3y, z
– Kleidung 7g
– Literatur 10q
– Speisen 3r
– Sport 8b
– Unterhaltung 9k
Gibbon, Edward 12j
Gicht 4i; 5u; 6o, p, t; 9q
Gift 3y, z; 5i; 6o, s, x; 7x; 9f
Giganten 7l; 11g
Giraffe 8r; 9j
Glabrio (Konsul 91 n. Chr.) 8w
Gladiator/en 4i; 5v; 9m
– Arzt 6s
– unter Augustus 9e
– humanitäre Bedenken 9b
– unter Caesar 9e
– unter Claudius 9f
– und Commodus 8g
– bei den Etruskern 9f
– und Faustina minor 5n
– Gemetzel 9b
– als Tischunterhaltung 3w
– unter Vespasian 9h
– Waffen 8g
– vestis gladiatoria 7d
Glaphyra (Konkubine des Antonius)
    5t
Glaukos (Fluß) 11s
Glienicke, Schloß 5g
Glycerius (Kaiser 473–474) 2j
Göreme (in Kleinasien) 7q
Göring, Hermann 4z
Gold 3k, m; 4j, m, s; 7f, j, r, v; 9p,
    q; 10q
Goldenes Zeitalter 5c
Gordian I (Kaiser 238)
– Alter bei Amtsantritt 6y
– im Bad 6e
– als Literat 10s
– Schlaf 3d
– Sterbealter 6y
– Tod 7f
Gordian II (Kaiser 238) 3s
Gordian III (Kaiser 238–244) 6y

Goten 2j; 3y; 4z; 5e; 9m
Grabwärter 11m
Gratianus, Flavius (Kaiser 367–383)
– und Ausonius 4z; 10v
– und Barbaren 4g
– als Bogenschütze 8f
– als Dichter 10v
– Familiensinn 5f
– Freunde 4g
– Jagd 8q
– Keuschheit 5s
– Kleidung 7i
– Lieblingspferd 4z
– Sterbealter 6y
– und Theodosius 11z
Grazien 3j
Grimal, Pierre 1p
Großer Bär 1j
Gürtel 4j; 7a, f, j
Gyaros (Ägäis-Insel) 5f
Gymnasium 8a, g, h
– neuzeitlich 1b

H
Hadrian (Kaiser 117–138) 6e; 9r;
    10d, x; 11c, g
– Aberglaube 11s
– Amme 5g
– animula, vagula, blandula …
    10l
– und Antinoos 4f; 5w; 8m; 9w
– Autobiographie 10d, l
– Ballspiel 8b
– Bart 6h
– Besuche 4n
– Borysthenes (Pferd) 4v
– Darstellung 1f
– und Epiktet 5z; 10l
– und Florus 10l
– Freunde 4f, n
– zu Fuß 9n
– mit Gladiatorenwaffen 8g
– Grab in der Engelsburg 7t
– gründet Hadrianotherai 8m
– Herrscherkonzept 8m
– ohne Hut 7b
– als Jäger 8m, t
– Jagdgedicht 8m
– Küche 3g, q
– Kunst 10y
– Literatur 10d, l, z

(Hadrian)
- auf Medaillon 8t
- und Pankrates 8m, t
- Philhellenismus 2v; 11c
- und Pylades (Tänzer) 9i
- Reisekaiser 9w
- und Sabina 5m
- Spiele 9i
- und Sueton 1j
- Tafelluxus 3l, m
- und Trajan 4f; 10l
- Traum 8m
- Tod 6q; 11x
- Toga 7f
- mit Veteranen im Bad 6d
- Villa Hadriana 7p, r
- Wehrübung 8f
- Waffentanz 8e
- Wein 3u
Hagia Sophia (Kirche) 11z
Hahn 3g; 4w; 11t
Hahnenkämpfe 4q
Halfmann, Helmut 1p
Halkyon (Leibarzt Caligulas) 6n
Hancarville, Pierre François Hugues 2k
Hannibal 7s; 11l
Hanno 4u
Harnack, Adolf von 1a, c
Harun al-Raschid 8r
Haruspizin 11t
Hase 10; 3g; 4q; 8i, l, q
Heidnische Märtyrerakten 11o
Heinrich I (919–936) 8n
Hekebolios (Rhetoriklehrer) 10u
Helena (Mutter Constantins) 5s; 9z; 11p, u
Helikon 8m
Heliopolis (in Unterägypten) 3a
Hellenismus/hellenistisch
- Ammen 5g
- Anatomie 6s
- Autobiographien von Herrschern 10d
- Freunde der Könige 4c
- Gärten 7o
- Gärtnerei Attalos' III 9t
- Gastgeschenke 4m
- Herrscher als Künstler 10y
- Herrscherkonzept Hadrians 8m
- Hofzwerge 3w

- Lebenskunst 12g
- Neos Dionysos 11f
- Parasiten 3w
- Preise für Kunstwerke 7s
- Sänften 9q
- Siegelringe 7k
Hellenisierung 8e
Hellseherei 11r
Heraclea Pontica 11d
Herakles (Hercules) 2s; 7s; 8i, t; 9g, j; 11e, g, h
Heraklit von Ephesos 10a
Herculaneum 6p
Hermes (Gott) 11e
Herodes (Judenkönig 43–4 v. Chr.) 8k; 10f
Herodian 1j; 20; 3z; 6g; 9j; 12h
Herodot von Halikarnassos (Historiker) 1m, n; 8z; 9u; 11d
Heuschrecke 4q
Hierapolis (unklar, welches) 10q
Hieronymus (Kirchenvater) 2j; 6f
Hildesheimer Silberfund 3m
himation (Mantel) 7a
Himmelbett 6e
Hippodrom siehe Circus
Hippolytos 11o
Hirsch 8p, q; 9j, l, p
Hirschgeweih 8m
Historia Augusta
- über Aurelian 5r
- über Commodus 5x
- über Elagabal 4i, x; 11o
- über Gallienus 4j
- über Gerüchte 1l
- über Kinderkaiser 5g
- bei Mommsen 1j
- als Quelle zum Privatleben 1j
- über res leves 1d
- über Severus Alexander 3w; 7j; 10r; 12j
- über Tacitus 10s
Historiographie 7g
- in der Republik 1d
Historismus 2b
histrio (Schauspieler) 9i
Hitler, Adolf 3d, f; 4u
Hochzeit 1n; 2q; 4l; 5i, s, u; 11n
Hochzeitsgedichte 10s
Hoden 1g
Hofstaat 2r; 9v

Homer 1f; 3j, m; 5g; 8b, m; 10c, d,
g, u, w; 11j
Honig 3 o, t; 6p
Honigwasser 9s
Honoria (Schwester Valentinians III) 5s
Honorius (Kaiser 395–423)
– Bart 6j
– als Bogenschütze 8f
– und Claudian 10v
– Erziehung 10w
– und Galla Placidia 5s
– Gattinnen 5s
– Gesetzgebung 8w
– Gladiatorenspiele 9m
– Hühnerzucht 4z
– Jagd 8p
– heiratet Maria 4j; 5e
– reitet 9n
– und Serena 4z
– heiratet Thermantia 5e
– Schmuck der Livia 7j
– Sport 8h
Horaz (Dichter) 3e, p, v; 6h; 8k;
10e, r
Horoskop 11s, t, u
Hortensius (Redner) 4p; 7l
Horti Augusti 7l
– Gallieni 8d
– Lamiani 7t
– Pompei 7r
– Sallusti 7n
– Spei Veteris 7n
Hosen 7b
– Elagabal 7h
– Severus Alexander 7f
– unter Trajan 7b
Hostilian (Kaiser 251) 7t
Hotelgewerbe 9q
Huhn 4s, y, z
Hund 4m, s, x, y
– Argos 4s
– Hundegrabschrift 4s
– Hundewärter 8j
– Jagdhund 4v; 8i, n, p, q
– Peritas 4p
– im Theater 9h
– als Zugtier 9l, p
Hunnen 3w
– König 5s
Hyakinthos 7s
Hygiene 6d, f, j

I
Ikarus 11f
Iliberis siehe Elvira
Ilion (Troja) 9g, x; 10i; 11k
Illyrien 10s
Immunisierung 3z
Incitatus (Lieblingspferd Caligulas) 9f
Indien 8r, s; 9j
Indiskretion 1g, k
Inflation 2w
invitator 4h
Inzest 5i, p, q
Isidor von Sevilla (Kirchenvater um
600) 8z
Isidorus (Freigelassener des Caligula)
7u
Isis 11f, m
Istanbul 2 o
– vgl. Konstantinopel
Italien 2j; 4x; 5t; 6i; 7f, o; 8j, s; 9p;
11a
Ixion 11g

J
Jacobus (Leibarzt Leos) 6v
Jakobus (Herrenbruder) 6f
Jerusalem 5s; 9z; 11s, u
Jesus siehe Christus
Johannes (Kaiser 423–425) 6j
Johannes (Jünger) 3j
– Passion 4c
Jokaste 11i
Jordanes (Heermeister) 7q
Josefsehe 5s
Jovian (Kaiser 363–364) 3c, g; 5s;
10u; 11z; 12j
Judaea 9w
Juden 4c, d; 7c; 11 o, q, r
Jüdischer Krieg 11s
Julia (Tochter des Augustus) 5f, h, i;
7l; 10f
Julia (Enkelin des Augustus) 3w
Julia Domna (Frau des Septimius
Severus) 10d
– Brustkrebs 6s
– und Caracalla 5p
– und Septimius Severus 5p
– Sexualleben 5p
Julia Livilla (Tochter des Germanicus)
10f
Julia Maesa Augusta 2j

Julia Mamaea (Mutter des Severus
  Alexander) 5q; 11o, x
Julia Titi 5g, l
Julian Apostata (Kaiser 355–363)
  12b
- Askese 3d, g
- in Athen 10u
- Äußeres 6j
- Bibliothek 10u
- Bier 3t
- Bildung 10u, z
- Circus 9m
- über Constantin 6h
- und Constantius II 8b, s
- eheliche Treue 5s
- eleusinische Mysterien 11c
- griechische Epigramme 10d, x
- Eßgewohnheiten 3w
- Freunde 4g
- Friseur 7w
- zur Homosexualität 5w, y
- tötet Gegner im Zweikampf 8f
- Gift 3y
- Kyrill 10u
- Läuse 6j
- Leibarzt 6v
- Lehrer 10u
- Maler 1f
- bewundert Marc Aurel 11l
- und Maximus von Ephesos 10u;
  11u
- „Misopogon" („Der Barthasser")
  2h; 6j
- Musik 10x
- Neuplatoniker 11p
- und Priscus 10u
- privat und öffentlich 2o
- Rhetorenedikt 10u
- Rückkehr ins Privatleben 2j
- Schlaf 3d
- und meuternde Soldaten 2j
- Theater 9m
- Tod 10u
- Träume 11z
- als Vorbild des Procopius 7i
- Waffentanz 8e
- Wehrsport 8f
Julius Alexander, Tiberius (Präfekt
  von Ägypten) 4e
Junius Rusticus (Lehrer Marc Aurels)
  10n

Juppiter 11a, c, f, h, n, w
Justin I (Kaiser 518–527) 5e; 6y;
  10y, z
Justina (Frau des Magnentius) 5s;
  11p
Justinian (Kaiser 527–565) 6x
- Askese 3d, g
- Bildung 10w
- Blaue Circuspartei 9m
- gegen Ehebrecherinnen 5s
- Geldpreise beim Sport 8h
- Hagia Sophia 11z
- gegen Homosexualität 5y
- Knieleiden 6u
- verbietet Prostitution 5s; 11u
- verbietet Sterndeutung 11u
- Sexualleben 5s
- Spaziergänge 8d
- Sterbealter 6y
- und Theodora 5d, s
- Traum 11z
- Würfel 3x; 8h
Juvenal 3f; 4s; 5c, w; 6 Motto, 6a;
  7j

K
Kähler, Heinz 6g
Kämmerer 7u, x
Käse 3f, g, o, q
- als Anrede caseus 3q
Kaisererhebung 2h; 5v; 7b
Kaisermord 6x
Kamel 3x; 4m; 5y; 9l, p; 11u
Kanarienvogel 4u
Kanonaris (Philosoph) 10t
Kapaun 7j
Kapitolinisches Museum (in Rom)
  6z
Kappadokien siehe Cappadocia
Karl der Große (768–814) 8s
Karmel 11s
Karneades (Philosoph) 11o
Karrhai (in Mesopotamien) 9x
Karthago 4t; 11k
Kastraten 3w; 5s, u, y; 7x
Katalaunische Felder (Schlacht 451)
  5s
kausia (makedonische
  Kopfbedeckung) 7b
Kellermeister 7v, w
Kelten 3t

Kerasos (am Schwarzen Meer) 3n
Keuschheit 5c, q, s; 11n
Kichererbse 6k
Kimono 7a
Kinderkaiser 2w; 5g
Kineas (Gesandter des Pyrrhos) 2g
Kirchengeschichte 10w
Kirchenväter 1a, c; 3g; 5r; 6v; 11o
Kirschen 3n
Kithara 3w; 5n; 10x
Klassengesellschaft bei Marx 12k
Klatsch (fabellarum dulcedo) 1c, l;
  5a, p; 9f
Klearchos (Tyrann)11d
Kleiderwärter 7u
Kleinasien 6u; 7q; 8s; 11u
Kleine Neugierde (in Berlin) 5g
Kleopatra (Königin 51–30 v. Chr.)
– und Antonius 8k; 11f
– apophoreta 4m
– und Caesar 5e
– Goldgeschirr 7l
– als Isis 11f
– Jagd 8k
– Lebenskünstler 12g
– Würfel 3x
Klienten 2s; 10e; 12c
Klientelkönige 10f
Knabenchor 10x
Kneipe 4o; 5o
Knorpelgurke 3f
Koch 3m; 4e; 7u, v, w
Kochbuch des Calvena 3f
Köln 5i; 7i
Kohl Diocletians 9t
Komet 10j; 11w
Koneffke, Walter 2k (Anm. 54)
Konkubinen 1m; 5c; 10u
– vgl. Acte
– vgl. Berenike
– vgl. Calpurnia
– vgl. Cleopatra
– vgl. Commodus
– vgl. Constantin
– vgl. Domitian
– vgl. Gallienus
– Marcia 2s
– und Marc Aurel 5n
Konstantinopel 3w; 5e; 7i; 10u; 11u
– Dienerschaft 7w
– Eichen-Villa 7q

– Garde der Kaiserin 7v
– geistige Metropole 10w
– Gut Julians 7q
– Hippodrom beim Palast 9d
– Höchstpreisgesetz 3g
– vgl. Istanbul
– Kaiser bewirtet Bürger 4k
– Kirche 5s
– Löwenerlaß 8w
– Mausoleen 7t
– Mittagsschlaf bei Hof 3c
– Mosaiken im Palast 8p
– Paläste 7q
– Palast gleicht Kloster 11p
– Patriarch 9m; 11z
– Poloplatz 8h
– Prostitution 5s
– Prinzenerziehung 8h
– Schreibwerkstatt 10w
– Strafe für Würfler 3x
– Thermen 6f
– Usurpatorengefahr 9y
Konsul 5c, j, n; 8b, e, y; 9c, f; 10v,
  w; 11z
Konsular 5k; 8w
Konsulardiptychen 6j; 9m
Konsulat 10v; 11z
Kontorniaten (Propagandamünzen)
  8v
Konz-Contionacum (Villa) 7q
Kopfkissenlektüre 3d
Korinth 7l; 9v
Korsett 6q
Kos 6o
Kosmetikerinnen 6z
Krammetsvogel 3x
Kratippos von Askalon (Lehrer des
  Pompeius) 10b
Krenkel, Werner A. 1p
Kreta 8e
Kriegsmaschine 10y
Krinagoras von Mytilene (Dichter)
  4q, r
Kristall 3m; 7j, r; 9i
Krokodil 4s, x
Krongut 7y, z
Kulturgeschichte 1j, q; 7a; 12a
Kuß 4d
Kybelepriester 7s
Kyros (Dichter, Konsul 441) 10w
Kyzikos 9y

L
Lactanz (Kirchenvater) 4z; 5r; 8e;
10t; 11z
Laeta (Christin) 6f
Laetus, Quintus Aemilius
(Prätorianerpräfekt) 3y
Laërtes 9t
Läuse 6j
Lampenanzünder 7v
Langschläfer 3d
Lateran 9d
Latium 3u; 6t
Latrinen 6p; 7o
Laurentum (Kaiservilla) 6t; 8x
Lebenskultur 7o; 12h
Lebensstil 12h
lectio difficilior 1m
Legion 2t; 3g
Leichenbegängnis 1i
Leier 9g; 10x
Leimrute 8q
Leo (Kaiser 457–474) 3g, y; 6v; 7q,
s, x; 10w; 11z
Leontios (Gegenkaiser 484–488) 11u
Leontios (Philosoph) 5e
Leopard 4x
Lepidus, Marcus Aemilius (Triumvir
43–36 v. Chr.) 7o
Lepidus (Schwager Caligulas) vgl.
Caligula
Leppert, Manfred 1p
Leselampe 10w
Libanios (Rhetor) 7w; 10u
Libanios (Magier) 11u
Libius Severus (Kaiser 461–465) 4t
Libyen 8m
Licinier 12g
Licinius (Kaiser 308–324)
– Bücherfeind 10s
– Ehrenhaft 2j
– Engel im Traum 11z
– über Eunuchen 7x
– von Freund zum Mitkaiser erhoben
4g
– Sterbealter 6y
– weibertoll 5r
Licinius Calvus (Senator) 7l
Licinius Sura (Sekretär Trajans) 4f;
10l
Lilienöl 6e
Linkshänder 6n

Lipara (heute Lipari, Insel) 2j; 5q
Livia (Frau des Augustus)
– vergiftete Äpfel 3x
– und Augustus 3u; 5g, h; 8x; 10e
– sog. Haus der Livia 7l
– Hühner 4z
– Pädagoge 10f
– Schmuckstücke 7j
– und Sohn des Germanicus 11h
– Standbild 8x
– Sterbealter 6y
– Villa 4s; 7o
Livius (Historiker) 1d
Löwe/n
– in Akarnanien 8z
– in der Arena 8y; 9b, i
– Ausrottung 8z
– des Caracalla 4x
– von Carus gejagt 8p
– von Commodus erschlagen 9j
– von Constantius II erlegt 8q
– des Domitian 4u
– gekreuzigt 8z
– als Geschenk eines Emirs 8r
– Gesetz zur Löwenjagd 8w
– bei H. Göring 4z
– von Hadrian gejagt 8m, t
– des Hanno 4u
– Jagdprivileg 4u; 8w
– Kaiser als Löwenjäger abgebildet
8t
– Knochenfunde in Tiryns 8z
– für Nero präpariert 9g
– von Odainathos von Palmyra
gejagt 8o
– bei Ramses II 4u
– auf Sarkophagen 8w
– bei sassanidischer Jagdvilla 8q
– in Thrakien 8z
– in Traum Hadrians 8m; 11x
– im Traumbuch Artemidors 8x
– vor Wagen Elagabals 9l, p
Löwenhelm 8t
Löwenregal 8w, x
Lollia Paulina (Frau Caligulas) 7j
– und Caligula 10g
– und Claudius 10h
London 2k
Lorbeer
– Duft 6t
– Kranz 6g; 11r

Lorium (Kaiservilla) 7p; 9s
Lotosblume 8m
Lucan (Dichter) 10i
Lucilla (Tochter Marc Aurels) 5n
Lucretia 7e
Lucullus (Konsul 73 v. Chr.) 3e, n;
  6y; 7 o, r, t; 10a, b, e; 12g
Lucusta (Giftmischerin) 3y
Lukian (Autor) 3w
Lusitanien 5j
Lustknaben 3w; 7x
– vgl. Caesar
– Commodus 5 o
– Elagabal 4i; 7x
– Nero 9q
– Tiberius 5u
– Vitellius 5u, v
Luxus 1b; 2s; 3m; 4l; 6d; 7g, s
– Tafelluxus 3f, g, q
Lydien 8q
Lykurg (Gesetzgeber Spartas) 6s
Lyon 10h
Lysimachos (Diadoche) 11e
Lysippos (Bildhauer) 7s; 8i
Lysistrata (Freigelassene Faustinas)
  5m

M
Macellum (Kaiservilla) 7j, q
Macerata (in Italien) 4s
Macrianus (Kaiser 260–261) 11k
Macrinus, Opellius (Kaiser 217–218)
  2j; 6h; 7j; 9l
Macrobius (Autor) 3w; 4q
Maecenas 4e; 5h; 7k, x; 8b; 9g; 10e
magister epistularum 1j
magister officiorum 5s; 6v; 11u
Magistrat 2g, j, n, r; 7a
Magnentius (Kaiser 350–353) 2j; 5s;
  7t; 8p; 11t
Magnus Maximus (Kaiser 383–388)
  2j; 4j
Mailand 3u; 4j; 7q, t; 9d; 10v
Maiorianus (Kaiser 457–461) 8h, p
Majestätsbeleidigung 11 o
Makedonien 8q
Manichäismus 10t; 11p
Manius (Vertrauter Marc Aurels) 5t
Manlia Scantilla (Frau des Didius
  Julianus) 2j
Marathon (in Attika) 11k

Marc Aurel (Kaiser 161–180) 5x; 6d;
  11g
– Aberglauben 11s
– und Antoninus Pius 9n
– Amphitheater, Circus 9i
– bewundert von Septimius Severus
  und Julian 11l
– Bildung 10n
– und Christen 11 o
– Eleusinische Mysterien 11c
– in Epos Gordians I
– Familie 5d, f, n
– und Faustina 11s
– Fischfang 8n
– Freunde 4c
– vgl. Fronto
– und Galen 6s
– Gelehrter 10z
– und das Gemeinwesen 2t
– Gesundheit 6r
– Gift 3y
– Gottesfurcht 11q
– Großtante Matidia 7j
– kurzer, „stoischer" Haarschnitt 6h
– Heilschlaf 11x
– Hochzeit der Tochter 4l
– Jagd 8n
– Jugend 2q
– Kleidung 2s; 7f
– zur Knabenliebe 5w
– und Konkubine 5n
– Korrespondenz 10n
– Krankenbesuche 4n
– Lebensführung 12k
– Lehrer 10n
– Liebesleben 5n
– in Lorium 7p
– ohne Luxus 7s
– Malerei 10y
– auf Münzen 1f
– Nahrung 3g
– Opium 6s
– auf dem Palatin 7m
– Salier 8e
– stoische Philosophie 10q; 11c
– Reisen 9p, r, x; 10n
– reitet 9n
– Religion 11c
– Schlaf 3d
– „Selbstbetrachtungen" 10p
– Selbstmord 6s

(Marc Aurel)
- Spiele 9j
- Sport 8b, f
- Stiftungen 10p
- Tanz 8e
- im Traum 11x
- Versteigerung 2s; 7r
- vita togata 2o
- und Lucius Verus 3y; 5n
- Wachtel 4w
- Wehrübung 8f
- Weinlese 9n
Marcellinus Comes (Chronist) 6v
Marcellus 6v; 7r; 11l
Marcellus-Theater (in Rom) 9h
Marcia (Konkubine des Commodus)
  3y; 5x; 11g
Marcian 5s
Marcomannen 6h; 7j; 9x; 11c, s
Mardonios (Lehrer Julians) 10u
Marmarameer 7q; 9y
Maria (Gattin des Honorius) 4j; 5e
Marina, Aelia (Schwester von
  Theodosius II) 5s
Marius (Kimbernsieger) 10w
Marius Maximus (Autor) 11s
Marquardt, Joachim 1q
Mars 11b
- Tempel in Köln 7i
Marsfeld (in Rom) 7t; 8b, h
Martial (Dichter)
- von Aelius geschätzt 10m
- über Claudius Etruscus 7w
- „De spectaculis" 9b; 11f
- und Domitian 3w
- erwähnt Jagdfalken 8s
- über Köche 3n
- über Papageien 4q
- über Saturnaliengeschenke 4m
- über Spiele Domitians 9h
Martin (Heiliger) 4j
Martina (Giftmischerin) 3y
Massinissa (König von Numidien)
  4p
Mathematik 6s; 10w
Matidia minor (Großtante Marc
  Aurels) 7j, y
Matius, C. (Gärtner und
  Schriftsteller) 7l
Maultier 9o
Maulwurf 6j

Mauren/maurisch 8g, r
Mauretanien 4p; 5f
Maus 3l; 6k; 7x
Mausoleum 7q, t; 10y
Maxentius (Kaiser 306–312) 2j; 5r,
  y; 7q, t; 8c
Maxentiusvilla 7q, t; 9d
Maximianus (Kaiser 286–305) 2j; 4g;
  5r, y; 11c
Maximinus Thrax (Kaiser 235–238)
- Aberglaube 11t
- Alter bei Amtsantritt 6y
- keine Bildung 10s, z
- entläßt Severus Alexanders Diener
  7w
- Fresser 3g
- „Holzhackergesicht" 6a
- und Pannonier 4g
- Sport 8f
- Wesen 9t
Maximos von Ephesos (Wunder-
  mann) 10u; 11u
Medizin 6k; 10y
Meerbarbe 3f
Melania iunior (Heilige) 9z
Meleagros (Heros) 7s; 8i
Meletios von Antiochia (Heiliger) 11z
Melissus (Freigelassener des
  Maecenas) 10e
Melone 3s
Memnonskoloß 9u, w, x
Memphis 9x
Menander (Dichter) 10w
Menodoros (Menas) 4h
Menzel, Adolph 1o
Mercur 11g
meridiatio 3c
Mermnaden 8q
Mesopotamien 8n
Messalina, Valeria (Gattin des
  Claudius) 1n; 5i, j, s; 7c, o; 11f
Messalina, Statilia (Gattin Neros) 5j;
  6g; 10i
Met 3b
Meteller 12g
Metellus (Censor 131 v. Chr.) 5b
Michael (Erzengel) 7t
Milch 3b; 4r
Millar, Fergus 1p, q
Milvische Brücke (in Rom) 2j
Minerva 7s; 11c

Minervina (Konkubine Constantins)
5s
Misenum 7o; 1oi
Mithras (Gott) 11m
Mithridates VI (König von Pontos)
3n, z
Mittagsruhe 3c
Mnester (Schauspieler) 5u
Momigliano, Arnaldo 2 Motto, 2b
Mommsen, Theodor 1q
– zu Fronto 1on
– über Hofklatsch 1c
– zu Hundegrabschriften 4s
– zur Kaiserzeit 1a, b
– zum Monumentum Ancyranum
1oe
– zu Ovid 1b
– zum Principat 2n, r
– „Privatleben" 2l
Monarchie 2r
Monophysitismus 6v
Monotheismus 11n
Mons Caelius (in Rom) 7v
Mons Kasios (in Syrien) 9w
Montanus (Dichter) 1og
Monumentum Ancyranum siehe
Augustus
mos maiorum 5b; 12j
Mosaik 3l; 7q, r; 8i, p, q, s, v
Mosel 7q; 8q
Most 3t
Motte 7x
Mucianus (Freund Vespasians) 4e
Münzen 1f; 6t
– des Commodus 8m
– des Eugenius, Honorius, Johannes,
Theodosius II 6j
– Galliena Augusta 1n; 7h
– Jagd 8m, t
– Kaisermythen 11e
– Konsekration 7t
– Propaganda 2s
– des Vetranio 6j
– Wardeine 7v
Muräne 4p, s
Muscheln 3p
Museion in Alexandria 8m; 1oh
Musen 3d, j; 1ov, x
Musicus Scurranus (Obersklave) 7u
Musik 4i; 9k, l; 1ox
– Flötenmusik 3r; 4w

– bei Nero 1ox
– Lehrer 7x; 8e
– bei Tisch 3w
Musonianus siehe Strategios
Musonius Rufus (Philosoph) 9g; 1oj
Musterkaiser 7j
Myrrhenöl 6c

N
Nachtgeschirr 3m; 7u
Nachtigall 3o; 4t
Nancy 2k
Narcissus (Freigelassener des
Claudius) 7u
Narkissos-Garten 8m
Nashorn 4y; 9e, j
Nasonacum (Villa) 8p
Natter 4x
Naumachie 11k
Nausikaa (Phäaken) 7e
Neapel 6o, y; 7o; 9g; 1oh
Nemesianus (Dichter) 8p
Nemi-See 4l
Nepos 2g
Neptun 11b, f
Nero (Kaiser 54–68) 3e; 1oh, n; 12e, j
– und Acte 2s; 5e, j
– Adoption 5i
– und Agrippina 2p; 1oo
– und Antonia 5j
– und Balbillus (Astrologe) 11r, s
– barfuß auf der Straße 1o
– Bart 6h
– Bestattung 5g; 7t
– Bildung 1oi
– Brand Roms 64 n. Chr. 11k
– und Burrus 4e; 5j
– und Claudius 1oi
– clyster 3v
– Darstellung 1f; 6a
– Diener 7w
– Domus Aurea 3k; 7n
– und Doryphoros (Geliebter) 5u
– Eßgewohnheiten 3i, v; 4n
– Feste 4i, l; 7n
– Freiheitserklärung 9v
– Freunde 4e, f
– Gerüchte über Herrscherwechsel
11s
– Gesundheit 6p
– Gift 3y, z

(Nero)
- als Gladiator 9g
- imitatio Alexandri 11k
- Kosmetik 6c; 7j
- als Künstler 1f; 2t; 9g, v; 10i, y; 11f
- Kunst 7r, s
- Lebensführung 12a, k
- und Lucan 10i
- Luxus 3k, m; 8k; 9o, q
- magister scrinii 10m
- und Messalina 5j
- Musik 10x
- Nachtleben 4o
- und Octavia 5g, j, l
- und Otho 4e; 5j
- und Paris 5u
- und Paulus 5u
- Perücke 6g
- von Petron karikiert 3w
- Philhellenismus 2v; 9v
- und Piso 4n
- und Poppaea 5j; 6z; 11o
- Prasser 3f
- Reden 10m
- auf Reisen 9o, p
- Religion 11b, c, m, r
- Rückkehr ins Privatleben 2j
- und Senatoren 9g
- und Seneca 2s; 4e; 10i; 12a
- Sexualleben 5u
- Sport 8c, f
- und Sporus 5u
- und Silia 5j
- Theater 9g; 11f
- Tiere 4t
- und Tigellinus 4e
- Tod 2t; 11r
- Traum 11w
- „Troïka" 10i
- und Vespasian 4e
- verführt Vestalin 5j
- von Vitellius nachgeahmt 5v
- Waffentanz 8e
- Wein 3u; 6p
- Würfel 3x
Nerva, Marcus Cocceius (Kaiser
    96–98) 12h, j
- Alter bei Amtsantritt 6y
- Dichter 10k
- und Domitian 11s
- verstaatlicht Domus Augustana 7m

Nestor 11j
Nestorius (Patriarch von
    Konstantinopel 428–431) 9m
Netz
- aus Gold 8k
- Haarnetz 7j
- zur Jagd 8p, q
- für Seiltänzer 9j
Neujahrsritual 11b, d
Nicaea (Konzil) 10c
Nikias (Maler) 7s
Nikokles (Grammatiklehrer) 10u
Nikolaos von Damaskus (Historiker)
    3o
Nikomedes IV (König von Bithynien)
    1h
Nikomedien 7q; 10t, u
Nil 5w; 8k; 9w
Nilpferd 4x; 9e; 9j
Nomenklatoren 7v
Novellius Torquatus (Meistertrinker)
    3u
Novius (Dichter) 9s
Numantia (in Spanien) 4s
Numerian (Kaiser 283–284) 6s; 8p;
    10s
Nuß, Nüsse 4m
Nymphidius (Prätorianerpräfekt) 5u

O
O-Beine 6p
Obersalzberg 4s, z
Oberschicht 1q; 2k, v; 3j; 5b; 8k, l, v
Octavia (Gattin Neros) 5g, j, l; 10e
Octavian 11b, w
- siehe Augustus
Odainathos (Fürst von Palmyra
    260–267) 8o
Odovakar (rex Italiae 476–492) 3y
Odyssee 8b
Odysseus 4s; 5g; 9t; 11i
Oinone (Exgeliebte des Paris) 11i
Olive 3c
Olymp 5v
Olympia 7r; 9g, v
Olympiodor aus Theben (Historiker)
    3w; 9d
Opium 6s
Oppian von Apamea (Dichter) 8n;
    10q
Orakel 11r, t

Orange 3z
Orchestra 8e
Oreibasios (Arzt Julians) 6v
Orgel 3w; 10x, y
- Wasserorgel 10x
Origenes (Kirchenvater) 11o
Orion (heroischer Jäger) 8i
Orion (ägyptischer Grammatiker) 10w
Orneoskopie 11z
Orpheus 5n; 11n
Ostia 3s; 6r
Otho, Marcus Salvius (Kaiser 69)
- Aberglauben 11r
- und Asiaticus 5v
- Ausschweifungen 4e
- Bart 6g
- von Elagabal imitiert 11l
- und Galba 11w
- Glatze 6g
- Luxus 6c
- Nachtschwärmer 4o
- und Nero 4e
- O-Beine 6p
- Perücke 6g
- und Poppaea 5j
- Porträt 6a
- Rasur 6g
- Religion 11m
- Schuhriemen 7b
- und Seleukos (Astrolog) 11r, s
- und Senatoren 4h
- angeblich Sohn des Tiberius 5h
- Statthalter Neros 5j
Ovid (Dichter) 1b; 5b; 10f, m

P
Padua 11r
paedagogium 7v
paenula 7a, f
Paetina (Frau des Claudius) 5i
Palästina 8k; 9v
Palatin (in Rom) 2o; 7l, n, q, v; 9d;
  10e
Palatium Sessorium (Rom) 7n, p
palla 7c
pallium siehe himation
Palmyra 8o
Pamprepios (Wundermann) 11u
Pandataria (Ventotene) 5f, g; 7o
Panflöte 8e
Pankrates (Dichter) 8m, t

Pantheia (Geliebte des Lucius Verus)
  5n
Pantheon (in Rom) 10y
Panther 8o, q; 9j
Papa (König von Armenien um 370)
  3y
Papagei 4q, x
Papageienfisch siehe Fisch
Paphos (auf Cypern) 9v
Papyrus 10h
Paradies (Jagdpark) 8q
Parasiten 3w; 7v; 11g
Paris (Sohn des Priamos) 11i
- Urteil 11g
Paris (Schauspieler, Geliebter der
  Domitia) 5l
Paris (Geliebter Neros) 5u
Paris (Stadt) 11z
Parther
- und Augustus 11k
- König 5e
- Königsjagd 8i
- Lehrer des Commodus 8g
- gegen Trajan 3g
Parthien 3o
Patroklos 9f, x; 11k
Paulinus (Liebhaber der Athenaïs) 5s
Paulus
- „Römerbrief" 5u
Pausanias ("Baedeker") 9u
Pegasus 4z
Peisistratos (Tyrann) 11d, j
Peitsche aus Aalhaut (anguilla) 10w
Pella (in Makedonien) 8i
Peloponnes 8s
Penelope 7e
Pergamon 4f; 5e; 6s, v; 7r; 9t, x; 10e;
  11k, y
Peregrinus Proteus (Wundermann) 2s
Peritas (Hund) 4p
Perlen 7j
Perlmutt 3k
Perser / Persien 6g, x; 7d; 8h, i, q, r;
  10w
persischer Großkönig 9u
Pertinax (Kaiser 193)
- Bildung 10q
- und Commodus 4g
- Eßgewohnheiten 3g, w; 4h; 5n
- und Flavia Titiana 5o
- „Landhai" 7y

(Pertinax)
- Lebensführung 2p
- Privatvilla 2q
- Rückkehr ins Privatleben 2j
- und Senatoren 4h
- und Septimius Severus 11y
- versteigert Dirnen des Commodus 5o, q
Pertinax (Rennpferd) 9j
Perusinischer Krieg (41 v. Chr.) 5t
Pescennius Niger (Kaiser 193–194)
- Circus 9k
- Frauen 5o
- Geburtsjahr 6x
- huldigt der Isis 11m
- Theater 9l
Pest 6s, t; 7t
Peter der Große (Zar 1682–1725) 10y
Petrarca (Dichter 1304–1374) 9w
Petronius Maximus (Kaiser 455) 12c
Petronius Maximus (Senator) 5s
C. Petronius (Autor) 3k, e; 5j; 6x; 7j
Peutingerische Weltkarte 9q
Pfalzel-Palatiolum (Kaiservilla) 7q
Pfauen 3p; 4t, y
Pferd/e 7w; 8m, n, p, t; 9n, o; 10u
- des Augustus 4q
- Aurelians 8b
- Borysthenes 4v
- Bukephalos 4p
- Caesars Leibroß 4p
- im Circus 9f, m
- Elagabals 4x
- Gastgeschenk 4m
- Hadrians 4v
- Incitatus 9f
- auf Jagdmosaik 9q
- Pertinax 9j
- Phosphorus 4z
- im Traum 11y
- Volucer 9i
- Zucht 4e
Pfirsich 3s
Pflaume 3o, s
Pförtner 7v
Pharao 9u
Philanthropie 10p
Philhellenismus
- bei Aemilius Paullus 8j
- bei Domitian 11c

- bei Hadrian 2v; 11c
- bei Nero 2s
Philipp von Thessalonike (Dichter um 40 n. Chr.) 8x
Philippi (in Makedonien) 6k; 7k
Philippus Arabs (Kaiser 244–249) 5y; 9l; 11o
Philiskos (Redner) 10q
Philosophenmantel 7f
Philosophentum, heidnisch-griechisches 6j
Philostorgios (Kirchenvater) 12j
Philostratos (Autor) 10q, s
Philoxenos (Dichter) 11i
Phlegon (Freigelassener Hadrians) 10l
Phryger 11r
Phye (Schwiegertochter des Peisistratos) 11d
Phyllis (Amme Domitians) 5g
Pianosa (bei Elba) 7o
Piazza Armerina (auf Sizilien) 7q
Pilatus, Pontius (praefectus Judaeae) 4c
Pincio (in Rom) 7o
Pipa (Geliebte des Gallienus) 5e, l
Piso (Annalist) 5c
Piso (Verschwörer 65) 4n
Pißpott siehe Nachtgeschirr
Placentia (Piacenza) 2g
Planasia (Pianosa) 7o
Platon 10g
- über Ägypten 9u
- und Dion 4a
- und Dionysios 4a; 10e
- über Freundschaft 4c
- von Julian gelesen 10u
- „Lysis" 4w
- „Politeia" 10r
- verwendet „privat" 2f
- „Symposion" 4o
platonische Theologie 11c
Platonopolis (in Campanien) 10r
Plautianus (Prätorianerpräfekt des Septimius Severus) 4g, l; 7x
Plautilla (Frau Caracallas) 4l; 5q
Plautus (Dichter) 3w
Plebejer 2t; 12h
Plinius maior (Naturforscher, gest. 79)
- zu Augustus 7k
- Göttervorstellungen 11q

(Plinius maior)
- Kunst 7r, s
- über Messalina 5i
- Manuskripte 10e
- „Naturalis historia" 1j; 5i; 10j
- Nekromantie 11r
- Perlen von Caligulas Frau 7j
- Rabenfabel 4t
- Sklavenpreise 10b
- über Titus 10j
- Trinker 3u
- Wein 3t, 3u
- Zahnschmerzen 6k
Plinius minor (Konsul 100 n. Chr.)
- über Domitian 4a
- Eheleben 5a
- Freizeit 9a
- Freundschaft 4a
- Gratulationen 4c
- Jagd 8l, v
- über private Rennbahnen 9d
- Prominenz 1e
- Tod 1j
- und Trajan 1e; 2o; 4a, c, f; 7o; 8l
Plotin (Philosoph um 260) 10r
Plutarch 1e; 7m; 9h; 11q
Polemon von Smyrna (Redner) 10m
Pollux (Lexikograph) 10p
Poloplatz 8h
Polybios 8i, j; 11 Motto, 11a
Polyneikes 11i
Polyphem 6g; 11i
Pompeius, Gnaeus Magnus 1d; 7i; 8a; 10b; 11k
Pompeius, Sextus 4h
Pontifex Maximus 7l
Poppaea Sabina (Frau Neros) 5j; 6z; 9o; 11o, r
- pinguia Poppaeana 6z
Populonius (Senator) 7q
Porphyr-Sarkophage 7t
Porphyrius, Publilius Optatianus (Dichter) 10t
Portikusvilla 7t
Poseidonius von Apamea (Philosoph um 60 v. Chr.) 10b
Postkutsche, kaiserliche 9p
Potsdam 5g
Prätorianerpräfekt 4e, l; 5m, n; 12f
Praxiteles (Bildhauer) 5n; 8t
Priapus (Gartengott) 5b

Primaporta (Kaiservilla) 10; 4s; 7o
Principat 2n; 12e
Prinz/essinn/en
- bei Augustus 10f
- Constantin 8h
- Erzieher 10n, w
- essen im Sitzen 3j
- Germanicus 10x
- „Kronprinzen" 2i
- literarische Versuche 10d
- Marc Aurel 3d; 4m; 6r; 7m; 8n; 10n, o
- Markomannenprinzessin 5e
- Mitgift 4l
- Numerianus 10s
- Reisen zu Fuß 9n
- Tiberius 3u
- Verbannungsort 7o
Prisca (Frau Diocletians) 5r
Priscus (Philosoph) 10u
Proculus siehe Populonius
Prokonsul 3u; 6v
Prokop (Historiker)
- „Anekdota" 5s
- Indiskretion 1k
- zu Justinian 3d; 5s; 11z
- zu Theodora 1k; 3d; 5s; 7y; 11z
- zu Valentinian III 5s; 10v
Procopius (Usurpator 365–366) 7i
procurator 3y; 5s; 7y; 8x
Prohairesios (Rhetor) 10t
Promotus (Heermeister) 10w
Properz (Dichter) 5b; 10e
Proskynese 4d
Prostitution 5s
Prügelstrafe 10w
Prusa (in Bithynien) 2g
Ptolemaios (Seher) 11s
Ptolemaios XII Auletes (König von Ägypten 80–51 v. Chr.) 10x
Pulcheria, Aelia (Tochter des Arcadius) 5e, s; 7q, v, y; 10w
Punischer Krieg, Zweiter 7j
Pupienus (Kaiser 238) 6x
Purpur, Purpurmantel 2w; 6e; 7a, d, f, g, h, i; 11e
Purpurleder 7b
Puteoli 5i, v
Pydna (Schlacht 168 v. Chr.) 8j
Pylades (Frauenheld) 5n
Pylades (Pantomime) 3w; 5w

Pyramiden 9x
Pyrgoteles (Bildhauer) 7s
Pyrrhos (König von Epirus 297–272)
  2g; 11k

Q
Quadenkrieg 11c
Quadriga 1h
Quendel 7q
Quintilian (Rhetor) 2c; 7 Motto, 7e;
  10a, j
Quirinalshügel 7n; 11m
Quitte 3z

R
Rabe 4q, t
Ramses II 4u
Ranke, Leopold von (Historiker) 2b
Raute 3z
Ravenna 4z; 7q, v; 8q, w
Regierungsantritt 3y; 5i; 6x; 11u
Republik, römische
– Ammen 5g
– Freizügigkeit in Liebesdingen 5b
– Gesetze gegen Tafelluxus 3f
– Haartracht 6g
– Helden 10v
– Indiskretion 1g
– Jagd 8k
– Kleidung 7a
– Knabenliebe 5t
– Leichenbegängnis 1i
– Mittagessen 3i
– Privatunterricht 10b
– Spiele 9c
– Umgang mit Philosophen 10c
– im Urteil Mommsens 1b
– „Wiederherstellung" durch
  Augustus 7l
Residenz 7q
Retsina (Wein) 3t
revirement 7w
Rhein 3 o; 5v; 8u
Rhetor 10b, c, j, m, r, t, v, w
Rhetorenedikt Julians 1ou
Rhetorik 8j; 10c, g, j, o, p, q, t, u;
  11c, u
Rhodos 2h; 7r; 10b, f; 11r
Rhone 10h
Riesen 7r
Riesenschildkröten 6f

Rippenfellentzündung 6u
Rogen 9s
Roma (Huhn) 4z
Romulianum (Villa des Galerius) 7q, t
Romulus 8 Motto
Romulus (Sohn des Maxentius) 7q
Romulus Augustulus (Kaiser 476) 2g;
  6y
Rosenessenzen 4n
Roßhaar 12d
Rückert, Friedrich (Dichter) 12j
Rufinus, Flavius (Präfekt) 7q
Rufius Festus (Historiker) 10w
rusticatio (Landaufenthalt) 2 o

S
Saalburg (Kastell) 7b
Saar 7q
Sabina (Frau Hadrians) 1j; 5m; 9w
Sänftenträger 4e; 7v
Säulengänge 7n
– halle 10e
– hof 3a; 7 o
Safran 6e
sagum 7a
Salambo (Göttin) 11n
Salamis (Schlacht 480 v. Chr.) 11k
Salier (Priesterschaft) 8e
Sallust (Historiker)
– über Freiheit 12a
– Gärten 7n
– von Gratian gelesen 10v
– zur Jagd 8k
– verschweigt res leves 1d
Sallustia Orbana (Frau des Septimius)
  5q
Salomon (König der Israeliten) 10w
Salona (in Dalmatien) 2g; 6x; 7t; 9t
Salonina (Gattin des Gallienus) 5e; 10r
Sammonicus Serenus (Dichter) 10r
Sandalen 3j; 7b, i
Sankt Petersburg 10y
Santa Maria Antiqua (in Rom) 10e
Sappho (Dichterin) 5n
Sardanapal siehe Elagabal
Sardinien 5i; 9u
Sarkophag
– Alexandersarkophag 8i
– neue Form der Bestattung 7t
– mit Jagdszenen 8v
– Löwenjagd-Sarkophage 8w

(Sarkophag)
- ludovisischer Schlachtensarkophag 7t
- aus Porphyr 7t
Sarmaten 8h
Sassaniden 5e; 8i
Sattel 9n
- Satteldecke 9f
Saturninus (General des Theodosius) 5s
Saurierknochen 7l, r
Scaurus, Marcus (Konsul 115 v. Chr.) 10b
Schärpe (contabulatio) 7a
Schanz, Martin 1p
Schatzmeister 7v
Schlange 4s, x; 6k; 8p; 11g, x
Schmeißfliege 1 Motto, 1b
Schmerbauch 3i
Schneiderinnen 6z
Schnepfe 3x
Schuhe 1o; 3a, c; 7b, c, e, h; 11r
Schwan 8w
Schwein 4y
- vgl. Eber
- Sau 8p, q
- Wildschwein 7w; 8n, p; 9k
Schweinefleisch 3g, o, q
Schweinetabu 3g; 11o
Scipio 11l
- Africanus maior 8a; 9n
- Africanus minor 4t; 6h; 7o; 8j; 11k
Scribonia (Frau des Augustus) 5f, h
Sedlmayr, Hans (Kunsthistoriker) 6d
Seeigel 3g, o
Seekalb-Haut 11r
Seianus (Prätorianerpräfekt) 4g
- vergiftet Drusus 3y
- und Tiberius 4e
Seide 3j, z; 7g, h, j, r
Seife 6b
Seiltänzer 9j
Selbstmord 4d
- Claudius 6o
- Elagabal 3z
- Gatte Messalinas 5j
- durch Gift 3y
- Marc Aurel 6s
- Nero 5g; 9g
- Tigellinus 4e
Selbstverwirklichung 12k

Seleukos (Astrologe) 11r, s
Senat 2r; 9c; 12b
- und Augustus 2o; 7l
- und Caesar 11b
- und Caligula 10g
- und Claudius 10h
- und Flavia Titiana 5o
- bei Fronto 2m
- und Julian 4g
- und Kineas 2g
- und Severus Alexander 10r
- Victoria 11x
Senator/en
- und Asiaticus 5v
- Ausbildung 10v
- Bart 6j
- Begrüßung 4d
- Licinius Calvus 7l
- und Caracalla 4h, l
- Cassius Dio 4h
- und Claudius 4n
- und Commodus 4g
- Dienerschaft 7u
- und Domitian 3f; 11s
- Familien 5d
- Feinschmecker 3n
- Frauen 2s; 5j
- und Gallienus 4j
- als Gladiatoren 9b
- glücklicher als ein Kaiser 12c
- als Historiker 1d
- Jagd 8j, l, v, w
- Kaiser als Senator 2n
- Kleidung 7a, d, e, g
- und Klienten 2s
- auf Landpartien 11l
- Lebensart 2t; 7n; 10o, x
- Maecenas kein Senator 4e
- Melania iunior 9z
- und Nero 9g
- und Otho 4h
- und Pertinax 4h
- Schicht 1d; 2n
- senatus consultum 3x
- und Septimius Severus 4l
- Söhne 10w; 11w
- Stand 1q; 2f, l; 4c, h; 8w; 9b, j
- und Trajan 4h
- Verwaltung 7y
- Villen 7o, q, t, v; 9d; 10a
- Witwen 7y

(Senator/en)
- Zensus 3m
Senatorentyp des Kaiserbildes 1f
Senatorin 7v; 9z
Seneca (Philosoph)
- über Dandies 6g
- und Nero 2s; 4e; 5j; 10i; 12a
- zu Privatbibliotheken 10a
- gegen Spiele 9i
- Tod 10u
- Totenrede auf Claudius 10i
- zum Weingenuß 3t
Septimius Severus (Kaiser 193–211)
   12j
- Ägyptenreise 11m
- und Antipater von Hierapolis 10q
- Astrologie 11t
- Autobiographie 2h; 10d
- Bart 6h
- Bildung 10q
- und Caracalla 8c
- Circus 9k
- und Clodius Albinus 3u
- und Didius Julianus 8x
- und Dio 11y
- Essensgewohnheiten 3g, e
- zu Fuß marschiert 9n
- und Geta 7g
- Gicht 6t
- Gift 3y
- Haartracht 6h
- ohne Hut 7b
- und Julia Domna 5p
- Kleidung 7f, g
- Lebensführung privat und
   öffentlich 2h
- kein Luxus 3r
- bewundert Marc Aurel 11l
- kein mythisches Rollenspiel 11g
- und Oppian 8n
- und Pertinax 11y
- vgl. Plautianus
- vgl. Plautilla
- sprach Punisch 10c, q
- res privata 2q
- schwimmt 8c
- vgl. Senator/en
- huldigt Serapis 11m
- Sexualleben 5p
- Spaziergänge 8d
- Tagesbeginn 3a

- Tod 6t
- in der Toga 7f
- als Tourist 9x
- Träume 11y
- Wein 3u
Serena (Gattin Stilichos) 4z; 5e
Servilia (Mutter des Brutus) 7j
Sessorium (Palast in Rom) 7p
Setia (in Latium) 3u
Severa (Frau des Philippus Arabs)
   11o
Severus (Kaiser 306/307) 4g; 8e; 7t
Severus, Phoebus (Philosoph) 10v
Severus Alexander (Kaiser 222–235)
- verehrt Alexader d. Gr. 10r; 11k
- im Bad 6e
- Begrüßung 4n
- Bestattung 7t
- Bildung 3w; 10r
- angebl. Sohn Caracallas 5q
- Circus 9l
- Dienerschaft 7w
- empfängt Freunde 3c
- Einladungen 4n
- Eßgewohnheiten 3g, l, m, s, w
- zu Fuß 9n
- zur Homosexualität 5y
- Jagd 8n
- vgl. Julia Mamaea
- Kleidung 7f
- Kunst 10y
- Lehrer 10r
- Lektüre 10r
- kein Luxus 7j, x
- und Maximinus Thrax 7w
- Mittagsruhe 3c
- Musik 10x
- Palastärzte 6t
- privatus 2q
- Reden 10r
- Religion 11n, t
- sittlicher Aufstieg 12j
- und Sallustia Orbana 5q
- und Soldaten 5x
- Sport 8b, c, g
- Tagesbeginn 3b, c
- tierlieb 4y
- Tod 3c
- verkauft Konkubinen 5q
- Villa 2q
- Vorbilder 10r

(Severus Alexander)
- Wahrsagerei 11t
- Wehrübungen 8f
Sibyllinische Bücher 7l
Sidon 8i
Sidonius 3w
Sidonius Apollinaris (Dichter) 8v;
    12c, d
Sieben Weisen, die 10v
Siegel 2s; 7k
-Siegelring 5s; 7k; 11k
Silber 3m; 7f, v; 9o, p
- silberne Circuspartei 9f
Silia (Senatorin) 5j
Silius (römischer Stutzer) 1n
Silphion (Nutzpflanze) 8z
Silvester (Papst) 6v
Silvinus (Lehrer des Severus
    Alexander) 10r
Sinuëssa (in Campanien) 6o
Sirmium (in Pannonien) 7q; 9d
Sittenlosigkeit 5c; 7h; 10f
- verfall 12j
Sizilien 5q; 6h; 7q, r; 8q, e; 9v, w
sizilisches Meer 7o
Sklaven
- und Aurelian
- Berufe 4h; 7v; 10b
- und Cato 7w
- und Claudius 7w
- und Clodius Albinus 7w
- Eunuchen 7x
- Freikauf 7u
- als Gegenstand der Geschichte 1q
- als Geschenk 4m
- als Gladiatoren 9b
- Privatleben 12h
- servus ordinarius 7u
- in der sozialen Realität 7w
- Sklavenschule 7v
- Sklavenmarkt 5o
- Sklavenstrafrecht 9b
- Stand 12h
- bei Tisch 3j, y
- des Trimalchio 6h
- Untertanen als Sklaven 4a
- Vermögen 7u
- vernae 7v
- Zahl 7u
Skorpion 3d
Smaragd 6p

Smyrna 5n; 7w; 10m
Sokrates 10u
Soldatenbart 6j
Soldatenkaiser 2w; 5r; 6j; 8o; 10c, s
Soldatentyp des Kaiserbildes 1f
Solinus (Autor) 10w
Solon (Gesetzgeber Athens) 9u
Sonnenhut des Augustus 10; 7b
Sopatros (Philosoph) 10t
Sophist 10p, q, s
Sosibios (Erzieher des Britannicus) 10h
Sozialismus 2k
Sozomenos (Kirchenhistoriker) 10w
Spalato (in Dalmatien) 2g; 5r; 7q, t
Spange siehe fibula
Spanien 1r; 2j; 3o; 7t; 8l; 9w; 11w
Spargel 3o
Sparta 2e; 6s; 8e, p; 10u
Speer 8g, h, p
Speluncae (Sperlonga) 3k; 7o, e
Sperlonga siehe Speluncae
Sphinx 7k
Sportlehrer 8a
Sporus (Lustknabe Neros) 5u
Sprechchor (acclamatio) 1h; 5l; 9c
Staatsbegräbnis 7t
Staatsrat 3c
Staatsrecht 2f, g, h, o; 7z
Standbild 4n, p, v; 6i; 7n, r, s; 8x;
    10i; 11h, w
Star 4t
Statilius Kriton (Arzt Trajans) 6q
Statius, Caecilius (Dichter) 4q, u; 7w;
    9h; 10j
Steinbock 4r
Sterndeuter 10j; 11r, s, u
Stertinus Xenophon, Gaius (Arzt
    Caligulas) 6o
Stiefel 7b, f
Stier 11c
- Stierblut 11n
- Stierkopf 4v
Stilicho (Heermeister) 4j; 5e
Stör 3r; 8z
Stoizismus 6r, s; 8i; 9i; 10e, l, n, o, p,
    q; 11c; 12l
Stola 7c
Strategios (alias Musonianus, Rhetor)
    10t
Strauße 3o; 4x; 9j
Strümpfe (tibialia) 7b

subligaculum 7b
Sueton (Historiker)
– über Agrippina minor 3y
– über Augustus 1j; 3u, w; 7l; 10e;
  11b
– über Caesar 11b
– über Claudius 3y
– über Domitian 5l
– von Gratian gelesen 10v
– und Hadrian 1j
– zum Privatleben 1j, m
– und Sabina 1j
– über Tiberius 5u; 8u
– zur Totenfeier Vespasians 1i
– über Vitellius 3f
Sulla (Diktator 81–79 v. Chr.) 1g; 2j;
  10w; 11l; 12c
Sultanslaune 10r
Symmachus, Quintus Aurelius 8v, w
Synesios von Kyrene (Philosoph und
  Kirchenvater um 400) 1f
Synode von Elvira (Iliberis) 3x
Syrakus 7r; 8a; 11d, i; 12d, e
Syria Atargatis (Göttin) 11m
Syrien 4d, x; 5f; 9w; 10r

T
Tacitus, Cornelius (Historiker)
– über Agricola 10o
– über Ammen 5g
– und Domitian 10k
– über Ehebruch 5c
– über die Flavier 12j
– über Freunde 4c
– über die Germanen 3x; 5g; 8p
– verwendet Memoiren Agrippinas 5u
– über Nero 4l
– über Philosophie 10o
– zum Privatleben 1j, m
– Sittenrichter 12j
– über Tiberius 5u; 6n
Tacitus, Marcus Claudius (Kaiser
  275–276) 6y; 8p; 10s
Tafeldiener 7v, w
tarpejischer Felsen (in Rom) 5i
Tarragona (in Spanien) 7t
Tarsos (in Kilikien) 11f
Taube 4y
Tausendjahrfeier Roms 9l
Telemachos (Mönch unter Honorius)
  9m

Templum Probi (in Rom) 7t
Terentius Afer (Dichter) 12 Motto,
  12l
Tertullian (Kirchenvater) 8h; 9f; 10t
Tetrarchen 4g; 10s; 11c
Teukros (Trojaner) 8f
Teutoburger Wald (Schlacht 9 n. Chr.)
  6h
Theater 11i
– Amphitheater 9d, i
– Beleuchtung 9h
– als Bewertungsmaßstab für Kaiser
  9d
– Caesar 9e
– Caracalla 9k; 11i
– in christlicher Zeit 9c
– Commodus 8q, y; 9j
– Domitian 11i
– Geta 9k
– und Jagd 8l, y
– Julian 9m
– unter Justinian 9m
– Marc Aurel 10n
– Mittel des Widerstandes 11i
– Nero 9v; 11f
– bei Palästen 9d
– Pescennius Niger 9k
– Politik oder otium 9a
– profanes Vergnügen 9b
– Publikum 9g
– Sprechchöre 5l
– Theaterdichter 10c
– Theaterleidenschaft 9l
– theaterliebende Kaiser 7g
– Theaterwelt 4i
– Tiberius 2p; 9e; 11i
– Verbot durch Nestorius 9m
– Wasserorgel 10x
Themistios (Redner) 8z; 10w
Theoderich (Gotenkönig) 3y
Theodora (Frau Justinians)
– Bad 6f
– für Blaue Circuspartei 9m
– und Giftmischer 3y
– und Justinian 5d, s
– Langschläferin 3d
– und Magier 3y
– neue Messalina 5s
– bei Prokop 1k
– Schatzmeister 7y
– Schauspielerin 5d; 6f

(Theodora)
- Seitensprung 5s
- Tod durch Krebs 6v
- Traum 11z
Theodoret (Kirchenvater um 450) 11z
Theodoros (Höfling) 5n
Theodoros Priskianos (Hofarzt) 5s;
  6v
Theodosius I (Kaiser 379–395)
- und Ausonius 2q; 10w
- Bildung 10w
- eheliche Treue 5s
- Eßgewohnheiten 3g, w
- Familiensinn 5f
- und Galla Placidia 5e
- und Gallier 4g
- heiratet Justina 5s
- Heiratspolitik 5d, e
- Jugendfreundschaften 4c
- Lebensstil 2q
- Literatur 10w
- Nichte Serena 5e
- Schwelger 12j
- Schwimmen 8c
- und Spanier 4g
- Spaziergänge 8d
- verbietet Tafelluxus 3w
- Taufe nach schwerer Krankheit 6v
- Traum 11z
- Wassersucht 3g
Theodosius II (Kaiser 408–450)
- Apfel-Affäre 5s
- Bart 6j
- Bildung 10w
- als Bogenschütze 8f
- Erziehung 8h; 10w
- und Athenaïs 5e, s
- Gesetzgebung 3g; 8w
- zur Homosexualität 5y
- und Kämmerer Antiochos 8h
- Keuschheit 5s
- in Kyzikos 9y
- Kleidung 7i
- Knabenliebe 5y
- Leselampe 10w
- Malkunst 10y
- Palast gleicht Kloster 2w; 11p
- Poloplatz 8h
- Schwester Pulcheria 5s; 7q
- Spiele 9b
- Tiger 8r

- Tod 8p
- Wassersucht 6t
Thermantia (Gattin des Honorius) 5e
Thermen
- des Agrippa 6d
- Ballspiel 8b
- in Konstantinopel 6f
- des Maxentius 7q
- der Sieben Weisen 6r
Thermenmuseum (in Rom) 7o
Thessalonike 2g; 7q, t; 9d
Theudebert (Frankenkönig) 8p
Theurgie 11u
Thraker/Thrakien 3w; 8s, z; 10s, w
Thrasyllos (Sterndeuter) 11r
Thukydides 12l
Tiber 1i; 2j; 7t; 8c, k
Tiberius (Kaiser 14–31) 7w
- Aberglaube 11r
- bei Agrippina minor 5u; 10i
- und Augustus 5h; 10f
- Autobiographie 10d, j, g
- Bildung 10g
- von Caracalla bewundert 11l
- auf Capri 5u; 6n; 11f
- und Corvinus 10g
- von Domitian gelesen 10j
- erwirbt Domus Rostrata 7n
- vgl. Drusus
- Eßgewohnheiten 3f, k, o, s, y
- Finanzverwalter 7u
- Gedichte 10g
- Gesundheit 6n
- Glatze 6g
- Homosexualität 5u
- bestraft Inzest 5i
- bestraft Jäger 8u
- und Julia 10f
- Kleidung 10f
- Körperpflege 6c
- Kunst 3w; 7r, s
- lehnt Neujahrsbettelei ab 11b
- Linkshänder 6n
- und Montanus 10g
- Paedagogium 7v
- Porträt 6a
- Rabe 4t
- keine Reisen 9x
- auf Rhodos 2h; 10f
- Schlange 4t
- Sehvermögen 6n

(Tiberius)
- und Seianus 4e
- Sexualleben 5u; 11f
- Sterbealter 6y
- Studium 1of, g
- Tagebücher 1oj
- Theater 2p; 9e; 11i
- tierlieb 4t
- und Valerius Maximus 1og
- vergiftet 3y
- Villen 2p; 7o
- und Vipsania 3y; 5h
- und Vitellius 5u
- und das Volk 9a
- Wein 3u
tibialia siehe Strümpfe
Tibur (Tivoli) 5g; 7p
Tierwärter 7v
Tigellinus (Freigelassener Neros) 4e, l
Tiger 8r; 9j, l, p; 11g
Timagenes (Freund des Augustus) 4e
Tiryns (Peloponnes) 8z
Titus (Kaiser 79–81) 6z
- und Berenike (Konkubine) 5e, k; 7j
- Bogenschütze 8f
- läßt Caecina töten 5k
- Circus 9h
- verführt Domitia Longina 5l
- von Domitian vergiftet 3y
- Erziehung 1oj
- Leibarzt 6p
- Musik 1ox
- und Philosophen 1oj
- Tod 6c
- als Tourist 9v
Titusthermen (in Rom) 7n
Todesstrafe
- auf Ehebruch 5c
- auf Knabenliebe 5t
Toga 2o; 7a, c, e, f, h; 12g
Topkapi-Serail (in Istanbul) 2o
Totila (Badvila, Ostgotenkönig
  541–552) 9m
Trajan (Kaiser 98–117) 5c
- Autobiographie 1od
- Bildung 1ok
- in Centumcellae (Villa) 7o, p
- und Christen 11o
- Eheleben 5a
- Essen 3g
- Freigelassener 8m

- Freundschaft 4a, c, f
- als Gast 4f, n
- Gladiatoren 9i
- Grab 7t
- und Hadrian 4f; 9w
- Hausgarderobe 2p
- Hosen 7b
- Leibarzt 6q
- Jagd 8l
- und Juden 11o
- und Licinius Sura 4f; 1ol
- Mittagsruhe 3c
- kein mythisches Rollenspiel 11g
- und Plinius 1e; 2o; 4a, c, f; 7o; 8l
- läßt Redefreiheit zu 1ok
- Reden 1om
- und Senatoren 4h
- Sexualität 5a, w
- Unterhaltung bei Tisch 3w
- Wehrtauglichkeit 1g
- Wein 3u
Traube 3o, s, t; 9s
triclinium 3d, j, k, w
Tricktrack 3x
Trier 4j; 7q; 8q; 9d, m; 1ov
Trimalchio (Gestalt bei Petron)
- und Astrologe 11r
- barbatoria 6i
- „Cena Trimalchionis" 3e; 9f
- Circusparteien als Tischgespräch 9f
- Furzen 3v
- Gastgeschenke 4m
- Goldschmuck der Frau 7j
- Grabinschrift 1oo
- Grabvorsorge 7t
- Grabwärter 11m
- Herkunft der Speisen 3o
- „Mensch unter Menschen" 7n
- über Philosophie 1oo
- Pißpott 3m
- Siegelring 7k
- Sklaven 6i
- Speisesaal 3k
- imitierte Speisen 3n
- tanzt nicht 8e
- Unterhaltung 3w
Triumph 1h; 2j; 11k
- Triumphalkleid 7a, d
- Triumphator 11f
- Triumphwagen 8r
- Triumphzug 1i; 5s; 8x

Troja siehe Ilion
Tuba 10x
tunica 7a, c, f, g
Turcan, Robert 1p
Turf 9f
Turm des Maecenas 9g
Tusculum (bei Rom) 7o, t
Tyrann 3d, f; 4a; 10g; 11d, i; 12d, e
Tyrannis 4u
tyrrhenisches Meer 7o

U
Uhr (Sonnen-, Wasseruhr) 3a
Ulpianus, Domitius (Jurist) 8y
unctores 6b
Unterhosen 7b
– vgl. diazôma; subligaculum
Unterschicht/en 1q; 2k; 7e, u; 8a
Urgulanilla (Frau des Claudius) 5i
Urkunden 7k
Usurpator/en 4j; 5d; 6h; 9y; 11t

V
Vadomar (Alamannenkönig) 3y
Väterlein, Jutta 1p
Valens (Kaiser 364–378)
– Aberglaube 4z; 11r
– verschiedenfarbige Augen 1k; 6k
– im Bad 6f
– Bildung 10w
– eheliche Treue 5s
– Gift 3y
– tierlieb 4z
Valentinian I (Kaiser 364–375)
– Aberglaube 2s; 11u
– und Arzt Vindicianus 6v
– Augenfarbe 1k
– Bigamie 5s
– dichtet 10u
– eheliche Treue 11p
– Frau Justina 11p
– Jagd 8p; 9y
– Krankheit 6v
– Kunst 10y
– und Pannonier 4g
– als Redner 10v
– Spiele 9m
– tierlieb 4z
– Tod 3g; 6t
– Traum 11z
– verbietet Erbschleicherei 7y

– Villa 7q
– Circuspferde 9m
vacatio (Freizeit) 2o
Valentinian II (Kaiser 375–392) 2s;
    5s; 6v; 8h, q
Valentinian III (Kaiser 425–455) 3x,
    y; 5s; 6v; 8h; 10v; 11u; 12
Valerianus, Licinius (Kaiser 253–260)
    2q; 6x; 8o
Valerius Maximus (Autor) 10f
Vandalen 3w; 5e
Varius (Dichter) 10e
Varro (Autor) 3j; 6h; 10e
Vatikan (in Rom) 7o
Veji 7n
Velitrae 5i
Velleius 2h
Ventotene siehe Pandataria
Venus 2s; 4p; 5p, s; 7g, k, s; 10y;
    11b, f, h
Vergil, Publius Maro 10b, e, g, r
– „Georgica" 9t
Verona 3u
Verres 7r
Verrius Flaccus (Grammatiker) 10f
Verus, Lucius (Kaiser 161–169)
– in Antiochia 4o
– Bart 6i
– Bildung 10p
– Bisexualität 5n, w
– Circus 9i
– in Daphne 6i
– Eßgewohnheiten 3g, w
– und Faustina 4y
– Gesundheit 6r
– Gift 3y
– als Gladiator 8g
– Grüne Circuspartei 9i
– Haartracht 6h
– ohne Hut 7b
– Inzest 3y
– Jagd 8n
– und Lucilla 5n
– und Marc Aurel 3y; 5n
– Nachtschwärmer 4o
– und Pantheia 5n
– Pferd Volucer 9i
– Schlaf 3d
– Sport 8b
– Umgang mit Bühnenvolk 4i
– würfelt 3x

Vespasian (Kaiser 69–79)
- in Alexandria 9v; 11s
- Alter bei Amtsantritt 6y
- Amme 5g
- Arbeit 3a
- und Astrologen 11s
- Charisma 11s
- Colosseum 9h
- und Dandy 6c
- Einnahme Roms 5v
- und Euphrates 10l
- Erhebung 11s
- Frauen 5d, k
- Gastereien 3f
- Kosmetik 6c
- Lebensführung 2p; 12k
- Leichenbegängnis 1i
- Mädchen 3c
- und Nero 4e
- Orakel 11r
- Porträt 6a
- Spiele 9h
- Sport 8b
- Sprache 10d; j
- Sterbealter 6y
- stiftet Templum Pacis 7r
- Traum 11w
- Trinken 3h, m
- Wohnung 7m
Vesta-Tempel 7l
Vestalin 1n; 5j, q; 11n
Vesuv 1j
Veteranen 6d
Vetranio (Gegenkaiser 350) 6j; 2g; 10t, z
Veyne, Paul 1q
Via Appia 4t; 7q, t; 9d
Victorinus Afer, Marius (Kaiser 268–271) 5r
Vienne (Stadt) 11z
Vigna Codini (Grabanlage) 5g
Villa Albana 9h; 11c
vindemiae (Weinlese) 9n, s
Vindicianus (Arzt) 6v
Vipsania Agrippina (Frau des Tiberius) 3y; 5h
Vitellius, Lucius 4d; 6p; 7c
Vitellius (Kaiser 69) 7b
- vgl. Asiaticus
- Begrüßung durch Kuß 4d
- Circus 9h
- von Elagabal imitiert 11l
- Eßgewohnheiten 3f, n, v
- Gift 3y
- Kunst 9g; 10i
- Lustknabe des Tiberius 5u
- Luxus 3f, m, n
- Nachtschwärmer 4o
- Rückkehr ins Privatleben 2j
- rülpst 3h
- Schlemmerei 6p
- Schwert Caesars 7i
- Sexualleben 5v
- Tod 7m
- und Vespasian 11s
- Wahrsagerei 11r
- Würfel 3x
Vogel, Vögel 10u
- Amsel 4y
- Elster 4q
- Eule 7k
- Fasan 3o, q; 4x, y
- Huhn 4s, y, z
- Käfigvögel 4m
- Krammetsvogel 3x
- Papagei 4q, x
- Pfau 3p; 4t, y
- sprechende Vögel 4q
- Star 4t
- Rabe 4q, t
- Vogelfang 8n, q
Volksnähe 2q
Volucer (Pferd des Lucius Verus) 9i
Vorleser 3d, w; 7v

W
Waage 11w
Wachtel 4w, y
Wachtelkämpfe 4q, y
Waffentanz 8e
Wagenrennen 3w; 9b, c, m
Wallfahrt 9z
Warze Ciceros 6g
Wassersucht 3g
Weaver, P.R.C. 1p
Weihinschrift 8l
Wein
- Aromazusätze 3t
- Herkunft 3u; 4x
- Lese siehe Vindemiae
- Mischung 3t
- Nero 6p

(Wein)
- bei Seneca 3t
- Sorten 3t, u
- Trauben 3 o, s, t; 9s
- Verbrauch beschränkt 3g
- Weinberge 7n, q
Welschbillig (Villa) 8q
Wicke 6k
Widder 3 o
Wilamowitz, Ulrich v. 4s
Wildschwein siehe Schwein
Wölfin, kapitolinische 7k
Wolf 8p
Würfel/n 1 o; 3x; 4m; 5c, y; 8h; 1oh;
    1 1r, u
Wutanfall 6s

X
Xenophon (Historiker) 8i
Xenophon, Stertinius (Arzt Caligulas)
    6 o
Xerxes 12g

Z
Zahnstocher 3l
Zauberei 4x; 7x; 11q, r, s

Zaumzeug 4z
Zeloten 11s
Zelt 9q
Zenobia (Gattin des Odainathos) 2j;
    8 o
Zenon (Tarasicodissa, Kaiser
    474–475 und 476–491) 3x; 4g;
    8b, h, r; 1ow
Zerkon (Zwerg) 3w
Zeus 4r; 5w; 11d, e
Ziege 4r; 6g, i
Ziegenfisch (capricornus) 4r
Ziegeninsel siehe Capri
Ziegenpan 11f
Zirkus siehe Circus
Zither 4i; 9g
Zitrone 3z
Zofen 6z
Zoticus vgl. Elagabal
Zuchtrute 5g; 1ow
Zwerge 3w; 7r, v
Zwiebel 9s
Zwölfgöttermahl 1n; 11f
Zwölftafelgesetz 7t